国家通用手语系列
中国残疾人联合会 组编

生物常用词

中国聋人协会
国家手语和盲文研究中心 编

前　言

生物科学是自然科学中的基础学科之一，是农林、医药卫生、环境保护及其他有关应用科学的基础，是研究生命现象和生命活动规律的一门科学。生物科学从20世纪中叶以来发展非常迅速，对社会、经济和人类生活产生越来越大的影响，人类已进入生物科学和生物技术的新时代。生物课是聋校义务教育阶段、聋人高中和高等教育的一门基础课程，是实施科学教育的重要领域，对引导听力残疾学生正确认识人与自然的关系，形成积极的科学态度有着独特的作用。同时，根据听力残疾学生的身心特点，生物课教学需要使用手语。

20世纪90年代，中国聋人协会编辑的《中国手语》首次将一些生物常用词手语单列。2005年，中国残疾人联合会教育就业部委托上海市教育委员会教研室研究自然科学专业手语，2011年，《理科专业手语》出版，其中包括了生命科学方面的手语词。2016年，教育部颁布了《聋校义务教育生物学课程标准》，聋校新的生物学教材开始使用。同时，随着国家第一、二期特殊教育提升计划的实施，面向听力残疾学生的高中教育、职业教育和高等教育不断发展，生物学课程的内容和程度在扩大和加深，原有的生物专业手语已不能完全适应教学的需要。为此，需要将包括生物学科在内的专业手语研究纳入国家通用手语研究与推广的整体工作之中。2017年，中国残疾人联合会批准"生物学科常用词通用手语的研究"立项，以进一步丰富和完善体现生物学科特点的专业手语，使之成为全国聋人教育机构生物学教学通用的规范性手语。

在常用词目选择方面，根据教育部《聋校义务教育生物学课程标准（2016年版）》所规定的科学探究，生物体的结构层次，生物与环境，生物圈中的绿色植物，生物圈中的人，动物的运动和行为，生物的生殖、发育与遗传，生物的多样性，生物技术，健康地生活十个一级主题，并参考普通高中生物学课程标准和教材，以及专门招收听力残疾学生的高等院校的生物学教学内容，尽可能多地收入教学中使用频率高的常用词。

在手语表达方面，依据手语语言学理论，通过反复讨论、比较，尽量选取能比较简明、正确地表达生物学概念的形象手语动作。对目前尚无表达人名特别是外国人名的约定俗成的手语，本书列出两种方式供选择使用：一是收入表达国外生物学家人名的外国手语；二是采用汉语手指字母或汉语手指字母＋手势的方式。

《生物常用词通用手语》共收入词目 1516 个（含列在括号中的同义词、近义词）。其中，❶❷为词目相同、词义不同的词；①②为词目和词义相同，但手语动作有差异的词。

生物学科常用词通用手语研究项目组负责人为北京联合大学特殊教育学院教科办副主任张雷，成员有：北京联合大学特殊教育学院丁艳丽、付涌玉、曹传岱、麻德彬，唐山市特殊教育学校王丹，武汉市第一聋哑学校李恒峰，长沙市特殊教育学校何礼，株洲市特殊教育学校胡兆龙。项目组对北京、哈尔滨、长春、唐山、太原、青岛、南京、常州、武汉、长沙、株洲等地的社会聋人、在校聋生和聋校教师进行了生物学新词手语的语料调查。基于项目成果参加后期审议和研究工作的有：国家手语和盲文研究中心顾定倩、王晨华、于缘缘，中国聋人协会手语研究与推广委员会徐聪，北京市手语研究会周旋，北京启喑实验学校张佳慧、孙联群，北京市东城区特殊教育学校穆颖，天津市聋人学校王健，南京市聋人学校周雯。

全书文字说明和统稿由顾定倩负责，绘图由孙联群负责。

本项目研究得到北京联合大学特殊教育学院、北京市手语研究会、北京启喑实验学校、北京市东城区特殊教育学校、天津市聋人学校、南京市聋人学校以及其他一些地方的聋人、聋校教师的帮助；得到中国残疾人联合会教育就业部副主任韩咏梅，教育处林帅华、郑莉，华夏出版社有限公司副总编辑曾令真的关心和支持。华夏出版社国家通用手语数字推广中心刘娲、徐聪、王一博、李亚飞，信息中心副编审臧明云为本书的编辑、出版付出了辛勤的努力。人民教育出版社生物编辑室王颖、生物学教师解丹丹为本书的内容提供了专业性意见。在此，谨向所有关心、支持生物常用词通用手语研究的单位和人士表示衷心的感谢！

限于我们的专业水平和能力，本书难免存在不完善之处，希望广大读者提出意见，以便今后进一步完善。

《生物常用词通用手语》编写组

2022 年 3 月

目 录

汉语手指字母方案 ……………………………………………………………………… 1
手势动作图解符号说明 …………………………………………………………………… 11
手位和朝向图示说明 ……………………………………………………………………… 13

一、基本词汇

1. 生物圈

生物① 生物② 单细胞生物 微生物 非生物 …………………………………… 1
生物因素 非生物因素 界（社会） 门① 门② 纲 ………………………………… 2
目 科 属 种 种群 种间竞争 ……………………………………………………… 3
种间关系 类群 生态 生态系统 生态文明 生态屏障 ……………………………… 4
生态修复 退耕还林 退耕还湖 退牧还草 环境保护①（环保①） 环境保护②（环保②） … 5
生物圈 食物链① 食物链② 食物网 共生 生产者 ……………………………… 6
消费者 分解者 生物富集 物质循环 代谢 新陈代谢 ……………………………… 7
调节 能量① 能量② 能量流动 氧气 碳氧平衡 …………………………………… 8
有机物 无机物 无机盐 二氧化碳 二氧化硫 太阳能 …………………………… 9
光能 化学能 抗逆性 拮抗作用 演替 敌害 ………………………………………… 10
天敌① 天敌② 表型（表现型） 正反馈 负反馈 天然 …………………………… 11
珍稀 濒危① 濒危② 治理 伦理 扩散 ……………………………………………… 12
污染 酸雨 赤潮 紫外线 ……………………………………………………………… 13

2. 生物体

生理 ……………………………………………………………………………………… 13
遗传 伴性遗传 变态 完全变态 变态发育 完全变态发育 ………………………… 14
不完全变态发育 变异 显性 隐性 核糖体① 核糖体② …………………………… 15
核酸 核糖核酸（RNA） 脱氧核糖核酸（DNA） DNA芯片 基因 转基因 ……… 16
等位基因 基因突变 基因工程 基因重组 聚合酶链式反应（PCR） 转录 ……… 17
线粒体 染色体 常染色体 性染色体 同源染色体 姐妹染色单体 ………………… 18
着丝粒 着丝点（动粒） 引物 细胞 细胞膜 细胞质 ……………………………… 19
细胞核 细胞器 细胞液 溶酶体 组织液 原核细胞 ………………………………… 20
真核细胞 吞噬细胞 干细胞 肌细胞 细胞全能性 细胞分裂 ……………………… 21
细胞分化 再分化 脱分化 高尔基体 减数分裂 有丝分裂 ………………………… 22
联会 同化 转化 转换器 性状 性状分离 …………………………………………… 23
相对性状 显性性状 隐性性状 神经 神经细胞（神经元） 突触 ………………… 24

兴奋　动作电位　静息电位　精子（蝌蚪）　卵细胞　受精①……………… 25
　　受精②　双受精　受精卵　配子　纯合体　胚（胚胎）………………………… 26
　　胚乳（胎盘①）　胚芽　胚轴　胚根　胚珠　内胚层……………………………… 27
　　外胚层　浸泡　质粒　载体　原生质体　内质网…………………………………… 28
　　自交①　自交②　杂交　杂交育种　杂交优势　测交………………………………… 29
　　生命（寿命、活）　繁殖（生育①、生殖①）　有性繁殖（有性生殖）
　　　无性繁殖（无性生殖、营养生殖）　生育②（生殖②、胎生）　养殖………… 30
　　克隆　公①（雄①）　公②（雄②）　母①（雌①）　母②（雌②）　发育①…… 31
　　发育②　生长（成长）　生长点　进化　萎缩　衰老……………………………… 32
　　衰退　死亡　凋亡　休眠　复活　筛选……………………………………………… 33
　　自然选择　淘汰　器官　组织　上皮组织　结缔组织……………………………… 34
　　收集管　结构　功能　反射　条件反射　非条件反射……………………………… 35
　　缩手反射　反射弧　呼吸　捕食　摄食　消化……………………………………… 36
　　蠕动　吸收　循环　输送（输出）　排泄　排遗……………………………………… 37
　　本能　内分泌　生长素　氨基酸　肽　肽键………………………………………… 38
　　蛋白质　卵白（蛋白）　卵黄（蛋黄）　胚盘　系带　糖类……………………… 39
　　矿质营养　酶　酸碱度（pH值）　缓冲溶液　渗透压　渗透作用………………… 40
　　水势…………………………………………………………………………………………… 41

3. 科学方法
　　对照　分析　对比　类比…………………………………………………………… 41
　　归纳　演绎　推理　论证　调查　探究……………………………………………… 42

二、动物

1. 一般词汇
　　动物　脊椎动物　无脊椎动物　变温动物　恒温动物①…………………………… 43
　　恒温动物②　兽（野兽）　尾巴　纤毛①　体毛　脑容量………………………… 44
　　有氧呼吸　无氧呼吸（厌氧呼吸）　栖息地　巢（窝）　迁徙行为
　　　向光性①（正向光性①、趋光性）…………………………………………………… 45
　　驯化……………………………………………………………………………………………… 46

2. 原生动物
　　原生动物　变形虫　草履虫　眼虫…………………………………………………… 46
　　表膜　纤毛②　鞭毛　口沟　食物泡　伸缩泡……………………………………… 47
　　胞肛　伪足……………………………………………………………………………………… 48

3. 腔肠动物
　　腔肠动物　珊瑚　珊瑚虫……………………………………………………………… 48
　　海葵　海蜇　水螅　触手　出芽生殖　辐射对称…………………………………… 49

4. 扁形动物
　　扁形动物　涡虫　血吸虫　绦虫　两侧对称………………………………………… 50
　　寄生……………………………………………………………………………………………… 51

5. 线形动物

线形动物　线虫动物　线虫　钩虫 ··· 51

蛔虫 ··· 52

6. 环节动物

环节动物　蚯蚓　水蛭（蚂蟥）　沙蚕 ··· 52

环带　体节　刚毛　疣足 ··· 53

7. 棘皮动物

棘皮动物 ·· 53

海参 ··· 54

8. 软体动物

软体动物　泥螺　田螺　蜗牛 ··· 54

海螺　鲍鱼　贝（蛤蜊）　贝壳　贻贝　蚌 ··· 55

蚶　蛏子　文蛤　珍珠　乌贼　鱿鱼 ·· 56

章鱼　外套膜 ·· 57

9. 节肢动物

节肢动物　虫　蛹（幼虫①） ·· 57

幼虫②　若虫　跳蟲　成虫　昆虫　益虫 ··· 58

害虫　蝗虫　蝼蛄　蟑螂　跳蚤　蟋蟀（蛐蛐儿） ································· 59

水蚤（鱼虫）　卷叶虫　蚕（蚕丝）　蚂蚁　蝴蝶　菜粉蝶 ····················· 60

蛾　蜜蜂　蜻蜓　蚊子　苍蝇　果蝇 ·· 61

蝉（知了）　蚜虫　瓢虫　七星瓢虫　甲虫　金龟子 ······························ 62

虱子　臭虫　螨虫　鼠妇（潮虫）　蝎子　蜘蛛 ····································· 63

蜈蚣　虾（对虾）　龙虾　沼虾　基围虾　虾蛄（皮皮虾） ···················· 64

螃蟹　大闸蟹　海蟹　河蟹　青蟹　梭子蟹 ·· 65

蜕化（蜕皮）　附肢　外骨骼 ··· 66

10. 鱼类

鱼类　淡水鱼 ·· 66

团头鲂（鳊鱼、武昌鱼）　草鱼　鳜鱼　鲫鱼　鲤鱼　黄河鲤 ················· 67

鲢鱼　鲈鱼　鳗　鲇鱼　鳙（胖头鱼）　青鱼 ··· 68

鳝（黄鳝）　泥鳅　海水鱼　比目鱼　鲳鱼①（平鱼①）　鲳鱼②（平鱼②） ··· 69

带鱼　黄鱼　鲨鱼　石斑鱼　海马　热带鱼 ·· 70

鱼鳞（鳞片①）　侧线　鳃（鱼鳃）　鱼鳍（背鳍）　胸鳍　腹鳍 ············· 71

臀鳍　尾鳍 ··· 72

11. 两栖动物

两栖动物　蛙　蟾蜍（癞蛤蟆） ·· 72

蝾螈　大鲵（娃娃鱼）　鸣囊　抱对　四肢　前肢 ································· 73

后肢 ··· 74

12. 爬行动物

爬行动物　恐龙①　恐龙②　龟（乌龟） ·· 74

鳖（甲鱼） 鳄鱼 扬子鳄 蛇 蜥蜴 壁虎 …………………………… 75
鳞片②（角质鳞片） 卵 卵壳 …………………………………………… 76

13. 鸟类

鸟类 早成鸟 …………………………………………………………………… 76
晚成鸟 候鸟 留鸟 家禽 禽流感 鸡 …………………………………… 77
土鸡（柴鸡） 乌鸡 鸭 鹅 始祖鸟 大山雀 ………………………… 78
鹌鹑 鸳鸯 企鹅 杜鹃❶（布谷） 啄木鸟 鹤 …………………………… 79
丹顶鹤 朱鹮 雁（大雁） 天鹅 燕 海燕 ………………………………… 80
海鸥 鹰 鹫（雕） 猫头鹰 鹦鹉 乌鸦 …………………………………… 81
麻雀 鸽子（信鸽） 鸵鸟 孔雀 喙 翅膀（翼） …………………………… 82
羽（羽毛①） 羽毛②（毛） 蹼 气囊 求偶 交配（交尾） ……………… 83
卵生① 卵生② 孵化 育雏 雏形 双重呼吸 ……………………………… 84

14. 哺乳动物

哺乳动物 鸭嘴兽 蝙蝠 刺猬 鼠（老鼠） ……………………………… 85
黄鼬（黄鼠狼） 袋鼠 松鼠 家畜 马 始祖马 …………………………… 86
斑马 驴 骡 牛 奶牛 种牛 …………………………………………………… 87
牦牛 羊 山羊 绵羊 羚羊 盘羊 …………………………………………… 88
骆驼 鹿 麋鹿 长颈鹿 河马 犀牛 ………………………………………… 89
象 猴 金丝猴 猩猩 猪 兔① ………………………………………………… 90
兔② 狗① 狗② 猫 狐狸 狼 ………………………………………………… 91
狮 虎 豹（金钱豹） 熊 熊猫 小熊猫 ……………………………………… 92
水獭 海豹 海狮 海豚 海象 海牛 ………………………………………… 93
鲸（鲸鱼） 白鱀豚 古猿人 能人 直立人 智人 ………………………… 94

三、植物

1. 一般词汇

植物 长日照植物 短日照植物 种子植物 子叶 …………………………… 95
单子叶植物 双子叶植物 显花植物（有花植物） 隐花植物（无花植物）
　木本植物 藤本植物 ………………………………………………………… 96
草本植物 植被 群落 种子 种皮 种脐 …………………………………… 97
种孔 植株 根 根尖 根冠 分生区 ………………………………………… 98
伸长区 成熟区 根毛 须根系 直根系 变态根 …………………………… 99
攀援根 支柱根 苗 萌芽（发芽、萌发） 裸芽 鳞芽 …………………… 100
丛芽 枝芽 茎 鳞茎 变态茎 叶①（绿、茶、茶叶） …………………… 101
叶② 单叶 复叶 叶绿体 叶绿素 叶脉 …………………………………… 102
叶肉 栅栏层 海绵层 气孔 保卫细胞 液泡 ……………………………… 103
细胞壁 质壁分离 叶序 互生叶序 对生叶序 轮生叶序 ………………… 104
花（开花、绽放） 萼片 花瓣 花托 花萼 花柄 ………………………… 105
雄蕊 花丝 花药 花粉 雌蕊 柱头 ………………………………………… 106

花柱　子房　心皮　花蕾　花序　无限花序 ··· 107

有限花序　自花传粉　异花传粉　人工授粉　果实　果皮 ································ 108

表皮　豆荚　分生组织　输导组织　保护组织　机械组织 ································ 109

营养组织　愈伤组织　筛管　导管❶　维管束　向光性②（正向光性②） ·············· 110

负向光性　光合作用　光系统　光周期　光反应　暗反应 ······························· 111

蒸腾　蒸腾作用　草　树①（树木）　树②　木质部 ·· 112

韧皮部　形成层　髓　乔木　灌木　森林 ·· 113

阔叶林　针叶林　热带雨林　褐化　玻璃化　季相 ·· 114

无土栽培　移植（移栽）　合理密植　扦插　浇水　施肥 ····································· 115

压条　嫁接（腹接）　砧木　接穗　劈接　整枝 ·· 116

春化作用　轮作　连作　园艺　盆景　脱落酸 ·· 117

赤霉素　色素　凋谢 ··· 118

2. 藻类

藻类　蓝细菌（蓝藻） ·· 118

绿藻　衣藻　马尾藻　水绵　石莼　海带 ·· 119

紫菜　裙带菜　鹿角菜　石花菜 ··· 120

3. 苔藓

苔藓 ·· 120

葫芦藓　地钱　假根 ·· 121

4. 蕨类

蕨类　蕨 ··· 121

肾蕨　铁线蕨　卷柏　满江红　桫椤（蛇木）　石松 ··· 122

5. 裸子植物

裸子植物　柏树　桦树　杉树　水杉①（水杉树①） ··· 123

水杉②（水杉树②）　红豆杉　松树　苏铁①（铁树①）　苏铁②（铁树②）
　银杏（银杏树） ··· 124

棕榈（棕榈树） ··· 125

6. 被子植物

被子植物　金鱼藻　浮萍　菱角 ··· 125

凤眼蓝（水葫芦）　莲（荷花）　莲蓬　莲子①　莲子②　藕 ···························· 126

芦苇　竹　藤　紫藤　杜鹃❷（杜鹃花）　金花茶 ··· 127

玫瑰（玫瑰花）　茉莉（茉莉花）　牡丹（牡丹花）　山茶花　月季（月季花）　板蓝根① ····· 128

板蓝根②　苍耳　葫芦　棉花　蒲公英　人参 ·· 129

菊花　兰花　水仙（水仙花）　向日葵　丁香　海棠 ··· 130

桂花　梅花　枫树　红叶（枫叶）　珙桐（鸽子树）　槐树① ···························· 131

槐树②　柳树　梧桐树　杨树　樟树　桑树 ··· 132

桑葚　香椿　仙人掌 ·· 133

四、细菌与真菌、病毒

1. 细菌与真菌

细菌　发霉　真菌　根瘤菌　固氮菌 …………………………………… 134

霉菌　根霉　曲霉　黄曲霉毒素　毛霉　青霉 ………………………… 135

菌落　球菌　杆菌　大肠杆菌　螺旋菌　链球菌 ……………………… 136

乳酸菌　酵母（发酵）　酵母菌　酒曲　子实体　蘑菇 ……………… 137

木耳　银耳（白木耳）　冬虫夏草　芽孢　孢子　核膜 ……………… 138

核质　荚膜　腐生 ………………………………………………………… 139

2. 病毒

病毒　动物病毒 …………………………………………………………… 139

植物病毒　侵染　噬菌体 ………………………………………………… 140

五、人与健康

1. 一般词汇

身体　躯干部　胸围　腰围　臀围 ……………………………………… 141

青春期　更年期　体征①　症状（体征②）　先兆（前兆）　伤口 …… 142

传染❶　感染❶　感染❷（传染❷）　感染者　携带者　直系血亲 …… 143

旁系血亲　近亲结婚　双胞胎（孪生）　龙凤胎①　龙凤胎②　网瘾 … 144

酗酒　吸烟　毒品　吸毒　戒烟　戒酒 ………………………………… 145

戒毒　禁毒　溺水　心理咨询 …………………………………………… 146

2. 运动系统

骨 …………………………………………………………………………… 146

骨骼（骨架）　颅骨　颈椎　脊椎（脊柱）　胸骨　肋骨 ……………… 147

关节　踝关节　关节头　关节窝　关节滑液　骨连接 ………………… 148

肌肉　韧带　肌腹　肌腱　胳膊（臂膀）　前臂 ……………………… 149

上臂　肘　腕　腿①（大腿①）　腿②（大腿②）　小腿 ……………… 150

膝盖　脚①　脚②　脚踝（踝） ………………………………………… 151

3. 神经系统

中枢神经系统 ……………………………………………………………… 151

周围神经系统　神经末梢　经络　头（脑）　大脑①　大脑② ………… 152

大脑皮层（大脑皮质①）　大脑皮质②　小脑　脑干　脊髓　髓质 …… 153

4. 感觉器官

眼　单眼皮　双眼皮　角膜　结膜 ……………………………………… 154

虹膜　巩膜①　巩膜②（眼白）　脉络膜　视网膜　瞳孔 ……………… 155

晶状体　视力　视觉　视觉暂留　视错觉　视野 ……………………… 156

成像　耳　外耳　耳郭（耳廓）　耳垂　外耳道 ……………………… 157

中耳　鼓膜（耳膜）　鼓室　听小骨　内耳　半规管 ………………… 158

前庭　耳蜗　听神经　听力　听觉　皮肤 ……………………………… 159

肤觉　指甲　指纹　趾甲 ………………………………………………… 160

5. 循环系统

血（血液） ··· 160
红细胞　白细胞　血小板　血红蛋白　血浆　血清 ······················ 161
血糖　血管　毛细血管　血型①　血型②　抗体 ···························· 162
抗原　心脏　心房　左心房　右心房　心室 ································ 163
左心室　右心室　动脉①　动脉②　冠状动脉　体动脉 ···················· 164
主动脉　动脉血　静脉　静脉血　血压　收缩压 ···························· 165
舒张压　脉搏　心律　心率　体循环　肺循环 ································ 166
冠脉循环 ··· 167

6. 免疫系统

免疫器官　杀菌物质　淋巴　淋巴管 ······································ 167
毛细淋巴管　淋巴细胞　T淋巴细胞　B淋巴细胞　脾　溶菌酶 ············ 168

7. 呼吸系统

鼻　嗅觉　咽　喉　会厌软骨 ·· 169
声带　扁桃体　气管　支气管　肺　肺泡 ·································· 170
肺活量　气体交换　横膈膜　胸廓 ·· 171

8. 消化系统

口腔 ··· 171
黏膜　舌　牙齿　乳牙　恒牙　门齿（门牙） ······························ 172
犬齿（虎牙）　白齿　智齿　牙釉质　牙髓　味蕾 ·························· 173
味觉　唾液（口水）　食管（食道）　胃　大肠①　大肠② ·················· 174
小肠　小肠绒毛　小肠壁　十二指肠　直肠　肠液 ························ 175
消化腺　肝　胆　胆汁　胆固醇　胰腺 ···································· 176
胰液　肛门 ··· 177

9. 泌尿系统

肾（肾脏）　肾盂　肾小囊 ··· 177
肾小管　肾小球　肾髓质　肾单位　尿（尿液、小便）　原尿 ············ 178
重吸收　膀胱　输尿管　尿道 ·· 179

10. 内分泌系统

垂体 ··· 179
甲状腺　胸腺　肾上腺　胰岛　胰岛素　激素 ······························ 180
甲状腺激素　胸腺激素　肾上腺素　生长激素　雄性激素　雌性激素 ········ 181

11. 生殖系统

性腺　阴茎　睾丸　前列腺　输精管 ···································· 182
遗精（射精）　精液　卵巢　输卵管　子宫①　子宫② ···················· 183
子宫内膜　阴道　胎盘②　脐带　乳房　月经（例假） ···················· 184

12. 疾病

病（疾病）　寄生虫病　细菌性疾病　病毒性疾病　传染病 ·············· 185
病原体　原发性　继发性　传染源　传播途径　易感人群 ·················· 186

过敏① 过敏② 过敏反应 骨质疏松 近视（近视眼） 远视（远视眼） …… 187
色盲 夜盲症 结膜炎 麦粒肿 白内障 中耳炎…… 188
聋（失聪） 传导性耳聋 感音性耳聋 混合性耳聋 龋齿（蛀牙） 流行性感冒（流感） …… 189
百日咳 白喉 肺结核 严重急性呼吸综合征（非典型肺炎、非典、SARS）
　新型冠状病毒肺炎（新冠肺炎） 心肌梗死（心肌梗塞）…… 190
肝炎 厌食 胃溃疡 腹泻（痢疾） 肾盂肾炎 糖尿病…… 191
贫血 白血病 败血症 坏血病 血友病 瘤…… 192
癌（恶性肿瘤） 水痘 麻疹 荨麻疹 手足口病 淋病…… 193
获得性免疫缺陷综合征（艾滋病） 脊髓灰质炎（小儿麻痹症） 破伤风 狂犬病
　巨人症 侏儒症…… 194
佝偻病 地方性甲状腺肿（大脖子病） 白化病 非特异性免疫（先天性免疫）
　特异性免疫（后天性免疫、获得性免疫） 计划免疫…… 195
预防 接种（注射、打针） 疫苗（预防针） 隔离（距离） 常规检查①
　常规检查②…… 196
血常规检查 尿常规检查 体温 体温计 电子体温计 测温枪（测温）…… 197
核酸检测 治疗 人工呼吸 人工耳蜗 助听器 抗生素…… 198
血液透析 器官移植 靶器官 靶向治疗 放疗 化疗…… 199
保健 稳态…… 200

13. 食物

膳食 葡萄糖 麦芽糖…… 200
营养 营养物质 纤维素 膳食纤维 甘油 脂肪…… 201
脂肪酸 淀粉 维生素 维生素A（VA） 小麦（麦子） 高粱…… 202
谷子（粟） 水稻（稻子） 糯米（江米、黏米） 红豆 绿豆 黄豆（大豆）…… 203
豆腐① 豆腐② 玉米 花生 芝麻 菜（蔬菜）…… 204
白菜 菠菜 菜薹 茴香 荠菜 芥菜…… 205
金花菜 韭菜 空心菜① 空心菜② 蓬蒿菜（茼蒿） 芹菜①…… 206
芹菜② 青菜 生菜① 生菜② 甜菜 苋菜…… 207
香菜 雪里蕻①（雪菜①） 雪里蕻②（雪菜②） 油菜 圆白菜（洋白菜、甘蓝）
　萝卜…… 208
白萝卜 红萝卜 胡萝卜 葱① 葱②（小葱） 洋葱①（葱头①）…… 209
洋葱②（葱头②） 姜 蒜 蒜苗❶ 蒜薹（蒜苗❷） 白薯…… 210
马铃薯（土豆） 山药 笋 芋头（芋艿） 百合 荸荠…… 211
茭白 莴苣 菜花①（花菜①、花椰菜①） 菜花②（花菜②、花椰菜②） 西蓝花①
　西蓝花②…… 212
辣椒 柿子椒 冬瓜 南瓜 黄瓜 苦瓜…… 213
丝瓜 西葫芦 番茄（西红柿） 茄子 扁豆 菜豆（四季豆）…… 214
蚕豆 豇豆 豌豆 豆芽儿 水果 哈密瓜…… 215
木瓜 甜瓜 西瓜① 西瓜② 草莓 葡萄…… 216
橙子 橘子 柠檬 柚子 桂圆（龙眼） 红枣…… 217

李子　荔枝　桃　杏　杨梅　樱桃（车厘子）·················· 218
　　火龙果　梨　猕猴桃　苹果　山楂（红果儿、山里红）　圣女果··········· 219
　　柿子　杨桃　菠萝　甘蔗　核桃　莲雾························ 220
　　榴莲　芒果　石榴　香蕉　椰子····························· 221

六、实验与实验器材

　　实验①　实验②　实验室　无菌操作　解剖···················· 222
　　切片　装片　涂片　电泳　显微镜（化验）　高倍显微镜············· 223
　　低倍显微镜　电子显微镜（电镜）　目镜　物镜　粗准焦螺旋（调焦①）
　　　　细准焦螺旋（调焦②）······························ 224
　　载物台　遮光器　通光孔　对光　载玻片　盖玻片··················· 225
　　临时装片　永久装片　压片夹　反光镜　凹面镜　物像··············· 226
　　标本　镊子　微量取液器　导管❷　试管　离心管·················· 227
　　滴管　铁架台　三脚架　石棉网　碘酊（碘酒）　酒精灯············· 228
　　组织培养　培养基　培养皿　三角瓶　烧杯　生理盐水················ 229

七、科学家

　　巴斯德　达尔文　哈维　卡尔·兰德斯坦纳　列文虎克················· 230
　　林奈　罗伯特·爱德华兹　罗伯特·胡克　马尔比基　孟德尔　米勒········ 231
　　默里　施莱登　施旺　伊万诺夫斯基　詹纳　珍妮·古道尔············ 232
　　李时珍　贾兰坡　李恒英　李振声　裴文中　汤飞凡················· 233
　　童第周　王应睐　伍连德　袁隆平···························· 234

汉语拼音索引 ··· 235
笔画索引 ··· 246

语言文字规范　GF 0021—2019

汉语手指字母方案

（中华人民共和国教育部、国家语言文字工作委员会、中国残疾人联合会
2019年7月15日发布，2019年11月1日实施）

前　　言

本规范按照 GB/T1.1—2009 给出的规则起草。

本规范遵循下列原则起草：

稳定性原则。汉语手指字母在我国聋人教育和通用手语中已使用半个多世纪，影响深远。其简单、清楚、象形、通俗的设计原则和手指字母图示风格具有中国特色，被使用者熟识和接受。本规范保持原方案的设计原则、内容框架和图示风格。

实践性原则。本规范所作的所有修订均来自汉语手指字母使用过程中发现的问题。

时代性原则。本规范吸收现代语言学和手语语言学理论的最新成果。

规范性原则。本规范力求全面、准确地图示和说明每个手指字母的指式、位置、朝向及附加动作，图文体例、风格与 GF0020—2018《国家通用手语常用词表》保持一致。

本规范代替 1963 年 12 月 29 日中华人民共和国内务部、中华人民共和国教育部、中国文字改革委员会公布施行的《汉语手指字母方案》，与原《汉语手指字母方案》相比，主要变化如下：

——根据语言文字规范编写规则，采用新的编排体例；

——调整了术语"汉语手指字母"的定义；

——调整了字母"CH"的指式；

——调整了字母"A、B、C、D、H、I、L、Q、U"指式的呈现角度；

——增加了术语"远节指""近节指""中节指""书空"的定义；

——增加了表示每个汉语手指字母指式的位置说明；

——增加了《汉语拼音方案》规定的两个加符字母"Ê、Ü"指式的图示和"Ü"指式的使用说明。

本规范由中国残疾人联合会教育就业部提出。

本规范由国家语言文字工作委员会语言文字规范标准审定委员会审定。

本规范起草单位：北京师范大学、国家手语和盲文研究中心。

本规范起草人：顾定倩、魏丹、王晨华、高辉、于缘缘、恒淼、仇冰、乌永胜。

汉语手指字母方案

1 范围

本规范规定了代表汉语拼音字母的指式和表示规则。适用于全国范围内的公务活动、各级各类教育、电视和网络媒体、图书出版、公共服务、信息处理中的汉语手指字母的使用以及手语水平等级考试。

2 规范性引用文件

下列注日期的引用文件均适用于本规范。

《汉语拼音方案》（1958年2月11日第一届全国人民代表大会第五次会议批准）

GF0020—2018《国家通用手语常用词表》（2018年3月9日中华人民共和国教育部、国家语言文字工作委员会、中国残疾人联合会发布，2018年7月1日实施）

3 术语和定义

下列术语和定义适用于本规范。

3.1

汉语拼音方案 scheme for the Chinese phonetic alphabet

给汉字注音和拼写普通话语音的方案。1958年2月11日第一届全国人民代表大会第五次会议批准。采用拉丁字母，并用附加符号表示声调，是帮助学习汉字和推广普通话的工具。

3.2

手形 handshape

表达汉语手指字母时手指的屈、伸、开、合的形状。

3.3

位置 location

表达汉语手指字母时手的空间位置。

3.4

朝向 orientation

表达汉语手指字母时手指所指的方向和掌心（手背、虎口）所对的方向。

3.5

动作 movement

表达加符字母 Ê、Ü 时手的晃动动作。

3.6

指式 finger shape

含有位置、朝向和附加动作的代表拼音字母的手形。

3.7
汉语手指字母 Chinese manual alphabet

用指式代表汉语拼音字母，按照《汉语拼音方案》拼成普通话；也可构成手语词或充当手语词的语素，是手语的组成部分。

3.8
远节指 distal phalanx

带有指甲的手指节。

3.9
近节指 proximal phalanx

靠近手掌的手指节。

3.10
中节指 middle phalanx

远节指与近节指之间的手指节。

3.11
书空 tracing the character in the air

用手指在空中比画汉语拼音声调符号或隔音符号。

4 汉语手指字母指式

4.1
单字母指式

《汉语拼音方案》所规定的二十六个字母，用下列指式表示：

Aa	右手伸拇指，指尖朝上，食、中、无名、小指弯曲，指尖抵于掌心，手背向右。
Bb	右手拇指向掌心弯曲，食、中、无名、小指并拢直立，掌心向前偏左。
Cc	右手拇指向上弯曲，食、中、无名、小指并拢向下弯曲，指尖相对成C形，虎口朝内。

D d		右手握拳，拇指搭在中指中节指上，虎口朝后上方。
E e		右手拇、食指搭成圆形，中、无名、小指横伸，稍分开，指尖朝左，手背向外。
F f		右手食、中指横伸，稍分开，指尖朝左，拇、无名、小指弯曲，拇指搭在无名指远节指上，手背向外。
G g		右手食指横伸，指尖朝左，中、无名、小指弯曲，指尖抵于掌心，拇指搭在中指中节指上，手背向外。
H h		右手食、中指并拢直立，拇、无名、小指弯曲，拇指搭在无名指远节指上，掌心向前偏左。
I i		右手食指直立，中、无名、小指弯曲，指尖抵于掌心，拇指搭在中指中节指上，掌心向前偏左。
J j		右手食指弯曲，中节指指背向上，中、无名、小指弯曲，指尖抵于掌心，拇指搭在中指中节指上，虎口朝内。

K k		右手食指直立，中指横伸，拇指搭在中指中节指上，无名、小指弯曲，指尖抵于掌心，虎口朝内。
L l		右手拇、食指张开，食指指尖朝上，中、无名、小指弯曲，指尖抵于掌心，掌心向前偏左。
M m		右手拇、小指弯曲，拇指搭在小指中节指上，食、中、无名指并拢弯曲搭在拇指上，指尖朝前下方，掌心向前偏左。
N n		右手拇、无名、小指弯曲，拇指搭在无名指中节指上，食、中指并拢弯曲搭在拇指上，指尖朝前下方，掌心向前偏左。
O o		右手拇指向上弯曲，食、中、无名、小指并拢向下弯曲，拇、食、中指指尖相抵成O形，虎口朝内。
P p		右手拇、食指搭成圆形，中、无名、小指并拢伸直，指尖朝下，虎口朝前偏左。
Q q		右手拇指在下，食、中指并拢在上，拇、食、中指指尖相捏，指尖朝前偏左，无名、小指弯曲，指尖抵于掌心。

R r	右手拇、食指张开，食指指尖朝左，拇指指尖朝上，中、无名、小指弯曲，指尖抵于掌心，手背向外。
S s	右手拇指贴近手掌，食、中、无名、小指并拢微曲与手掌成 90 度角，掌心向前偏左。
T t	右手拇、中、无名指指尖相抵，食、小指直立，掌心向前偏左。
U u	右手拇指贴近手掌，食、中、无名、小指并拢直立，掌心向前偏左。
V v	右手食、中指直立分开成 V 形，拇、无名、小指弯曲，拇指搭在无名指远节指上，掌心向前偏左。
W w	右手食、中、无名指直立分开成 W 形，拇、小指弯曲，拇指搭在小指远节指上，掌心向前偏左。
X x	右手食、中指直立，中指搭在食指上，拇、无名、小指弯曲，拇指搭在无名指远节指上，掌心向前偏左。

Y y	右手伸拇、小指，指尖朝上，食、中、无名指弯曲，掌心向前偏左。
Z z	右手食、小指横伸，指尖朝左，拇、中、无名指弯曲，拇指搭在中、无名指远节指上，手背向外。

4.2

双字母指式

《汉语拼音方案》所规定的四组双字母（ZH，CH，SH，NG），用下列指式表示：

ZH zh	右手食、中、小指横伸，食、中指并拢，指尖朝左，拇、无名指弯曲，拇指搭在无名指远节指上，手背向外。
CH ch	右手拇指在下，食、中、无名、小指并拢在上，指尖朝左成扁"⊐"形，虎口朝内。
SH sh	右手拇指贴近手掌，食、中指并拢微曲与手掌成90度角，无名、小指弯曲，指尖抵于掌心，掌心向前偏左。
NG ng	右手小指横伸，指尖朝左，拇、食、中、无名指弯曲，拇指搭在食、中、无名指上，手背向外。

4.3 加符字母指式

《汉语拼音方案》所规定的两个加符字母（Ê、Ü）用原字母（E、U）指式附加如下动作表示：

Êê	用 E 的指式，手上下晃动两下。
Üü	用 U 的指式，食、中、无名、小指前后晃动两下。 （不论 Ü 上两点是否省略，均用本指式表示）

4.4 声调符号和隔音符号表示方式

阴平（—）、阳平（ ╱ ）、上声（ ∨ ）、去声（ ╲ ）四种声调符号，用书空方式表示。隔音符号"'"也用书空方式表示。

5 使用规则

5.1 使用手

汉语手指字母、声调符号和隔音符号一般用右手表示；如用左手表示，方向作相应的改变。

5.2 手的位置

表示汉语手指字母时，手自然抬起，不超过肩宽。

表示手指字母"A、B、C、D、H、I、J、K、L、M、N、O、Q、S、T、U、V、W、X、Y、SH"时，手的位置在同侧胸前；表示手指字母"E、F、G、R、Z、ZH、CH、NG"时，手的位置在胸前正中；表示手指字母"P"时，手的位置在同侧腹部前。

5.3 图示角度

本规范的汉语手指字母图为平视图，以观看者的角度呈现。

手势动作图解符号说明

符号	说明
	表示沿箭头方向做直线、弧线移动，或圆形、螺旋形转动。
	表示沿箭头方向做曲线或折线移动。
	表示向同一方向重复移动。
	表示双手或双指同时向相反方向交替或交错移动。
	表示上下或左右、前后来回移动。
	表示沿箭头方向反复转动。
	表示沿箭头方向一顿，或到此终止。
	表示沿箭头方向一顿一顿移动。
	表示手指交替点动、手掌抖动或手臂颤动。
	表示双手先相碰再分开。
	表示拇指与其他手指互捻。
	表示手指沿箭头方向边移动边捏合。
	表示手指沿箭头方向收拢，但不捏合。
	表示双手沿箭头方向同时向相反方向拧动，并向两侧拉开。
	表示握拳的手按顺序依次伸出手指。

手位和朝向图示说明

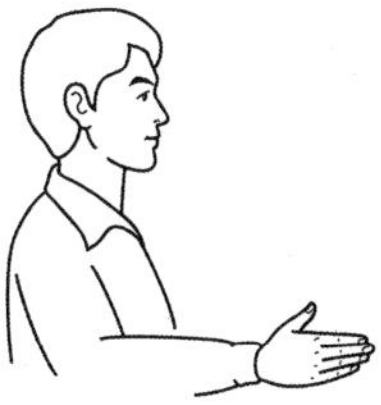	手侧立，手指指尖朝前，掌心向左或向右。
	手横立，手指指尖朝左或朝右，掌心向前或向后。
	手直立，手指指尖朝上，掌心向前或向后、向左、向右。
	手斜立，手指指尖朝左前方或右前方，掌心向左前方或右前方、左后方、右后方。
	手垂立，手指指尖朝下，掌心向前或向后、向左、向右。

	手平伸，手指指尖朝前，掌心向上或向下。
	手横伸，手指指尖朝左或朝右，掌心向上或向下。
	手侧伸，手指指尖朝左侧、右侧的斜上方或斜下方，掌心向左侧、右侧的斜上方或斜下方。
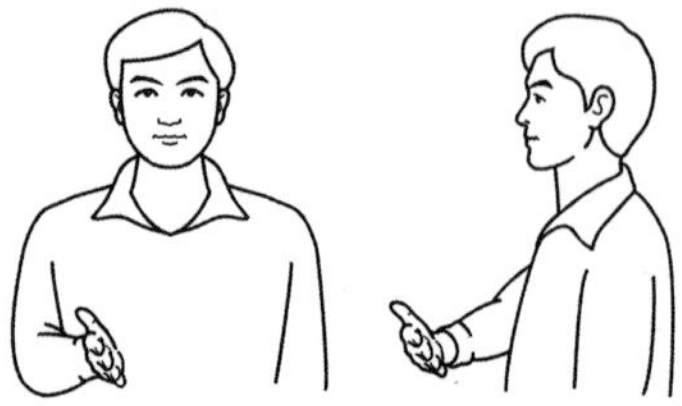	手斜伸，手指指尖朝前、后、左、右的斜上方或斜下方，掌心向前、后、左、右的斜上方或斜下方。
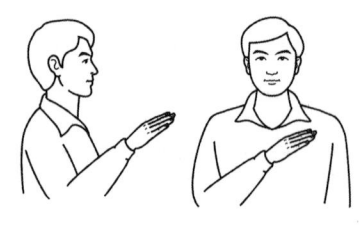	手斜伸，手指指尖朝前、后、左、右的斜上方或斜下方，掌心向前、后、左、右的斜上方或斜下方。

一、基本词汇

1. 生物圈

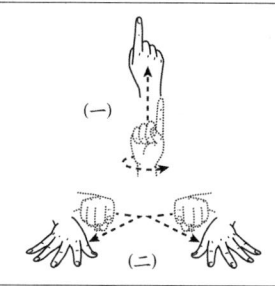

生物① shēngwù ①
（一）一手食指直立，边转动手腕边向上移动。
（二）双手食指指尖朝前，手背向上，先互碰一下，再分开并张开五指。

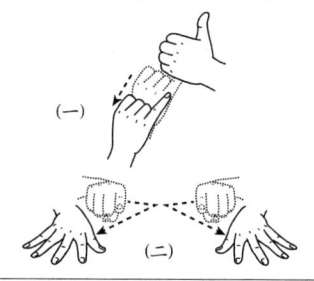

生物② shēngwù ②
（一）左手伸拇指，其他四指攥住右手小指，然后右手小指从左手掌心内向下移出一下。
（二）双手食指指尖朝前，手背向上，先互碰一下，再分开并张开五指。

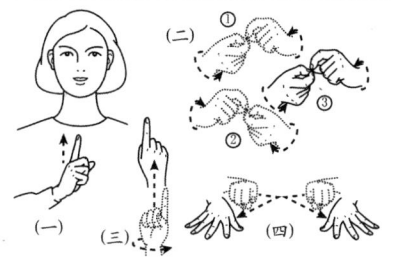

单细胞生物 dānxìbāo shēngwù
（一）一手食指直立，虎口贴于胸部，向上移动少许。
（二）双手拇、食指捏成圆形，指尖相抵，边前后反向微转边随意移动，表示彼此相挨的细胞结构。
（三）一手食指直立，边转动手腕边向上移动。
（四）双手食指指尖朝前，手背向上，先互碰一下，再分开并张开五指。

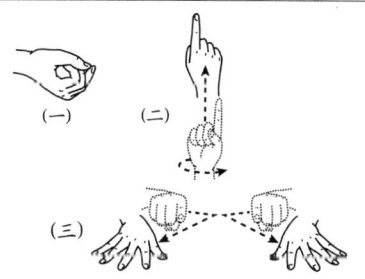

微生物 wēishēngwù
（一）一手拇、小指相捏，指尖朝上。
（二）一手食指直立，边转动手腕边向上移动。
（三）双手食指指尖朝前，手背向上，先互碰一下，再分开并张开五指。

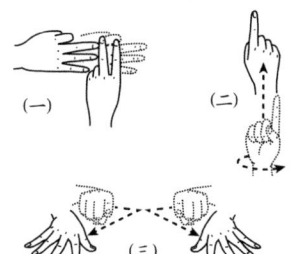

非生物 fēishēngwù
（一）左手食、中指直立分开，手背向外；右手中、无名、小指横伸分开，手背向外，从左向右划过左手食、中指，仿"非"字形。
（二）一手食指直立，边转动手腕边向上移动。
（三）双手食指指尖朝前，手背向上，先互碰一下，再分开并张开五指。

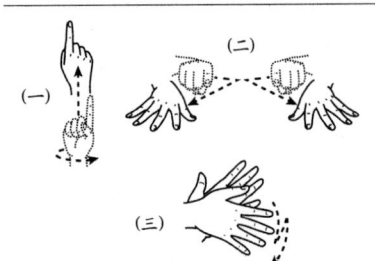

生物因素 shēngwù yīnsù

（一）一手食指直立，边转动手腕边向上移动。
（二）双手食指指尖朝前，手背向上，先互碰一下，再分开并张开五指。
（三）双手五指张开，掌心左右相贴，左手不动，右手向下转动两下。

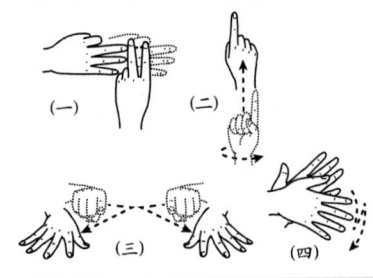

非生物因素 fēishēngwù yīnsù

（一）左手食、中指直立分开，手背向外；右手中、无名、小指横伸分开，手背向外，从左向右划过左手食、中指，仿"非"字形。
（二）一手食指直立，边转动手腕边向上移动。
（三）双手食指指尖朝前，手背向上，先互碰一下，再分开并张开五指。
（四）双手五指张开，掌心左右相贴，左手不动，右手向下转动两下。

界（社会） jiè (shèhuì)

左手握拳，手背向上；右手侧立，沿左手背从后向前移动一下。

门① mén ①

双手并排直立，掌心向外，五指并拢。

门② mén ②

双手并排直立，掌心向外，食、中、无名、小指并拢，拇指弯回。

纲 gāng

左手伸拇指，手背向外；右手五指张开，指尖朝下，边从下向左手底部移动边撮合。

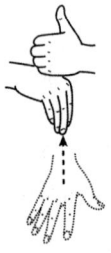

一、基本词汇 3

目 mù

左手斜伸,掌心向后上方;右手握拳,在左手掌心上边向后微移边依次伸出食、中、无名、小指。

科 kē

一手打手指字母"K"的指式。

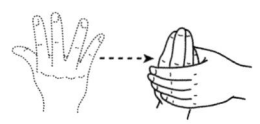

属 shǔ

左手五指成半圆形,虎口朝上;右手五指张开,指尖朝上,边移向左手虎口内边撮合。

种 zhǒng

一手拇、食、中指相捏,指尖朝下,点动一下。

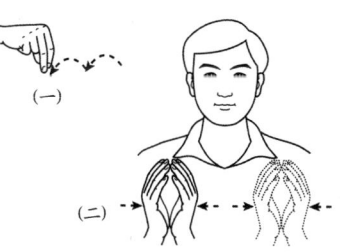

种群 zhǒngqún

(一)一手拇、食、中指相捏,指尖朝下,在不同位置点动两下。

(二)双手直立,掌心左右相对,五指微曲,从两侧向中间移动,然后换位置重复一次。

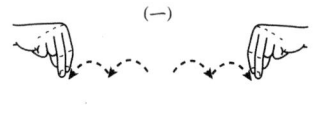
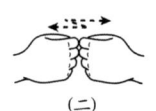

种间竞争 zhǒngjiān-jìngzhēng

(一)双手拇、食、中指相捏,指尖朝下,在不同位置点动两下。

(二)双手握拳,指背相抵,左右用力推动两下。

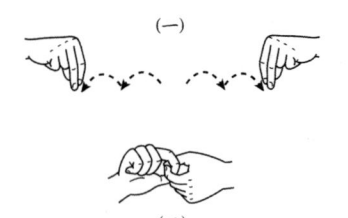

种间关系 zhǒngjiān-guān·xì

（一）双手拇、食、中指相捏，指尖朝下，在不同位置点动两下。

（二）双手拇、食指套环。

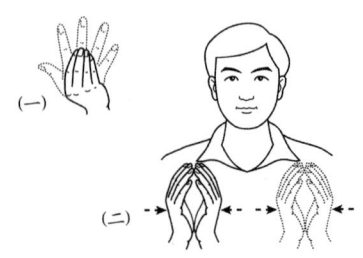

类群 lèiqún

（一）一手五指张开，指尖朝上，然后撮合。

（二）双手直立，掌心左右相对，五指微曲，从两侧向中间移动，然后换位置重复一次。

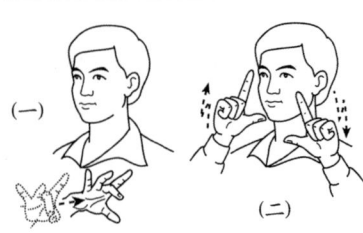

生态 shēngtài

（一）右手拇、中指相捏，边碰向左胸部边张开。

（二）双手拇、食指成"⌊⌋"形，置于脸颊两侧，上下交替动两下。

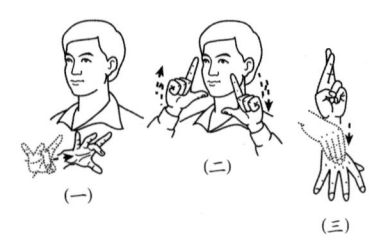

生态系统 shēngtài xìtǒng

（一）右手拇、中指相捏，边碰向左胸部边张开。

（二）双手拇、食指成"⌊⌋"形，置于脸颊两侧，上下交替动两下。

（三）左手打手指字母"X"的指式，在上不动；右手五指撮合，指尖朝下，边从左手腕向下移动边张开，表示系统。

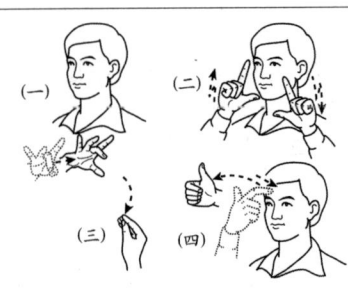

生态文明 shēngtài wénmíng

（一）右手拇、中指相捏，边碰向左胸部边张开。

（二）双手拇、食指成"⌊⌋"形，置于脸颊两侧，上下交替动两下。

（三）一手五指撮合，指尖朝前，撇动一下，如执毛笔写字状。

（四）一手伸拇、食指，食指点一下前额，然后边向外移出边缩回食指。

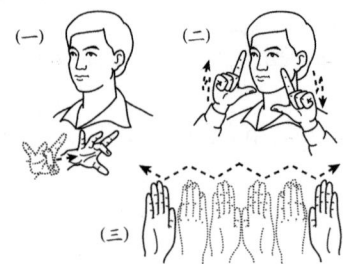

生态屏障 shēngtài píngzhàng

（一）右手拇、中指相捏，边碰向左胸部边张开。

（二）双手拇、食指成"⌊⌋"形，置于脸颊两侧，上下交替动两下。

（三）双手直立，掌心向外，五指并拢，靠在一起，然后分别向两侧做折叠状移动。

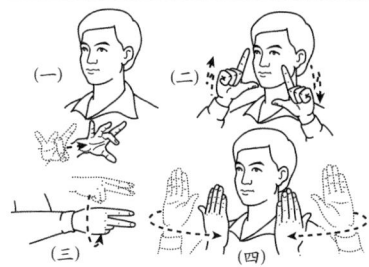

生态修复　shēngtài xiūfù

（一）右手拇、中指相捏，边碰向左胸部边张开。

（二）双手拇、食指成"⌐⌐"形，置于脸颊两侧，上下交替动两下。

（三）一手食、中指分开，指尖朝前，手背向上，手腕翻转一下。

（四）双手直立，掌心向外，然后边向前做弧形移动边翻转为掌心向内。

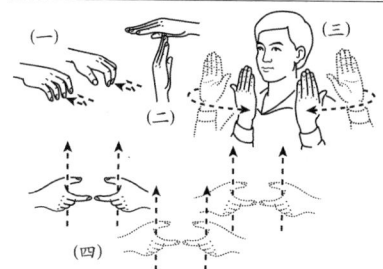

退耕还林　tuìgēng-huánlín

（一）双手五指弯曲，掌心向下，一前一后，向后移动两下，模仿耙地的动作。

（二）左手横伸，掌心向下；右手直立，掌心向左，指尖抵于左手掌心。

（三）双手直立，掌心向外，然后边向前做弧形移动边翻转为掌心向内。

（四）双手拇、食指成大圆形，虎口朝上，在不同位置连续向上移动几下。

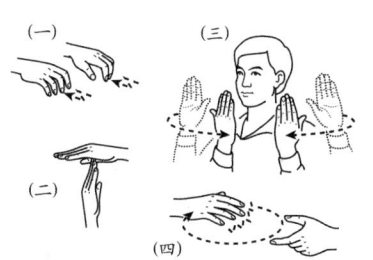

退耕还湖　tuìgēng-huánhú

（一）双手五指弯曲，掌心向下，一前一后，向后移动两下，模仿耙地的动作。

（二）左手横伸，掌心向下；右手直立，掌心向左，指尖抵于左手掌心。

（三）双手直立，掌心向外，然后边向前做弧形移动边翻转为掌心向内。

（四）左手拇、食指成半圆形，虎口朝上；右手横伸，掌心向下，五指张开，边交替点动边在左手旁顺时针转动一圈。

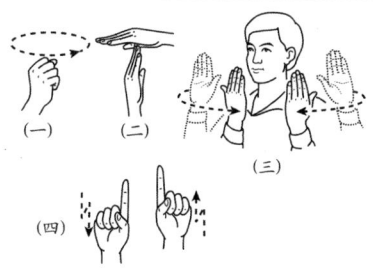

退牧还草　tuìmù-huáncǎo

（一）一手握拳上举，做扬鞭的动作。

（二）左手横伸，掌心向下；右手直立，掌心向左，指尖抵于左手掌心。

（三）双手直立，掌心向外，然后边向前做弧形移动边翻转为掌心向内。

（四）双手食指直立，手背向内，上下交替动几下。

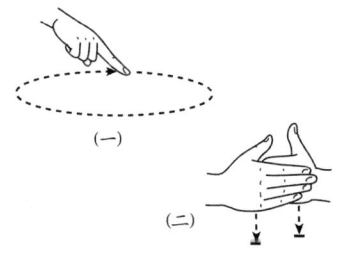

环境保护①（环保①）　huánjìng bǎohù ①（huánbǎo ①）

（一）一手伸食指，指尖朝下划一大圈。

（二）左手伸拇指；右手横立，掌心向内，五指微曲，置于左手前，然后双手同时向下一顿。

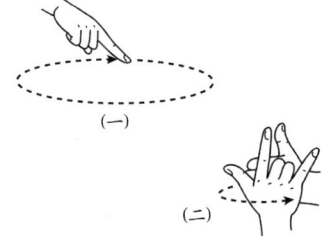

环境保护②（环保②）　huánjìng bǎohù ②（huánbǎo ②）

（一）一手伸食指，指尖朝下划一大圈。

（二）左手伸拇指；右手拇、食、小指直立，绕左手转动半圈。

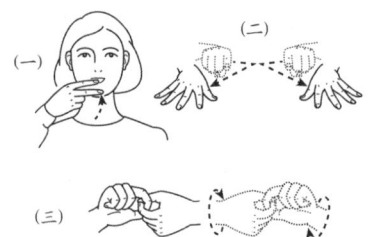

生物圈 shēngwùquān
（一）一手食指直立，边转动手腕边向上移动。
（二）双手食指指尖朝前，手背向上，先互碰一下，再分开并张开五指。
（三）一手伸食指，指尖朝下划一大圈。

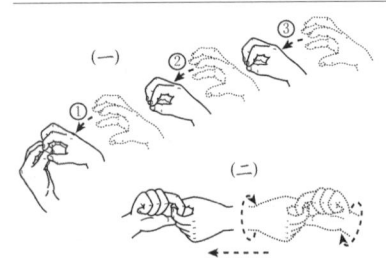

食物链① shíwùliàn ①
（一）一手伸食、中指，向嘴边拨动，如用筷子吃饭状。
（二）双手食指指尖朝前，手背向上，先互碰一下，再分开并张开五指。
（三）双手边转腕边拇、食指连续相互套环，并向一侧移动。

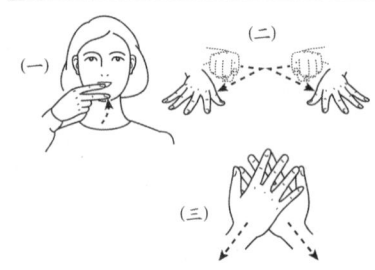

食物链② shíwùliàn ②
（一）左手五指聚拢，指尖朝后上方；右手五指弯曲，抓向左手，然后边向后移动边向前做抓物的动作，表示一个生物以另一个生物为食物。
（二）双手边转腕边拇、食指连续相互套环，并向一侧移动。

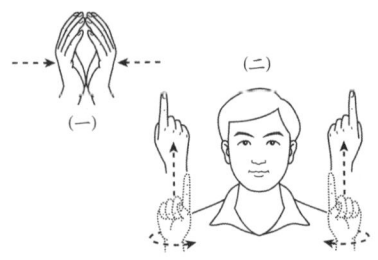

食物网 shíwùwǎng
（一）一手伸食、中指，向嘴边拨动，如用筷子吃饭状。
（二）双手食指指尖朝前，手背向上，先互碰一下，再分开并张开五指。
（三）双手五指张开，手背向外，交叉相搭，向两侧斜下方移动。

共生 gòngshēng
（一）双手直立，掌心左右相对，五指微曲，从两侧向中间移动。
（二）双手食指直立，边转动手腕边向上移动。

生产者 shēngchǎnzhě
（一）左手五指成半圆形，虎口朝上；右手五指撮合，指尖朝上，手背向外，边从左手虎口内伸出边张开，重复一次。
（二）双手食指搭成"人"字形。

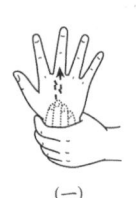

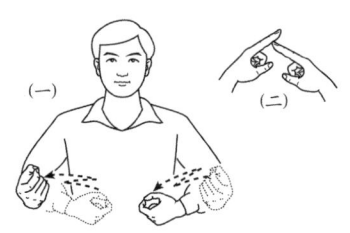

消费者 xiāofèizhě

（一）双手拇、食指捏成圆形，虎口朝上，置于腰部两侧，交替向前甩动。

（二）双手食指搭成"人"字形。

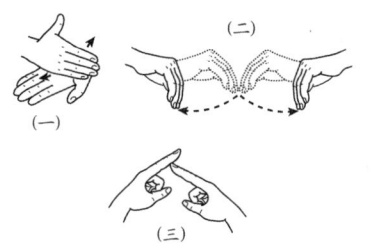

分解者 fēnjiězhě

（一）左手横伸；右手侧立，置于左手掌心上，并左右拨动一下。

（二）双手手背拱起，指背相对，分别向两侧扒动一下。

（三）双手食指搭成"人"字形。

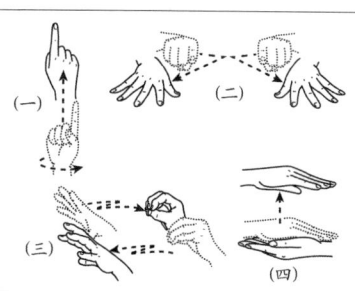

生物富集 shēngwù fùjí

（一）一手食指直立，边转动手腕边向上移动。

（二）双手食指指尖朝前，手背向上，先互碰一下，再分开并张开五指。

（三）双手五指张开，掌心向外，边交替向内移动边撮合。

（四）双手横伸，掌心相贴，左手在下不动，右手向上移动，表示积累的意思。

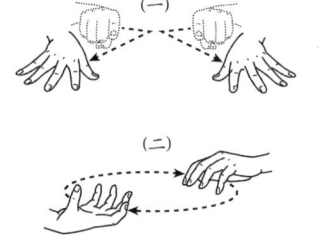

物质循环 wùzhì xúnhuán

（一）双手食指指尖朝前，手背向上，先互碰一下，再分开并张开五指。

（二）双手五指弯曲，指尖朝向一上一下，交替平行转动两下。

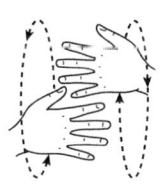

代谢 dàixiè

双手横立，手背向外，五指张开，上下交替转动两下。

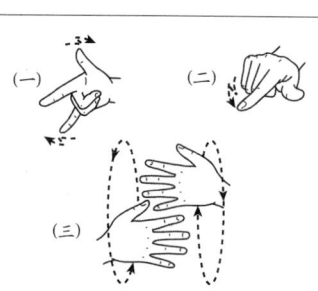

新陈代谢 xīnchén-dàixiè

（一）一手伸拇、食、小指，指尖朝斜前方，左右晃动几下。

（二）一手伸拇、食指，手背向上，食指尖朝前，向下点动几下。

（三）双手横立，手背向外，五指张开，上下交替转动两下。

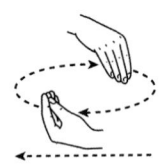

调节　tiáojié
　　双手五指撮合，指尖上下相对，边交替平行转动边向一侧移动。

 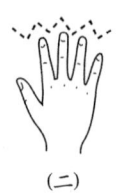

能量①　néngliàng ①
　　（一）一手直立，掌心向外，然后食、中、无名、小指用力弯动一下。
　　（二）一手直立，掌心向内，五指张开，交替点动几下。

 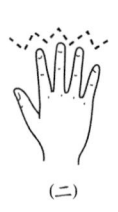

能量②　néngliàng ②
　　（一）一手握拳屈肘，用力向内弯动一下。
　　（二）一手直立，掌心向内，五指张开，交替点动几下。

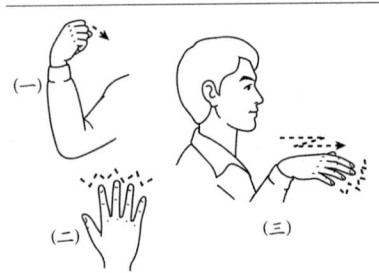

能量流动　néngliàng liúdòng
　　（一）一手握拳屈肘，用力向内弯动一下。
　　（二）一手直立，掌心向内，五指张开，交替点动几下。
　　（三）一手平伸，掌心向下，五指张开，边交替点动边向前移动两下。

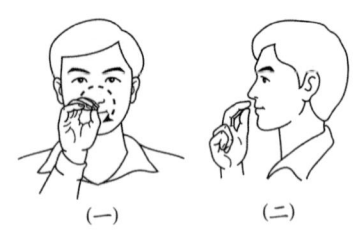

氧气　yǎngqì
　　（一）一手打手指字母"O"的指式，置于鼻前，转动一小圈，表示氧的元素符号"O"。
　　（二）一手打手指字母"Q"的指式，指尖朝内，置于鼻孔处。

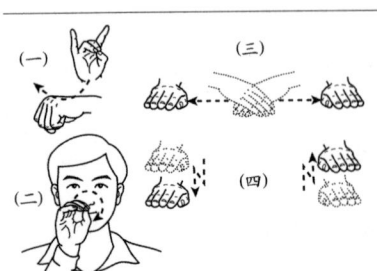

碳氧平衡　tànyǎng-pínghéng
　　（一）左手握拳，手背向上；右手打手指字母"T"的指式，碰一下左手背后向前移动，表示碳的声母。
　　（二）一手打手指字母"O"的指式，置于鼻前，转动一小圈，表示氧的元素符号"O"。
　　（三）双手五指并拢，掌心向下，交叉相搭，然后分别向两侧移动。
　　（四）双手平伸，掌心向下，上下交替微移几下，然后双手保持平衡状态。

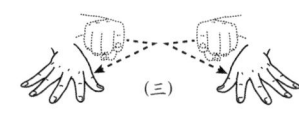

有机物　yǒujīwù
（一）一手伸拇、食指，手背向下，拇指不动，食指向内弯动一下。
（二）双手五指弯曲，食、中、无名、小指关节交错相触，向下转动一下。
（三）双手食指指尖朝前，手背向上，先互碰一下，再分开并张开五指。

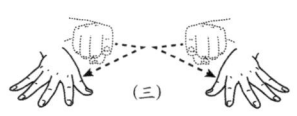

无机物　wújīwù
（一）一手五指捏成圆形，虎口朝内，左右晃动几下。
（二）双手五指弯曲，食、中、无名、小指关节交错相触，向下转动一下。
（三）双手食指指尖朝前，手背向上，先互碰一下，再分开并张开五指。

无机盐　wújīyán
（一）一手五指捏成圆形，虎口朝内，左右晃动几下。
（二）双手五指弯曲，食、中、无名、小指关节交错相触，向下转动一下。
（三）一手打手指字母"X"的指式，置于嘴前，向下微动两下。
（四）一手拇、食、中指相捏，指尖朝下，互捻几下。

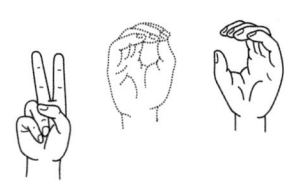

二氧化碳　èryǎnghuàtàn
左手打手指字母"C"的指式；右手先打手指字母"O"的指式，再在右下方打数字"2"的手势，表示二氧化碳的化学分子式。

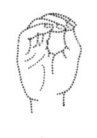

二氧化硫　èryǎnghuàliú
左手打手指字母"S"的指式；右手先打手指字母"O"的指式，再在右下方打数字"2"的手势，表示二氧化硫的化学分子式。

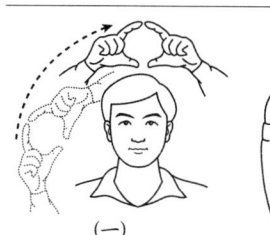

太阳能　tàiyángnéng
（一）双手拇、食指搭成圆形，虎口朝内，从头右侧向头顶做弧形移动，表示太阳升起。
（二）一手握拳屈肘，用力向内弯动一下。

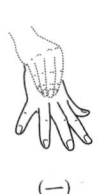 

光能 guāngnéng
（一）一手五指撮合，指尖朝下，然后张开。
（二）一手握拳屈肘，用力向内弯动一下。

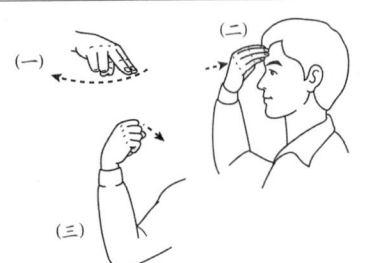

化学能 huàxuénéng
（一）一手打手指字母"H"的指式，指尖朝前斜下方，平行划动一下。
（二）一手五指撮合，指尖朝内，按向前额。
（三）一手握拳屈肘，用力向内弯动一下。

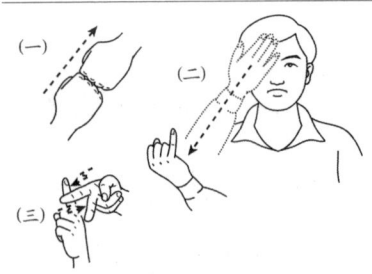

抗逆性 kàngnìxìng
（一）双手握拳屈肘，两拳斜向相抵，右拳将左拳向左上方顶出。
（二）一手拍一下前额，然后边向前下方移动边伸出小指。
（三）左手食指直立；右手食、中指横伸，指背交替弹左手食指背。

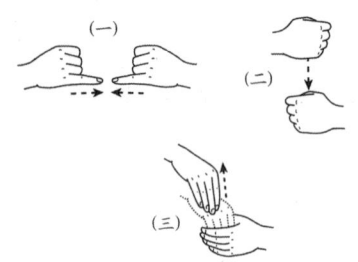

拮抗作用 jiékàng-zuòyòng
（一）双手伸小指，指尖左右相对，手背向外，对戳一下。
（二）双手握拳，一上一下，右拳向下砸一下左拳。
（三）左手五指成"匚"形，虎口朝上；右手五指撮合，指尖朝下，从左手虎口内抽出。

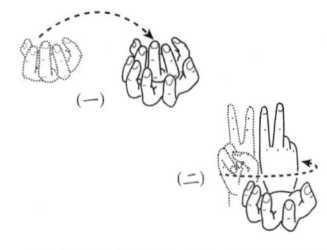

演替 yǎntì
（一）双手五指弯曲，掌心向上，左手不动，右手移入左手掌心，表示生物群落中侵入了其他物种。
（二）左手五指弯曲，掌心向上；右手食、中指直立分开，置于左手后，由掌心向外翻转为掌心向内，表示原来的群落组成和环境发生了变化。

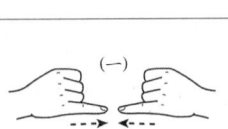

敌害 díhài
（一）双手伸小指，指尖左右相对，手背向外，对戳一下。
（二）左手横立，掌心向内；右手伸小指，指尖朝前，插入左手无名、小指指缝间。
（可根据实际决定手的位置和移动方向）

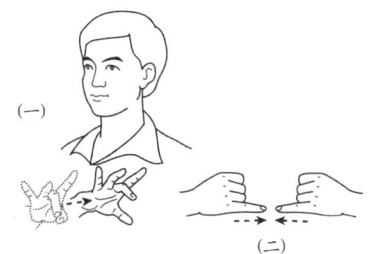

天敌① tiāndí ①
（一）右手拇、中指相捏，边碰向左胸部边张开。
（二）双手伸小指，指尖左右相对，手背向外，对戳一下。

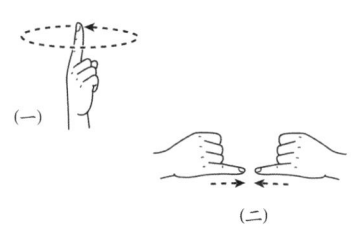

天敌② tiāndí ②
（一）一手食指直立，在头一侧上方转动一圈。
（二）双手伸小指，指尖左右相对，手背向外，对戳一下。

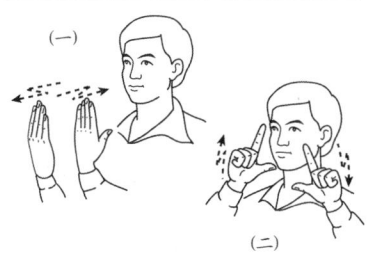

表型（表现型） biǎoxíng (biǎoxiànxíng)
（一）双手直立，掌心向内，前后交替移动两下。
（二）双手拇、食指成"⌐⌐"形，置于脸颊两侧，上下交替动两下。

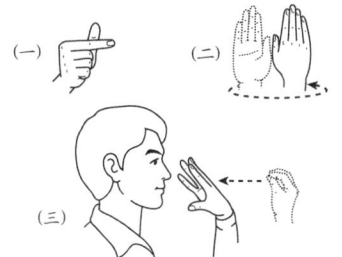

正反馈 zhèngfǎnkuì
（一）一手拇、食指搭成"十"形。
（二）一手直立，掌心向外，然后翻转为掌心向内。
（三）一手五指撮合，指尖朝内，置于面前，边向内移动边张开。

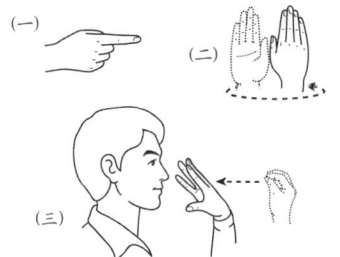

负反馈 fùfǎnkuì
（一）一手食指横伸，手背向外。
（二）一手直立，掌心向外，然后翻转为掌心向内。
（三）一手五指撮合，指尖朝内，置于面前，边向内移动边张开。

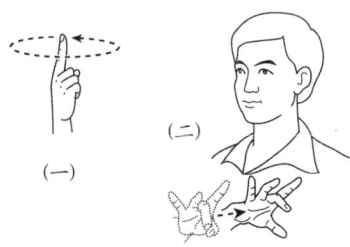

天然 tiānrán
（一）一手食指直立，在头一侧上方转动一圈。
（二）右手拇、中指相捏，边碰向左胸部边张开。

 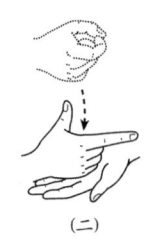

珍稀　zhēnxī
（一）一手拇、食指相捏，拇指尖微弹一下。
（二）左手横伸；右手拇、食指相捏，边砸向左手掌心边张开，食指尖朝左前方。

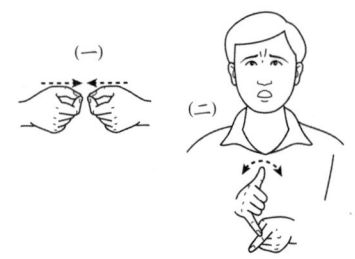

濒危①　bīnwēi①
（一）双手拇、食指相捏，虎口朝上，相互靠近。
（二）左手伸食指，指尖朝前；右手伸拇、小指，小指立于左手食指上，左右晃动几下，面露害怕的表情。

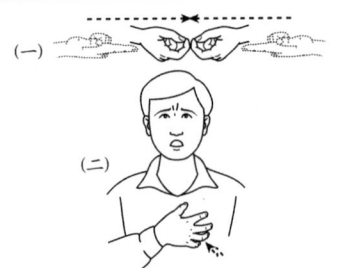

濒危②　bīnwēi②
（一）双手食指横伸，手背向下，拇指尖先按于食指根部，然后向指尖方向移动，双手同时向中间靠拢，表示越来越少的意思。
（二）一手五指微曲，掌心向内，按两下胸部，面露害怕的表情。

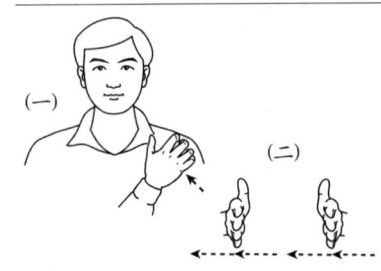

治理　zhìlǐ
（一）右手五指微曲，指尖朝内，按向左肩。
（二）双手侧立，掌心相对，向一侧一顿一顿移动几下。

伦理　lúnlǐ
一手打手指字母"L"的指式，上下转动两圈。

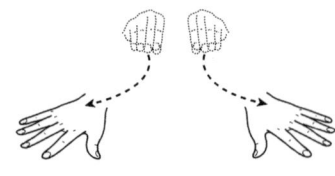

扩散　kuòsàn
双手五指撮合，指尖朝前，手背向上，边向两侧做弧形移动边张开。
（可根据实际表示扩散的意思）

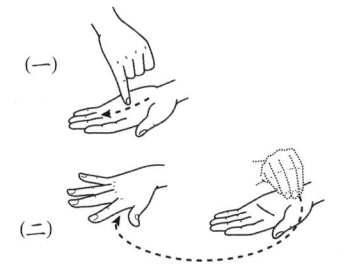

污染 wūrǎn

（一）左手平伸；右手伸小指，指尖朝下，在左手掌心上向前划动一下。

（二）左手平伸，掌心向上；右手五指撮合，置于左手腕的脉门处，然后边向外做弧形移动边张开。

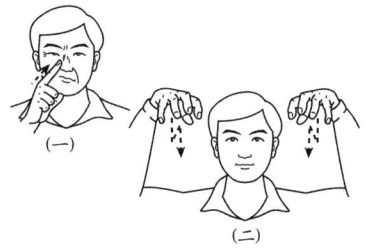

酸雨 suānyǔ

（一）一手食指直立，在鼻翼一侧向上移动一下，同时耸鼻。

（二）双手五指微曲，指尖朝下，在头前快速向下动几下，表示雨点落下。

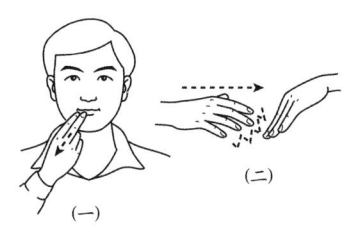

赤潮 chìcháo

（一）一手打手指字母"H"的指式，摸一下嘴唇。

（二）左手斜伸，手背向右上方；右手横伸，掌心向下，五指张开，边交替点动边移向左手。

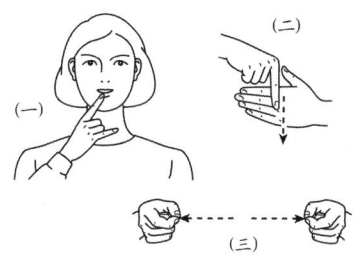

紫外线 zǐwàixiàn

（一）一手打手指字母"Z"的指式，食指尖置于嘴唇处。

（二）左手横立；右手伸食指，指尖朝下，在左手背外向下指。

（三）双手拇、食指相捏，虎口朝上，从中间向两侧拉开。

2. 生物体

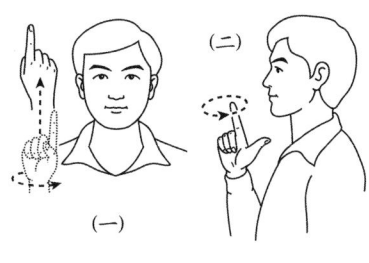

生理 shēnglǐ

（一）一手食指直立，边转动手腕边向上移动。

（二）一手打手指字母"L"的指式，逆时针平行转动一下。

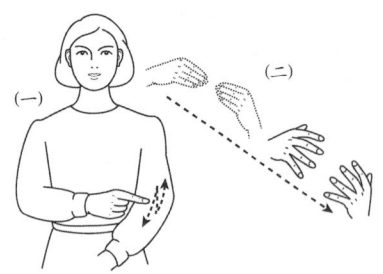

遗传 yíchuán
（一）右手伸食指，在左臂处上下划动几下。
（二）双手五指撮合，指尖斜向相对，边向斜下方移动边张开。

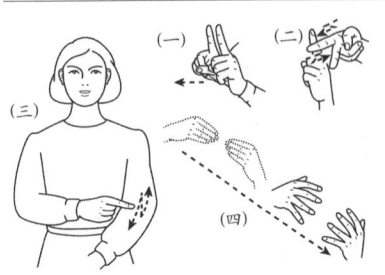

伴性遗传 bànxìng-yíchuán
（一）双手食指并排直立，手背向内，同时向前移动。
（二）左手食指直立；右手食、中指横伸，指背交替弹左手食指背。
（三）右手伸食指，在左臂处上下划动几下。
（四）双手五指撮合，指尖斜向相对，边向斜下方移动边张开。

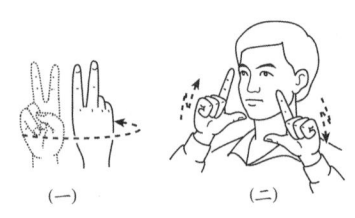

变态 biàntài
（一）一手食、中指直立分开，由掌心向外翻转为掌心向内。
（二）双手拇、食指成"⌒"形，置于脸颊两侧，上下交替动两下。

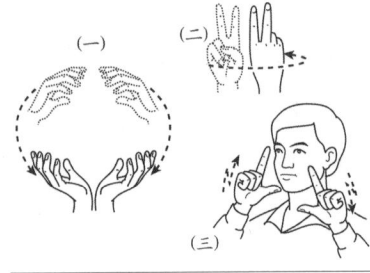

完全变态 wánquán biàntài
（一）双手五指微曲，指尖左右相对，然后向下做弧形移动，手腕靠拢。
（二）一手食、中指直立分开，由掌心向外翻转为掌心向内。
（三）双手拇、食指成"⌒"形，置于脸颊两侧，上下交替动两下。

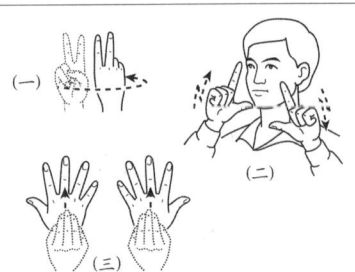

变态发育 biàntài fāyù
（一）一手食、中指直立分开，由掌心向外翻转为掌心向内。
（二）双手拇、食指成"⌒"形，置于脸颊两侧，上下交替动两下。
（三）双手五指撮合，指尖朝上，边向上微移边张开。
（可根据实际选择"发育"的手势）

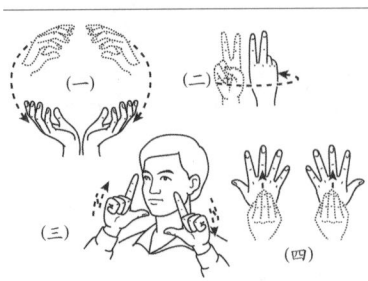

完全变态发育 wánquán biàntài fāyù
（一）双手五指微曲，指尖左右相对，然后向下做弧形移动，手腕靠拢。
（二）一手食、中指直立分开，由掌心向外翻转为掌心向内。
（三）双手拇、食指成"⌒"形，置于脸颊两侧，上下交替动两下。
（四）双手五指撮合，指尖朝上，边向上微移边张开。
（可根据实际选择"发育"的手势）

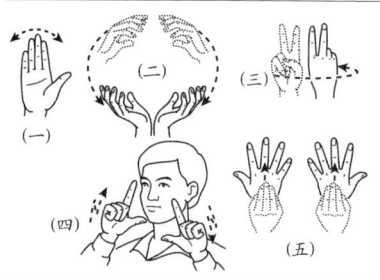

不完全变态发育　bùwánquán biàntài fāyù

（一）一手直立，掌心向外，左右摆动几下。
（二）双手五指微曲，指尖左右相对，然后向下做弧形移动，手腕靠拢。
（三）一手食、中指直立分开，由掌心向外翻转为掌心向内。
（四）双手拇、食指成"凵"形，置于脸颊两侧，上下交替动两下。
（五）双手五指撮合，指尖朝上，边向上微移边张开。
（可根据实际选择"发育"的手势）

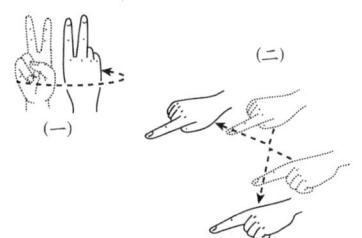

变异　biànyì

（一）一手食、中指直立分开，由掌心向外翻转为掌心向内。
（二）双手伸食指，指尖朝前，手背向上，先互碰一下，再分别向两侧移动。

显性　xiǎnxìng

（一）双手直立，掌心向内，左手不动，右手向内移动一下。
（二）左手食指直立；右手食、中指横伸，指背交替弹左手食指背。

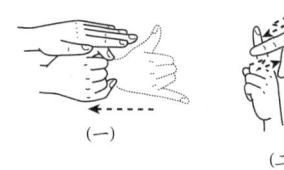

隐性　yǐnxìng

（一）左手平伸；右手伸拇、小指，手背向右，边向左手掌心下移动边蜷曲。
（二）左手食指直立；右手食、中指横伸，指背交替弹左手食指背。

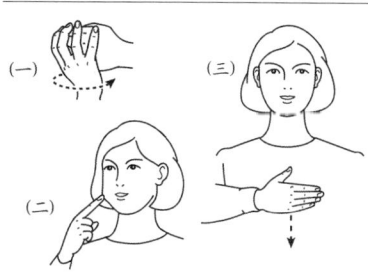

核糖体①　hétángtǐ ①

（一）左手握拳；右手五指微曲，手背向外，从右向左绕左拳转动半圈。
（二）一手食指指腮部，同时用舌顶起腮部，表示嘴里含着的糖。
（三）一手掌心贴于胸部，向下移动一下。

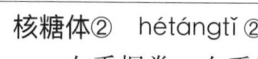

核糖体②　hétángtǐ ②

左手握拳；右手五指弯曲，指尖朝内，在左手背上点动几下。

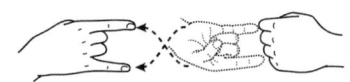
核酸 hésuān
左手握拳,手背向外,虎口朝上;右手食、小指横伸,掌心向外,然后边从左手旁向右移动边翻转为掌心向内。

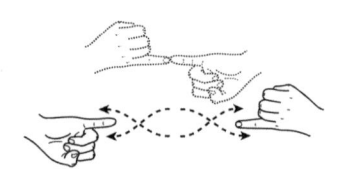
核糖核酸(RNA) hétáng hésuān
双手小指横伸,指尖相抵,掌心朝向一前一后,然后边同时转腕边向两侧移动。

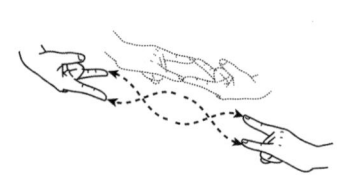
脱氧核糖核酸(DNA) tuōyǎng-hétáng hésuān
双手伸食、小指,指尖斜向相抵,左手掌心向上,右手掌心向下,然后边同时转腕边向两侧移动。

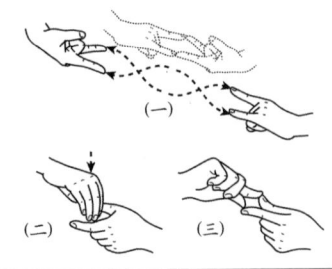
DNA芯片 DNA xīnpiàn
(一)双手伸食、小指,指尖斜向相抵,左手掌心向上,右手掌心向下,然后边同时转腕边向两侧移动。
(二)左手拇、食指成"⊂"形,虎口朝上;右手五指撮合,指尖朝下,在左手虎口处向下点动一下。
(三)双手拇、食指搭成小"口"形。

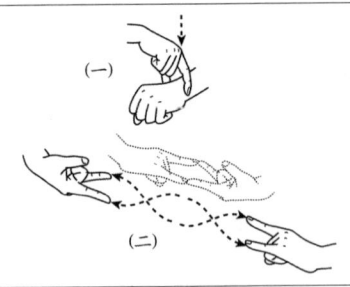
基因 jīyīn
(一)左手握拳,手背向上;右手拇、食指张开,指尖朝下,插向左手腕两侧。
(二)双手伸食、小指,指尖斜向相抵,左手掌心向上,右手掌心向下,然后边同时转腕边向两侧移动。

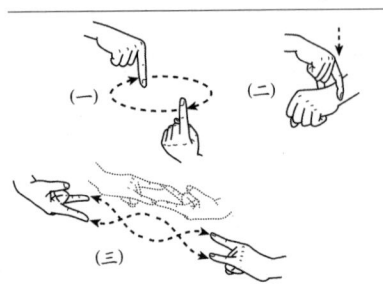
转基因 zhuǎnjīyīn
(一)双手伸食指,指尖上下相对,交替平行转动两圈。
(二)左手握拳,手背向上;右手拇、食指张开,指尖朝下,插向左手腕两侧。
(三)双手伸食、小指,指尖斜向相抵,左手掌心向上,右手掌心向下,然后边同时转腕边向两侧移动。

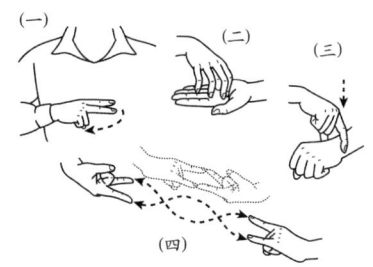

等位基因 děngwèi-jīyīn

（一）一手食、中指横伸分开，手背向上，向前移动一下。
（二）左手横伸；右手五指弯曲，指尖朝下，置于左手掌心上，表示物体的位置。
（三）左手握拳，手背向上；右手拇、食指张开，指尖朝下，插向左手腕两侧。
（四）双手伸食、小指，指尖斜向相抵，左手掌心向上，右手掌心向下，然后边同时转腕边向两侧移动。

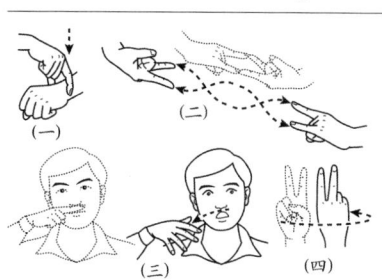

基因突变 jīyīn tūbiàn

（一）左手握拳，手背向上；右手拇、食指张开，指尖朝下，插向左手腕两侧。
（二）双手伸食、小指，指尖斜向相抵，左手掌心向上，右手掌心向下，然后边同时转腕边向两侧移动。
（三）一手食指横伸，置于鼻下，然后突然向一侧移动并张开五指，面露惊讶的表情。
（四）一手食、中指直立分开，由掌心向外翻转为掌心向内。

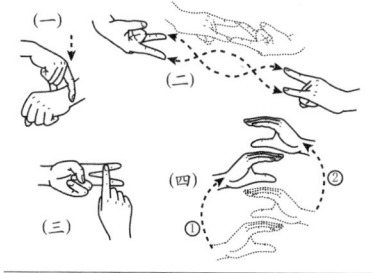

基因工程 jīyīn gōngchéng

（一）左手握拳，手背向上；右手拇、食指张开，指尖朝下，插向左手腕两侧。
（二）双手伸食、小指，指尖斜向相抵，左手掌心向上，右手掌心向下，然后边同时转腕边向两侧移动。
（三）左手食、中指与右手食指搭成"工"字形。
（四）双手五指成"匚 ⊐"形，虎口朝内，交替上叠。

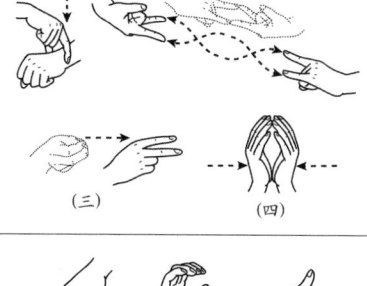

基因重组 jīyīn chóngzǔ

（一）左手握拳，手背向上；右手拇、食指张开，指尖朝下，插向左手腕两侧。
（二）双手伸食、小指，指尖斜向相抵，左手掌心向上，右手掌心向下，然后边同时转腕边向两侧移动。
（三）右手拇、食、中指相捏，手背向外，边向左移动边伸出食、中指。
（四）双手直立，掌心左右相对，五指微曲，从两侧向中间移动。

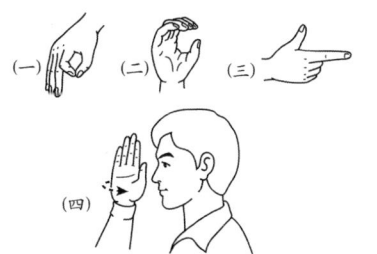

聚合酶链式反应（PCR） jùhéméi liànshì fǎnyìng

（一）一手打手指字母"P"的指式。
（二）一手打手指字母"C"的指式。
（三）一手打手指字母"R"的指式。
（四）右手直立，掌心向左，五指并拢，置于头前，然后手腕向左微转一下。

转录 zhuǎnlù

左手打手指字母"Z"的指式；右手小指横伸，指尖抵于左手小指，手背向外，然后边向右移动边翻转为手背向内。

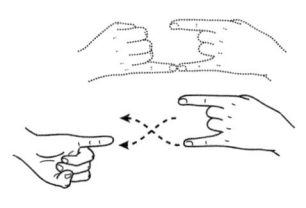

线粒体 xiànlìtǐ

（一）左手五指成"匚"形，虎口朝内；右手伸食指，指尖朝前，手背向上，从左手虎口内向右做折线形移动。
（二）双手五指成"匚⊐"形，指尖相抵，虎口朝内。

染色体 rǎnsètǐ

双手伸食、中指，指尖朝向一上一下，手背向外，手腕斜向相搭，仿染色体的形状。

常染色体 chángrǎnsètǐ

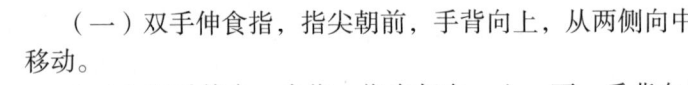

（一）双手伸食指，指尖朝前，手背向上，从两侧向中间移动。
（二）双手伸食、中指，指尖朝向一上一下，手背向外，手腕斜向相搭，仿染色体的形状。

性染色体 xìngrǎnsètǐ

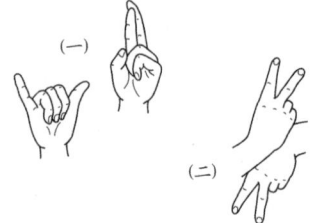

（一）左手打手指字母"X"的指式；右手打手指字母"Y"的指式。
（二）双手伸食、中指，指尖朝向一上一下，手背向外，手腕斜向相搭，仿染色体的形状。

同源染色体 tóngyuán rǎnsètǐ

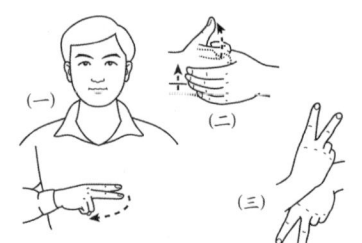

（一）一手食、中指横伸分开，手背向上，向前移动一下。
（二）左手五指成半圆形，虎口朝上；右手拇、食指相捏，置于左手虎口内，然后边向上移动边弹出拇指。
（三）双手伸食、中指，指尖朝向一上一下，手背向外，手腕斜向相搭，仿染色体的形状。

姐妹染色单体 jiěmèi rǎnsè dāntǐ

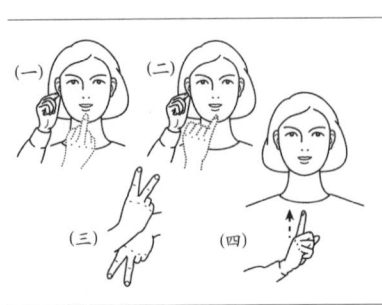

（一）一手伸中指，指尖朝上，指面贴于颊部，然后拇、食指捏一下耳垂。
（二）一手伸小指，指尖朝上，指面贴于颊部，然后拇、食指捏一下耳垂。
（三）双手伸食、中指，指尖朝向一上一下，手背向外，手腕斜向相搭，仿染色体的形状。
（四）一手食指直立，虎口贴于胸部，向上移动少许。

着丝粒 zhuósīlì

（一）双手伸食、中指，指尖朝向一上一下，手背向外，手腕斜向相搭，仿染色体的形状。

（二）左手伸食、中指，指尖朝下，手背向外；右手伸食指，在左手食、中指根部关节中间指一下。

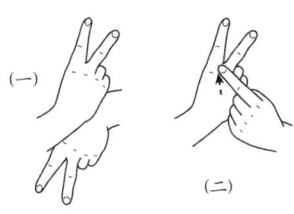

着丝点（动粒） zhuósīdiǎn（dònglì）

（一）双手伸食、中指，指尖朝向一上一下，手背向外，手腕斜向相搭，仿染色体的形状。

（二）右手食、中指直立分开，手背向外；左手伸食指，在右手食、中指根部关节相连部位指一下。

引物 yǐnwù

（一）一手食指弯曲，手背向下，从外向内移动。

（二）双手食指指尖朝前，手背向上，先互碰一下，再分开并张开五指。

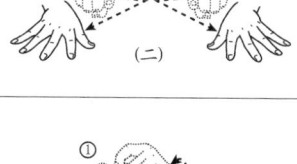

细胞 xìbāo

双手拇、食指捏成圆形，指尖相抵，边前后反向微转边随意移动，表示彼此相挨的细胞结构。

细胞膜 xìbāomó

（一）双手拇、食指捏成圆形，指尖相抵，边前后反向微转边随意移动，表示彼此相挨的细胞结构。

（二）左手握拳，手背向外，虎口朝上；右手拇、食指微张，指尖朝左，沿左手背向下转动半圈。

细胞质 xìbāozhì

（一）双手拇、食指捏成圆形，指尖相抵，边前后反向微转边随意移动，表示彼此相挨的细胞结构。

（二）左手握拳；右手食、中指横伸，指背交替弹左手背。

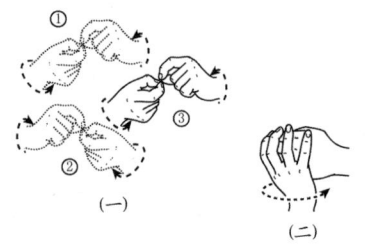

细胞核 xìbāohé

（一）双手拇、食指捏成圆形，指尖相抵，边前后反向微转边随意移动，表示彼此相挨的细胞结构。

（二）左手握拳；右手五指微曲，手背向外，从右向左绕左拳转动半圈。

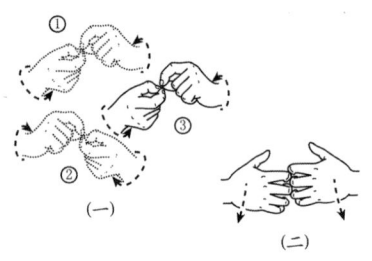

细胞器 xìbāoqì

（一）双手拇、食指捏成圆形，指尖相抵，边前后反向微转边随意移动，表示彼此相挨的细胞结构。

（二）双手五指弯曲，食、中、无名、小指关节交错相触，向下转动一下。

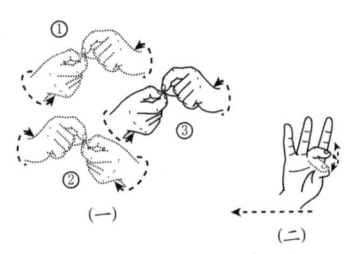

细胞液 xìbāoyè

（一）双手拇、食指捏成圆形，指尖相抵，边前后反向微转边随意移动，表示彼此相挨的细胞结构。

（二）一手拇、中指指尖朝前，边向一侧移动边相捏几下。

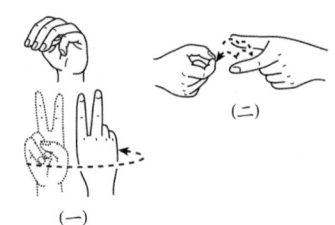

溶酶体 róngméitǐ

（一）左手打手指字母"M"的指式，在上；右手食、中指直立分开，在下，由掌心向外翻转为掌心向内。

（二）左手拇、食指成半圆形，虎口朝上；右手拇、食指捏成圆形，在左手虎口处随意点动几下。

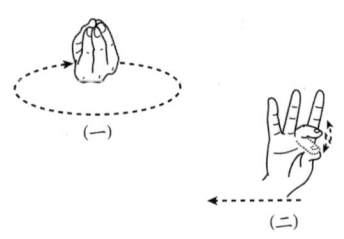

组织液 zǔzhīyè

（一）一手五指撮合，指尖朝上，平行转动一圈。

（二）一手拇、中指指尖朝前，边向一侧移动边相捏几下。

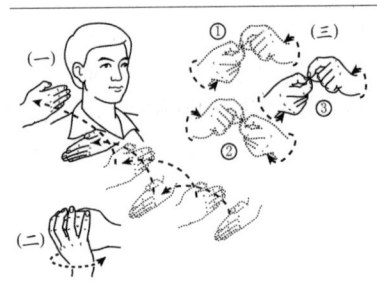

原核细胞 yuánhé-xìbāo

（一）双手横立，掌心向内，五指并拢，一前一后，交替向肩后移动。

（二）左手握拳；右手五指微曲，手背向外，从右向左绕左拳转动半圈。

（三）双手拇、食指捏成圆形，指尖相抵，边前后反向微转边随意移动，表示彼此相挨的细胞结构。

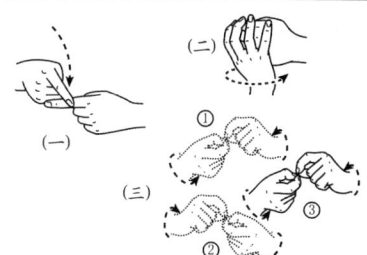

真核细胞 zhēnhé-xìbāo
（一）左手食指横伸；右手食指直立，向下敲一下左手食指。
（二）左手握拳；右手五指微曲，手背向外，从右向左绕左拳转动半圈。
（三）双手拇、食指捏成圆形，指尖相抵，边前后反向微转边随意移动，表示彼此相挨的细胞结构。

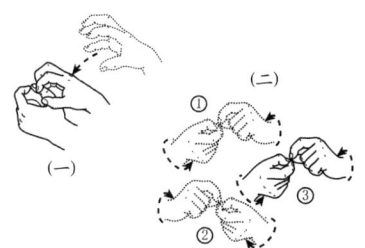

吞噬细胞 tūnshì xìbāo
（一）左手拇、食指捏成圆形，虎口朝上；右手五指弯曲张开，抓向左手。
（二）双手拇、食指捏成圆形，指尖相抵，边前后反向微转边随意移动，表示彼此相挨的细胞结构。

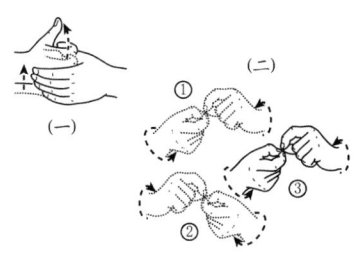

干细胞 gànxìbāo
（一）左手五指成半圆形，虎口朝上；右手拇、食指相捏，置于左手虎口内，然后边向上移动边弹出拇指。
（二）双手拇、食指捏成圆形，指尖相抵，边前后反向微转边随意移动，表示彼此相挨的细胞结构。

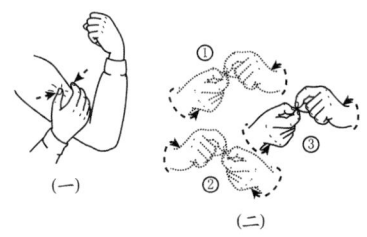

肌细胞 jīxìbāo
（一）左手握拳屈肘；右手五指捏一下左上臂肌肉处。
（二）双手拇、食指捏成圆形，指尖相抵，边前后反向微转边随意移动，表示彼此相挨的细胞结构。

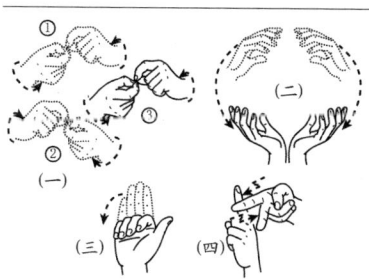

细胞全能性 xìbāo quánnéngxìng
（一）双手拇、食指捏成圆形，指尖相抵，边前后反向微转边随意移动，表示彼此相挨的细胞结构。
（二）双手五指微曲，指尖左右相对，然后向下做弧形移动，手腕靠拢。
（三）一手直立，掌心向外，然后食、中、无名、小指弯动一下。
（四）左手食指直立；右手食、中指横伸，指背交替弹左手食指背。

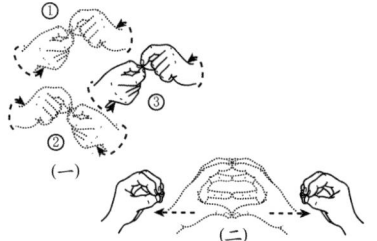

细胞分裂 xìbāo fēnliè
（一）双手拇、食指捏成圆形，指尖相抵，边前后反向微转边随意移动，表示彼此相挨的细胞结构。
（二）双手五指弯曲张开，指尖相抵，虎口朝内，搭成一个大球形，然后边分别向两侧移动边相捏，成两个小球形。

细胞分化　xìbāo fēnhuà

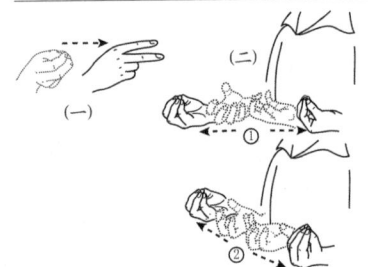

（一）双手拇、食指捏成圆形，指尖相抵，边前后反向微转边随意移动，表示彼此相挨的细胞结构。

（二）双手五指弯曲，指尖朝上，先从中间向前后方向移动并撮合，再从中间向左右方向移动并撮合。

再分化　zàifēnhuà

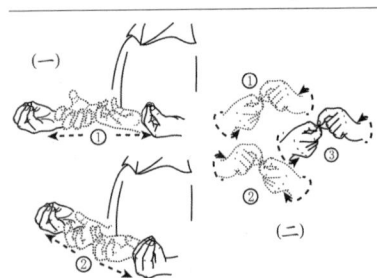

（一）右手拇、食、中指相捏，手背向外，边向左移动边伸出食、中指。

（二）双手五指弯曲，指尖朝上，先从中间向前后方向移动并撮合，再从中间向左右方向移动并撮合。

脱分化　tuōfēnhuà

（一）双手五指弯曲，指尖朝上，先从中间向前后方向移动并撮合，再从中间向左右方向移动并撮合。

（二）双手拇、食指捏成圆形，指尖相抵，边前后反向微转边随意移动，表示彼此相挨的细胞结构。

高尔基体　gāo'ěrjītǐ

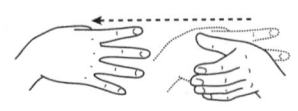

左手五指成半圆形，虎口朝上；右手食、中、无名、小指横伸分开，拇指弯回，手背向外，在左手后从左向右移动一下。

减数分裂　jiǎnshù fēnliè

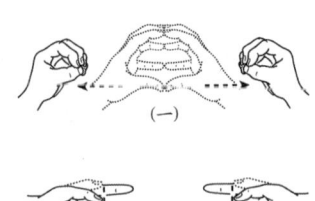

（一）双手五指弯曲张开，指尖相抵，虎口朝内，搭成一个大球形，然后边分别向两侧移动边相捏，成两个小球形。

（二）双手食指横伸，手背向外，拇指同时在食指中部划一下。

有丝分裂　yǒusī-fēnliè

双手五指弯曲张开，指尖上下相抵，然后边分别向上下方向拉动边相捏，成两个小球形。

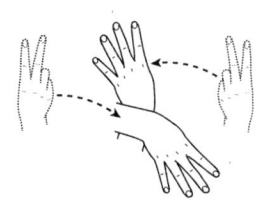
联会 liánhuì
　　双手食、中指直立分开,手背向外,然后向中间移动,同时伸出食、中、无名、小指,指尖朝向一上一下,手腕斜向相搭。

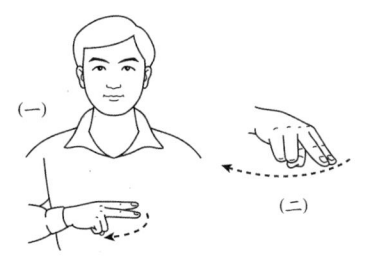
同化 tónghuà
　　(一)一手食、中指横伸分开,手背向上,向前移动一下。
　　(二)一手打手指字母"H"的指式,指尖朝前斜下方,平行划动一下。

转化 zhuǎnhuà
　　一手直立,五指微曲,指尖朝斜上方,手腕平行转动一下。

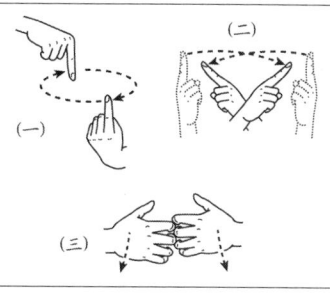
转换器 zhuǎnhuànqì
　　(一)双手伸食指,指尖上下相对,交替平行转动两圈。
　　(二)双手食指直立,然后左右交叉,互换位置。
　　(三)双手五指弯曲,食、中、无名、小指关节交错相触,向下转动一下。

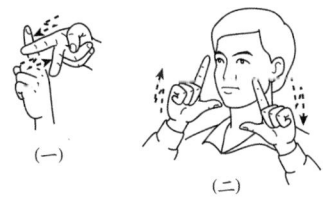
性状 xìngzhuàng
　　(一)左手食指直立;右手食、中指横伸,指背交替弹左手食指背。
　　(二)双手拇、食指成"⌐"形,置于脸颊两侧,上下交替动两下。

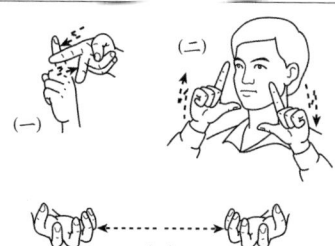
性状分离 xìngzhuàng fēnlí
　　(一)左手食指直立;右手食、中指横伸,指背交替弹左手食指背。
　　(二)双手拇、食指成"⌐"形,置于脸颊两侧,上下交替动两下。
　　(三)双手五指弯曲,指尖朝上,从中间向两侧移动。

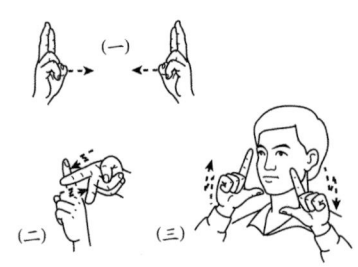

相对性状 xiāngduì xìngzhuàng

（一）双手打手指字母"X"的指式，掌心左右相对，从两侧向中间移动少许。

（二）左手食指直立；右手食、中指横伸，指背交替弹左手食指背。

（三）双手拇、食指成"⌊ ⌋"形，置于脸颊两侧，上下交替动两下。

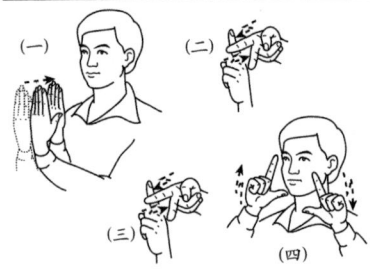

显性性状 xiǎnxìng xìngzhuàng

（一）双手直立，掌心向内，左手不动，右手向内移动一下。

（二）左手食指直立；右手食、中指横伸，指背交替弹左手食指背。

（三）左手食指直立；右手食、中指横伸，指背交替弹左手食指背。

（四）双手拇、食指成"⌊ ⌋"形，置于脸颊两侧，上下交替动两下。

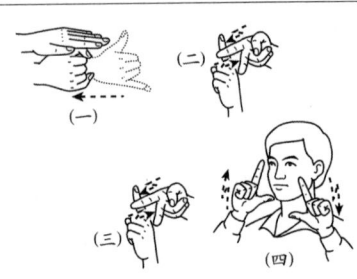

隐性性状 yǐnxìng xìngzhuàng

（一）左手平伸；右手伸拇、小指，手背向右，边向左手掌心下移动边蜷曲。

（二）左手食指直立；右手食、中指横伸，指背交替弹左手食指背。

（三）左手食指直立；右手食、中指横伸，指背交替弹左手食指背。

（四）双手拇、食指成"⌊ ⌋"形，置于脸颊两侧，上下交替动两下。

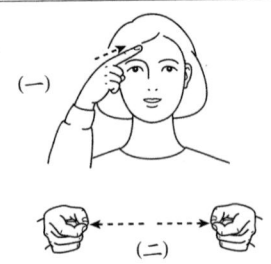
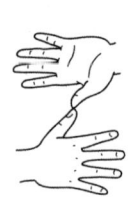

神经 shénjīng

（一）一手伸食指，指尖朝内，在前额斜向移动一下。

（二）双手拇、食指相捏，虎口朝上，从中间向两侧拉开。

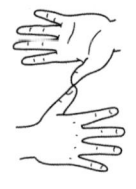

神经细胞（神经元） shénjīng xìbāo (shénjīngyuán)

双手横立，掌心朝向一前一后，五指张开，拇指尖上下相抵，仿神经元的形状。

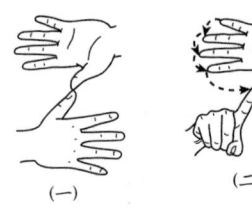

突触 tūchù

（一）双手横立，掌心朝向一前一后，五指张开，拇指尖上下相抵，仿神经元的形状。

（二）左手横立，掌心向外，五指张开，拇指尖朝下；右手伸食指，从上向下依次点一下左手各指指尖。

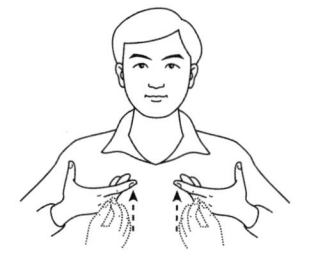

兴奋 xīngfèn

双手五指撮合,指尖朝上,然后边向上移动边张开。

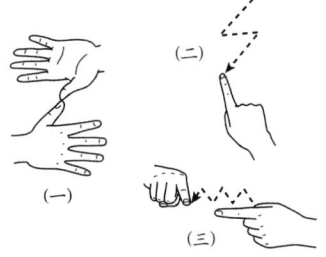

动作电位 dòngzuò diànwèi

(一)双手横立,掌心朝向一前一后,五指张开,拇指尖上下相抵,仿神经元的形状。

(二)一手食指书空"与"形。

(三)左手食指横伸,手背向外;右手伸食指,指尖朝前,在左手食指上向右做折线形移动。

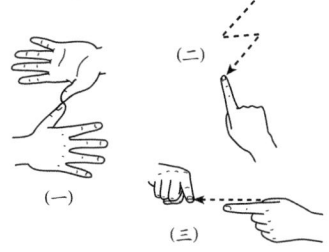

静息电位 jìngxī-diànwèi

(一)双手横立,掌心朝向一前一后,五指张开,拇指尖上下相抵,仿神经元的形状。

(二)一手食指书空"与"形。

(三)左手食指横伸,手背向外;右手伸食指,指尖朝前,在左手食指上向右移动一下。

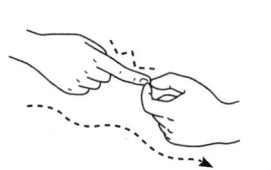

精子(蝌蚪) jīngzǐ (kēdǒu)

左手拇、食指捏成圆形;右手伸食指,抵于左手圆形,边弯动边推左手做曲线形移动。

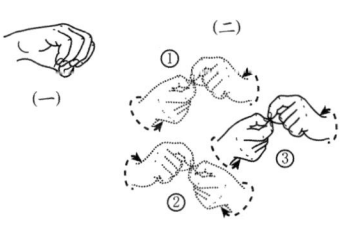

卵细胞 luǎnxìbāo

(一)一手五指捏成球形,虎口朝内。

(二)双手拇、食指捏成圆形,指尖相抵,边前后反向微转边随意移动,表示彼此相挨的细胞结构。

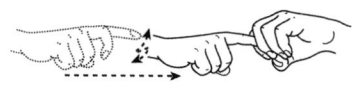

受精① shòujīng①

左手五指捏成球形,虎口朝内;右手食指横伸,手背向上,边弯动边钻入左手食、中指指缝间,表示动物受精。

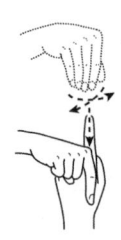

受精② shòujīng ②

左手食指直立,手背向外;右手五指撮合,指尖朝下,先在左手食指上方捻动几下,然后伸食指,指尖朝下,沿左手食指向下移动,表示植物受精。

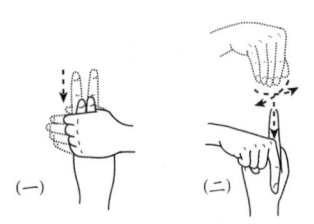

双受精 shuāngshòujīng

(一)左手五指微曲,虎口朝上;右手食、中指直立分开,手背向外,边从上向下移入左手掌心内边并拢,左手握住右手食、中指。

(二)左手食指直立,手背向外;右手五指撮合,指尖朝下,先在左手食指上方捻动几下,然后伸食指,指尖朝下,沿左手食指向下移动,表示植物受精。

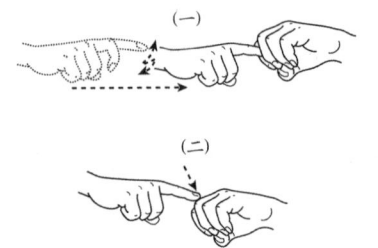

受精卵 shòujīngluǎn

(一)左手五指捏成球形,虎口朝内;右手食指横伸,手背向上,边弯动边钻入左手食、中指指缝间,表示动物受精。

(二)左手五指捏成球形,虎口朝内;右手伸食指,指一下左手。

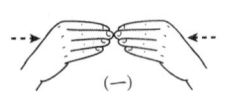

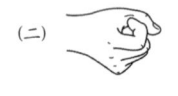

配子 pèizǐ

(一)双手五指撮合,手背向外,指尖互碰一下。

(二)一手拇、食指捏成小圆形,虎口朝上,如豆子大小。

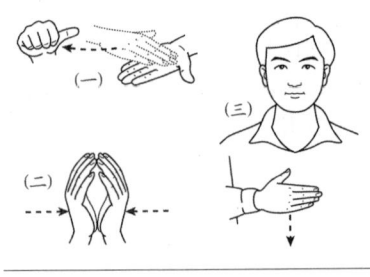

纯合体 chúnhétǐ

(一)左手横伸;右手平伸,掌心向下,贴于左手掌心,边向左手指尖方向移动边弯曲食、中、无名、小指,指尖抵于掌心。

(二)双手直立,掌心左右相对,五指微曲,从两侧向中间移动。

(三)一手掌心贴于胸部,向下移动一下。

胚(胚胎) pēi (pēitāi)

左手直立,掌心向右,五指微曲;右手拇、小指蜷曲,手背向下,靠在左手掌心上。

胚乳（胎盘①） pēirǔ (tāipán ①)

（一）左手直立，掌心向右，五指微曲；右手拇、小指蜷曲，手背向下，靠在左手掌心上。
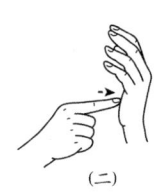
（二）左手直立，掌心向右，五指微曲；右手伸食指，指一下左手。

胚芽 pēiyá

（一）左手直立，掌心向右，五指微曲；右手拇、小指蜷曲，手背向下，靠在左手掌心上。

（二）左手横伸，掌心向下；右手伸拇指，从左手中、无名指指缝间钻出少许。

胚轴 pēizhóu

（一）左手直立，掌心向右，五指微曲；右手拇、小指蜷曲，手背向下，靠在左手掌心上。
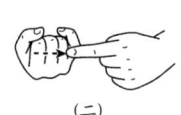
（二）右手拇、小指蜷曲，手背向下；左手伸食指，从右手食指划至无名指。

胚根 pēigēn

（一）左手直立，掌心向右，五指微曲；右手拇、小指蜷曲，手背向下，靠在左手掌心上。
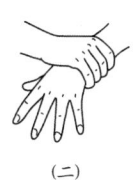
（二）左手五指张开，手背向上；右手握住左手腕。

胚珠 pēizhū

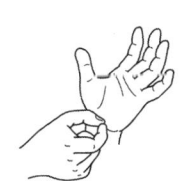
左手五指微曲张开，指尖朝上；右手拇、食指捏成圆形，虎口朝上，置于左手腕。

内胚层 nèipēicéng

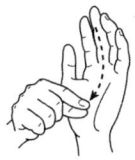
左手直立，掌心向右，五指微曲；右手拇、食指微张，指尖朝前，沿左手指面向下移动。

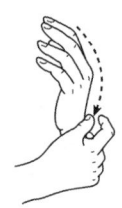

外胚层 wàipēicéng
左手直立,掌心向右,五指微曲;右手拇、食指微张,指尖朝内,沿左手指背向下移动。

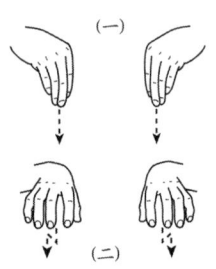

浸泡 jìnpào
(一)双手五指撮合,指尖朝下,移动一下。
(二)双手五指弯曲,指尖朝下,按动两下。

质粒 zhìlì
(一)左手握拳;右手食、中指横伸,指背交替弹左手背。
(二)左手横伸;右手拇、小指相捏,指尖朝下,在左手掌心上点动两下。

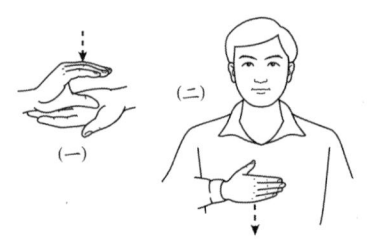

载体 zàitǐ
(一)左手横伸;右手五指成"⊐"形,虎口朝内,从上向下移至左手掌心。
(二)一手掌心贴于胸部,向下移动一下。

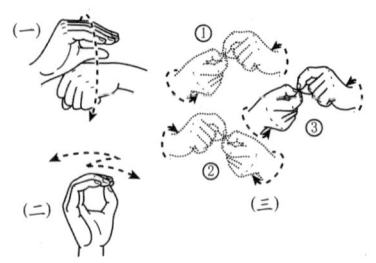

原生质体 yuánshēngzhìtǐ
(一)左手握拳,手背向上;右手五指成"⊐"形,虎口朝内,沿左手背向下转动半圈。
(二)一手五指捏成圆形,虎口朝内,左右晃动几下。
(三)双手拇、食指捏成圆形,指尖相抵,边前后反向微转边随意移动,表示彼此相挨的细胞结构。

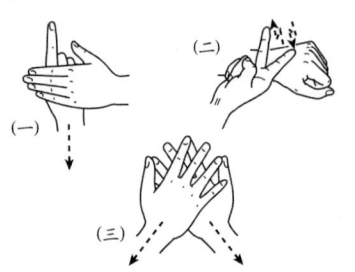

内质网 nèizhìwǎng
(一)左手横立;右手食指直立,在左手掌心内从上向下移动。
(二)左手握拳;右手食、中指横伸,指背交替弹左手背。
(三)双手五指张开,手背向外,交叉相搭,向两侧斜下方移动。

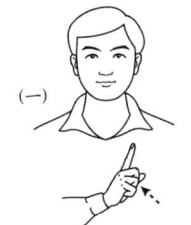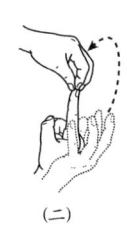

自交① zìjiāo ①

（一）右手食指直立，虎口朝内，贴向左胸部。
（二）左手五指弯曲，指尖朝上；右手食指直立，手背贴于左手掌心，然后左手五指向上移动，指尖朝下，捏住右手食指。

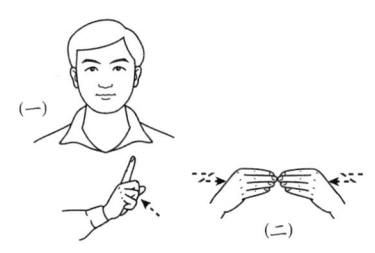

自交② zìjiāo ②

（一）右手食指直立，虎口朝内，贴向左胸部。
（二）双手五指撮合，手背向外，指尖互碰两下。

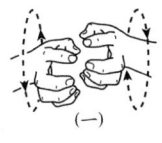
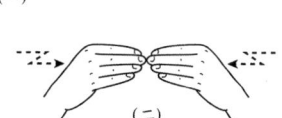

杂交 zájiāo

（一）双手五指弯曲，指尖左右相对，前后交替转动几下。
（二）双手五指撮合，手背向外，指尖互碰两下。

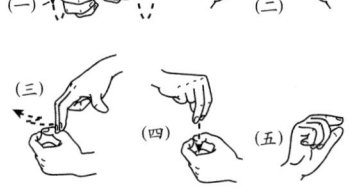

杂交育种 zájiāo yùzhǒng

（一）双手五指弯曲，指尖左右相对，前后交替转动几下。
（二）双手五指撮合，手背向外，指尖互碰两下。
（三）左手拇、食指捏成圆形，虎口朝上；右手伸拇、食、中指，食、中指并拢弯曲，指尖朝下，在左手虎口处向外拨动两下。
（四）左手拇、食指捏成圆形，虎口朝上；右手拇、食、中指相捏，指尖朝下，插入左手虎口内。
（五）一手拇、食指微张，指尖朝前，如种子粒大小。

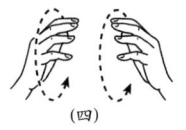

杂交优势 zájiāo yōushì

（一）双手五指弯曲，指尖左右相对，前后交替转动几下。
（二）双手五指撮合，手背向外，指尖互碰两下。
（三）一手伸拇指，向上一挑。
（四）双手五指微曲张开，掌心相对，同时向前转动一下。

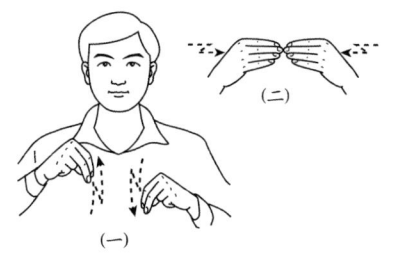

测交 cèjiāo

（一）双手拇、食、中指相捏，指尖朝下，上下交替动两下。
（二）双手五指撮合，手背向外，指尖互碰两下。

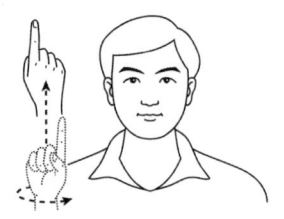

生命（寿命、活） shēngmìng (shòumìng、huó)
一手食指直立，边转动手腕边向上移动。

繁殖（生育①、生殖①） fánzhí (shēngyù ①、shēngzhí ①)
左手伸拇指，其他四指攥住右手小指，然后右手小指从左手掌心内向下移出两下，多用于表示动植物的繁殖。

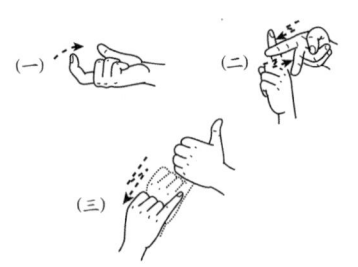

有性繁殖（有性生殖） yǒuxìng-fánzhí (yǒuxìng-shēngzhí)
（一）一手伸拇、食指，手背向下，拇指不动，食指向内弯动一下。
（二）左手食指直立；右手食、中指横伸，指背交替弹左手食指背。
（三）左手伸拇指，其他四指攥住右手小指，然后右手小指从左手掌心内向下移出两下。

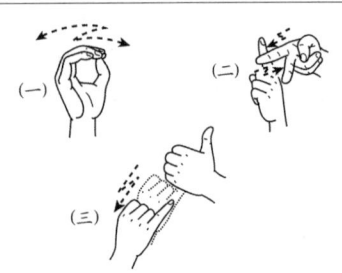

无性繁殖（无性生殖、营养生殖）
wúxìng-fánzhí (wúxìng-shēngzhí、yíngyǎng shēngzhí)
（一）一手五指捏成圆形，虎口朝内，左右晃动几下。
（二）左手食指直立；右手食、中指横伸，指背交替弹左手食指背。
（三）左手伸拇指，其他四指攥住右手小指，然后右手小指从左手掌心内向下移出两下。

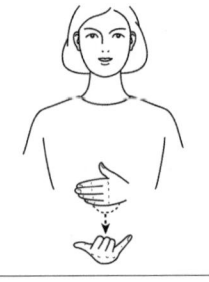

生育②（生殖②、胎生）
shēngyù ② (shēngzhí ②、tāishēng)
左手横立，五指微曲，置于腹前；右手伸拇、小指，手背向下，先置于左手掌心内，再向下移出。多用于表示人类的繁衍。

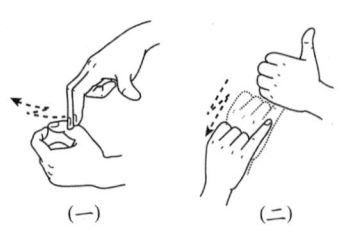

养殖 yǎngzhí
（一）左手拇、食指捏成圆形，虎口朝上；右手伸拇、食、中指，食、中指并拢弯曲，指尖朝下，在左手虎口处向外拨动两下。
（二）左手伸拇指，其他四指攥住右手小指，然后右手小指从左手掌心内向下移出两下。

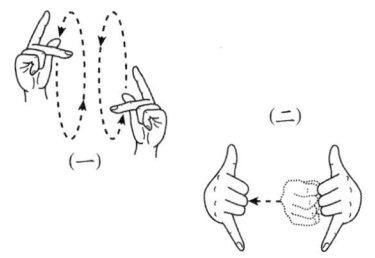

克隆 kèlóng
（一）双手打手指字母"K"的指式，前后交替转动两下。
（二）左手伸拇、小指，手背向左；右手握拳，手背向右，贴于左手，然后边向右移动边伸出拇、小指。

公①（雄①） gōng①（xióng①）
双手拇、食指搭成"公"字形，虎口朝外。

公②（雄②） gōng②（xióng②）
一手直立，掌心贴于头一侧，前后移动两下。

母①（雌①） mǔ①（cí①）
右手食指直立，指尖左侧贴在嘴唇上。

母②（雌②） mǔ②（cí②）
一手拇、食指捏一下耳垂。

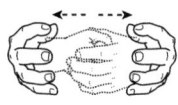

发育① fāyù①
左手五指弯曲，虎口朝上；右手五指捏成球形，虎口朝上，左手包住右手，然后双手边同时向两侧移动边微张，多表示动物的发育。

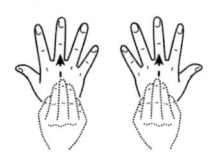
发育② fāyù ②
　　双手五指撮合，指尖朝上，边向上微移边张开，多表示植物的发育。

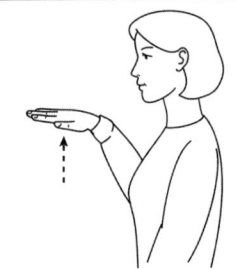
生长（成长） shēngzhǎng (chéngzhǎng)
　　一手平伸，掌心向下，向上移动。

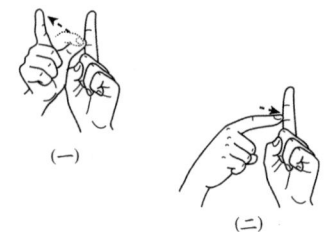
生长点 shēngzhǎngdiǎn
　　（一）左手食指直立；右手拇、食指相捏，指尖抵于左手食指中部，然后拇指不动，食指打开。
　　（二）左手食指直立；右手伸食指，指一下左手食指中部。

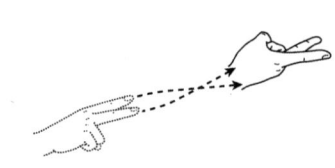
进化 jìnhuà
　　一手食、中指分开，指尖朝前上方，边转腕边向前移动。

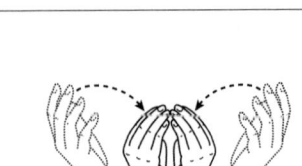
萎缩 wěisuō
　　双手五指微曲张开，指尖左右相对，边缓慢撮合边向中间靠拢。
　　（可根据实际表示萎缩的样子）

衰老 shuāilǎo
　　（一）左手横伸；右手伸拇、小指，小指尖抵于左手掌心，左右晃动。
　　（二）一手五指弯曲，食、中、无名、小指指背贴于脸颊，从上向下移动，表示脸上的皱纹。

衰退 shuāituì

（一）左手横伸；右手伸拇、小指，小指尖抵于左手掌心，左右晃动。

（二）左手平伸，掌心向上；右手横立，掌心向内，置于左上臂，然后向左手腕方向移动。

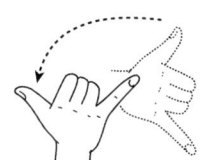

死亡 sǐwáng

右手伸拇、小指，先直立，再向右转腕。

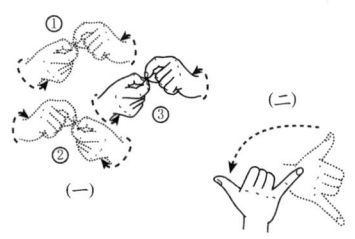

凋亡 diāowáng

（一）双手拇、食指捏成圆形，指尖相抵，边前后反向微转边随意移动，表示彼此相挨的细胞结构。

（二）右手伸拇、小指，先直立，再向右转腕。

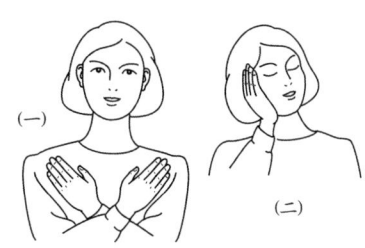

休眠 xiūmián

（一）双手交叉，手背向外，贴于胸部，表示休息的意思。

（二）一手掌心贴于脸部，头微侧，闭眼，如睡觉状。

（可根据实际表示动植物休眠的状态）

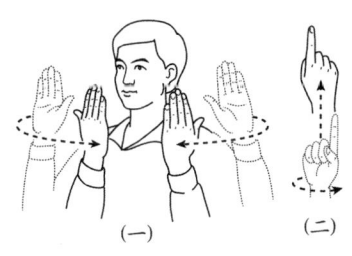

复活 fùhuó

（一）双手直立，掌心向外，然后边向前做弧形移动边翻转为掌心向内。

（二）一手食指直立，边转动手腕边向上移动。

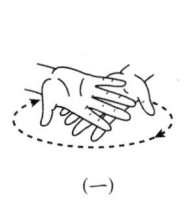 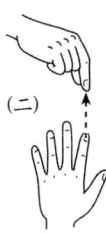

筛选 shāixuǎn

（一）双手五指张开，掌心向上，交叉相搭，平行转动两下。

（二）左手直立，掌心向内，五指张开；右手拇、食指捏一下左手食指，然后向上移动。

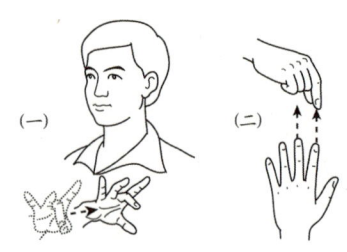

自然选择 zìrán xuǎnzé

（一）右手拇、中指相捏，边碰向左胸部边张开。
（二）左手直立，掌心向内，五指张开；右手拇、食指先向上揪一下左手食指，再向上揪一下左手中指。

淘汰 táotài

左手横立，掌心向内，五指张开；右手拇、中指相捏，中指弹一下左手中指。

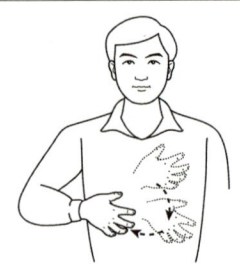

器官 qìguān

一手五指弯曲，指尖朝内，在胸腹部随意按动几下。
（可根据实际表示某个器官）

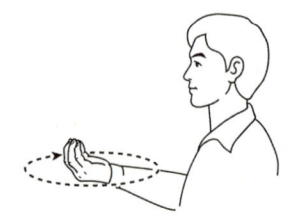

组织 zǔzhī

一手五指撮合，指尖朝上，平行转动一圈，表示组织的名词意思。

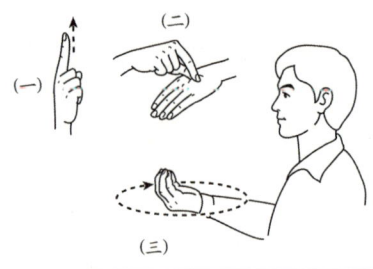

上皮组织 shàngpí-zǔzhī

（一）一手食指直立，向上一指。
（二）左手横伸，手背向上；右手拇、食指捏一下左手背皮肤。
（三）一手五指撮合，指尖朝上，平行转动一圈。

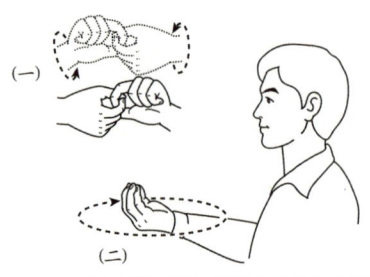

结缔组织 jiédì-zǔzhī

（一）双手边转腕边拇、食指连续相互套环。
（二）一手五指撮合，指尖朝上，平行转动一圈。

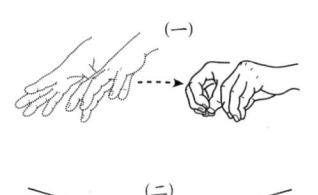

收集管 shōujíguǎn
（一）双手五指张开，掌心向下，边向内移动边撮合。
（二）双手拇、食指捏成圆形，虎口左右相对，从中间向两侧移动。
（可根据实际表示收集管）

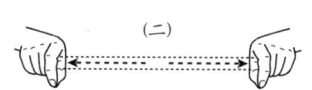

结构 jiégòu
双手食指弯曲，互勾两下。

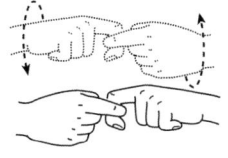

功能 gōngnéng
（一）左手食、中指与右手食指先搭成"工"字形，然后右手食指在左手旁书空"力"字，仿"功"字形。
（二）一手直立，掌心向外，然后食、中、无名、小指弯动一下。

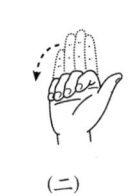

反射 fǎnshè
右手直立，掌心向左，五指并拢，置于头前，然后手腕向左微转一下，表示机体通过神经系统对刺激产生的反应。

条件反射 tiáojiàn fǎnshè
（一）双手拇、食指微张，指尖相对，虎口朝上，从中间向两侧拉开两下。
（二）右手直立，掌心向左，五指并拢，置于头前，然后手腕向左微转一下。

非条件反射 fēitiáojiàn fǎnshè
（一）左手食、中指直立分开，手背向外；右手中、无名、小指横伸分开，手背向外，从左向右划过左手食、中指，仿"非"字形。
（二）双手拇、食指微张，指尖相对，虎口朝上，从中间向两侧拉开两下。
（三）右手直立，掌心向左，五指并拢，置于头前，然后手腕向左微转一下。

缩手反射 suōshǒu-fǎnshè

（一）一手平伸，手背向上，五指张开，先向下一顿，表示受到刺激，然后猛然上抬。

（二）右手直立，掌心向左，五指并拢，置于头前，然后手腕向左微转一下。

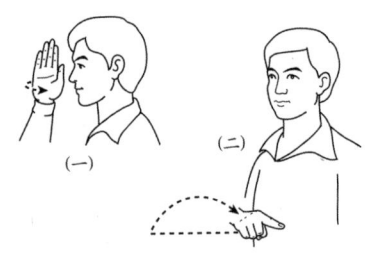

反射弧 fǎnshèhú

（一）右手直立，掌心向左，五指并拢，置于头前，然后手腕向左微转一下。

（二）一手食指横伸，手背向上，先从后向前移动，再从前向后做弧形移动。

呼吸 hūxī

一手食、中指稍分开，指尖朝上，向鼻部上下移动两下，身体同时稍微后仰前倾，如呼吸状。

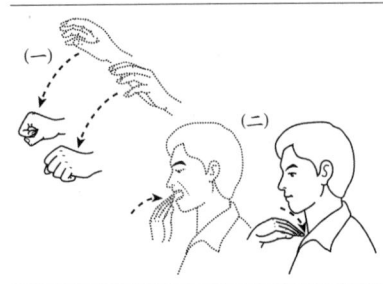

捕食 bǔshí

（一）双手五指微曲，掌心向外，边向下移动边握拳。

（二）口张开，一手五指撮合，指尖朝内，从嘴部移向喉部，嘴同时闭拢，模仿吞的动作。

（可根据实际表示捕食的动作）

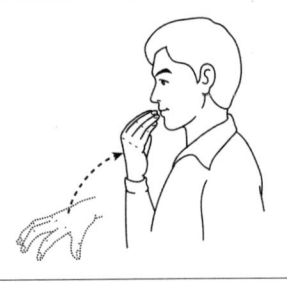

摄食 shèshí

一手五指弯曲，指尖朝下，如兽爪，边撮合边转腕移向嘴部，多表示动物的摄食行为。

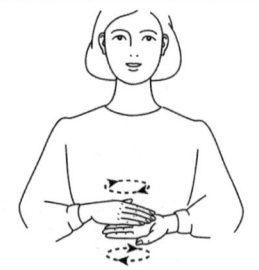

消化 xiāohuà

双手横伸，掌心相贴，置于胃部，缓慢摩擦两下，表示胃消化食物。

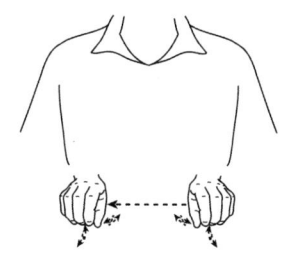

蠕动 rúdòng

双手虚握,手背向上,置于腹部,左手在原处捏动,右手边捏动边向右移动,表示肠蠕动。
(可根据实际表示蠕动)

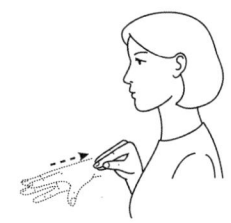

吸收 xīshōu

一手五指张开,掌心向下,边向内移动边撮合。

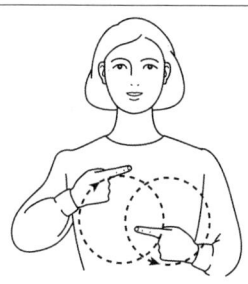

循环 xúnhuán

双手伸食指,指尖朝内,在身前上下交替转动。

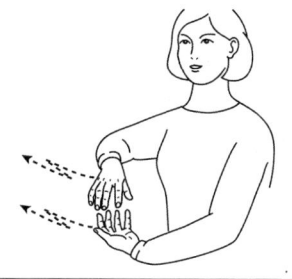

输送(输出) shūsòng(shūchū)

双手横伸,五指微曲,指尖上下相对,从内向外甩动两下。

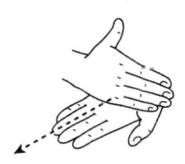

排泄 páixiè

左手横伸;右手侧立,置于左手掌心上,然后用力向左手指尖方向划动。
(可根据实际表示排泄的方式)

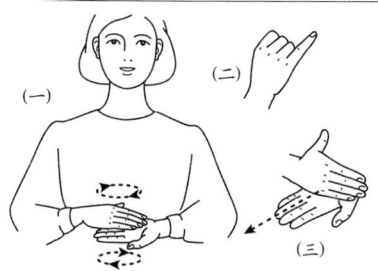

排遗 páiyí

(一)双手横伸,掌心相贴,置于胃部,缓慢摩擦两下,表示胃消化食物。
(二)一手伸小指,指尖朝前上方。
(三)左手横伸;右手侧立,置于左手掌心上,然后用力向左手指尖方向划动。

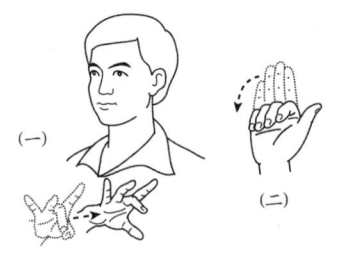

本能 běnnéng

（一）右手拇、中指相捏，边碰向左胸部边张开。

（二）一手直立，掌心向外，然后食、中、无名、小指弯动一下。

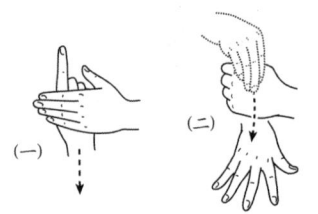

内分泌 nèifēnmì

（一）左手横立；右手食指直立，在左手掌心内从上向下移动。

（二）左手握拳，手背向外，虎口朝上；右手五指撮合，指尖朝下，置于左手背，然后边向下移动边张开。

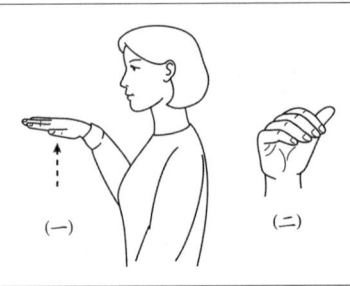

生长素 shēngzhǎngsù

（一）一手平伸，掌心向下，向上移动。

（二）一手打手指字母"S"的指式。

氨基酸 ānjīsuān

（一）左手打手指字母"Q"的指式，指尖朝内，置于鼻孔处；右手横伸，掌心向下，自胸部向下一按。

（二）左手握拳，手背向上；右手拇、食指张开，指尖朝下，插向左手腕两侧。

（三）一手食指直立，在鼻翼一侧向上移动一下，同时耸鼻。

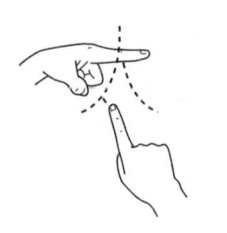

肽 tài

左手食指横伸，手背向上；右手伸食指，指尖朝前，在左手食指上先书空"人"字，再书空"、"，仿"太"字形。"太"与"肽"音同形近，借代。

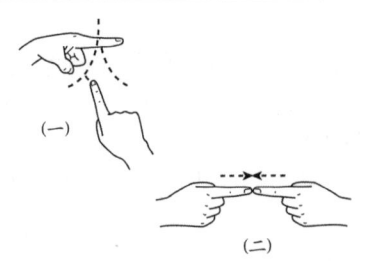

肽键 tàijiàn

（一）左手食指横伸，手背向上；右手伸食指，指尖朝前，在左手食指上先书空"人"字，再书空"、"，仿"太"字形。"太"与"肽"音同形近，借代。

（二）双手食指横伸，手背向外，从两侧向中间移动，指尖相抵。

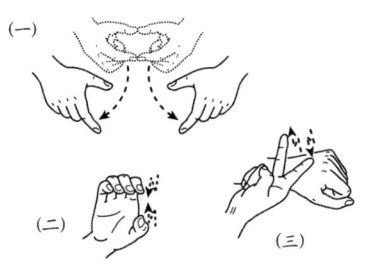

蛋白质 dànbáizhì
（一）双手拇、食指搭成椭圆形，虎口朝上，再向下一甩，模仿打蛋的动作。
（二）一手五指弯曲，掌心向外，指尖弯动两下。
（三）左手握拳；右手食、中指横伸，指背交替弹左手背。

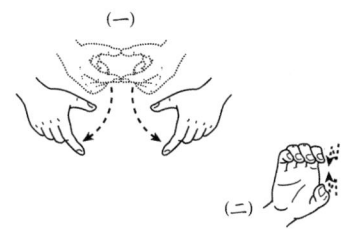

卵白（蛋白） luǎnbái (dànbái)
（一）双手拇、食指搭成椭圆形，虎口朝上，再向下一甩，模仿打蛋的动作。
（二）一手五指弯曲，掌心向外，指尖弯动两下。

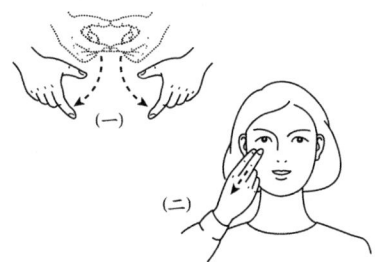

卵黄（蛋黄） luǎnhuáng (dànhuáng)
（一）双手拇、食指搭成椭圆形，虎口朝上，再向下一甩，模仿打蛋的动作。
（二）一手打手指字母"H"的指式，摸一下脸颊。

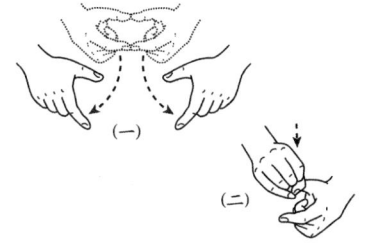

胚盘 pēipán
（一）双手拇、食指搭成椭圆形，虎口朝上，再向下一甩，模仿打蛋的动作。
（二）左手拇、食指成半椭圆形，虎口朝上；右手拇、小指相捏，指尖朝下，在左手虎口处向下点动一下，表示蛋黄上的胚盘。

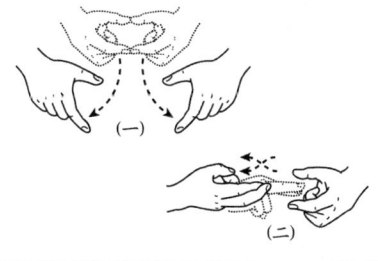

系带 xìdài
（一）双手拇、食指搭成椭圆形，虎口朝上，再向下一甩，模仿打蛋的动作。
（二）左手拇、食指成半椭圆形，虎口朝上；右手食、中指相叠，指尖朝左，边转腕边从左手虎口处向右移动少许。

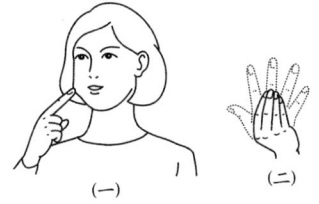

糖类 tánglèi
（一）一手食指指腮部，同时用舌顶起腮部，表示嘴里含着的糖。
（二）一手五指张开，指尖朝上，然后撮合。

矿质营养　kuàngzhì-yíngyǎng

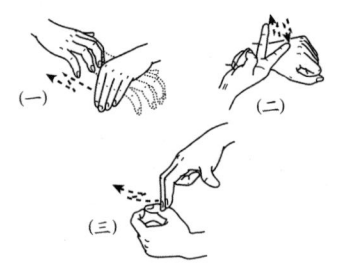

（一）左手横伸，手背拱起；右手五指微曲，掌心向下，在左手掌心下向后刨动两下，表示采矿。
（二）左手握拳；右手食、中指横伸，指背交替弹左手背。
（三）左手拇、食指捏成圆形，虎口朝上；右手伸拇、食、中指，食、中指并拢弯曲，指尖朝下，在左手虎口处向外拨动两下。

酶　méi

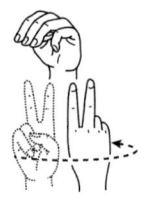

左手打手指字母"M"的指式，在上；右手食、中指直立分开，在下，由掌心向外翻转为掌心向内。

酸碱度（pH 值）　suānjiǎndù（pH zhí）

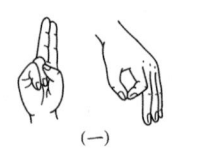

（一）左手打手指字母"P"的指式；右手打手指字母"H"的指式。
（二）左手食指横伸，手背向上；右手食指直立，贴于左手食指，然后左右微动几下。

缓冲溶液　huǎnchōng róngyè

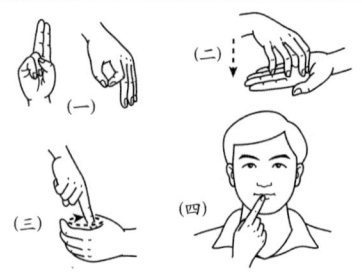

（一）左手打手指字母"P"的指式；右手打手指字母"H"的指式。
（二）左手横伸；右手五指弯曲，指尖朝下，抵于左手掌心，向下一按。
（三）左手五指成半圆形，虎口朝上；右手伸食指，指尖朝下，在左手虎口内转动一下。
（四）一手伸食指，指尖贴于下嘴唇。

渗透压　shèntòuyā

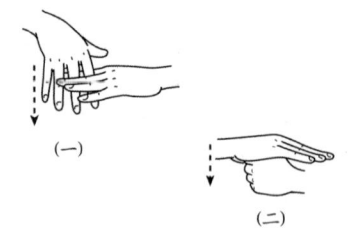

（一）左手横伸，掌心向下，五指张开；右手五指张开，指尖朝下，从左手食、中指指缝间缓慢插入。
（二）左手握拳，手背向外，虎口朝上；右手横伸，掌心向下，置于左手虎口上，并向下一压。

渗透作用　shèntòu zuòyòng

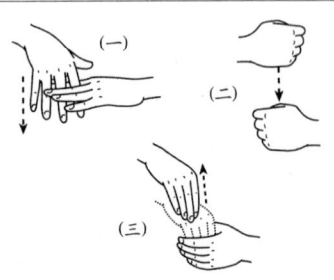

（一）左手横伸，掌心向下，五指张开；右手五指张开，指尖朝下，从左手食、中指指缝间缓慢插入。
（二）双手握拳，一上一下，右拳向下砸一下左拳。
（三）左手五指成"匚"形，虎口朝上；右手五指撮合，指尖朝下，从左手虎口内抽出。

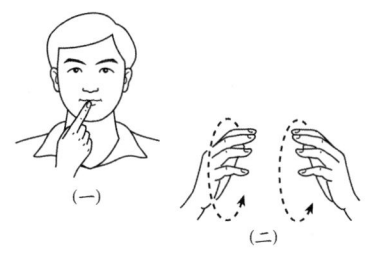

水势 shuǐshì
（一）一手伸食指，指尖贴于下嘴唇。
（二）双手五指微曲张开，掌心相对，同时向前转动一下。

3. 科学方法

对照 duìzhào
双手平伸，掌心向上，从两侧向中间移动并互碰。

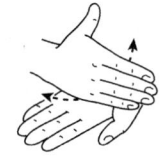

分析 fēnxī
左手横伸；右手侧立，置于左手掌心上，并左右拨动两下。

对比 duìbǐ
（一）双手食指直立，指面左右相对，从两侧向中间微移一下。
（二）双手伸拇指，上下交替动两下。

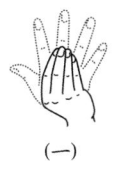 

类比 lèibǐ
（一）一手五指张开，指尖朝上，然后撮合。
（二）双手伸拇指，上下交替动两下。

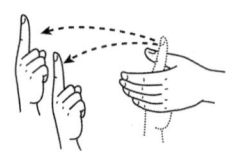

归纳 guīnà

　　左手五指成半圆形,虎口朝上;右手五指张开,指尖朝下,边从不同方向移向左手虎口内边撮合。

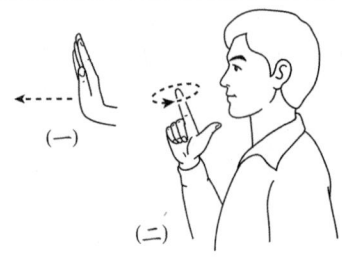

演绎 yǎnyì

　　左手五指成半圆形,虎口朝上;右手食指直立,从左手虎口内向不同方向移出。

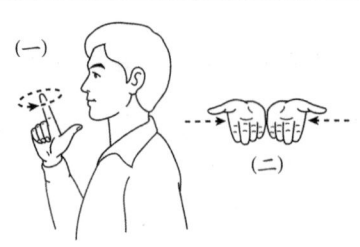

推理 tuīlǐ

　　(一)一手直立,掌心向前推一下。
　　(二)一手打手指字母"L"的指式,逆时针平行转动一下。

论证 lùnzhèng

　　(一)一手打手指字母"L"的指式,逆时针平行转动一下。
　　(二)双手平伸,掌心向上,从两侧向中间移动并互碰。

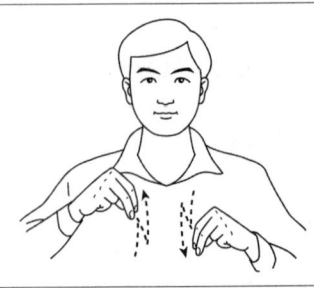

调查 diàochá

　　双手拇、食、中指相捏,指尖朝下,上下交替动两下。

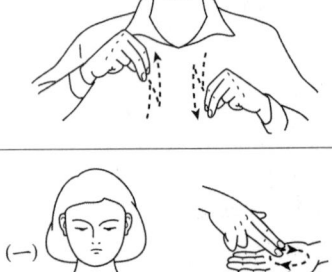

探究 tànjiū

　　(一)双手食、中指分开,指尖朝下,左右交替转动两下,头微低,眼睛注视手的动作,面露思考的表情。
　　(二)左手横伸;右手伸拇、食、中指,食、中指并拢,在左手掌心上转动两下。

二、动物

1. 一般词汇

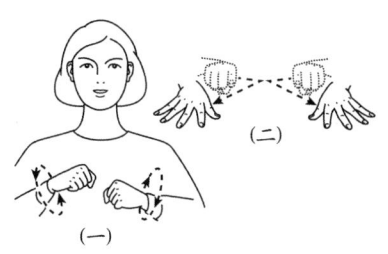

动物　dòngwù
（一）双手握拳屈肘，前后交替转动两下。
（二）双手食指指尖朝前，手背向上，先互碰一下，再分开并张开五指。

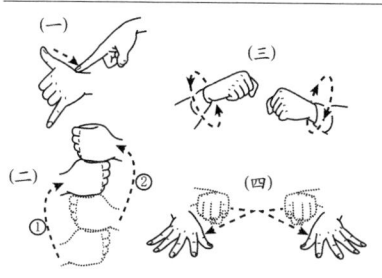

脊椎动物　jǐzhuī dòngwù
（一）左手伸拇、小指；右手伸食指，指尖沿左手拇指背向下划动。
（二）双手握拳，上下相叠，然后交替向上移动。
（三）双手握拳屈肘，前后交替转动两下。
（四）双手食指指尖朝前，手背向上，先互碰一下，再分开并张开五指。

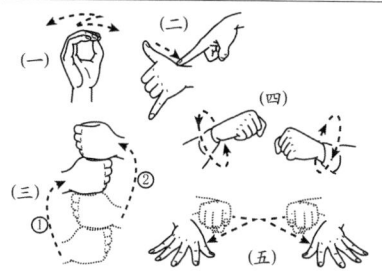

无脊椎动物　wújǐzhuī dòngwù
（一）一手五指捏成圆形，虎口朝内，左右晃动几下。
（二）左手伸拇、小指；右手伸食指，指尖沿左手拇指背向下划动。
（三）双手握拳，上下相叠，然后交替向上移动。
（四）双手握拳屈肘，前后交替转动两下。
（五）双手食指指尖朝前，手背向上，先互碰一下，再分开并张开五指。

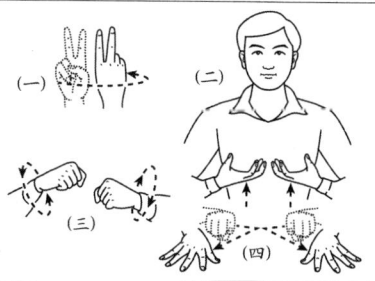

变温动物　biànwēn dòngwù
（一）一手食、中指直立分开，由掌心向外翻转为掌心向内。
（二）双手横伸，掌心向上，五指微曲，从腹部缓慢上移。
（三）双手握拳屈肘，前后交替转动两下。
（四）双手食指指尖朝前，手背向上，先互碰一下，再分开并张开五指。

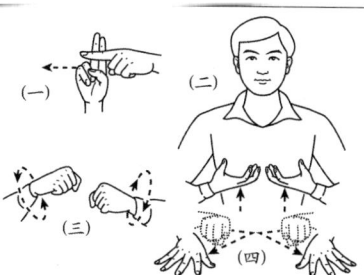

恒温动物①　héngwēn dòngwù ①
（一）左手食指横伸，手背向上；右手打手指字母"H"的指式，贴于左手食指并向右移动。
（二）双手横伸，掌心向上，五指微曲，从腹部缓慢上移。
（三）双手握拳屈肘，前后交替转动两下。
（四）双手食指指尖朝前，手背向上，先互碰一下，再分开并张开五指。

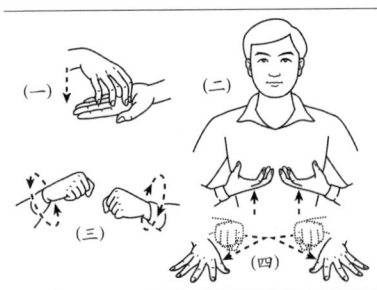

恒温动物② héngwēn dòngwù ②

（一）左手横伸；右手五指弯曲，指尖朝下，抵于左手掌心，向下一按。
（二）双手横伸，掌心向上，五指微曲，从腹部缓慢上移。
（三）双手握拳屈肘，前后交替转动两下。
（四）双手食指指尖朝前，手背向上，先互碰一下，再分开并张开五指。

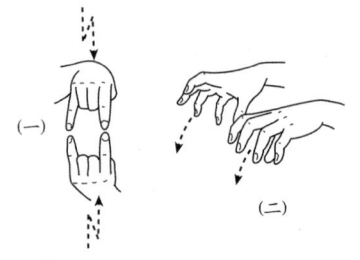

兽（野兽） shòu (yěshòu)

（一）双手伸食、小指，指尖上下相对，然后互碰两下，表示野兽的獠牙。
（二）双手五指弯曲，指尖朝下，如兽爪，同时向前下方按动一下。

尾巴 wěi·ba

左手伸拇指，手背向外；右手伸食指，手背抵于左手下缘，食指转动两下。

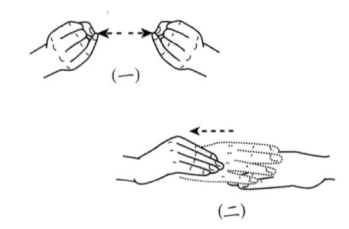

纤毛① xiānmáo ①

（一）双手拇、小指相捏，从中间向两侧微微拉开。
（二）左手横伸；右手五指在左手背上轻捋一下，如摸毛絮状。
（可根据实际表示纤毛的样子）

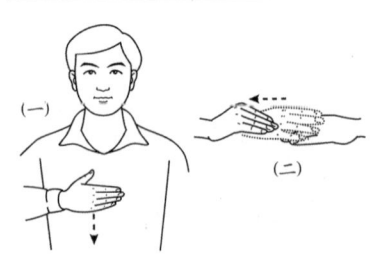
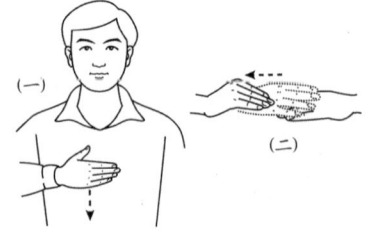

体毛 tǐmáo

（一）一手掌心贴于胸部，向下移动一下。
（二）左手横伸；右手五指在左手背上轻捋一下，如摸毛絮状。

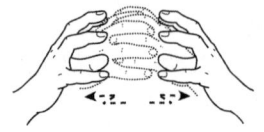

脑容量 nǎoróngliàng

双手五指弯曲，虎口朝内，相互交叉，仿大脑的外形，然后向两侧移动两下，表示脑的容量大小。

二、动物　45

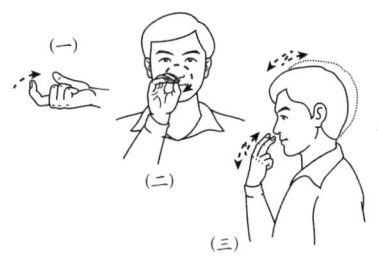

有氧呼吸　yǒuyǎng-hūxī

（一）一手伸拇、食指，手背向下，拇指不动，食指向内弯动一下。

（二）一手打手指字母"O"的指式，置于鼻前，转动一小圈，表示氧的元素符号"O"。

（三）一手食、中指稍分开，指尖朝上，向鼻部上下移动两下，身体同时稍微后仰前倾，如呼吸状。

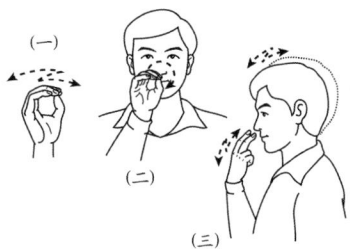

无氧呼吸（厌氧呼吸）　wúyǎng-hūxī（yànyǎng-hūxī）

（一）一手五指捏成圆形，虎口朝内，左右晃动几下。

（二）一手打手指字母"O"的指式，置于鼻前，转动一小圈，表示氧的元素符号"O"。

（三）一手食、中指稍分开，指尖朝上，向鼻部上下移动两下，身体同时稍微后仰前倾，如呼吸状。

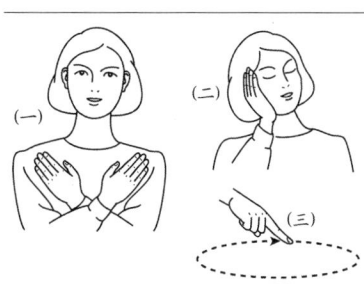

栖息地　qīxīdì

（一）双手交叉，手背向外，贴于胸部，表示休息的意思。

（二）一手掌心贴于脸部，头微侧，闭眼，如睡觉状。

（三）一手伸食指，指尖朝下划一大圈。

（可根据实际表示动物的栖息地）

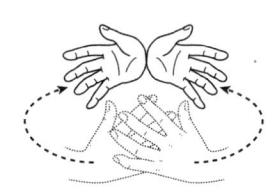

巢（窝）　cháo（wō）

双手五指张开，手背向外，交叉相搭，向后做弧形移动，手腕靠拢，如鸟窝的样子。

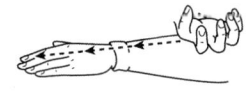

迁徙行为　qiānxǐ xíngwéi

左手横伸，手背向上；右手平伸，五指弯曲，指尖朝上，从左臂向指尖方向一顿一顿移动几下。

（可根据实际表示人群或动物的迁徙行为）

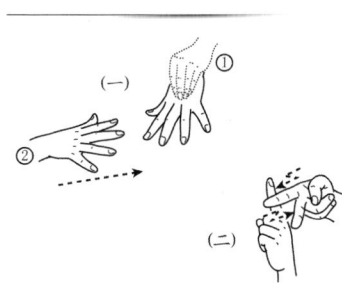

向光性①（正向光性①、趋光性）

xiàngguāngxìng①（zhèngxiàngguāngxìng①、qūguāngxìng）

（一）左手五指撮合，指尖朝下，然后张开；右手五指张开，掌心向下，随之移向左手，表示动物的趋光性。

（二）左手食指直立；右手食、中指横伸，指背交替弹左手食指背。

 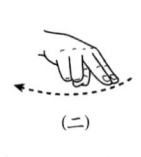

驯化 xùnhuà

（一）左手伸拇指；右手中、无名、小指分开，指尖朝下，在左手拇指后向前移动两下。

（二）一手打手指字母"H"的指式，指尖朝前斜下方，平行划动一下。

2. 原生动物

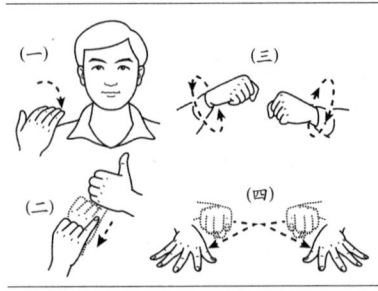

原生动物 yuánshēng-dòngwù

（一）一手直立，掌心向内，向肩后挥动一下。

（二）左手伸拇指，其他四指攥住右手小指，然后右手小指从左手掌心内向下移出一下。

（三）双手握拳屈肘，前后交替转动两下。

（四）双手食指指尖朝前，手背向上，先互碰一下，再分开并张开五指。

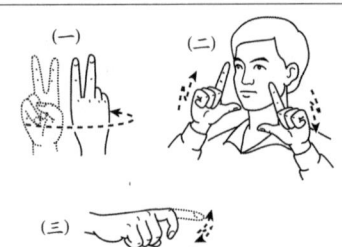

变形虫 biànxíngchóng

（一）一手食、中指直立分开，由掌心向外翻转为掌心向内。

（二）双手拇、食指成"⌊⌋"形，置于脸颊两侧，上下交替动两下。

（三）一手食指横伸，手背向上，边弯动边向一侧移动。

草履虫 cǎolǚchóng

（一）双手食指直立，手背向内，上下交替动几下。

（二）左手五指弯曲，掌心向上；右手平伸，掌心向下，指尖朝前，抵于左手。

（三）一手食指横伸，手背向上，边弯动边向一侧移动。

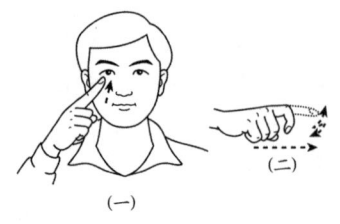

眼虫 yǎnchóng

（一）一手伸食指，指一下眼睛。

（二）一手食指横伸，手背向上，边弯动边向一侧移动。

表膜 biǎomó

（一）左手横伸；右手平伸，掌心向下，在左手背上轻轻转动一圈。
（二）左手横伸；右手拇、食指微张，指尖朝前，沿左手背向指尖方向移动。

纤毛② xiānmáo②

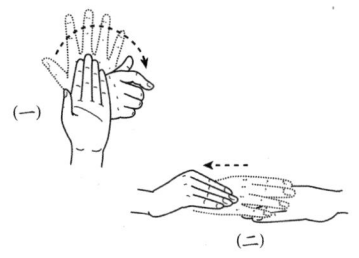

（一）左手直立，掌心向外，五指并拢；右手五指直立张开，手背贴于左手食、中、无名、小指指背，边向左转动边弯曲。
（二）左手横伸；右手五指在左手背上轻捋一下，如摸毛絮状。
（此手势表示草履虫的纤毛）

鞭毛 biānmáo

左手拇、食指捏成圆形，虎口朝上；右手伸食指，指根贴于左手拇、食指指尖，摆动几下。
（可根据实际表示鞭毛）

口沟 kǒugōu

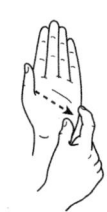

左手直立，掌心向外，五指并拢；右手拇、食指微张，指尖朝内，从左手虎口沿左手掌心向斜下方移动。

食物泡 shíwùpào

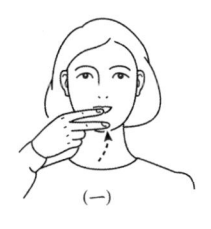

（一）一手伸食、中指，向嘴边拨动，如用筷子吃饭状。
（二）左手直立，掌心向外，五指并拢；右手拇、食指捏成圆形，虎口朝内，贴于左手掌心。

伸缩泡 shēnsuōpào

左手直立，掌心向外，五指并拢；右手拇、食指捏成圆形，虎口朝内，贴于左手食、中、无名指指尖处，然后开合两下。
（可根据实际表示伸缩泡的位置）

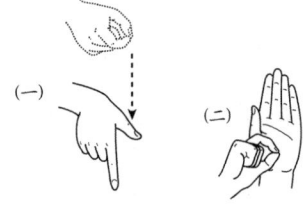

胞肛 bāogāng

（一）一手拇、食指相捏，然后边向下移动边张开，食指尖朝下。

（二）左手直立，掌心向外，五指并拢；右手拇、食指捏成圆形，虎口朝内，贴于左手拇指大鱼际处。

伪足 wěizú

左手拇、食指捏成圆形，虎口朝内；右手拇、食、中指相捏，指尖抵于左手食指，手背向内，然后缓慢张开，重复一次。

3. 腔肠动物

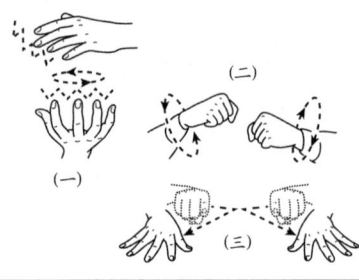

腔肠动物 qiāngcháng dòngwù

（一）左手横伸，五指张开，交替点动几下；右手五指张开，指尖朝上，在左手掌心下边转动边交替点动。

（二）双手握拳屈肘，前后交替转动两下。

（三）双手食指指尖朝前，手背向上，先互碰一下，再分开并张开五指。

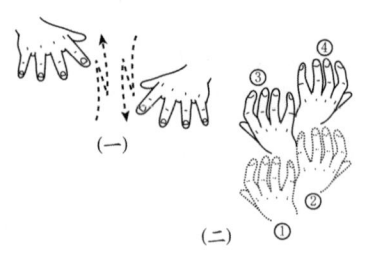

珊瑚 shānhú

（一）双手平伸，掌心向下，五指张开，上下交替移动，表示起伏的波浪。

（二）双手五指弯曲，指尖朝上，手腕先相挨，然后交替向上移动两下，仿珊瑚的形状。

珊瑚虫 shānhúchóng

（一）双手平伸，掌心向下，五指张开，上下交替移动，表示起伏的波浪。

（二）双手五指微曲，掌心向内，一上一下，同时弯动几下。

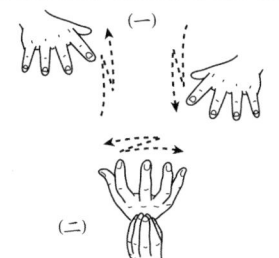
海葵 hǎikuí

（一）双手平伸，掌心向下，五指张开，上下交替移动，表示起伏的波浪。

（二）左手五指撮合，指尖朝上；右手五指弯曲张开，手背抵于左手指尖，随意摆动几下。

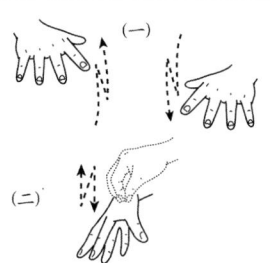
海蜇 hǎizhé

（一）双手平伸，掌心向下，五指张开，上下交替移动，表示起伏的波浪。

（二）一手五指撮合，指尖朝下，边上下移动边连续做开合的动作。

水螅 shuǐxī

（一）一手横伸，掌心向下，五指张开，边交替点动边向一侧移动。

（二）左手直立，手背向右前方，五指微曲张开；右手伸食指，指尖抵于左手背。

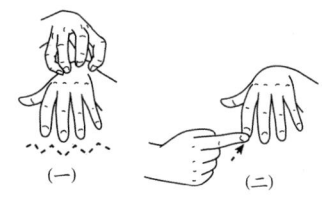
触手 chùshǒu

（一）双手五指微曲，指尖朝下，右手置于左手上，左手五指交替点动。

（二）左手五指微曲，指尖朝下；右手伸食指，指一下左手手指。

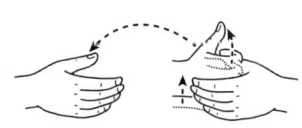
出芽生殖 chūyá-shēngzhí

左手五指成半圆形，虎口朝上；右手虚握，置于左手虎口内，边向上微移边伸出拇指，然后向右做弧形移动，五指成半圆形，虎口朝上。

（可根据实际表示出芽生殖）

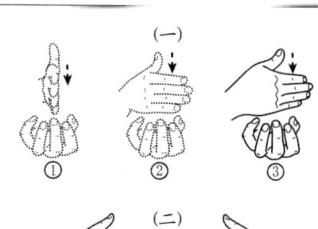
辐射对称 fúshè duìchèn

（一）左手五指微曲，指尖朝上；右手食、中、无名、小指并拢，在左手上向一侧一顿一顿做弧形移动。

（二）双手横立，掌心向内，从两侧向中间微移一下。

4. 扁形动物

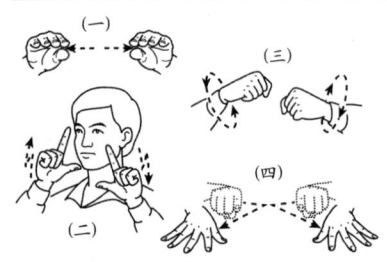

扁形动物 biǎnxíng dòngwù
（一）双手五指成"⊏⊐"形，指尖朝前，虎口左右相对，从中间向两侧移动一下。
（二）双手拇、食指成"⌊ ⌋"形，置于脸颊两侧，上下交替动两下。
（三）双手握拳屈肘，前后交替转动两下。
（四）双手食指指尖朝前，手背向上，先互碰一下，再分开并张开五指。

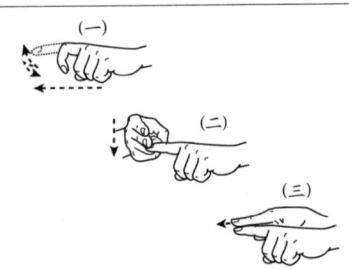

涡虫 wōchóng
（一）左手食指横伸，手背向上，边弯动边向一侧移动。
（二）左手食指横伸，手背向上；右手食、中指并拢，指尖朝前，虎口朝上，在左手指尖处向下一切。
（三）左手食指横伸，手背向上；右手伸食指，贴于左手食指，向前移出少许，表示涡虫身体被截断后可以再生的现象。

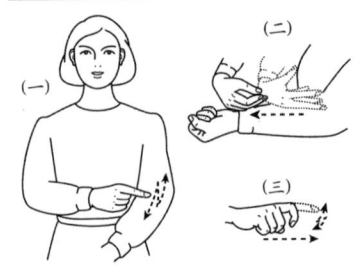

血吸虫 xuèxīchóng
（一）右手伸食指，在左臂处上下划动几下。
（二）左手握拳屈肘；右手五指张开，手背贴于左臂肘部内侧，然后边向外移动边撮合。
（三）一手食指横伸，手背向上，边弯动边向一侧移动。

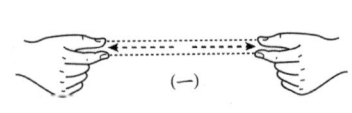
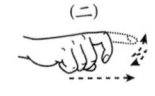

绦虫 tāochóng
（一）双手拇、食指微张，指尖相对，虎口朝上，从中间向两侧拉开。"条"与"绦"形近，借代。
（二）一手食指横伸，手背向上，边弯动边向一侧移动。

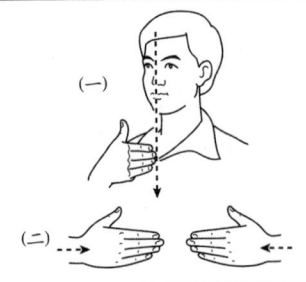

两侧对称 liǎngcè duìchèn
（一）一手食、中、无名、小指并拢，指尖朝内，在头前向下移动一下。
（二）双手横立，掌心向内，从两侧向中间微移一下。

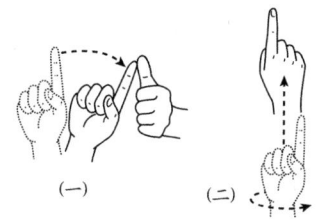

寄生 jìshēng

（一）左手伸拇指；右手食指先直立，然后向左转动，靠向左手拇指。
（二）一手食指直立，边转动手腕边向上移动。

5.线形动物

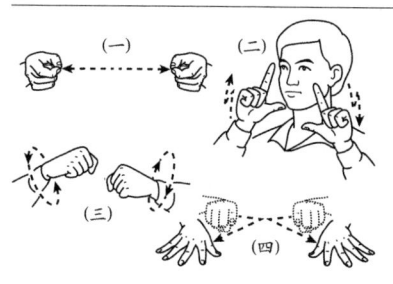

线形动物 xiànxíng dòngwù

（一）双手拇、食指相捏，虎口朝上，从中间向两侧拉开。
（二）双手拇、食指成"┗┛"形，置于脸颊两侧，上下交替动两下。
（三）双手握拳屈肘，前后交替转动两下。
（四）双手食指指尖朝前，手背向上，先互碰一下，再分开并张开五指。

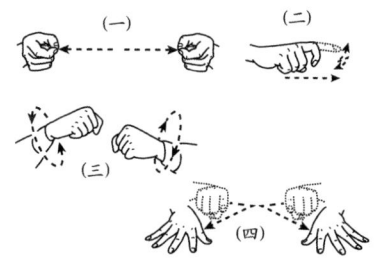

线虫动物 xiànchóng dòngwù

（一）双手拇、食指相捏，虎口朝上，从中间向两侧拉开。
（二）一手食指横伸，手背向上，边弯动边向一侧移动。
（三）双手握拳屈肘，前后交替转动两下。
（四）双手食指指尖朝前，手背向上，先互碰一下，再分开并张开五指。

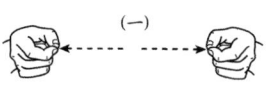

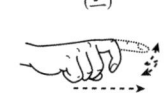

线虫 xiànchóng

（一）双手拇、食指相捏，虎口朝上，从中间向两侧拉开。
（二）一手食指横伸，手背向上，边弯动边向一侧移动。

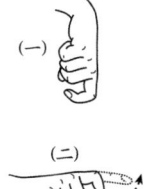

钩虫 gōuchóng

（一）一手食指弯曲如钩，中节指指背向下。
（二）一手食指横伸，手背向上，边弯动边向一侧移动。

蛔虫 huíchóng

一手食指横伸，手背向上，边弯动边在腹部转动一圈。

6. 环节动物

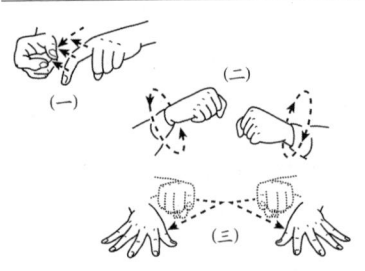

环节动物 huánjié dòngwù

（一）左手食指横伸微曲，手背向上；右手拇、食指张开，指尖朝前，虎口朝上，在左手食指上边向内划动边向右移动。
（二）双手握拳屈肘，前后交替转动两下。
（三）双手食指指尖朝前，手背向上，先互碰一下，再分开并张开五指。

蚯蚓 qiūyǐn

左手横伸，掌心向下，五指张开；右手食指在左手各指指缝间上下蠕动钻行，如蚯蚓在土中活动状。

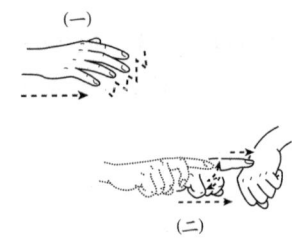

水蛭（蚂蟥） shuǐzhì（mǎhuáng）

（一）一手横伸，掌心向下，五指张开，边交替点动边向一侧移动。
（二）左臂抬起，左手握拳；右手食指横伸，手背向上，先弯动两下，再杵向左手背，表示水蛭叮人。

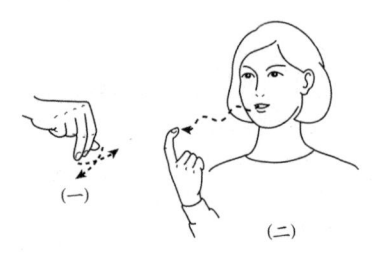

沙蚕 shācán

（一）一手拇、食、中指相捏，指尖朝下，互捻几下。
（二）一手伸食指，指尖朝内，从嘴部向外做波纹状移动，表示蚕丝。

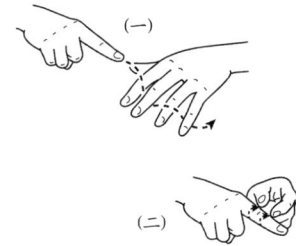

环带 huándài

（一）左手横伸，掌心向下，五指张开；右手伸食指，手背向上，在左手各指指缝间上下蠕动钻行。

（二）右手伸食指，手背向上；左手拇、食指微张，虎口朝上，在右手食指背上转动半圈。

体节 tǐjié

左手食指横伸微曲，手背向上；右手拇、食指张开，指尖朝前，虎口朝上，在左手食指上向内划动一下。

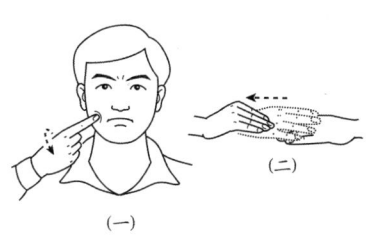

刚毛 gāngmáo

（一）一手食指抵于脸颊，向前微转一下，同时牙关紧咬。

（二）左手横伸；右手五指在左手背上轻拊一下，如摸毛絮状。

疣足 yóuzú

左手食指横伸微曲，手背向上；右手伸食指，指尖朝下，在左手食指内不同位置向下点动两下。

7. 棘皮动物

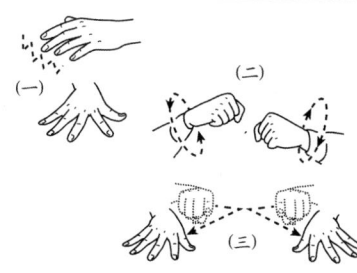

棘皮动物 jípí-dòngwù

（一）左手横伸，五指张开，交替点动几下；右手五指张开，手背向上，置于左手掌心下。

（二）双手握拳屈肘，前后交替转动两下。

（三）双手食指指尖朝前，手背向上，先互碰一下，再分开并张开五指。

（可根据实际表示棘皮动物的外形）

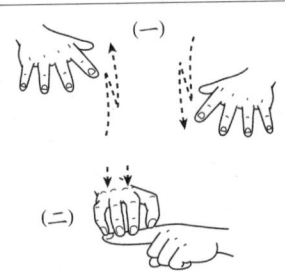

海参 hǎishēn

（一）双手平伸，掌心向下，五指张开，上下交替移动，表示起伏的波浪。

（二）左手食指横伸，手背向上；右手食、中、无名、小指弯曲，指尖在左手食指不同位置上点几下，仿海参的外形。

8. 软体动物

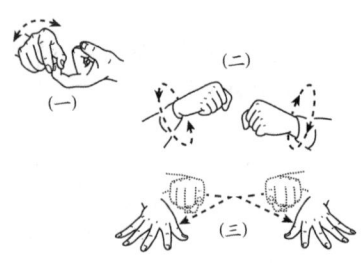

软体动物 ruǎntǐ-dòngwù

（一）右手拇、食指捏住左手食指尖，随意晃动几下，左手食指随之弯曲。

（二）双手握拳屈肘，前后交替转动两下。

（三）双手食指指尖朝前，手背向上，先互碰一下，再分开并张开五指。

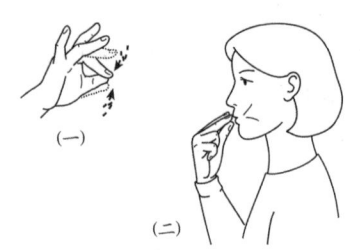

泥螺 níluó

（一）一手拇、中指相捏两下，指尖朝前。

（二）一手拇、食、中指相捏，指尖朝内，置于嘴边，嘴做吸吮状。

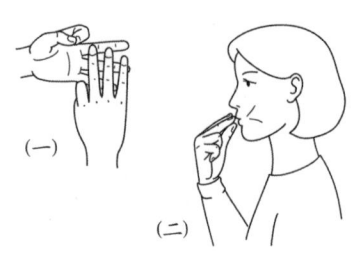

田螺 tiánluó

（一）双手中、无名、小指搭成"田"字形。

（二）一手拇、食、中指相捏，指尖朝内，置于嘴边，嘴做吸吮状。

蜗牛 wōniú

右手拇、中、无名指相捏，指尖朝前，食、小指直立；左手五指成半圆形，指尖抵于右手背上，然后双手缓慢向前移动，仿蜗牛的外形。

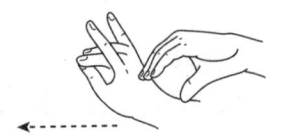

海螺 hǎiluó

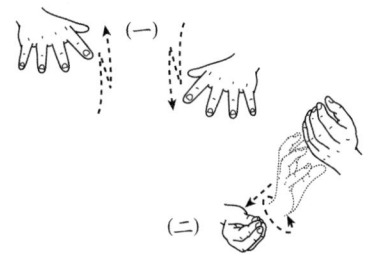

（一）双手平伸，掌心向下，五指张开，上下交替移动，表示起伏的波浪。
（二）左手五指成半圆形，虎口朝斜上方；右手五指微曲张开，指尖朝上，边在左手下向下转动边撮合，仿海螺的形状。

鲍鱼 bàoyú

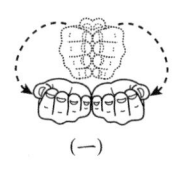

（一）双手侧立，掌心相合，手背拱起，然后打开。
（二）左手平伸；右手拇、食指捏成圆形，虎口朝上，置于左手掌心上。

贝（蛤蜊） bèi (gé·lí)

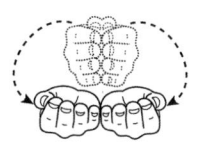

双手侧立，掌心相合，手背拱起，然后打开。

贝壳 bèiké

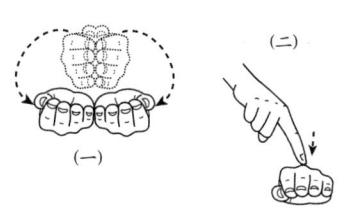

（一）双手侧立，掌心相合，手背拱起，然后打开。
（二）左手平伸，手背拱起；右手伸食指，指尖朝下，点一下左手背。

贻贝 yíbèi

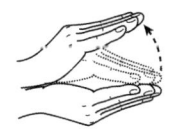

双手平伸，掌心相合，手背拱起，左手在下不动，右手指尖向上抬起。

蚌 bàng

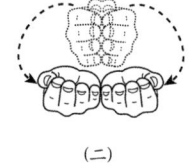

（一）一手打手指字母"B"的指式。
（二）双手侧立，掌心相合，手背拱起，然后打开。

蚶 hān

 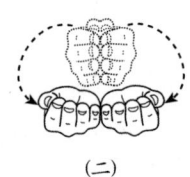

（一）一手打手指字母"H"的指式。
（二）双手侧立，掌心相合，手背拱起，然后打开。

蛏子 chēng·zi

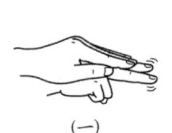 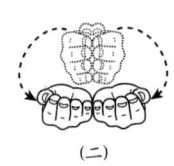

（一）左手平伸，手背拱起，置于右手背上；右手食、中指分开，指尖朝前，交替点动几下。
（二）双手侧立，掌心相合，手背拱起，然后打开。

文蛤 wéngé

 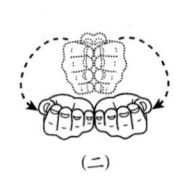

（一）一手五指撮合，指尖朝前，撇动一下，如执毛笔写字状。
（二）双手侧立，掌心相合，手背拱起，然后打开。

珍珠 zhēnzhū

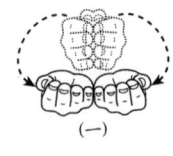 

（一）双手侧立，掌心相合，手背拱起，然后打开。
（二）左手平伸，掌心凹进；右手拇、食指捏成圆形，虎口朝上，在左手掌心上微转几下。

乌贼 wūzéi

一手手背贴于前额，五指张开，交替点动几下，仿乌贼的触手。

鱿鱼 yóuyú

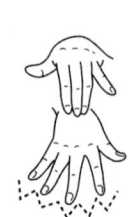

左手伸拇、小指，食、中、无名指并拢，指尖朝下，抵于右手腕；右手五指张开，指尖朝下，交替点动几下，仿鱿鱼的形状。

二、动物　57

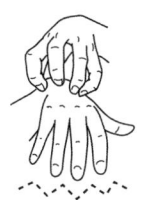

章鱼　zhāngyú
　　双手五指微曲张开，指尖朝下，左手置于右手腕，右手五指交替点动。

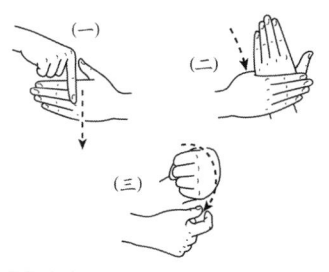

外套膜　wàitàomó
　　（一）左手横立；右手伸食指，指尖朝下，在左手背外向下指。
　　（二）左手直立，掌心向内；右手五指成"⊐"形，套入左手掌。
　　（三）左手握拳，手背向外，虎口朝上；右手拇、食指微张，指尖朝左，沿左手背向下转动半圈。

9. 节肢动物

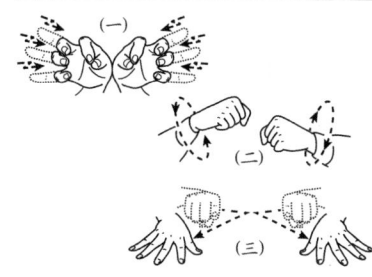

节肢动物　jiézhī-dòngwù
　　（一）双手相挨，掌心向外，拇、食指相捏，其他三指弯动几下。
　　（二）双手握拳屈肘，前后交替转动两下。
　　（三）双手食指指尖朝前，手背向上，先互碰一下，再分开并张开五指。

虫　chóng
　　一手食指横伸，手背向上，边弯动边向一侧移动。

蛹（幼虫①）　yǒng（yòuchóng①）
　　左手五指成半圆形，虎口朝外；右手伸食指，在左手掌心内弯动两下。

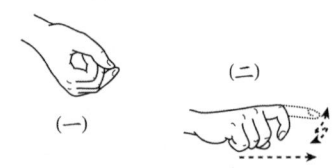

幼虫② yòuchóng②
（一）一手拇、小指相捏，指尖朝上。
（二）一手食指横伸，手背向上，边弯动边向一侧移动。
（可根据实际表示幼虫）

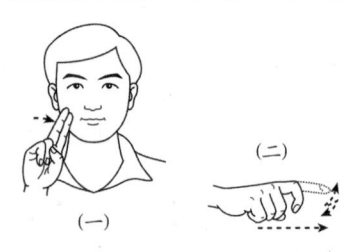

若虫 ruòchóng
（一）一手食、中指直立并拢，掌心向斜前方，朝脸颊碰一下。
（二）一手食指横伸，手背向上，边弯动边向一侧移动。

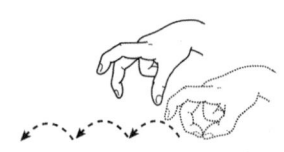

跳蝻 tiàonǎn
一手食指弯曲，拇、中指相捏，指尖朝下，边向前跳动边弹开。

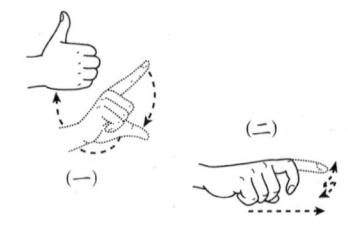

成虫 chéngchóng
（一）一手伸拇、食指，食指尖朝上，然后食指缩回，拇指尖朝上，表示逐渐发育成熟的意思。
（二）一手食指横伸，手背向上，边弯动边向一侧移动。

昆虫 kūnchóng
双手食指横伸，手背向上，边弯动边交替平行转动两下。

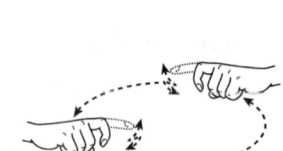

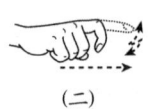

益虫 yìchóng
（一）一手伸拇指。
（二）一手食指横伸，手背向上，边弯动边向一侧移动。

害虫 hàichóng
(一)一手伸小指,指尖朝前,向前一杵。
(二)一手食指横伸,手背向上,边弯动边向一侧移动。

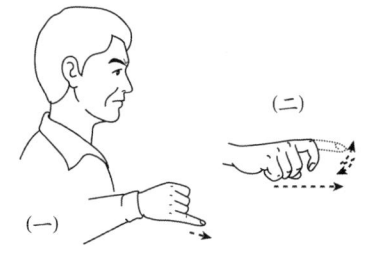

蝗虫 huángchóng
(一)双手食、中指弯曲,贴于嘴角两侧,微动两下,如蝗虫的嘴。
(二)一手食指横伸,手背向上,边弯动边向一侧移动。

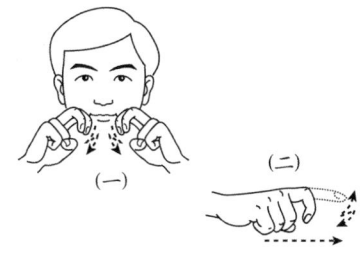

蝼蛄 lóugū
(一)双手食、中指弯曲,贴于嘴角两侧,微动两下。
(二)左手横伸,掌心向下;右手食指边弯动边移入左手掌心下,表示蝼蛄钻地。

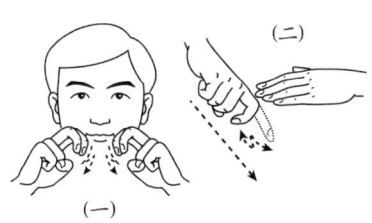

蟑螂 zhāngláng
(一)左手横伸;右手拇、食、中指相捏,指尖朝下,按向左手掌心。"章"与"蟑"音同形近,借代。
(二)一手食指横伸,手背向上,边弯动边向一侧移动。

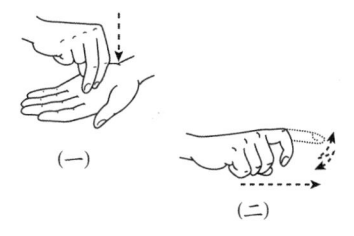

跳蚤 tiàozǎo
左臂抬起,左手握拳,手背向上;右手食指弯曲,指尖朝下,在左臂上点一下,然后弹起,再落下,重复几次。

蟋蟀(蛐蛐儿) xīshuài (qū·qur)
双手食、中指弯曲,手背向上,指关节边互碰两下边向下弯动,仿蟋蟀相斗的样子。

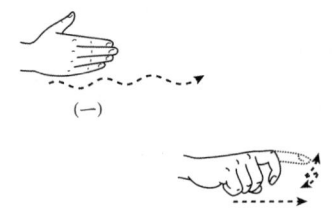

水蚤（鱼虫） shuǐzǎo (yúchóng)

（一）一手横立，手背向外，向一侧做曲线形移动（或一手侧立，向前做曲线形移动），如鱼游动状。

（二）一手食指横伸，手背向上，边弯动边向一侧移动。

卷叶虫 juǎnyèchóng

左手横伸，五指微曲；右手伸食指，在左手掌心上边弯动边向前移动。

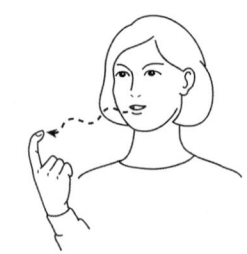

蚕（蚕丝） cán (cánsī)

一手伸食指，指尖朝内，从嘴部向外做波纹状移动，表示蚕丝。

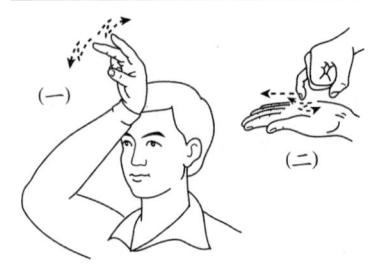

蚂蚁 mǎyǐ

（一）一手食、中指分开，指尖朝上，手背向内，置于前额，前后交替微动几下，表示蚂蚁头上的两个触角。

（二）左手平伸；右手伸小指，指尖朝下，在左手掌心上边弯动边向前移动。

蝴蝶 húdié

双手拇指相搭，其他四指扇动，如蝴蝶飞行状。

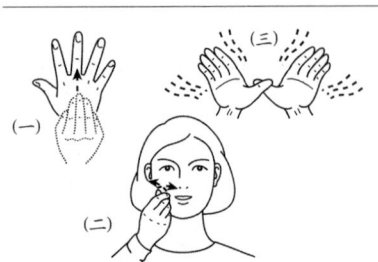

菜粉蝶 càifěndié

（一）一手五指撮合，指尖朝上，边向上微移边张开。

（二）一手五指撮合，指尖朝上，置于脸颊处，互捻几下。

（三）双手拇指相搭，其他四指扇动，如蝴蝶飞行状。

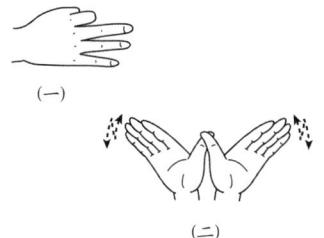

蛾 é
（一）一手打手指字母"E"的指式。
（二）双手拇指相搭，其他四指扇动，如蛾飞行状。

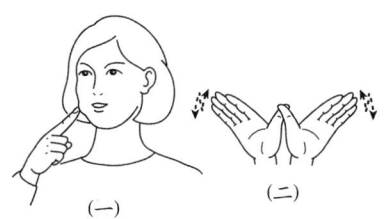

蜜蜂 mìfēng
（一）一手食指指腮部，同时用舌顶起腮部，表示嘴里含着的糖。
（二）双手拇指相搭，其他四指微微扇动，如蜜蜂飞行状。

蜻蜓 qīngtíng
左手食、中指与右手食指搭成"干"字形，手背向上，然后做不规则移动，如蜻蜓飞行状。

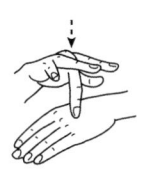

蚊子 wén·zi
左手横伸；右手伸拇、食、无名、小指，中指尖朝下，在左手背上点一下，表示蚊子叮人。

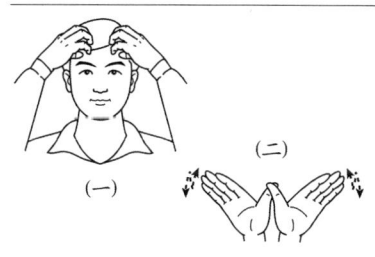

苍蝇 cāng·ying
（一）双手五指弯曲，指尖抵于额部，表示苍蝇的眼睛。
（二）双手拇指相搭，其他四指扇动，如苍蝇飞行状。

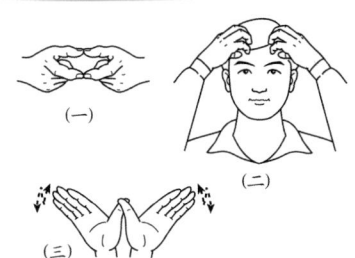

果蝇 guǒyíng
（一）双手拇、食指搭成圆形，虎口朝上，表示果子。
（二）双手五指弯曲，指尖抵于额部，表示苍蝇的眼睛。
（三）双手拇指相搭，其他四指扇动，如苍蝇飞行状。

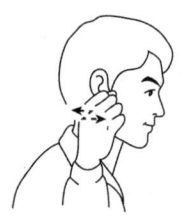

蝉（知了） chán (zhīliǎo)

右手虚握，虎口朝上，在耳边晃动几下，表示听手中蝉的鸣叫声。

蚜虫 yáchóng

（一）一手伸食指，指一下牙齿。"牙"与"蚜"音同形近，借代。
（二）一手食指横伸，手背向上，边弯动边向一侧移动。

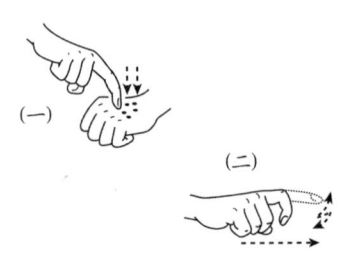

瓢虫 piáochóng

（一）左手握拳；右手伸食指，指尖朝下，在左手背上点几下，表示瓢虫前翅上的斑点。
（二）一手食指横伸，手背向上，边弯动边向一侧移动。

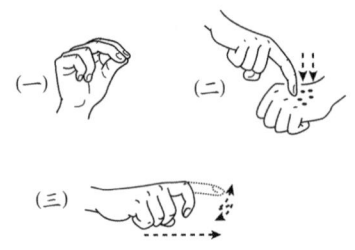

七星瓢虫 qīxīng piáochóng

（一）一手拇、食、中指相捏，指尖朝斜前方，虎口朝斜后方。
（二）左手握拳；右手伸食指，指尖朝下，在左手背上点几下，表示瓢虫前翅上的斑点。
（三）一手食指横伸，手背向上，边弯动边向一侧移动。

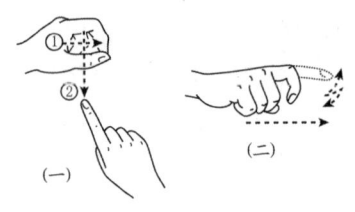

甲虫 jiǎchóng

（一）左手拇、食指捏成圆形，虎口朝内；右手伸食指，在左手虎口上先横划一下，再竖划一下，仿"甲"字形。
（二）一手食指横伸，手背向上，边弯动边向一侧移动。

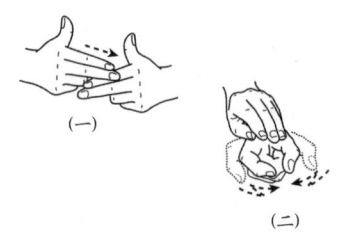

金龟子 jīnguīzǐ

（一）双手伸拇、食、中指，食、中指并拢，交叉相搭，右手中指蹭一下左手食指。
（二）左手平伸，手背拱起；右手拇、食指弯曲，指尖朝前，虎口朝上，贴于左手指尖，弯动两下。

虱子 shī·zi

　　双手拇、食指相捏，指尖相抵，虎口朝上，挤动两下。

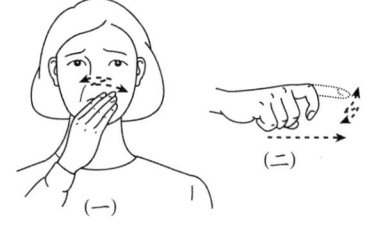

臭虫 chòuchóng

　　（一）一手在鼻前左右扇动几下，面露厌恶的表情。
　　（二）一手食指横伸，手背向上，边弯动边向一侧移动。

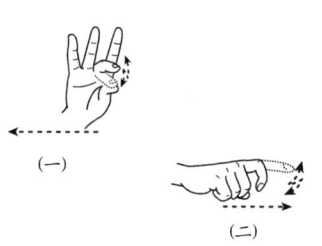

螨虫 mǎnchóng

　　（一）左手横伸；右手五指弯曲，指尖朝下，在左手背上挠几下。
　　（二）一手食指横伸，手背向上，边弯动边向一侧移动。

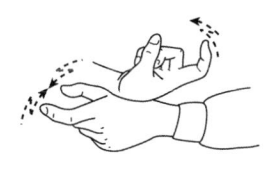

鼠妇（潮虫） shǔfù（cháochóng）

　　（一）一手拇、中指指尖朝前，边向一侧移动边相捏几下。
　　（二）一手食指横伸，手背向上，边弯动边向一侧移动。

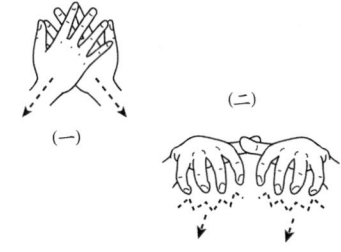

蝎子 xiē·zi

　　左手拇、食指弯曲，虎口朝上，手背向外；右手背贴于左手，食指翘起，双手同时弯动两下，表示蝎子的螯和带毒刺的尾巴。

蜘蛛 zhīzhū

　　（一）双手五指张开，手背向外，交叉相搭，向两侧斜下方移动。
　　（二）双手拇指相搭，其他四指弯曲，指尖朝下，边交替点动边向前移动，如蜘蛛爬行状。

蜈蚣　wúgōng

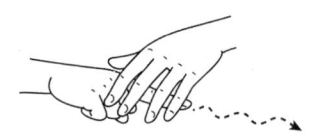

左手横伸，掌心向下，五指张开；右手伸食指，指尖朝前，手背向上，置于左手手指下，边弯动边双手同时向前移动，仿蜈蚣的外形。

虾（对虾）　xiā（duìxiā）

左手横伸；右手伸食指，先在左手掌心上点一下，然后边弯动边向上跳起，如虾跳动状。

龙虾　lóngxiā

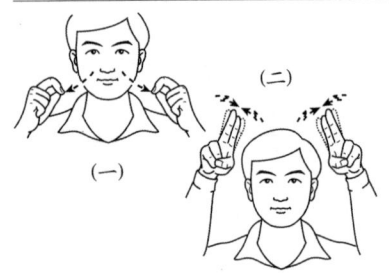

（一）双手拇、食指相捏，从鼻下向两侧斜前方拉出，表示龙的两条长须。
（二）双手食、中指直立分开，掌心向外，置于头两侧，夹动两下。

沼虾　zhǎoxiā

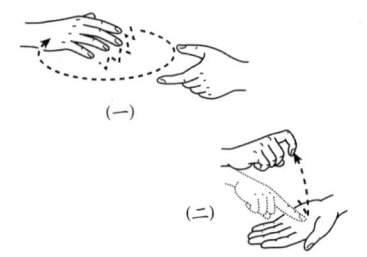

（一）左手拇、食指成半圆形，虎口朝上；右手横伸，掌心向下，五指张开，边交替点动边在左手旁顺时针转动一圈。
（二）左手横伸；右手伸食指，先在左手掌心上点一下，然后边弯动边向上跳起。

基围虾　jīwéixiā

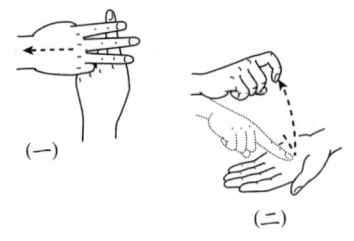

（一）左手食指直立，手背向外；右手食、中、无名指横伸分开，手背向外，在左手食指背上横划一下。
（二）左手横伸；右手伸食指，先在左手掌心上点一下，然后边弯动边向上跳起。

虾蛄（皮皮虾）　xiāgū（pípíxiā）

左手横伸；右手食、中指并拢，先在左手掌心上点一下，然后边弯动边向上跳起。

螃蟹 pángxiè

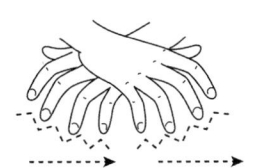

双手五指弯曲,指尖朝下,交叉相叠,边横向移动边交替点动,如螃蟹爬行状。

大闸蟹 dàzháxiè

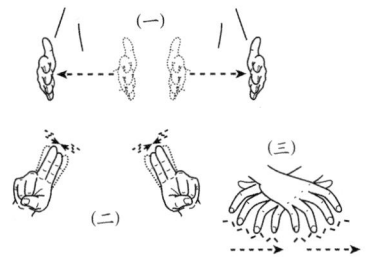

(一)双手侧立,掌心相对,同时向两侧移动,幅度要大些。
(二)双手食、中指直立分开,掌心向外,夹动两下。
(三)双手五指弯曲,指尖朝下,交叉相叠,边横向移动边交替点动,如螃蟹爬行状。

海蟹 hǎixiè

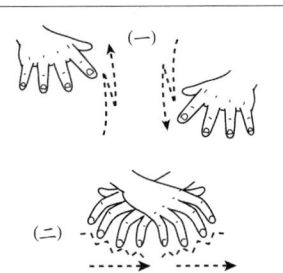

(一)双手平伸,掌心向下,五指张开,上下交替移动,表示起伏的波浪。
(二)双手五指弯曲,指尖朝下,交叉相叠,边横向移动边交替点动,如螃蟹爬行状。

河蟹 héxiè

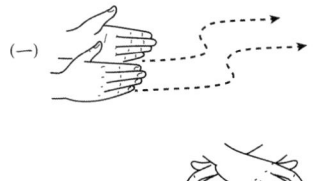

(一)双手侧立,掌心相对,相距窄些,向前做曲线形移动。
(二)双手五指弯曲,指尖朝下,交叉相叠,边横向移动边交替点动,如螃蟹爬行状。

青蟹 qīngxiè

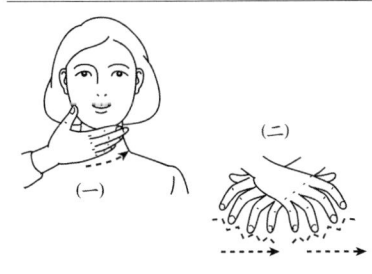

(一)一手横立,掌心向内,食、中、无名、小指并拢,在颏部从右向左摸一下。
(二)双手五指弯曲,指尖朝下,交叉相叠,边横向移动边交替点动,如螃蟹爬行状。

梭子蟹 suō·zixiè

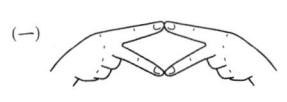

(一)双手食、中指分开,指尖斜向相抵,手背向外,搭成"◇"形。
(二)双手五指弯曲,指尖朝下,交叉相叠,边横向移动边交替点动,如螃蟹爬行状。

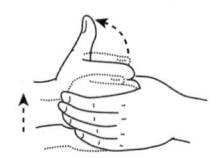

蜕化（蜕皮） tuìhuà (tuìpí)

右手握拳；左手包住右拳，然后左手不动，右手边伸出拇指边从左手虎口内缓慢上移，表示虫类蜕化脱皮。

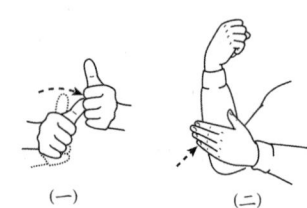

附肢 fùzhī

（一）双手伸拇指，左手在上不动，右手向左转动，拇指靠向左手掌心。
（二）左臂抬起，左手握拳；右手拍一下左臂。

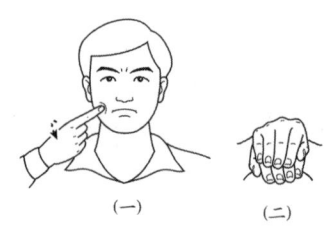

外骨骼 wàigǔgé

（一）一手食指抵于脸颊，向前微转一下，同时牙关紧咬。
（二）双手平伸，手背拱起，上下相搭。

10. 鱼类

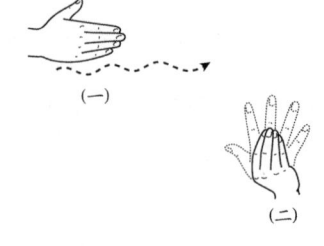

鱼类 yúlèi

（一）一手横立，手背向外，向一侧做曲线形移动（或一手侧立，向前做曲线形移动），如鱼游动状。
（二）一手五指张开，指尖朝上，然后撮合。

淡水鱼 dànshuǐyú

（一）双手平伸，手背向下，拇、中指先相捏，再弹开。
（二）一手横伸，掌心向下，五指张开，边交替点动边向一侧移动。
（三）一手横立，手背向外，向一侧做曲线形移动（或一手侧立，向前做曲线形移动），如鱼游动状。

二、动物　67

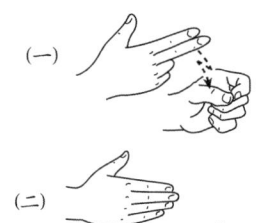

团头鲂（鳊鱼、武昌鱼）
tuántóufáng (biānyú、wǔchāngyú)
（一）左手拇、食指捏成圆形，虎口朝上；右手伸拇、食、中指，食、中指并拢，敲两下左手拇指。
（二）一手横立，手背向外，向一侧做曲线形移动（或一手侧立，向前做曲线形移动），如鱼游动状。

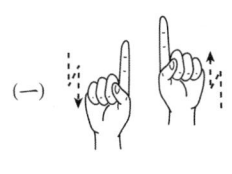
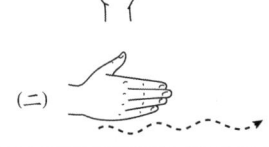

草鱼　cǎoyú
（一）双手食指直立，手背向内，上下交替动几下。
（二）一手横立，手背向外，向一侧做曲线形移动（或一手侧立，向前做曲线形移动），如鱼游动状。

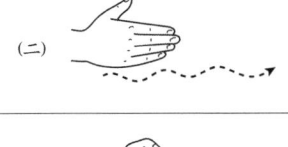

鳜鱼　guìyú
（一）双手食指相互勾住。
（二）一手横立，手背向外，向一侧做曲线形移动（或一手侧立，向前做曲线形移动），如鱼游动状。

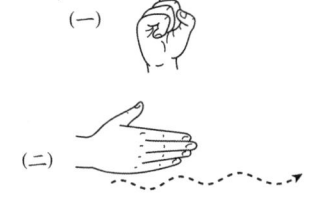

鲫鱼　jìyú
（一）一手打手指字母"J"的指式。
（二）一手横立，手背向外，向一侧做曲线形移动（或一手侧立，向前做曲线形移动），如鱼游动状。

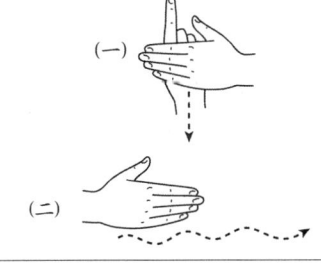

鲤鱼　lǐyú
（一）左手横立；右手食指直立，在左手掌心内从上向下移动。"里"与"鲤"音同形近，借代。
（二）一手横立，手背向外，向一侧做曲线形移动（或一手侧立，向前做曲线形移动），如鱼游动状。

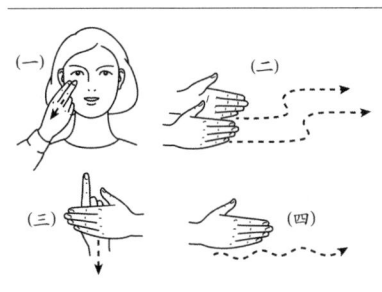

黄河鲤　huánghélǐ
（一）一手打手指字母"H"的指式，摸一下脸颊。
（二）双手侧立，掌心相对，相距窄些，向前做曲线形移动。
（三）左手横立；右手食指直立，在左手掌心内从上向下移动。"里"与"鲤"音同形近，借代。
（四）一手横立，手背向外，向一侧做曲线形移动（或一手侧立，向前做曲线形移动），如鱼游动状。

鲢鱼 liányú
（一）双手拇、食指套环。"连"与"鲢"音同形近，借代。
（二）一手横立，手背向外，向一侧做曲线形移动（或一手侧立，向前做曲线形移动），如鱼游动状。

鲈鱼 lúyú
（一）一手打手指字母"L"的指式。
（二）一手横立，手背向外，向一侧做曲线形移动（或一手侧立，向前做曲线形移动），如鱼游动状。

鳗 mán
（一）一手五指撮合，指尖朝前，向前做曲线形移动。
（二）一手侧立，向前做曲线形移动，如鱼游动状。

鲇鱼 niányú
（一）双手食、中指斜伸，掌心左右相对，置于嘴角两侧，交替点动几下，仿鲇鱼嘴边的四根须。
（二）一手横立，手背向外，向一侧做曲线形移动（或一手侧立，向前做曲线形移动），如鱼游动状。

鳙（胖头鱼） yōng（pàngtóuyú）
（一）双手拇、食指成"⌊⌋"形，置于脸颊两侧，然后向两侧移动。
（二）一手伸食指，指一下头部。
（三）一手横立，手背向外，向一侧做曲线形移动（或一手侧立，向前做曲线形移动），如鱼游动状。

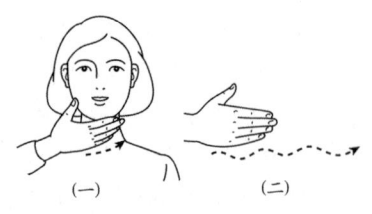

青鱼 qīngyú
（一）一手横立，掌心向内，食、中、无名、小指并拢，在颔部从右向左摸一下。
（二）一手横立，手背向外，向一侧做曲线形移动（或一手侧立，向前做曲线形移动），如鱼游动状。

鳝（黄鳝） shàn (huángshàn)

（一）左手伸食指；右手食、中、无名指叉开，中指在上，食、无名指在下，夹住左手食指，模仿用手指夹鳝鱼的动作。
（二）一手伸食指，向前（或向一侧）做曲线形移动，如鳝鱼游动状。

泥鳅 ní·qiu

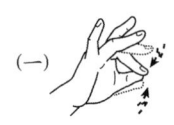
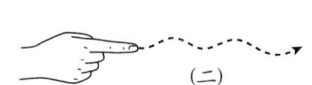

（一）一手拇、中指相捏两下，指尖朝前。
（二）一手食指横伸，手背向外，向一侧做曲线形移动。

海水鱼 hǎishuǐyú

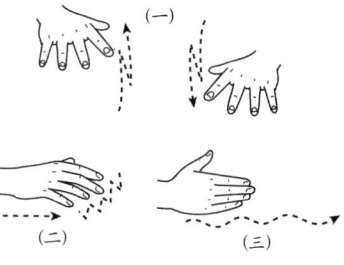

（一）双手平伸，掌心向下，五指张开，上下交替移动，表示起伏的波浪。
（二）一手横伸，掌心向下，五指张开，边交替点动边向一侧移动。
（三）一手横立，手背向外，向一侧做曲线形移动（或一手侧立，向前做曲线形移动），如鱼游动状。

比目鱼 bǐmùyú

（一）双手拇、食指捏成圆形，虎口朝内，先置于双眼前，再移至头一侧，表示比目鱼的双眼长在一侧。
（二）一手平伸，手背向上，边颤动边向前移动，如比目鱼游动状。

鲳鱼①（平鱼①） chāngyú ① (píngyú ①)

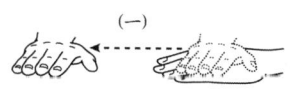

（一）左手横伸；右手平伸，掌心向下，从左手背上向右移动一下。
（二）一手横立，手背向外，向一侧做曲线形移动（或一手侧立，向前做曲线形移动），如鱼游动状。

鲳鱼②（平鱼②） chāngyú ② (píngyú ②)

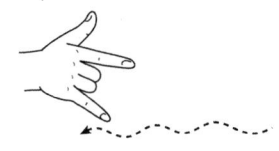

一手伸拇、食、小指，手背向外，向一侧做曲线形移动。

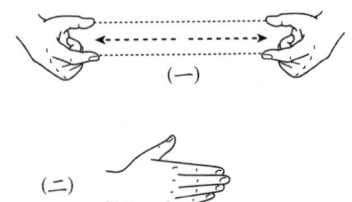

带鱼 dàiyú

（一）双手拇、食指张开，指尖相对，虎口朝上，从中间向两侧拉开。

（二）一手横立，手背向外，向一侧做曲线形移动（或一手侧立，向前做曲线形移动），如鱼游动状。

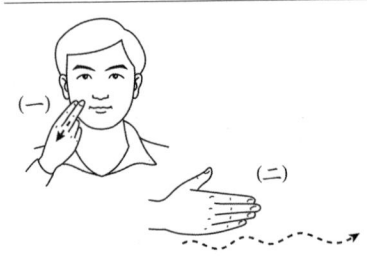

黄鱼 huángyú

（一）一手打手指字母"H"的指式，摸一下脸颊。

（二）一手横立，手背向外，向一侧做曲线形移动（或一手侧立，向前做曲线形移动），如鱼游动状。

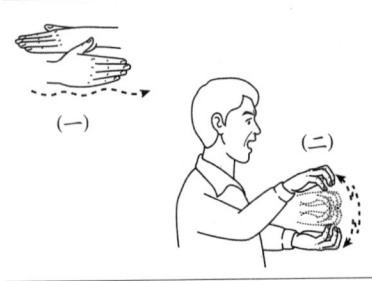

鲨鱼 shāyú

（一）左手横伸，掌心向下；右手横立，掌心向内，贴于左手小指外侧并向左臂做曲线形移动，仿鲨鱼的外形。

（二）双手五指弯曲，一上一下，指尖相抵，同时做开合的动作，面露恐怖的表情。

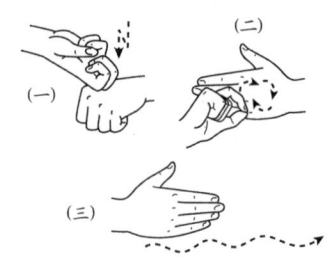

石斑鱼 shíbānyú

（一）左手握拳；右手食、中指弯曲，以指关节在左手背上敲两下。

（二）左手横立；右手拇、食指捏成圆形，虎口朝内，在左手背上随意贴几下。

（三）一手横立，手背向外，向一侧做曲线形移动（或一手侧立，向前做曲线形移动），如鱼游动状。

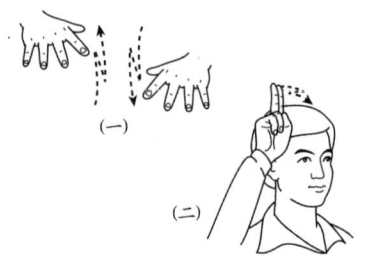

海马 hǎimǎ

（一）双手平伸，掌心向下，五指张开，上下交替移动，表示起伏的波浪。

（二）一手食、中指直立并拢，虎口贴于太阳穴，向前微动两下，仿马的耳朵。

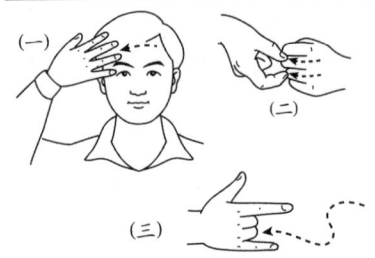

热带鱼 rèdàiyú

（一）一手五指张开，手背向外，在额头上一抹，如流汗状。

（二）左手握拳，手背向外；右手拇、食指微张，指尖朝内，沿左手中、无名指关节间转动半圈。

（三）右手伸拇、食、小指，手背向外（或向右），随意晃动几下，如热带鱼游动状。

二、动物　71

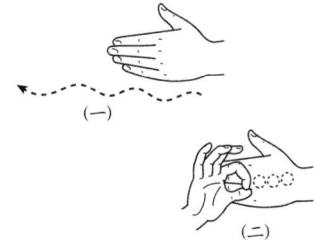

鱼鳞（鳞片①）　yúlín (línpiàn ①)

（一）左手横立，手背向外，向右做曲线形移动，如鱼游动状。

（二）左手横立，手背向外；右手拇、食指捏成圆形，其他三指伸出，虎口朝内，在左手背上有规则地贴几下，表示鱼鳞。

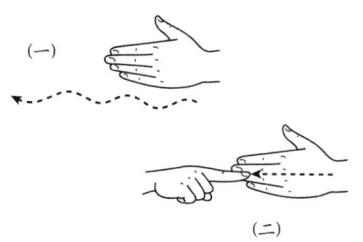

侧线　cèxiàn

（一）左手横立，手背向外，向右做曲线形移动，如鱼游动状。

（二）左手横立，手背向外；右手食指横伸，手背向上，从左手腕中间沿左手背横划至中指尖，表示鱼身上的侧线。

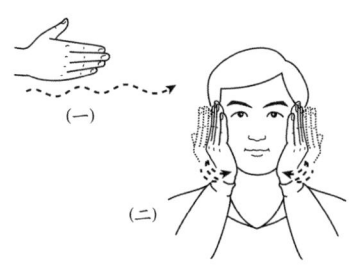

鳃（鱼鳃）　sāi (yúsāi)

（一）一手横立，手背向外，向一侧做曲线形移动（或一手侧立，向前做曲线形移动），如鱼游动状。

（二）双手手背拱起，小指外侧贴于脸颊两侧，然后同时向前转腕，重复一次，模仿鱼呼吸时鱼鳃开合的动作。

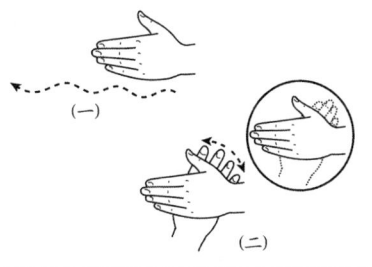

鱼鳍（背鳍）　yúqí (bèiqí)

（一）左手横立，手背向外，向右做曲线形移动，如鱼游动状。

（二）左手横立，手背向外；右手食、中、无名、小指并拢，拇指弯回，手背向外，贴于左手掌心，然后微张。

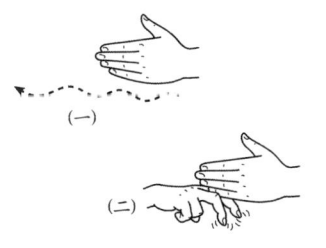

胸鳍　xiōngqí

（一）左手横立，手背向外，向右做曲线形移动，如鱼游动状。

（二）左手横立，手背向外；右手食、中指微曲，指缝卡于左手下缘前部，指尖点动几下。

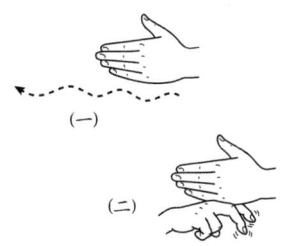

腹鳍　fùqí

（一）左手横立，手背向外，向右做曲线形移动，如鱼游动状。

（二）左手横立，手背向外；右手食、中指微曲，指缝卡于左手下缘中部，指尖点动几下。

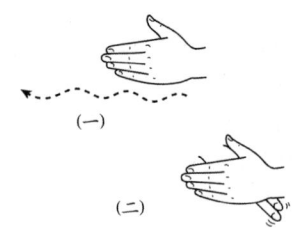

臀鳍 túnqí

（一）左手横立，手背向外，向右做曲线形移动，如鱼游动状。

（二）左手横立，手背向外；右手食、中指并拢，斜贴于左手掌根部，指尖点动几下。

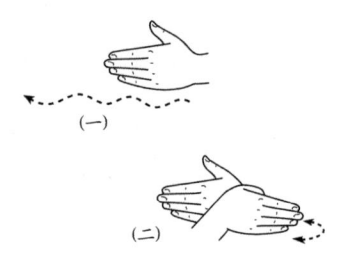

尾鳍 wěiqí

（一）左手横立，手背向外，向右做曲线形移动，如鱼游动状。

（二）双手横立，手背向外，手腕前后相贴，左手在后不动，右手在前，拇指弯回，食、中、无名、小指前后摆动几下。

11. 两栖动物

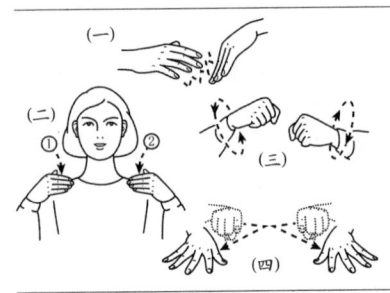

两栖动物 liǎngqī dòngwù

（一）左手斜伸，手背向右上方，表示岸；右手横伸，掌心向下，五指张开，交替点动几下，表示水。

（二）双手交替拍一下同侧肩膀。

（三）双手握拳屈肘，前后交替转动两下。

（四）双手食指指尖朝前，手背向上，先互碰一下，再分开并张开五指。

蛙 wā

左手平伸；右手平伸，手背拱起，置于左手掌心上，然后向前跳动，模仿蛙跳跃的动作。

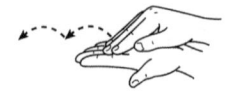

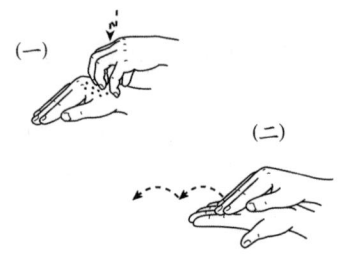

蟾蜍（癞蛤蟆） chánchú (làihá·ma)

（一）右手平伸，手背拱起；左手五指微曲，指尖朝下，在右手背上点几下。

（二）左手平伸；右手平伸，手背拱起，置于左手掌心上，然后向前跳动，模仿蟾蜍跳跃的动作。

二、动物 73

蝾螈 róngyuán
　　双手拇、食、中指直立分开,手背向外,置于脸颊两侧,然后手腕向内转动两下。

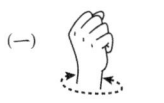

大鲵(娃娃鱼) dàní (wá·wayú)
　　(一)双手虚握,虎口朝上,同时平行转动几下,如转拨浪鼓玩具状。
　　(二)一手横立,手背向外,向一侧做曲线形移动(或一手侧立,向前做曲线形移动),如鱼游动状。

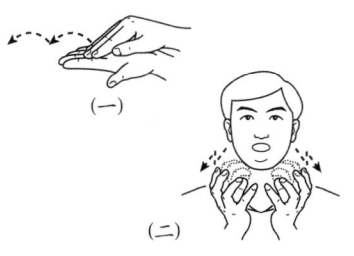

鸣囊 míngnáng
　　(一)左手平伸;右手平伸,手背拱起,置于左手掌心上,然后向前跳动,模仿蛙跳跃的动作。
　　(二)双手五指弯曲,指尖朝内,抵于颈部,然后做开合的动作,嘴同时做开合的动作。

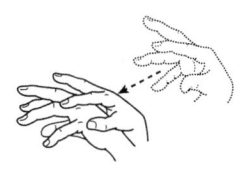

抱对 bàoduì
　　双手五指微曲张开,掌心向斜下方,左手在前不动,右手靠向左手。

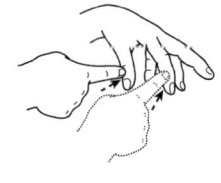

四肢 sìzhī
　　左手五指张开,中指尖朝前下方,其他四指指尖朝下;右手伸食指,指一下左手拇、食指。

前肢 qiánzhī
　　左手五指张开,中指尖朝前下方,其他四指指尖朝下;右手伸食指,指一下左手食指。

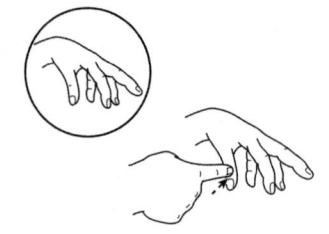

后肢 hòuzhī

　　左手五指张开，中指尖朝前下方，其他四指指尖朝下；右手伸食指，指一下左手拇指。

12. 爬行动物

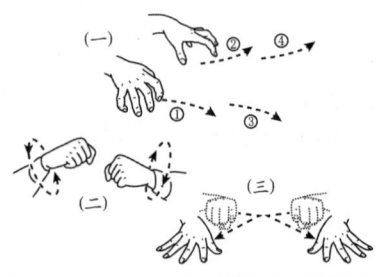

爬行动物 páxíng dòngwù

　　（一）双手斜伸，五指弯曲，指尖朝下，交替向前移动两下。
　　（二）双手握拳屈肘，前后交替转动两下。
　　（三）双手食指指尖朝前，手背向上，先互碰一下，再分开并张开五指。

恐龙① kǒnglóng①

　　（一）双手五指弯曲，一上一下，指尖相抵，然后打开，头向上抬，面露狰狞的表情。
　　（二）双手拇、食、中指弯曲，交替向前挠动两下。
　　（此手势表示食肉类恐龙）

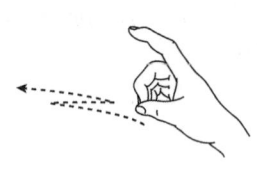
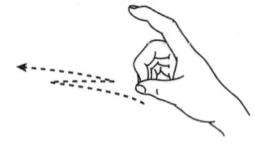

恐龙② kǒnglóng②

　　一手伸食指，拇、中、无名、小指捏成圆形，向前移动两下，表示食草类恐龙。

龟（乌龟） guī（wūguī）

　　右手伸拇指，指尖朝前；左手手背拱起，置于右手背上，右手拇指转动两下。

二、动物

鳖（甲鱼） biē (jiǎyú)
双手平伸，手背向上，上下相叠，拇指弯动几下，双手同时向前移动。

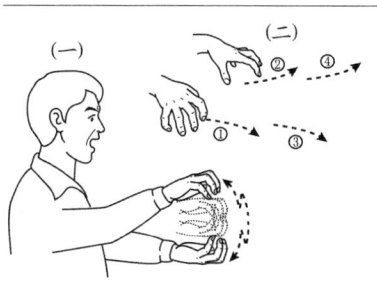
鳄鱼 èyú
（一）双臂伸出，双手五指弯曲，一上一下，指尖相抵，同时做开合的动作，面露恐怖的表情。
（二）双手斜伸，五指弯曲，指尖朝下，交替向前移动两下，模仿鳄鱼爬行的动作。

扬子鳄 yángzǐ'è
（一）左手握住右手腕；右手五指张开，指尖朝下，左右晃动几下。
（二）双臂伸出，双手五指弯曲，一上一下，指尖相抵，同时做开合的动作，面露恐怖的表情。

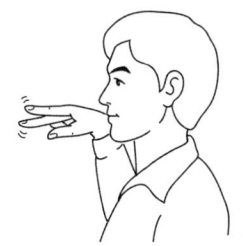
蛇 shé
一手手腕置于嘴前，食、中指分开，指尖朝前，手背向上，交替点动几下，如蛇吐出的舌头。

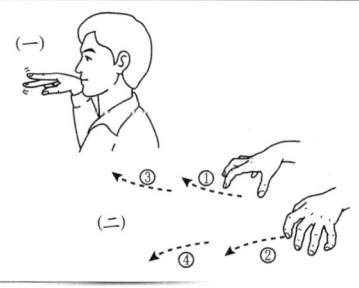
蜥蜴 xīyì
（一）一手手腕置于嘴前，食、中指分开，指尖朝前，手背向上，交替点动几下，如蜥蜴吐出的舌头。
（二）双手斜伸，五指弯曲，指尖朝下，交替向前移动两下，模仿蜥蜴爬行的动作。

壁虎 bìhǔ
左手直立，掌心向右；右手拇、食、中指直立分开，边微晃边从左手腕向上移动，表示壁虎在墙上爬行。

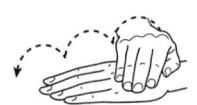

鳞片②（角质鳞片） línpiàn ② (jiǎozhì línpiàn)

左手横伸；右手平伸，手背拱起，在左手背上边向右转腕边移动，如鳄鱼皮上的角质鳞片状。

卵 luǎn

一手五指捏成球形，虎口朝内。
（可根据实际表示卵）

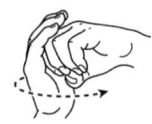

卵壳 luǎnké

左手五指捏成球形，虎口朝内；右手五指微曲，指尖朝上，从右向左绕左手转动半圈。

13. 鸟类

鸟类 niǎolèi

（一）一手手背贴于嘴部，拇、食指先张开再相捏，然后双手侧伸，掌心向下，扇动几下。
（二）一手五指张开，指尖朝上，然后撮合。

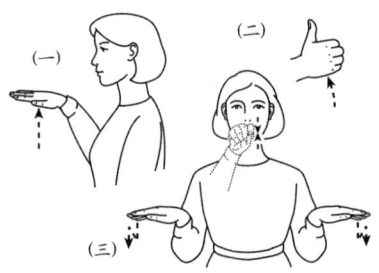

早成鸟 zǎochéngniǎo

（一）一手平伸，掌心向下，向上移动。
（二）一手伸拇指，向上一挑。
（三）一手手背贴于嘴部，拇、食指先张开再相捏，然后双手侧伸，掌心向下，扇动几下。

晚成鸟　wǎnchéngniǎo

（一）一手平伸，掌心向下，向上移动。
（二）左手侧立；右手平伸，拇指尖抵于左手掌心，其他四指向下转动。
（三）一手手背贴于嘴部，拇、食指先张开再相捏，然后双手侧伸，掌心向下，扇动几下。

候鸟　hòuniǎo

（一）左手握拳，手背向上；右手食、中指横伸分开，手背向上，指尖分别抵于左手食、无名指根部关节，表示春季和秋季。
（二）一手手背贴于嘴部，拇、食指先张开再相捏，然后双手侧伸，掌心向下，扇动几下。

留鸟　liúniǎo

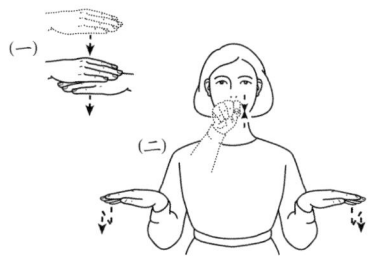

（一）双手横伸，掌心向下，右手边拍一下左手背边向下一按。
（二）一手手背贴于嘴部，拇、食指先张开再相捏，然后双手侧伸，掌心向下，扇动几下。

家禽　jiāqín

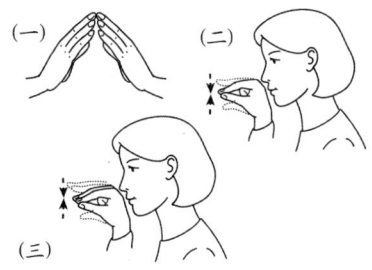

（一）双手搭成"∧"形。
（二）一手手背贴于嘴部，拇、食指先张开再相捏，仿鸡的嘴。
（三）一手手背贴于嘴部，拇、食、中指先张开再相捏，仿鸭的嘴。
（可根据实际表示具体哪种家禽）

禽流感　qínliúgǎn

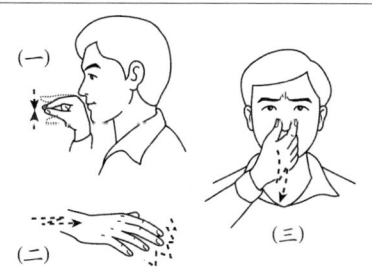

（一）一手手背贴于嘴部，拇、食指先张开再相捏，仿鸡的嘴。
（二）一手平伸，掌心向下，五指张开，边交替点动边向前移动两下。
（三）一手拇、食指张开，指尖对着鼻部，向下甩两下，表示流鼻涕。

鸡　jī

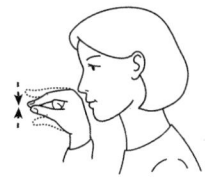

一手手背贴于嘴部，拇、食指先张开再相捏，仿鸡的嘴。

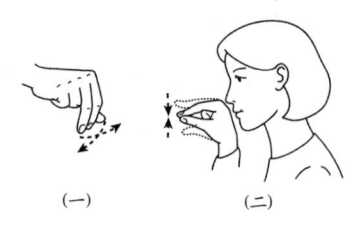

土鸡（柴鸡） tǔjī (cháijī)
（一）一手拇、食、中指相捏，指尖朝下，互捻几下。
（二）一手手背贴于嘴部，拇、食指先张开再相捏，仿鸡的嘴。

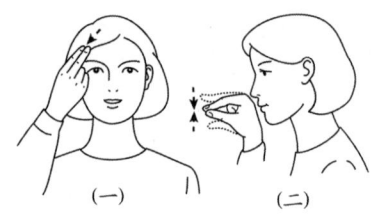

乌鸡 wūjī
（一）一手打手指字母"H"的指式，摸一下头发。
（二）一手手背贴于嘴部，拇、食指先张开再相捏，仿鸡的嘴。

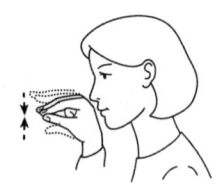

鸭 yā
一手手背贴于嘴部，拇、食、中指先张开再相捏，仿鸭的嘴。

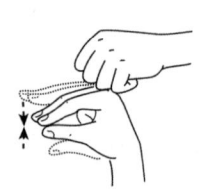

鹅 é
右手拇、食、中指先张开再相捏，指尖朝前；左手握拳，手背向上，虎口朝右，置于右手上，仿鹅头上的凸起物。

始祖鸟 shǐzǔniǎo
（一）双手横立，掌心向内，五指并拢，一前一后，交替向肩后移动。
（二）左手伸拇指，手背向外；右手食指直立，拇指尖按于食指根部，手背向外，置于左手旁，然后向上移动。
（三）一手手背贴于嘴部，拇、食指先张开再相捏，然后双手侧伸，掌心向下，扇动几下。

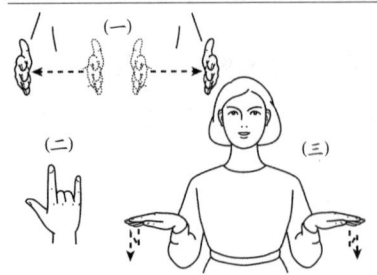

大山雀 dàshānquè
（一）双手侧立，掌心相对，同时向两侧移动，幅度要大些。
（二）一手拇、食、小指直立，手背向外，仿"山"字形。
（三）双手侧伸，掌心向下，扇动几下。

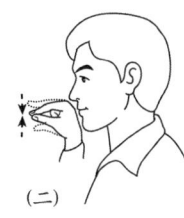

鹌鹑 ān·chún

（一）左手平伸，手背拱起；右手五指稍张开，置于左手背上，然后向后移动一下，仿鹌鹑的外形。

（二）一手手背贴于嘴部，拇、食指先张开再相捏。

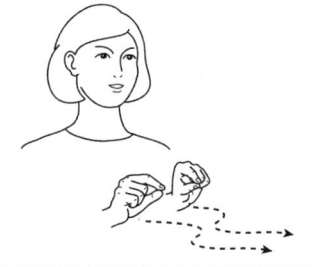

鸳鸯 yuān·yāng

双手拇、食指相捏，指尖朝前，一前一后，边同时左右移动边向前移动，表示鸳鸯在一起戏水。

企鹅 qǐ'é

双手侧伸，掌心向下，置于身体两侧，前后交替摆动，身体同时左右摇摆，如企鹅走路状。

杜鹃❶（布谷） dùjuān❶ (bùgǔ)

左手打手指字母"D"的指式，手背向左；右手背贴于左手背，拇、食指先相捏再开合两下。

啄木鸟 zhuómùniǎo

左臂上举，左手直立，掌心向外，五指张开；右手拇、食指相捏，指尖在左臂上点几下，如啄木鸟啄木状。

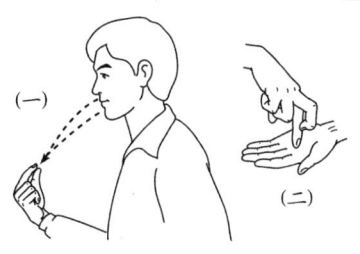

鹤 hè

（一）一手拇、食指张开，指尖对着嘴部，边向前下方移动边相捏，表示鹤的长喙。

（二）左手横伸；右手伸食指，指尖朝下，置于左手掌心上，中指弯曲，指尖抵于食指背。

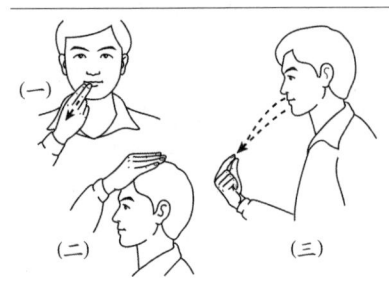

丹顶鹤 dāndǐnghè
（一）一手打手指字母"H"的指式，摸一下嘴唇。
（二）一手手背拱起，指尖朝后，置于头顶。
（三）一手拇、食指张开，指尖对着嘴部，边向前下方移动边相捏，表示鹤的长喙。

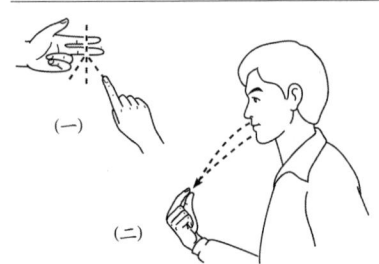

朱鹮 zhūhuán
（一）左手拇、食、中指分开，手背向外；右手伸食指，在左手食、中指上书空"丨""丿""丶"，仿"朱"字形。
（二）一手拇、食指张开，指尖对着嘴部，边向前下方移动边相捏，表示朱鹮的长喙。

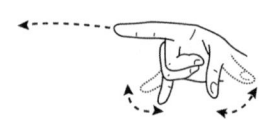

雁（大雁） yàn（dàyàn）
一手伸拇、食、小指，手背向上，边弯动拇、小指边向前移动。

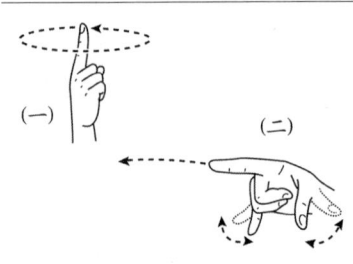

天鹅 tiān'é
（一）一手食指直立，在头一侧上方转动一圈。
（二）一手伸拇、食、小指，手背向上，边弯动拇、小指边向前移动。

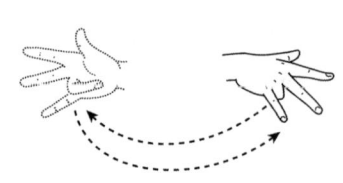

燕 yàn
一手伸拇、食、中、小指，仿燕子的外形，左右来回移动，如燕子飞行状。

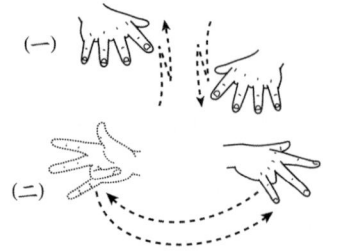

海燕 hǎiyàn
（一）双手平伸，掌心向下，五指张开，上下交替移动，表示起伏的波浪。
（二）一手伸拇、食、中、小指，仿燕子的外形，左右来回移动，如燕子飞行状。

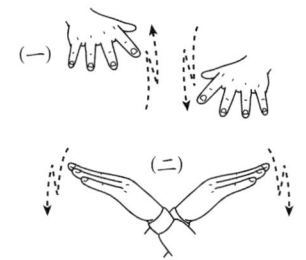

海鸥　hǎi'ōu
（一）双手平伸，掌心向下，五指张开，上下交替移动，表示起伏的波浪。
（二）双手手腕交叉相搭，掌心向下，五指并拢，扇动几下。

鹰　yīng
一手食指弯曲如钩，指尖朝内，手背向上，手腕置于嘴部，表示鹰的喙。

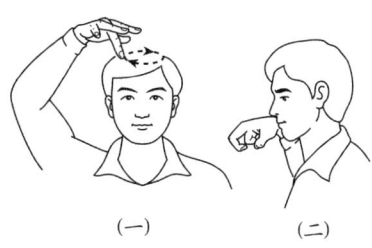

鹫（雕）　jiù（diāo）
（一）一手伸拇、食、无名、小指，中指尖朝下，抵于头顶，转动两下。
（二）一手食指弯曲如钩，指尖朝内，手背向上，手腕置于嘴部，表示鹰的喙。

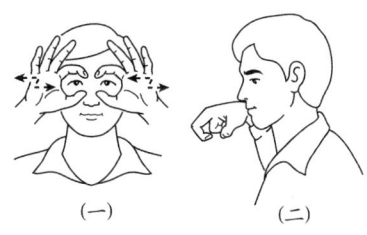

猫头鹰　māotóuyīng
（一）双手拇、食指成半圆形，其他三指直立分开，虎口朝内，置于眼部，左右微动几下。
（二）一手食指弯曲如钩，指尖朝内，手背向上，手腕置于嘴部，表示鹰的喙。

鹦鹉　yīngwǔ
左手食指横伸，手背向上；右手食指弯曲，拇指尖抵于食指中部，手背向内，食指弯动两下。

乌鸦　wūyā
（一）一手打手指字母"H"的指式，摸一下头发。
（二）一手手背贴于嘴部，拇、食指先张开再相捏，然后双手侧伸，掌心向下，扇动几下。

麻雀 máquè

（一）一手五指弯曲，指尖朝内，在嘴前点动几下。
（二）双手侧伸，掌心向下，扇动几下。

鸽子（信鸽） gē·zi（xìngē）

（一）左手五指成"匸"形，虎口朝上；右手五指并拢，指尖朝下，插入左手虎口内。
（二）双手侧伸，掌心向下，扇动几下。

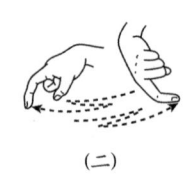

鸵鸟 tuóniǎo

（一）一手五指撮合，指尖朝前，向前移动两下。
（二）双手食指微曲，指尖朝下，前后交替划动，如鸵鸟奔跑状。

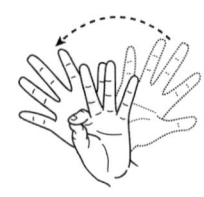

孔雀 kǒngquè

左手拇、食指相捏，指尖朝前，其他三指直立分开；右手五指张开，掌心向外，在左手后从左向右做弧形移动，表示孔雀开屏。

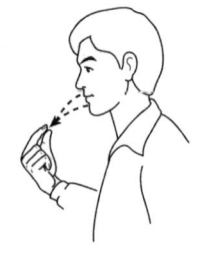

喙 huì

一手拇、食指张开，指尖对着嘴部，边向前下方移动边相捏。
（可根据实际表示动物喙的外形）

翅膀（翼） chìbǎng（yì）

双手横立，掌心向外，在身体两侧前后扇动几下。

二、动物 83

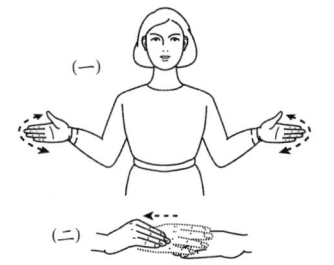

羽（羽毛①） yǔ (yǔmáo ①)

（一）双手横立，掌心向外，在身体两侧前后扇动几下。
（二）左手横伸；右手五指在左手背上轻抒一下，如摸毛絮状。

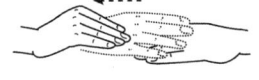

羽毛②（毛） yǔmáo ② (máo)

左手横伸；右手五指在左手背上轻抒一下，如摸毛絮状。

蹼 pǔ

左手拇、食、中指分开，掌心向下；右手伸食指，指尖朝下，在左手食、中指间和拇、食指间分别向内做弧形移动，仿动物脚蹼的外形。

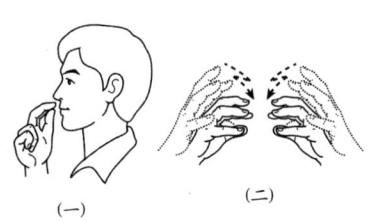

气囊 qìnáng

（一）一手打手指字母"Q"的指式，指尖朝内，置于鼻孔处。
（二）双手五指弯曲，指尖左右相对，同时捏动两下。

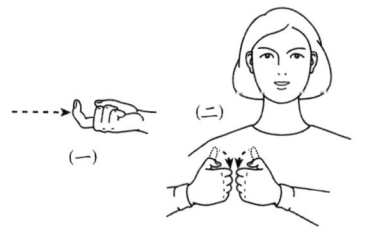

求偶 qiú'ǒu

（一）一手食指弯曲，手背向下，从外向内移动。
（二）双手伸拇指，指面相对，手背向外，置于身体一侧，弯动一下。

交配（交尾） jiāopèi (jiāowěi)

双手伸小指，左手不动，右手小指搭向左手小指。

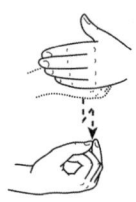

卵生①　luǎnshēng ①

左手横立，五指微曲；右手拇、小指相捏，指尖朝上，虎口朝外，从左手掌心内向下移出两下，表示动物的颗粒状卵子。

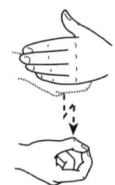

卵生②　luǎnshēng ②

左手横立，五指微曲；右手拇、食指捏成圆形，虎口朝外，从左手掌心内向下移出两下，表示动物的蛋状卵子。

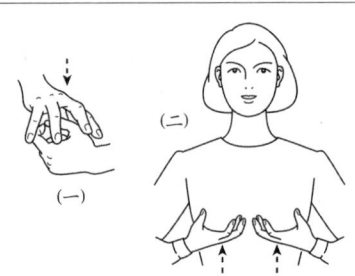

孵化　fūhuà

（一）左手拇、食指捏成圆形，虎口朝上；右手五指张开，掌心向下，盖向左手虎口。
（二）双手横伸，掌心向上，五指微曲，从腹部缓慢上移。

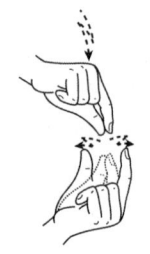

育雏　yùchú

双手拇、食指相捏，指尖上下相对，左手在下，右手在上，左手拇、食指连续做开合的动作，右手拇、食指同时向下点动，表示大鸟给小鸟喂食。

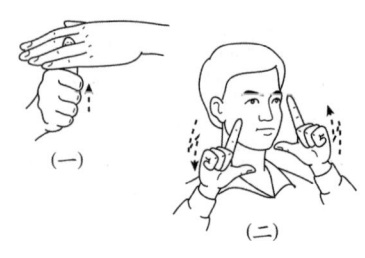

雏形　chúxíng

（一）左手横伸，掌心向下；右手伸拇指，从左手中、无名指指缝间钻出少许。
（二）双手拇、食指成"⌐⌐"形，置于脸颊两侧，上下交替动两下。

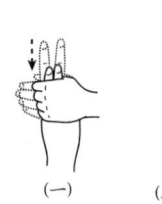

双重呼吸　shuāngchóng hūxī

（一）左手五指微曲，虎口朝上；右手食、中指直立分开，手背向外，边从上向下移入左手掌心内边并拢，左手握住右手食、中指。
（二）一手食、中指稍分开，指尖朝上，向鼻部上下移动两下，身体同时稍微后仰前倾，如呼吸状。

14. 哺乳动物

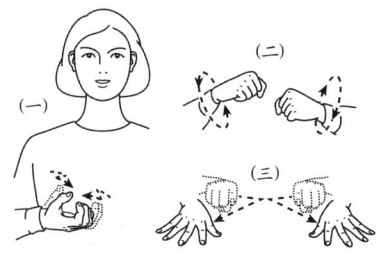

哺乳动物 bǔrǔ dòngwù
（一）一手五指微曲，掌心向上，置于胸部一侧，然后捏动两下（可根据实际表示动物的哺乳状态）。
（二）双手握拳屈肘，前后交替转动两下。
（三）双手食指指尖朝前，手背向上，先互碰一下，再分开并张开五指。

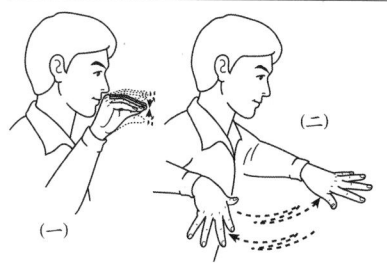

鸭嘴兽 yāzuǐshòu
（一）一手手背贴于嘴部，五指先张开再相捏，重复一次。
（二）双手五指张开，指尖朝下，前后交替扒动两下。

蝙蝠 biānfú
（一）左手食指横伸，手背向上；右手伸拇、小指，小指弯曲，挂在左手食指上，表示蝙蝠睡觉时头朝下倒挂的样子。
（二）双手侧伸，掌心向下，扇动几下。

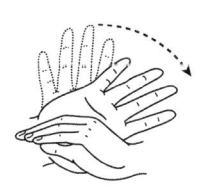

刺猬 cì·wei
左手横伸，手背拱起；右手五指张开，掌心贴于左手虎口，向左微转一下，表示刺猬身上的刺。

鼠（老鼠） shǔ (lǎoshǔ)
左手平伸；右手平伸，手背拱起，置于左手掌心上，快速向前做曲线形移动。

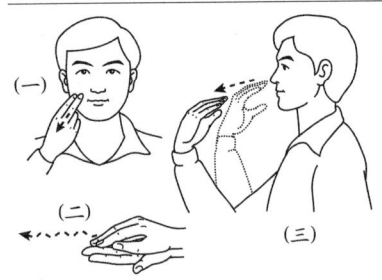

黄鼬（黄鼠狼） huángyòu (huángshǔláng)

（一）一手打手指字母"H"的指式，摸一下脸颊。
（二）左手平伸；右手平伸，手背拱起，置于左手掌心上，快速向前做曲线形移动。
（三）一手五指弯曲，指尖对着嘴部，边向外移动边撮合成尖形。

袋鼠 dàishǔ

左手五指微曲，掌心向内，置于腹前；右手拇、中、无名指相捏，食、小指直立，从左手掌心内向前上方移出。

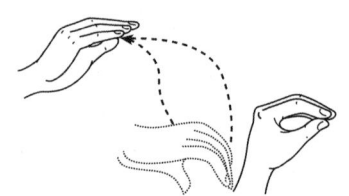

松鼠 sōngshǔ

左手五指撮合成尖形，指尖朝前；右手五指弯曲，边从左小臂向后上方做弧形移动边撮合，仿松鼠尾巴的形状。

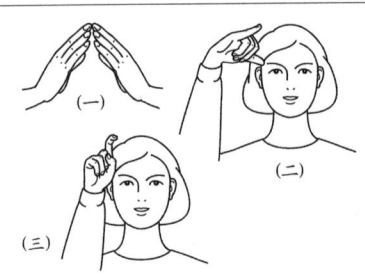

家畜 jiāchù

（一）双手搭成"∧"形。
（二）一手伸拇、小指，拇指尖抵于太阳穴，小指尖朝前。
（三）一手食指弯曲如钩，虎口贴于太阳穴，仿羊头上弯曲的角。
（可根据实际表示具体哪种家畜）

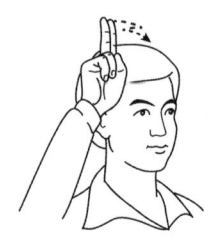

马 mǎ

一手食、中指直立并拢，虎口贴于太阳穴，向前微动两下，仿马的耳朵。

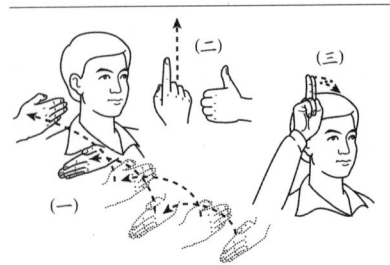

始祖马 shǐzǔmǎ

（一）双手横立，掌心向内，五指并拢，一前一后，交替向肩后移动。
（二）左手伸拇指，手背向外；右手食指直立，拇指尖按于食指根部，手背向外，置于左手旁，然后向上移动。
（三）一手食、中指直立并拢，虎口贴于太阳穴，向前微动两下，仿马的耳朵。

斑马 bānmǎ

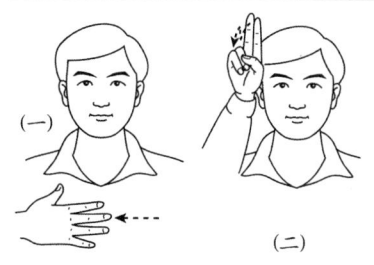

（一）右手五指张开，掌心贴于左胸部，然后向右划动一下，表示斑马身上的条纹。
（二）一手食、中指直立并拢，虎口贴于太阳穴，向前微动两下，仿马的耳朵。

驴 lǘ

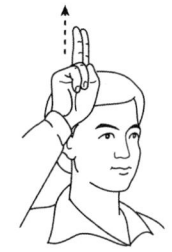

一手食、中指直立并拢，虎口贴于太阳穴，然后向上移动，仿驴的耳朵。

骡 luó

一手打手指字母"L"的指式，拇指尖抵于太阳穴，食指向前微动两下。

牛 niú

一手伸拇、小指，拇指尖抵于太阳穴，小指尖朝前。

奶牛 nǎiniú

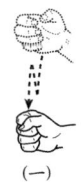 

（一）一手五指弯曲，虎口朝上，向下捋动两下，模仿挤牛奶的动作。
（二）一手伸拇、小指，拇指尖抵于太阳穴，小指尖朝前。

种牛 zhǒngniú

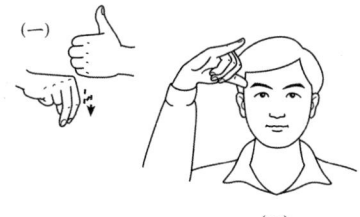

（一）左手伸拇指；右手拇、食、中指相捏，指尖朝下，在左手下点动两下。
（二）一手伸拇、小指，拇指尖抵于太阳穴，小指尖朝前。

牦牛　máoniú

（一）双手五指张开，指尖朝下，自身体两侧向下移动两下，表示牦牛身上的长毛。

（二）一手伸拇、小指，拇指尖抵于太阳穴，小指尖朝前。

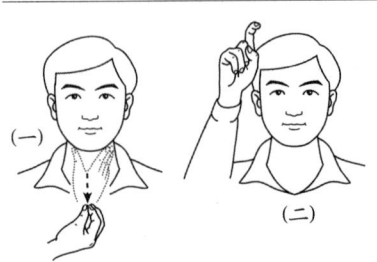

羊　yáng

一手食指弯曲如钩，虎口贴于太阳穴，仿羊头上弯曲的角。

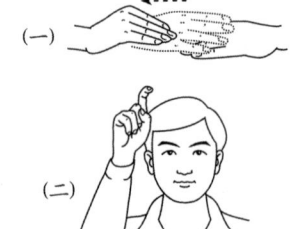

山羊　shānyáng

（一）一手在颏部做捋胡须的动作，然后边向下移动边撮合五指。

（二）一手食指弯曲如钩，虎口贴于太阳穴，仿羊头上弯曲的角。

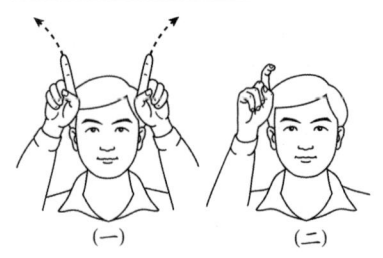

绵羊　miányáng

（一）左手横伸；右手五指在左手背上轻捋一下，如摸毛絮状。

（二）一手食指弯曲如钩，虎口贴于太阳穴，仿羊头上弯曲的角。

羚羊　língyáng

（一）双手食指直立，虎口贴于太阳穴两侧，向斜上方伸出。

（二）一手食指弯曲如钩，虎口贴于太阳穴，仿羊头上弯曲的角。

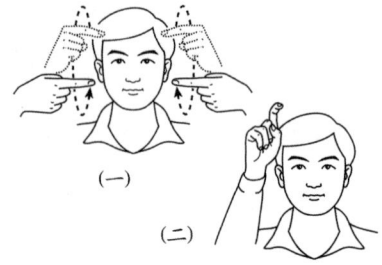

盘羊　pányáng

（一）双手食指横伸，置于头两侧，然后从内向外转动大半圈，仿盘羊的弯角。

（二）一手食指弯曲如钩，虎口贴于太阳穴，仿羊头上弯曲的角。

二、动物 89

骆驼 luò·tuo
　　双手手背拱起,一前一后,同时向前移动两下,表示骆驼的驼峰。

鹿 lù
　　一手拇、食、小指直立,拇指尖抵于太阳穴,掌心向外,仿鹿角的形状。

麋鹿 mílù
　　双手五指张开,拇指尖抵于头两侧,掌心向上,仿麋鹿的角。

长颈鹿 chángjǐnglù
　　左手握住右臂肘部;右臂抬起,右手拇、中、无名指相捏,食、小指直立,向前点动两下。

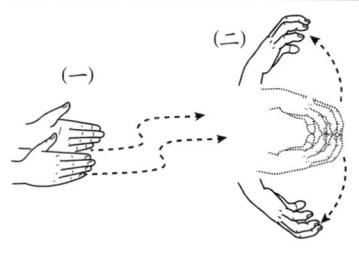

河马 hémǎ
　　(一)双手侧立,掌心相对,相距窄些,向前做曲线形移动。
　　(二)双手五指弯曲,一上一下,指尖相抵,然后打开,幅度大些,掌心向外。

犀牛 xīniú
　　一手伸拇、小指,指尖朝上,拇指背贴于鼻尖,仿一只角的犀牛(表示两只角的犀牛时,一手伸拇、食、小指,指尖朝上,拇指背贴于鼻尖)。

象 xiàng

一手伸食指,指尖朝下,手腕贴于嘴部,然后向下移动,仿大象的鼻子。

猴 hóu

一手手腕翻转,五指并拢,指面向下,小指外侧贴于前额,模仿猴的动作。

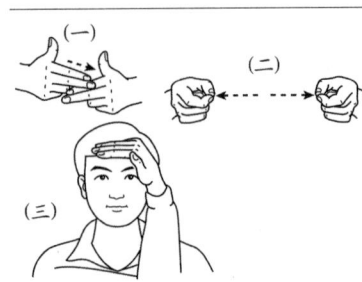

金丝猴 jīnsīhóu

(一)双手伸拇、食、中指,食、中指并拢,交叉相搭,右手中指蹭一下左手食指。
(二)双手拇、食指相捏,虎口朝上,从中间向两侧拉开。
(三)一手手腕翻转,五指并拢,指面向下,小指外侧贴于前额,模仿猴的动作。

猩猩 xīng·xing

双手握拳,交替捶两下胸部,口张开,模仿猩猩的动作和表情。

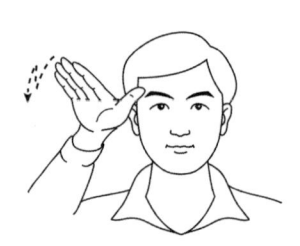

猪 zhū

一手拇指尖抵于太阳穴,其他四指向下扇动几下,仿猪的大耳朵。

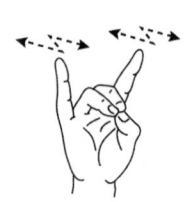

兔① tù ①

一手拇、中、无名指相捏,食、小指直立,如兔子的两只长耳朵,掌心向外,微动两下。

二、动物

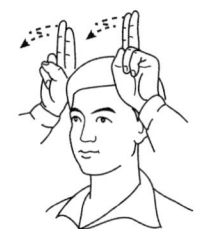

兔② tù②
双手食、中指直立并拢,掌心向外,置于头两侧,向前弯动两下。

狗① gǒu①
左手五指撮合成尖形,指尖朝前;右手食、中指直立分开,掌心向外,置于左手背上,仿狗的头部外形。

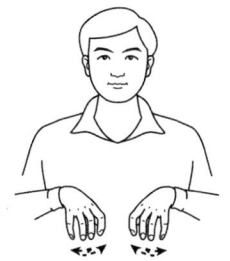

狗② gǒu②
双手(或一手)五指弯曲,指尖朝下,左右晃动两下,表示狗站立时抬起的前腿。

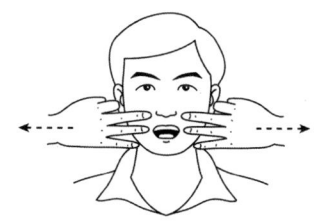

猫 māo
双手拇、食指相捏,其他三指横伸分开,指尖相对,手背向外,在嘴边向两侧横划一下,仿猫的胡须。

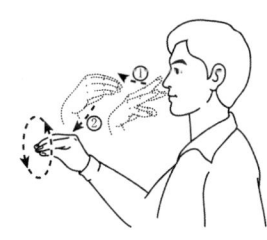

狐狸 hú·li
一手五指张开,指尖对着嘴部,边向外移动边撮合成尖形,再变为指尖朝前,手腕转动两下。

狼 láng
一手五指弯曲,指尖对着嘴部,边向外移动边撮合成尖形,仿尖长的狼嘴。

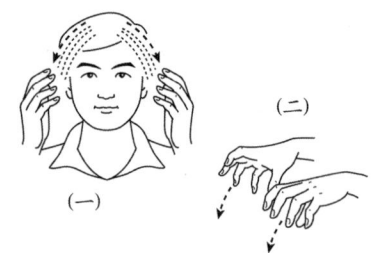

狮 shī
（一）双手五指弯曲，从头两侧向下划动，如梳头状，仿雄狮头部的鬃毛。
（二）双手五指弯曲，指尖朝下，如兽爪，同时向前下方按动一下。

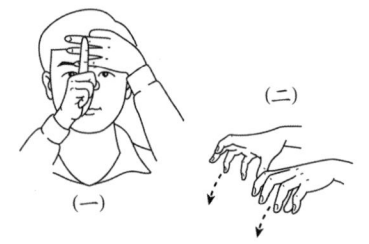

虎 hǔ
（一）左手中、无名、小指与右手食指搭成"王"字形，置于前额。
（二）双手五指弯曲，指尖朝下，如兽爪，同时向前下方按动一下。

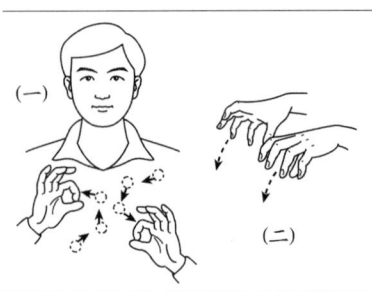

豹（金钱豹） bào (jīnqiánbào)
（一）双手拇、食指捏成圆形，其他三指伸出，虎口朝内，在胸部贴几下，仿豹身上的金钱斑。
（二）双手五指弯曲，指尖朝下，如兽爪，同时向前下方按动一下。

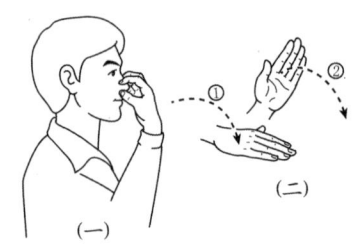

熊 xióng
（一）一手五指弯曲，指尖朝内，置于鼻部，仿熊鼻子的外形。
（二）双手平伸，掌心向下，交替向前伸出，仿熊行走的步态。

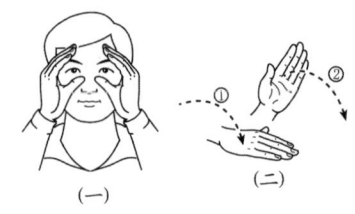

熊猫 xióngmāo
（一）双手五指成"⊏⊐"形，虎口朝内，斜向置于眼部，仿熊猫的黑眼眶。
（二）双手平伸，掌心向下，交替向前伸出，仿熊猫行走的步态。

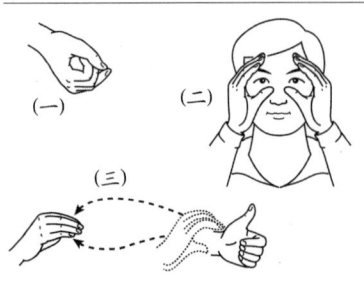

小熊猫 xiǎoxióngmāo
（一）一手拇、小指相捏，指尖朝上。
（二）双手五指成"⊏⊐"形，虎口朝内，斜向置于眼部。
（三）左手伸拇指；右手五指弯曲，边从左手腕向后做弧形移动边撮合。

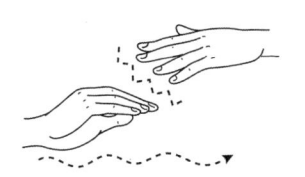

水獭 shuǐtǎ

左手横伸,掌心向下,五指张开,交替点动几下,在上;右手五指撮合,手背向上,在下,从右向左做曲线形移动,表示水獭在水里游动。

海豹 hǎibào

(一)双手平伸,掌心向下,五指张开,上下交替移动,表示起伏的波浪。

(二)双手拇、食指捏成圆形,其他三指伸出,虎口朝内,在胸部贴几下。

海狮 hǎishī

(一)双手平伸,掌心向下,五指张开,上下交替移动,表示起伏的波浪。

(二)双手侧伸,掌心向下,置于身体两侧,前后交替移动,同时挺胸。

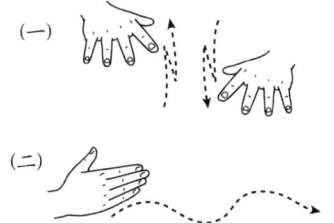

海豚 hǎitún

(一)双手平伸,掌心向下,五指张开,上下交替移动,表示起伏的波浪。

(二)一手横立,手背向外,向一侧做起伏状移动(或一手侧立,向前做起伏状移动),如海豚游动状。

海象 hǎixiàng

(一)双手平伸,掌心向下,五指张开,上下交替移动,表示起伏的波浪。

(二)双手伸食指,指尖朝下,从嘴部两侧向后下方做弧形微移,仿海象的牙。

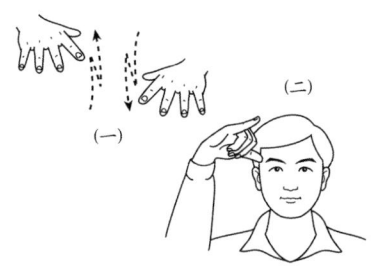

海牛 hǎiniú

(一)双手平伸,掌心向下,五指张开,上下交替移动,表示起伏的波浪。

(二)一手伸拇、小指,拇指尖抵于太阳穴,小指尖朝前。

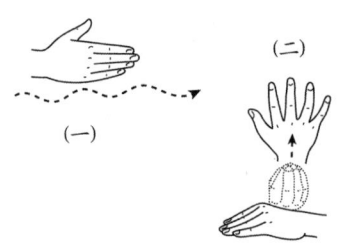

鲸（鲸鱼） jīng (jīngyú)

（一）一手横立，手背向外，向一侧做曲线形移动（或一手侧立，向前做曲线形移动），如鱼游动状。

（二）左手横伸，手背拱起；右手五指撮合，指尖朝上，置于左手背上，然后边向上移动边张开，如鲸喷水状。

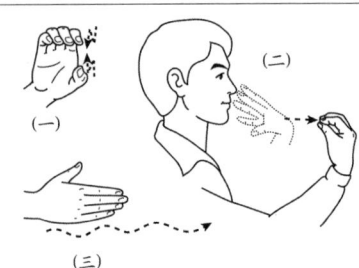

白鱀豚 báijìtún

（一）一手五指弯曲，掌心向外，指尖弯动两下。

（二）一手五指张开，指尖对着嘴部，边向外移动边撮合，表示白鱀豚狭长的吻部。

（三）一手横立，手背向外，向一侧做曲线形移动（或一手侧立，向前做曲线形移动）。

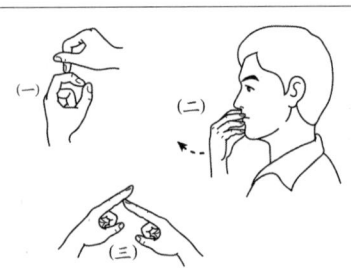

古猿人 gǔyuánrén

（一）双手拇、食指搭成"古"字形。

（二）一手五指弯曲，指尖朝内，置于嘴部，然后手腕向外翘起，仿猿人的嘴部外形。

（三）双手食指搭成"人"字形。

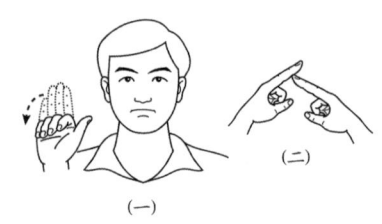

能人 néngrén

（一）一手直立，掌心向外，然后食、中、无名、小指弯动一下。

（二）双手食指搭成"人"字形。

直立人 zhílìrén

（一）左手横伸；右手食、中指分开，指尖朝下，立于左手掌心上。

（二）双手食指搭成"人"字形。

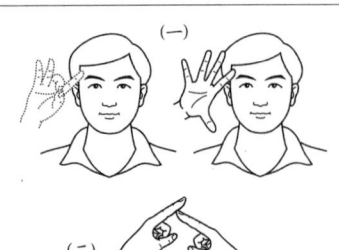

智人 zhìrén

（一）一手伸食、无名、小指，食指尖抵于同侧太阳穴，拇、中指相捏，然后张开。

（二）双手食指搭成"人"字形。

三、植物

1. 一般词汇

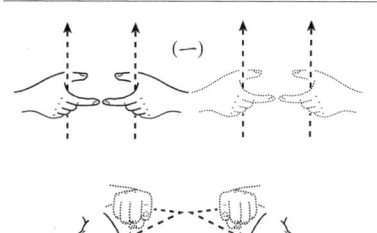

植物 zhíwù

（一）双手拇、食指成大圆形，虎口朝上，在不同位置向上移动两下，表示众多的树木。

（二）双手食指指尖朝前，手背向上，先互碰一下，再分开并张开五指。

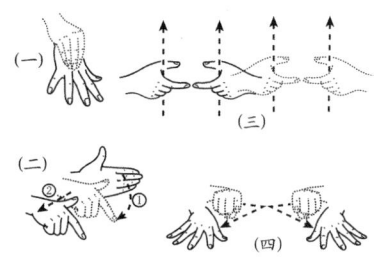

长日照植物 chángrìzhào-zhíwù

（一）一手五指撮合，指尖朝下，然后张开。

（二）左手侧立；右手伸拇、食指，拇指尖抵于左手掌心，食指边向下转动边向右移动，表示时间很长。

（三）双手拇、食指成大圆形，虎口朝上，在不同位置向上移动两下，表示众多的树木。

（四）双手食指指尖朝前，手背向上，先互碰一下，再分开并张开五指。

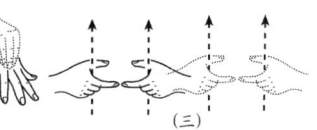
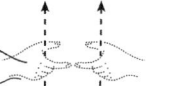

短日照植物 duǎnrìzhào-zhíwù

（一）一手五指撮合，指尖朝下，然后张开。

（二）左手侧立；右手拇、食指张开，指尖朝前，虎口朝上，边移向左手掌心边相捏。

（三）双手拇、食指成大圆形，虎口朝上，在不同位置向上移动两下，表示众多的树木。

（四）双手食指指尖朝前，手背向上，先互碰一下，再分开并张开五指。

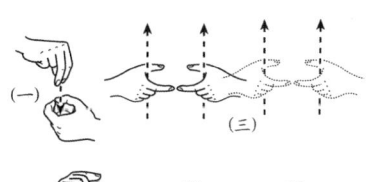

种子植物 zhǒng·zi zhíwù

（一）左手拇、食指捏成圆形，虎口朝上；右手拇、食、中指相捏，指尖朝下，插入左手虎口内。

（二）一手拇、食指微张，指尖朝前，如种子粒大小。

（三）双手拇、食指成大圆形，虎口朝上，在不同位置向上移动两下，表示众多的树木。

（四）双手食指指尖朝前，手背向上，先互碰一下，再分开并张开五指。

子叶 zǐyè

左手直立，掌心向右，手背拱起，拇指弯回；右手伸食指，指一下左手四指。

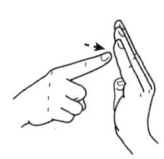

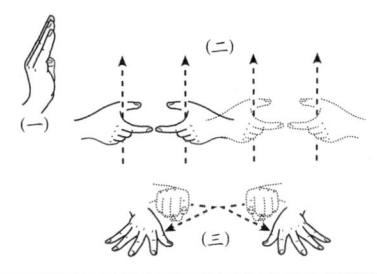

单子叶植物　dānzǐyè-zhíwù
（一）一手直立，手背拱起，拇指弯回。
（二）双手拇、食指成大圆形，虎口朝上，在不同位置向上移动两下，表示众多的树木。
（三）双手食指指尖朝前，手背向上，先互碰一下，再分开并张开五指。

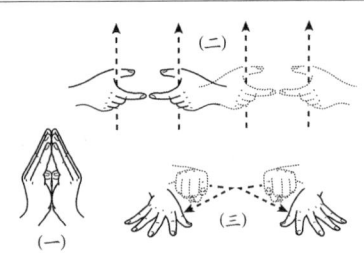

双子叶植物　shuāngzǐyè-zhíwù
（一）双手直立，掌心左右相合，手背拱起，拇指弯回，其他四指指尖相抵。
（二）双手拇、食指成大圆形，虎口朝上，在不同位置向上移动两下，表示众多的树木。
（三）双手食指指尖朝前，手背向上，先互碰一下，再分开并张开五指。

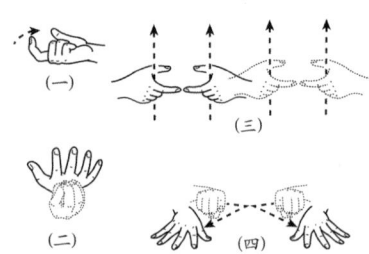

显花植物（有花植物）　xiǎnhuā-zhíwù（yǒuhuā-zhíwù）
（一）一手伸拇、食指，手背向下，拇指不动，食指向内弯动一下。
（二）一手五指撮合，指尖朝上，然后张开。
（三）双手拇、食指成大圆形，虎口朝上，在不同位置向上移动两下，表示众多的树木。
（四）双手食指指尖朝前，手背向上，先互碰一下，再分开并张开五指。

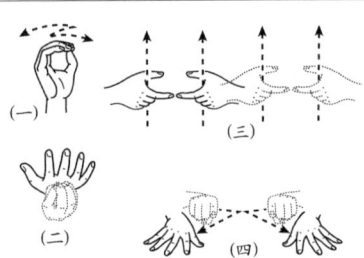

隐花植物（无花植物）　yǐnhuā-zhíwù（wúhuā-zhíwù）
（一）一手五指捏成圆形，虎口朝内，左右晃动几下。
（二）一手五指撮合，指尖朝上，然后张开。
（三）双手拇、食指成大圆形，虎口朝上，在不同位置向上移动两下，表示众多的树木。
（四）双手食指指尖朝前，手背向上，先互碰一下，再分开并张开五指。

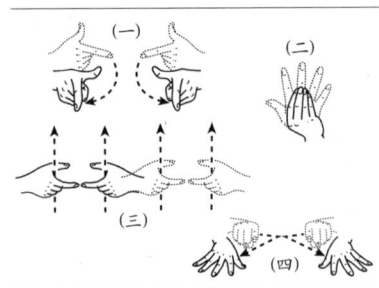

木本植物　mùběn zhíwù
（一）双手伸拇、食指，虎口朝上，手腕向前转动一下。
（二）一手五指张开，指尖朝上，然后撮合。
（三）双手拇、食指成大圆形，虎口朝上，在不同位置向上移动两下，表示众多的树木。
（四）双手食指指尖朝前，手背向上，先互碰一下，再分开并张开五指。

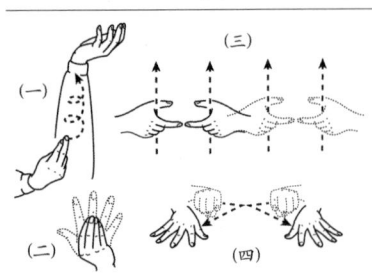

藤本植物　téngběn zhíwù
（一）左小臂抬起，左手五指微曲张开，掌心向上；右手食、中指相叠，指尖朝上，手背向外，边转动边沿左小臂向上移动，如藤盘旋生长状。
（二）一手五指张开，指尖朝上，然后撮合。
（三）双手拇、食指成大圆形，虎口朝上，在不同位置向上移动两下，表示众多的树木。
（四）双手食指指尖朝前，手背向上，先互碰一下，再分开并张开五指。

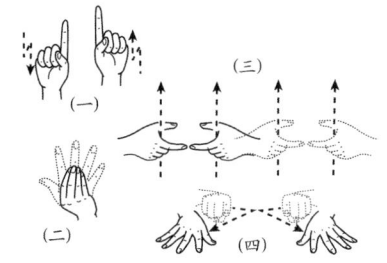

草本植物　cǎoběn zhíwù
（一）双手食指直立，手背向内，上下交替动几下。
（二）一手五指张开，指尖朝上，然后撮合。
（三）双手拇、食指成大圆形，虎口朝上，在不同位置向上移动两下，表示众多的树木。
（四）双手食指指尖朝前，手背向上，先互碰一下，再分开并张开五指。

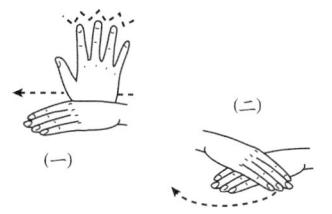

植被　zhíbèi
（一）左手横伸；右手直立，手背贴于左手内侧，五指张开，边交替点动边向左手指尖方向移动，表示地上的植物。
（二）左手横伸；右手平伸，掌心向下，贴于左手背，向一侧做弧形移动。

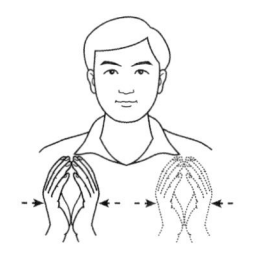

群落　qúnluò
双手直立，掌心左右相对，五指微曲，从两侧向中间移动，然后换位置重复一次。

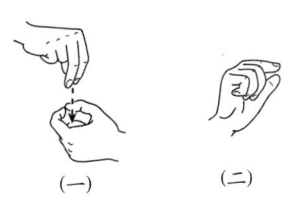

种子　zhǒng·zi
（一）左手拇、食指捏成圆形，虎口朝上；右手拇、食、中指相捏，指尖朝下，插入左手虎口内。
（二）一手拇、食指微张，指尖朝前，如种子粒大小。

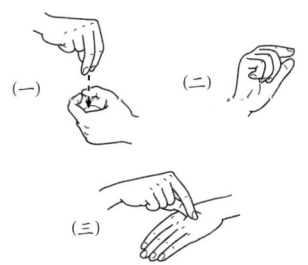

种皮　zhǒngpí
（一）左手拇、食指捏成圆形，虎口朝上；右手拇、食、中指相捏，指尖朝下，插入左手虎口内。
（二）一手拇、食指微张，指尖朝前，如种子粒大小。
（三）左手横伸，手背向上；右手拇、食指捏一下左手背皮肤。

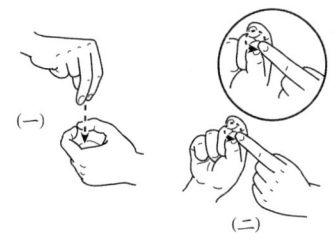

种脐　zhǒngqí
（一）左手拇、食指捏成圆形，虎口朝上；右手拇、食、中指相捏，指尖朝下，插入左手虎口内。
（二）右手拇、食指微张，指尖朝前，如种子粒大小；左手伸食指，在右手拇、食指指尖处微转一下，表示种脐的位置。

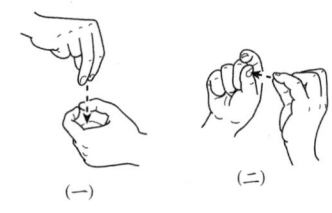

种孔 zhǒngkǒng
（一）左手拇、食指捏成圆形，虎口朝上；右手拇、食、中指相捏，指尖朝下，插入左手虎口内。
（二）右手拇、食指微张，指尖朝前，如种子粒大小；左手拇、小指相捏，在右手拇指处点一下，表示种孔的位置。

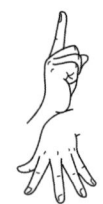

植株 zhízhū
左手五指张开，指尖朝下；右手食指直立，手背向右，置于左手腕。

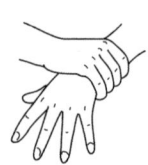

根 gēn
左手五指张开，手背向上；右手握住左手腕。

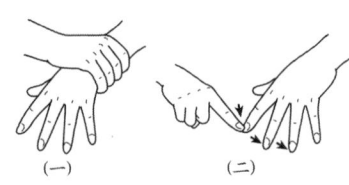

根尖 gēnjiān
（一）左手五指张开，手背向上；右手握住左手腕。
（二）左手五指张开，手背向上；右手伸食指，指一下左手食、中、无名指指尖。

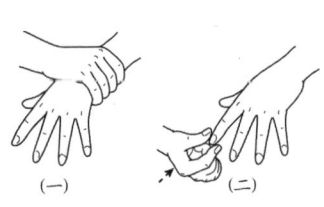

根冠 gēnguān
（一）左手五指张开，手背向上；右手握住左手腕。
（二）左手五指张开，手背向上；右手拇、食指微张，虎口朝上，套向左手食指尖。

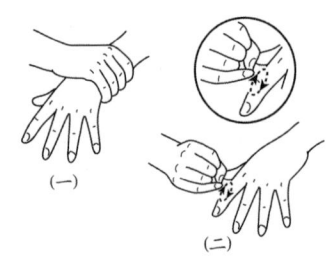

分生区 fēnshēngqū
（一）左手五指张开，手背向上；右手握住左手腕。
（二）左手五指张开，手背向上；右手拇、小指相捏，指尖朝下，在左手食指远节指处转动两下。

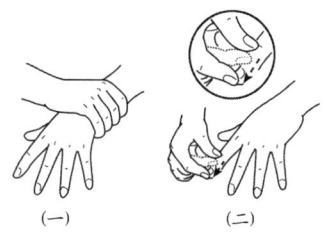

伸长区　shēnchángqū

（一）左手五指张开，手背向上；右手握住左手腕。
（二）左手五指张开，手背向上；右手拇、食指相捏，指尖抵于左手食指中间关节部位，然后拇指不动，食指移至左手食指尖。

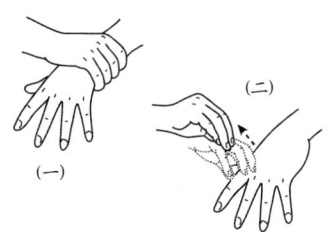

成熟区　chéngshúqū

（一）左手五指张开，手背向上；右手握住左手腕。
（二）左手五指张开，手背向上；右手五指弯曲，指尖朝下，从左手食指近节指处向上轻捋一下，表示成熟区有根毛。

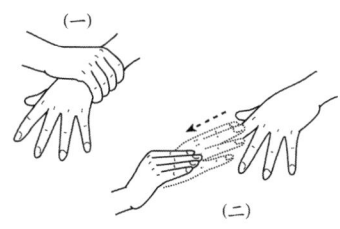

根毛　gēnmáo

（一）左手五指张开，手背向上；右手握住左手腕。
（二）左手五指张开，手背向上；右手五指在左手食指上轻捋一下。

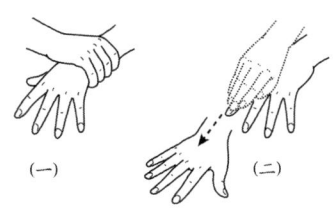

须根系　xūgēnxì

（一）左手五指张开，手背向上；右手握住左手腕。
（二）左手五指张开，手背向上；右手五指并拢，手背向上，边沿左手食指尖向右下方移动边张开。

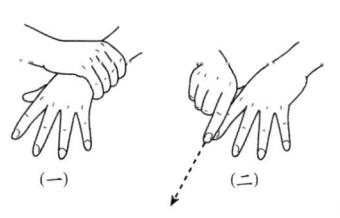

直根系　zhígēnxì

（一）左手五指张开，手背向上；右手握住左手腕。
（二）左手五指张开，手背向上；右手伸食指，从左手食指尖向下移动。

变态根　biàntàigēn

（一）一手食、中指直立分开，由掌心向外翻转为掌心向内。
（二）双手拇、食指成"⌐⌐"形，置于脸颊两侧，上下交替动两下。
（三）左手五指张开，手背向上；右手握住左手腕。

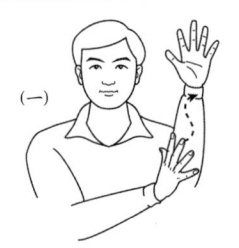

攀援根　pānyuángēn

（一）左小臂抬起，左手直立，掌心向外，五指张开；右手五指张开，掌心贴于左小臂，向上做"S"形移动。

（二）左手五指张开，手背向上；右手握住左手腕。

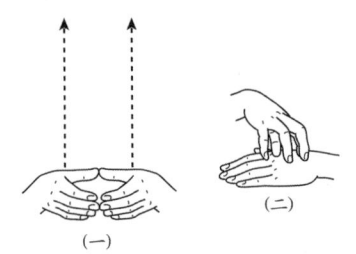

支柱根　zhīzhùgēn

（一）双手五指搭成圆形，虎口朝上，向上移动一下。

（二）左手横伸，手背向上，表示地面；右手五指弯曲，指尖朝下，抵于左手背，仿支柱根的形状。

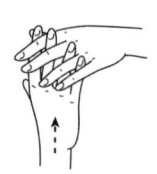

苗　miáo

左手横伸，掌心向下，五指张开；右手直立，掌心向左，五指张开，从下向上插入左手各指指缝间并钻出少许。

（可根据实际表示苗）

萌芽（发芽、萌发）　méngyá (fāyá、méngfā)

左手横伸，掌心向下；右手伸拇指，从左手中、无名指指缝间钻出少许。

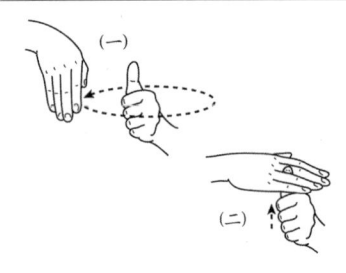

裸芽　luǒyá

（一）左手伸拇指；右手垂立，五指并拢，绕左手拇指转动一圈。

（二）右手横伸，掌心向下；左手伸拇指，从右手中、无名指指缝间钻出少许。

鳞芽　línyá

（一）左手伸拇指；右手手背拱起，指尖朝上，指面在左手不同位置贴几下。

（二）左手伸拇指；右手伸食指，指一下左手拇指。

（可根据实际表示鳞芽）

三、植物 101

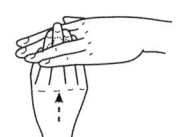

丛芽 cóngyá

左手横伸,掌心向下;右手五指聚拢,指尖朝上,手背向外,从左手中、无名指指缝间钻出少许。

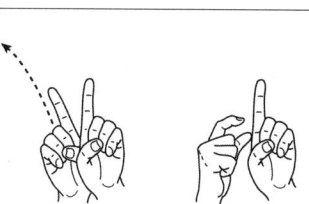

枝芽 zhīyá

(一)左手食指直立,手背向内;右手食指斜伸,从左手食指根部向右上方移动。
(二)左手食指直立,手背向内;右手拇、食指微张,拇指抵于左手食指根部,虎口朝内,表示芽。
(可根据实际表示枝芽的位置)

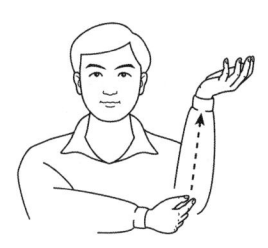

茎 jīng

左小臂抬起,左手五指微曲张开,掌心向上;右手拇、食指微张,指尖抵于左臂肘部,向上移动,表示植物的茎干。

鳞茎 línjīng

左手五指撮合,指尖朝上;右手手背拱起,指尖朝上,指面在左手指背不同位置贴几下。

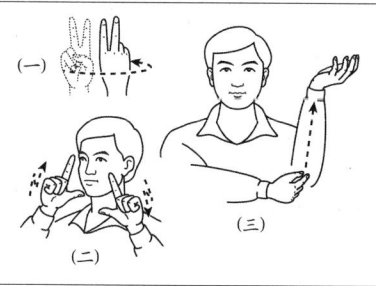

变态茎 biàntàijīng

(一)一手食、中指直立分开,由掌心向外翻转为掌心向内。
(二)双手拇、食指成"⌊⌋"形,置于脸颊两侧,上下交替动两下。
(三)左小臂抬起,左手五指微曲张开,掌心向上;右手拇、食指微张,指尖抵于左臂肘部,向上移动,表示植物的茎干。

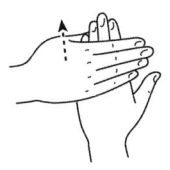

叶①(绿、茶、茶叶) yè① (lǜ、chá、cháyè)

左手食、中、无名、小指并拢,指尖朝右上方,手背向外;右手五指向上捋一下左手四指。

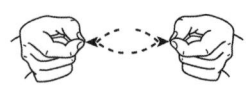

叶② yè②

双手拇、食指张开,指尖相对,虎口朝上,边向两侧移动边相捏,如叶子状。

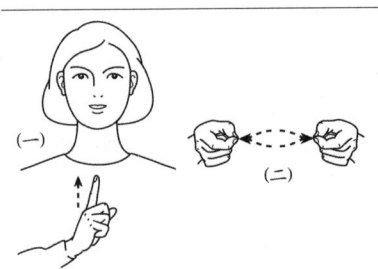

单叶 dānyè

(一)一手食指直立,虎口贴于胸部,向上移动少许。

(二)双手拇、食指张开,指尖相对,虎口朝上,边向两侧移动边相捏,如叶子状。

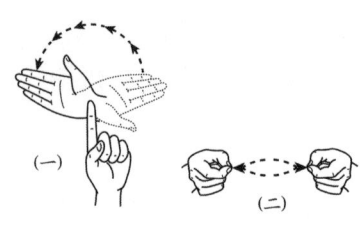

复叶 fùyè

(一)左手食指直立;右手食、中、无名、小指并拢,掌心向外,手腕贴于左手食指背,向右一顿一顿做弧形移动。

(二)双手拇、食指张开,指尖相对,虎口朝上,边向两侧移动边相捏,如叶子状。

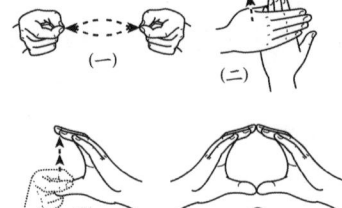

叶绿体 yèlǜtǐ

(一)双手拇、食指张开,指尖相对,虎口朝上,边向两侧移动边相捏,如叶子状。

(二)左手食、中、无名、小指并拢,指尖朝右上方,手背向外;右手五指向上捋一下左手四指。

(三)左手五指弯曲,虎口朝内;右手拇、食指捏成圆形,虎口朝上,从左手拇指向上一顿一顿移动几下,再五指弯曲,虎口朝内,与左手搭成圆形。

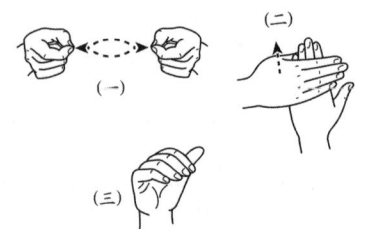

叶绿素 yèlǜsù

(一)双手拇、食指张开,指尖相对,虎口朝上,边向两侧移动边相捏,如叶子状。

(二)左手食、中、无名、小指并拢,指尖朝右上方,手背向外;右手五指向上捋一下左手四指。

(三)一手打手指字母"S"的指式。

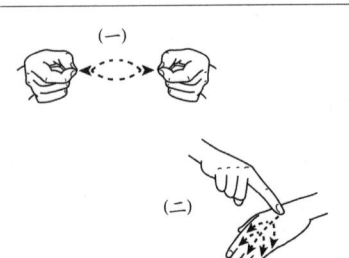

叶脉 yèmài

(一)双手拇、食指张开,指尖相对,虎口朝上,边向两侧移动边相捏,如叶子状。

(二)左手平伸,手背向上;右手伸食指,指尖朝下,沿左手各指划动,如叶脉状。

三、植物

叶肉　yèròu

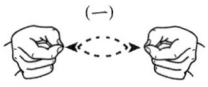

（一）双手拇、食指张开，指尖相对，虎口朝上，边向两侧移动边相捏，如叶子状。
（二）右手拇、食指捏一下左手的小鱼际部位。

栅栏层　zhà·láncéng

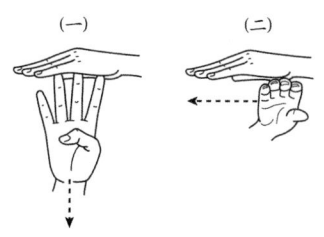

（一）左手横伸；右手食、中、无名、小指直立分开，掌心向外，在左手掌心下向下移动一下。
（二）左手横伸；右手五指成"⊐"形，指尖朝前，在左手掌心下从左向右移动一下。

海绵层　hǎimiáncéng

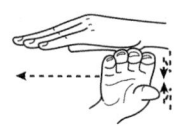

左手横伸；右手五指成"⊐"形，指尖朝前，在左手掌心下边捏动边从左向右移动。

气孔　qìkǒng

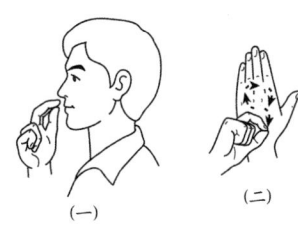

（一）一手打手指字母"Q"的指式，指尖朝内，置于鼻孔处。
（二）左手食、中、无名、小指并拢，指尖朝右上方，手背向外；右手拇、食指捏成圆形，虎口朝内，在左手背上贴几下。

保卫细胞　bǎowèi xìbāo

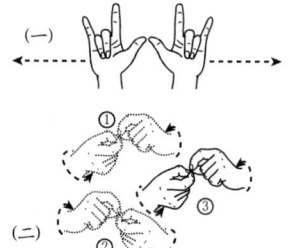

（一）双手拇、食、小指直立，掌心向外，从中间向两侧移动。
（二）双手拇、食指捏成圆形，指尖相抵，边前后反向微转边随意移动，表示彼此相挨的细胞结构。

液泡　yèpào

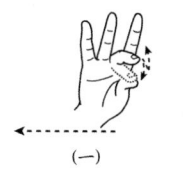

（一）一手拇、中指指尖朝前，边向一侧移动边相捏几下。
（二）一手五指捏成球形，手背向下。

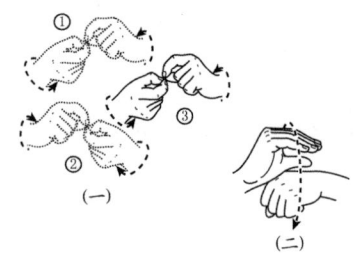

细胞壁 xìbāobì

（一）双手拇、食指捏成圆形，指尖相抵，边前后反向微转边随意移动，表示彼此相挨的细胞结构。

（二）左手握拳，手背向上；右手五指成"⊐"形，虎口朝内，沿左手背向下转动半圈。

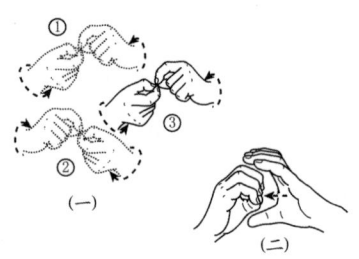

质壁分离 zhìbì-fēnlí

（一）双手拇、食指捏成圆形，指尖相抵，边前后反向微转边随意移动，表示彼此相挨的细胞结构。

（二）左手五指弯曲，虎口朝内；右手五指捏成球形，虎口朝内，先贴于左手掌心，然后向右移动少许。

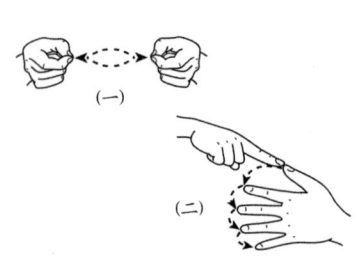

叶序 yèxù

（一）双手拇、食指张开，指尖相对，虎口朝上，边向两侧移动边相捏，如叶子状。

（二）左手横立，掌心向内，五指张开；右手伸食指，从左手拇指依次向下点至小指。

互生叶序 hùshēng yèxù

双手斜伸，掌心向外，手腕上下交错相搭，同时向上移动两下，仿互生叶序的样子。

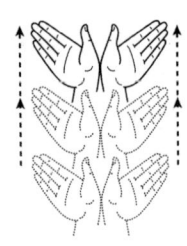

对生叶序 duìshēng yèxù

双手斜伸，掌心向外，手腕平行相搭，同时向上移动两下，仿对生叶序的样子。

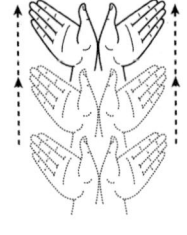

轮生叶序 lúnshēng yèxù

左手食指直立，掌心向外；右手斜伸，指尖朝右上方，绕左手食指根部向左一顿一顿做弧形移动，仿轮生叶序的样子。

三、植物　105

花（开花、绽放）　huā（kāihuā、zhànfàng）
　　一手五指撮合，指尖朝上，然后张开。
（可根据实际表示开花的样子）

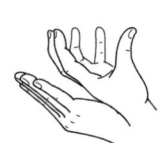

萼片　èpiàn
　　左手五指微曲，指尖朝上；右手掌心凹进，贴于左手背下半部，表示花萼是花的最外一轮叶状构造。

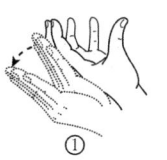 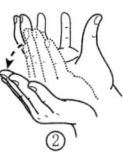

花瓣　huābàn
　　左手五指微曲，指尖朝上；右手掌心凹进，贴于左手背，然后向前下方移动，换位置重复一次，表示张开的花瓣。

花托　huātuō
　　（一）左手五指撮合，指尖朝上，然后张开。
　　（二）左手五指微曲，指尖朝上；右手拇、食、中指叉开，指尖朝上，移向左手腕。

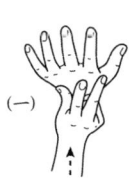 

花萼　huā'è
　　（一）左手五指微曲，指尖朝上；右手拇、食、中指叉开，指尖朝上，移向左手腕。
　　（二）右手拇、食、中指叉开，指尖朝上；左手拇、食指微张，边从右手中指尖向外做弧形移动边相捏，仿花萼的形状。

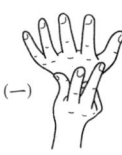 

花柄　huābǐng
　　（一）左手五指微曲，指尖朝上；右手拇、食、中指叉开，指尖朝上，抵于左手腕。
　　（二）右手拇、食、中指叉开，指尖朝上；左手拇、食指张开，指尖朝内，沿右手背向手臂移动。

雄蕊 xióngruǐ

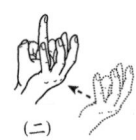

（一）右手直立，掌心贴于头一侧，前后移动两下。
（二）右手食指直立，手背向下；左手五指弯曲，指尖朝上，掌心贴向右手背，表示雄蕊围绕雌蕊。

花丝 huāsī

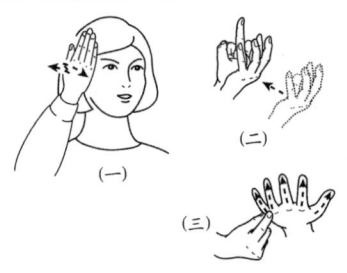

（一）右手直立，掌心贴于头一侧，前后移动两下。
（二）右手食指直立，手背向下；左手五指弯曲，指尖朝上，掌心贴向右手背，表示雄蕊围绕雌蕊。
（三）左手五指弯曲，指尖朝上；右手拇、食指微张，指尖朝内，分别沿左手各指向上移动，表示花丝。

花药 huāyào

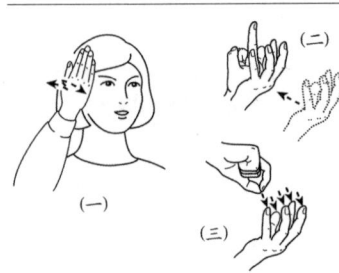

（一）右手直立，掌心贴于头一侧，前后移动两下。
（二）右手食指直立，手背向下；左手五指弯曲，指尖朝上，掌心贴向右手背，表示雄蕊围绕雌蕊。
（三）左手五指弯曲，指尖朝上；右手拇、食指捏成圆形，指尖朝下，在左手各指指尖处点一下，表示花药。

花粉 huāfěn

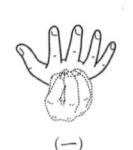

（一）一手五指撮合，指尖朝上，然后张开。
（二）一手五指撮合，指尖朝下，互捻几下。

雌蕊 círuǐ

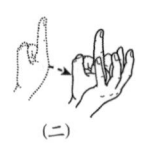

（一）右手拇、食指捏一下耳垂。
（二）左手五指弯曲，指尖朝上；右手食指直立，手背贴向左手掌心，表示雌蕊被雄蕊围绕。

柱头 zhùtóu

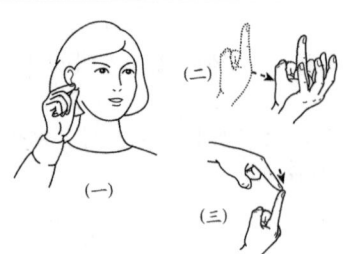

（一）右手拇、食指捏一下耳垂。
（二）左手五指弯曲，指尖朝上；右手食指直立，手背贴向左手掌心，表示雌蕊被雄蕊围绕。
（三）右手食指直立，手背向下；左手伸食指，指一下右手食指尖，表示柱头。

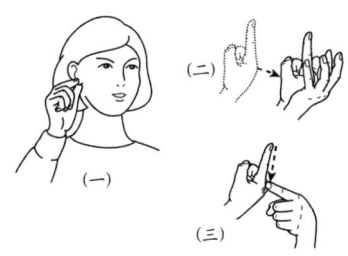

花柱 huāzhù
（一）右手拇、食指捏一下耳垂。
（二）左手五指弯曲，指尖朝上；右手食指直立，手背贴向左手掌心，表示雌蕊被雄蕊围绕。
（三）右手食指直立，手背向下；左手伸食指，指尖沿右手食指向下划动，表示花柱。

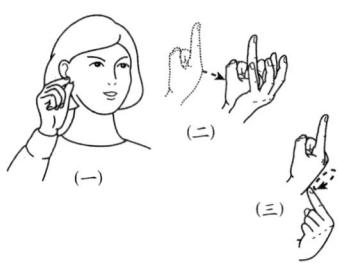

子房 zǐfáng
（一）右手拇、食指捏一下耳垂。
（二）左手五指弯曲，指尖朝上；右手食指直立，手背贴向左手掌心，表示雌蕊被雄蕊围绕。
（三）右手食指直立，手背向下；左手伸食指，在右手背上转动一圈，表示雌蕊子房的位置。

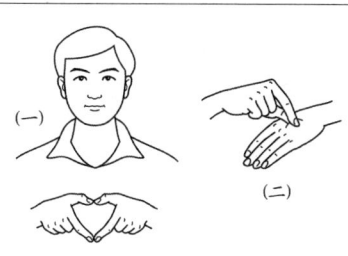

心皮 xīnpí
（一）双手拇、食指张开仿"♡"形，手背向外，置于胸部。
（二）左手横伸，手背向上；右手拇、食指捏一下左手背皮肤。

花蕾 huālěi
左手食指直立；右手虚握，指尖朝上，置于左手食指尖，表示花骨朵儿。

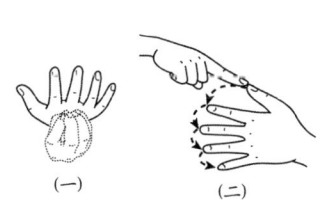

花序 huāxù
（一）一手五指撮合，指尖朝上，然后张开。
（二）左手横立，掌心向内，五指张开；右手伸食指，从左手拇指依次向下点至小指。

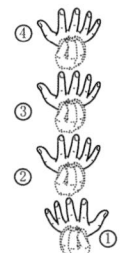

无限花序 wúxiàn huāxù
双手五指撮合，指尖朝上，左手在下，先张开五指，右手在上，然后边向上移动边连续做开合的动作，仿无限花序排列的样子。

有限花序　yǒuxiàn huāxù

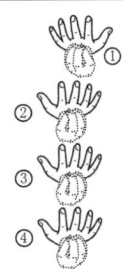

双手五指撮合，指尖朝上，左手在上，先张开五指，右手在下，然后边向下移动边连续做开合的动作，仿有限花序排列的样子。

自花传粉　zìhuā-chuánfěn

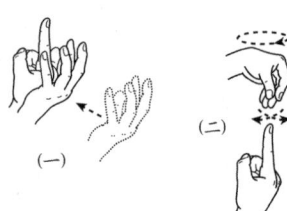

（一）右手食指直立，手背向下；左手五指弯曲，指尖朝上，掌心贴向右手背，表示雄蕊围绕雌蕊。

（二）右手食指直立，手背向下；左手五指撮合，指尖朝下，在右手食指上方边捻动边平行转动一圈。

异花传粉　yìhuā-chuánfěn

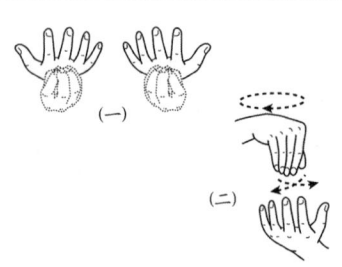

（一）双手五指撮合，指尖朝上，然后张开。

（二）左手五指微曲，指尖朝上；右手五指撮合，指尖朝下，在左手上方边捻动边平行转动一圈。

人工授粉　réngōng shòufěn

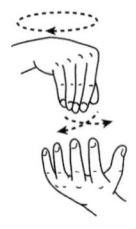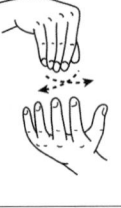

左手五指微曲，指尖朝上；右手五指撮合，指尖朝下，在左手上方边捻动边平行转动一圈。

（可根据实际表示人工授粉的不同方式）

果实　guǒshí

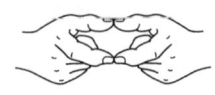

双手拇、食指搭成圆形，虎口朝上，表示果子。

（可根据实际表示果实的形状）

果皮　guǒpí

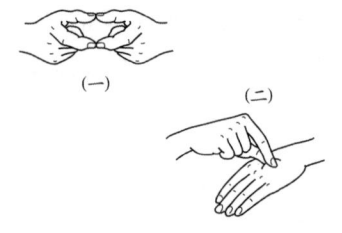

（一）双手拇、食指搭成圆形，虎口朝上，表示果子。

（二）左手横伸，手背向上；右手拇、食指捏一下左手背皮肤。

三、植物　109

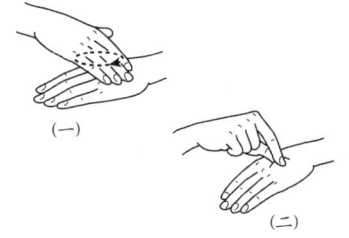

表皮　biǎopí
（一）左手横伸；右手平伸，掌心向下，在左手背上轻轻转动一圈。
（二）左手横伸，手背向上；右手拇、食指捏一下左手背皮肤。

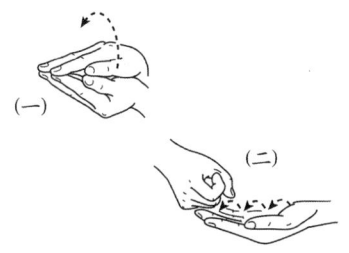

豆荚　dòujiá
（一）双手平伸，掌心相合，手背拱起，左手在下，右手在上，然后右手向右打开。
（二）左手平伸，掌心凹进；右手拇、食指捏成小圆形，在左手掌心上从后向前移动几下，表示豆荚。

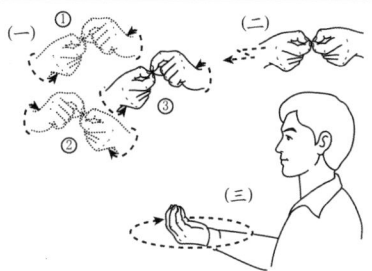

分生组织　fēnshēng-zǔzhī
（一）双手拇、食指捏成圆形，指尖相抵，边前后反向微转边随意移动，表示彼此相挨的细胞结构。
（二）双手拇、食指捏成圆形，指尖相抵，虎口朝上，左手不动，右手向右移动两下。
（三）一手五指撮合，指尖朝上，平行转动一圈。

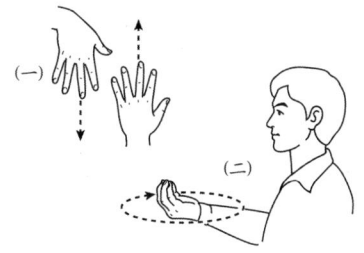

输导组织　shūdǎo-zǔzhī
（一）双手五指张开，指尖朝向一上一下，手背向外，交替移动一下。
（二）一手五指撮合，指尖朝上，平行转动一圈。

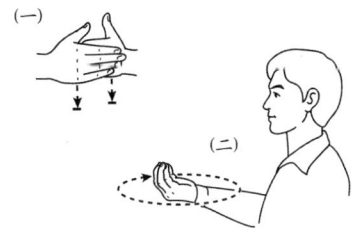

保护组织　bǎohù zǔzhī
（一）左手伸拇指；右手横立，掌心向内，五指微曲，置于左手前，然后双手同时向下一顿。
（二）一手五指撮合，指尖朝上，平行转动一圈。

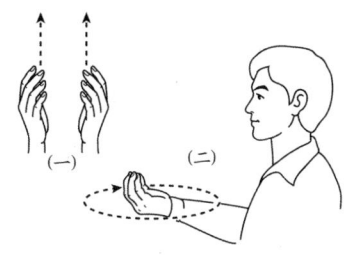

机械组织　jīxiè zǔzhī
（一）双手五指微张，指尖朝上，掌心左右相对，向上移动，表示对植物起支撑和保护作用的机械组织。
（二）一手五指撮合，指尖朝上，平行转动一圈。

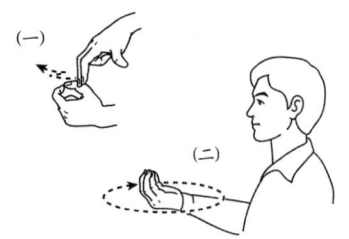

营养组织 yíngyǎng zǔzhī

（一）左手拇、食指捏成圆形，虎口朝上；右手伸拇、食、中指，食、中指并拢弯曲，指尖朝下，在左手虎口处向外拨动两下。

（二）一手五指撮合，指尖朝上，平行转动一圈。

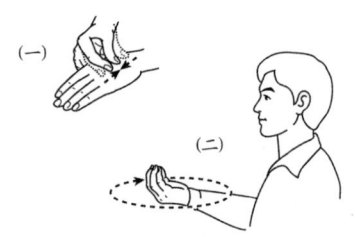

愈伤组织 yùshāng-zǔzhī

（一）左手横伸；右手拇、食指张开，虎口朝上，置于左手背上，然后缓慢相捏，表示伤口愈合。

（二）一手五指撮合，指尖朝上，平行转动一圈。

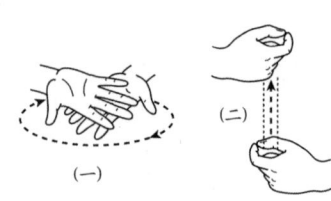

筛管 shāiguǎn

（一）双手五指张开，掌心向上，交叉相搭，平行转动两下。

（二）双手拇、食指捏成圆形，虎口朝上，一上一下，左手在下不动，右手向上移动。

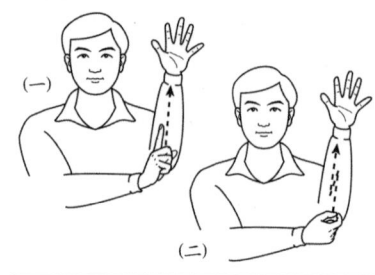

导管❶ dǎoguǎn ❶

（一）左小臂抬起，左手直立，掌心向外，五指张开；右手食指直立，沿左小臂向上移动。

（二）左小臂抬起，左手直立，掌心向外，五指张开；右手拇、食指捏成圆形，虎口朝上，沿左小臂向上移动两下。

维管束 wéiguǎnshù

左小臂抬起，左手直立，掌心向外，五指张开；右手拇、食指捏成圆形，虎口朝上，从左手腕向下移动几下。

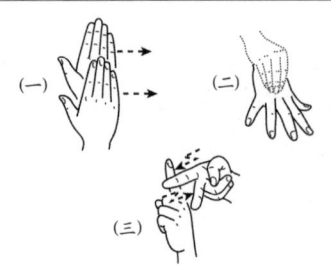

向光性②（正向光性②）

xiàngguāngxìng ② (zhèngxiàngguāngxìng ②)

（一）双手直立，掌心左右相对，向前移动一下。

（二）一手五指撮合，指尖朝下，然后张开。

（三）左手食指直立；右手食、中指横伸，指背交替弹左手食指背。

三、植物

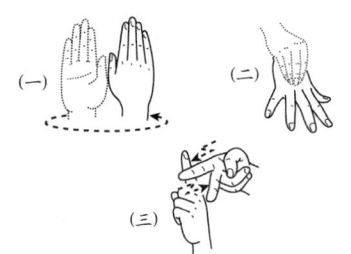

负向光性 fùxiàngguāngxìng
（一）一手直立，掌心向外，然后翻转为掌心向内。
（二）一手五指撮合，指尖朝下，然后张开。
（三）左手食指直立；右手食、中指横伸，指背交替弹左手食指背。

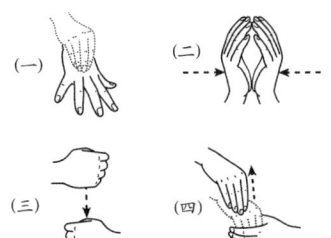

光合作用 guānghé-zuòyòng
（一）一手五指撮合，指尖朝下，然后张开。
（二）双手直立，掌心左右相对，五指微曲，从两侧向中间移动。
（三）双手握拳，一上一下，右拳向下砸一下左拳。
（四）左手五指成"匚"形，虎口朝上；右手五指撮合，指尖朝下，从左手虎口内抽出。

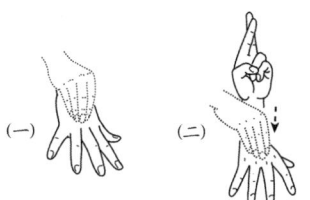

光系统 guāngxìtǒng
（一）一手五指撮合，指尖朝下，然后张开。
（二）左手打手指字母"X"的指式，在上不动；右手五指撮合，指尖朝下，边从左手腕向下移动边张开，表示系统。

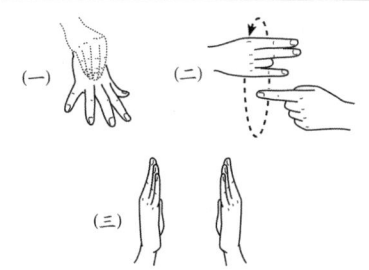

光周期 guāngzhōuqī
（一）一手五指撮合，指尖朝下，然后张开。
（二）左手食指横伸，手背向外；右手打手指字母"ZH"的指式，绕左手食指前后转动一圈，再回到初始位置，表示循环一周。
（三）双手直立，掌心左右相对。

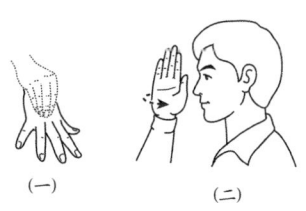

光反应 guāngfǎnyìng
（一）一手五指撮合，指尖朝下，然后张开。
（二）右手直立，掌心向左，五指并拢，置于头前，然后手腕向左微转一下。

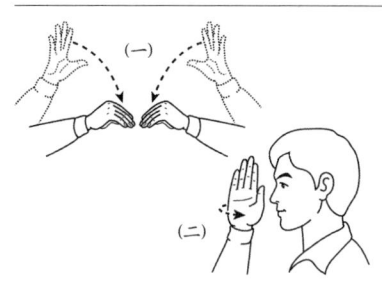

暗反应 ànfǎnyìng
（一）双手直立，掌心左右相对，五指张开，然后边向中间下方做弧形移动边撮合，指尖左右相对。
（二）右手直立，掌心向左，五指并拢，置于头前，然后手腕向左微转一下。

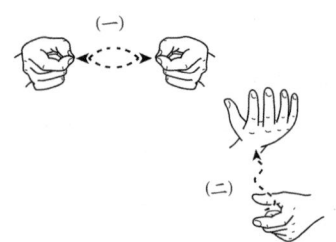

蒸腾 zhēngténg

（一）双手拇、食指张开，指尖相对，虎口朝上，边向两侧移动边相捏，如叶子状。

（二）左手拇、食指张开，虎口朝上；右手五指微曲张开，掌心向上，边晃动边从左手虎口向上移动，表示植物的水分蒸发。

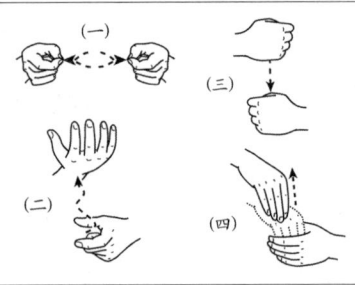

蒸腾作用 zhēngténg zuòyòng

（一）双手拇、食指张开，指尖相对，虎口朝上，边向两侧移动边相捏，如叶子状。

（二）左手拇、食指张开，虎口朝上；右手五指微曲张开，掌心向上，边晃动边从左手虎口向上移动，表示植物的水分蒸发。

（三）双手握拳，一上一下，右拳向下砸一下左拳。

（四）左手五指成"匚"形，虎口朝上；右手五指撮合，指尖朝下，从左手虎口内抽出。

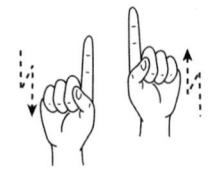

草 cǎo

双手食指直立，手背向内，上下交替动几下。

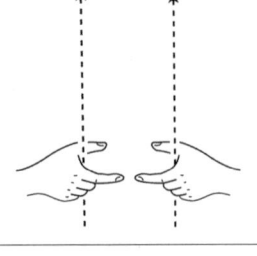

树①（树木） shù①（shùmù）

双手拇、食指成大圆形，虎口朝上，同时向上移动。

树② shù②

左手横伸；右臂肘部立于左手背上，右手五指张开，掌心向外，微晃几下，仿树的外形。

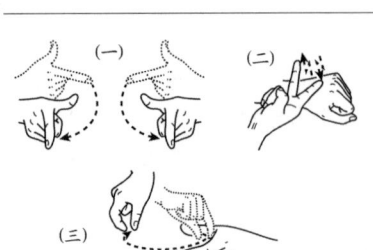

木质部 mùzhìbù

（一）双手伸拇、食指，虎口朝上，手腕向前转动一下。

（二）左手握拳；右手食、中指横伸，指背交替弹左手背。

（三）左手拇、食指成半圆形，虎口朝上；右手拇、食指微张，指尖朝下，沿左手虎口转动半圈。

三、植物　113

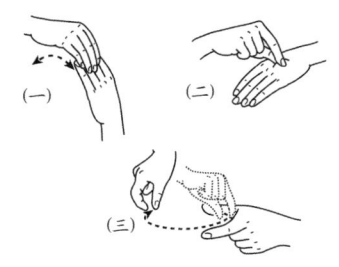

韧皮部　rènpíbù
（一）左手食、中、无名、小指并拢，指尖朝上；右手五指捏住左手食、中、无名、小指，连续扳动几下，左手四指随之弯曲。
（二）左手横伸，手背向上；右手拇、食指捏一下左手背皮肤。
（三）左手拇、食指成半圆形，虎口朝上；右手拇、食指微张，指尖朝下，沿左手虎口转动半圈。

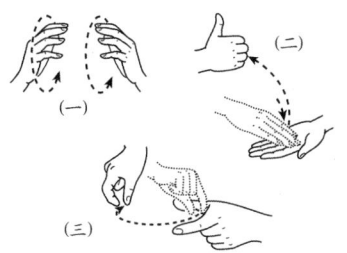

形成层　xíngchéngcéng
（一）双手五指微曲张开，掌心相对，同时向前转动一下。
（二）左手横伸，掌心向上；右手先拍一下左手掌，再伸出拇指。
（三）左手拇、食指成半圆形，虎口朝上；右手拇、食指微张，指尖朝下，沿左手虎口转动半圈。

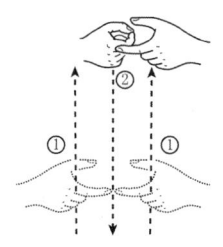

髓　suǐ
双手拇、食指成大圆形，虎口朝上，同时向上移动，然后左手不动，右手拇、食指捏成圆形，虎口朝上，从左手拇、食指中间向下移动，表示树干中间的髓。

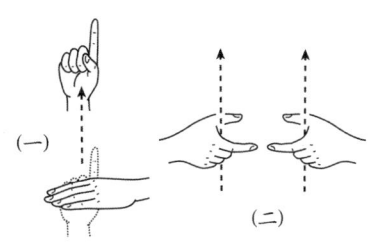

乔木　qiáomù
（一）左手横伸，掌心向下；右手食指直立，手背向内，从左手内侧向上移动，表示乔木树干高大的特点。
（二）双手拇、食指成大圆形，虎口朝上，同时向上移动。

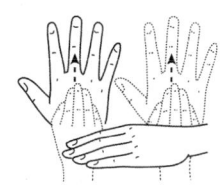

灌木　guànmù
左手横伸，掌心向下；右手五指撮合，指尖朝上，指背贴于左手内侧边缘，然后边向上微移边张开，再移到左手食指处重复一次，表示灌木矮小丛生的特点。

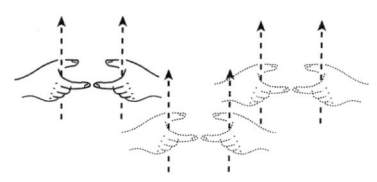

森林　sēnlín
双手拇、食指成大圆形，虎口朝上，在不同位置连续向上移动几下，表示众多的树木，引申为森林。

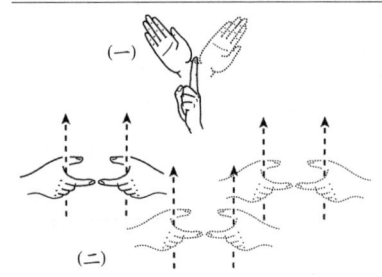

阔叶林 kuòyèlín

（一）左手食指直立；右手五指并拢，掌心向外，手腕在左手食指两侧各斜向贴一下。

（二）双手拇、食指成大圆形，虎口朝上，在不同位置连续向上移动几下。

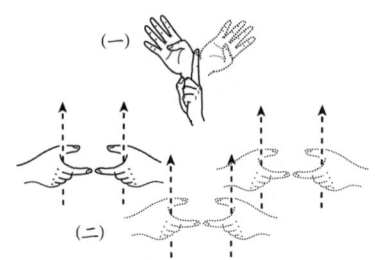

针叶林 zhēnyèlín

（一）左手食指直立；右手食、中、无名、小指分开，拇指弯回，掌心向外，手腕在左手食指两侧各斜向贴一下。

（二）双手拇、食指成大圆形，虎口朝上，在不同位置连续向上移动几下。

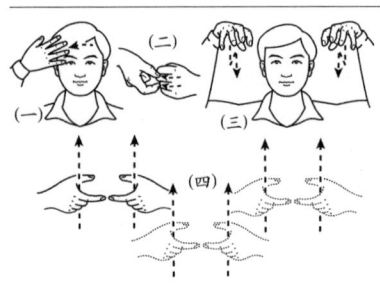

热带雨林 rèdài yǔlín

（一）一手五指张开，手背向外，在额头上一抹，如流汗状。

（二）左手握拳，手背向外；右手拇、食指微张，指尖朝内，沿左手中、无名指关节间转动半圈。

（三）双手五指微曲，指尖朝下，在头前快速向下动几下，表示雨点落下。

（四）双手拇、食指成大圆形，虎口朝上，在不同位置连续向上移动几下。

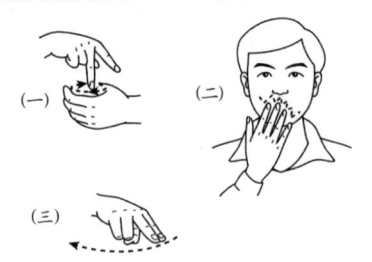

褐化 hèhuà

（一）左手五指成半圆形，虎口朝上；右手打手指字母"K"的指式，中指尖朝下，在左手虎口内做搅拌的动作。

（二）一手直立，掌心向内，五指张开，在嘴唇部交替点动。

（三）一手打手指字母"H"的指式，指尖朝前斜下方，平行划动一下。

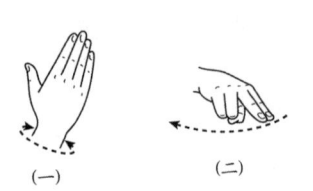

玻璃化 bō·lihuà

（一）右手直立，掌心向左，食、中、无名、小指并拢，手腕微转几下，表示玻璃的闪光。

（二）一手打手指字母"H"的指式，指尖朝前斜下方，平行划动一下。

季相 jìxiàng

（一）左手握拳，手背向外；右手伸食指，依次点一下左手食、中、无名、小指根部关节。

（二）双手拇、食指成"⌊⌋"形，置于脸颊两侧，上下交替动两下。

无土栽培 wútǔ-zāipéi

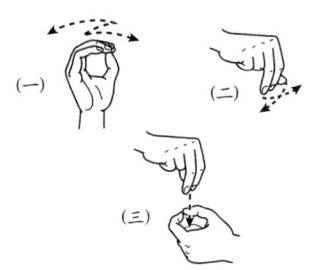

（一）一手五指捏成圆形，虎口朝内，左右晃动几下。
（二）一手拇、食、中指相捏，指尖朝下，互捻几下。
（三）左手拇、食指捏成圆形，虎口朝上；右手拇、食、中指相捏，指尖朝下，插入左手虎口内。

移植（移栽） yízhí（yízāi）

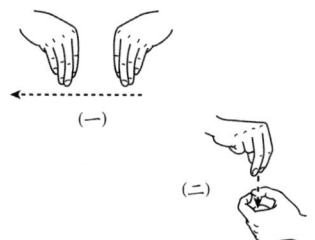

（一）双手五指撮合，指尖朝下，从一侧向另一侧移动。
（二）左手拇、食指捏成圆形，虎口朝上；右手拇、食、中指相捏，指尖朝下，插入左手虎口内。

合理密植 hélǐ-mìzhí

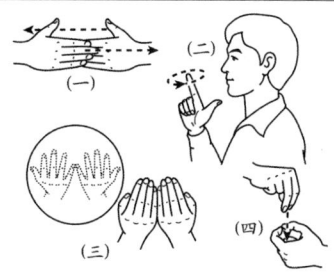

（一）双手横立，掌心向内，指尖相对，从两侧向中间交错移动至双手相叠。
（二）一手打手指字母"L"的指式，逆时针平行转动一下。
（三）双手直立，掌心向内，五指张开，然后并拢，靠在一起。
（四）左手拇、食指捏成圆形，虎口朝上；右手拇、食、中指相捏，指尖朝下，插入左手虎口内。

扦插 qiānchā

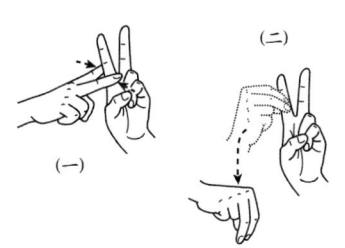

（一）左手食、中指直立分开；右手食、中指夹一下左手食指根部，做剪的动作。
（二）左手食、中指直立分开；右手拇、食、中指捏住左手食指，然后指尖朝下一插。

浇水 jiāoshuǐ

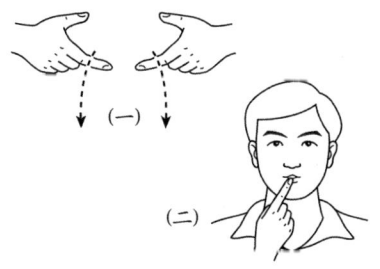

（一）双手拇、食指成大圆形，虎口朝外斜，模仿倒水的动作。
（二）一手伸食指，指尖贴于下嘴唇。

施肥 shīféi

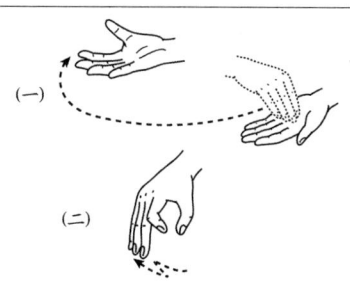

（一）左手平伸；右手五指撮合，指尖朝下，置于左手掌心上，然后边向前做弧形移动边张开，掌心向上。
（二）一手拇、食指弯曲，其他三指伸出，指尖朝下，虎口朝外，微晃几下。

压条 yātiáo

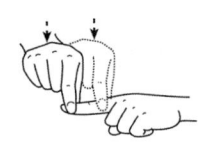

左手食指横伸,手背向上;右手拇、食指微张,指尖朝下,在左手食指不同位置插两下。

嫁接(腹接) jiàjiē (fùjiē)

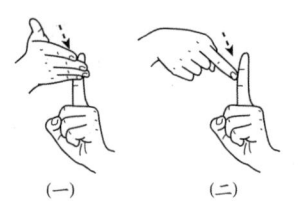

(一)左手食指直立;右手斜立,从右上方向左下方斜切一下左手食指。

(二)左手食指直立;右手伸食指,从右上方向左下方斜向插向左手食指。

砧木 zhēnmù

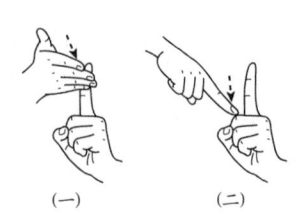

(一)左手食指直立;右手斜立,从右上方向左下方斜切一下左手食指。

(二)左手食指直立;右手伸食指,指一下左手。

接穗 jiēsuì

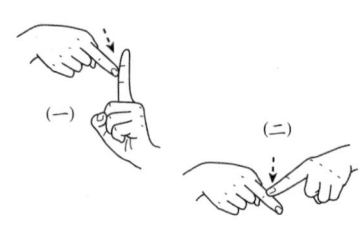

(一)左手食指直立;右手伸食指,从右上方向左下方斜向插向左手食指。

(二)右手食指斜伸,指尖朝左下方;左手伸食指,指一下右手食指。

(可根据实际表示接穗)

劈接 pījiē

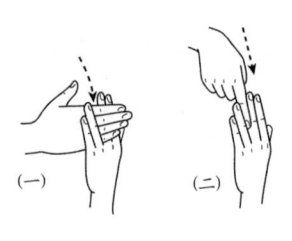

(一)左手直立,掌心向内;右手侧立,向左手中、无名指指缝间劈下,如用斧子劈木头状。

(二)左手直立,掌心向内;右手伸食指,指尖朝下,插入左手中、无名指指缝间。

(可根据实际表示劈接)

整枝 zhěngzhī

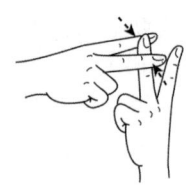

左手食、中指直立分开,表示树枝;右手食、中指夹一下左手中指,做剪的动作。

三、植物 117

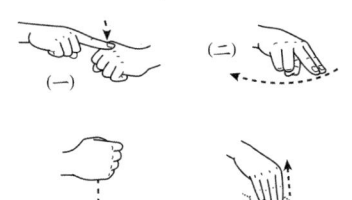

春化作用 chūnhuà-zuòyòng
（一）左手握拳，手背向上；右手食指点一下左手食指根部关节。
（二）一手打手指字母"H"的指式，指尖朝前斜下方，平行划动一下。
（三）双手握拳，一上一下，右拳向下砸一下左拳。
（四）左手五指成"匚"形，虎口朝上；右手五指撮合，指尖朝下，从左手虎口内抽出。

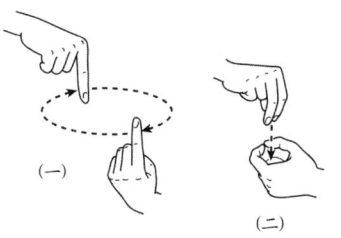

轮作 lúnzuò
（一）双手伸食指，指尖上下相对，交替平行转动两圈。
（二）左手拇、食指捏成圆形，虎口朝上；右手拇、食、中指相捏，指尖朝下，插入左手虎口内。

连作 liánzuò
（一）一手食、中指横伸分开，手背向上，在肩上向前移动两下，表示现在与过去一样。
（二）左手拇、食指捏成圆形，虎口朝上；右手拇、食、中指相捏，指尖朝下，插入左手虎口内。

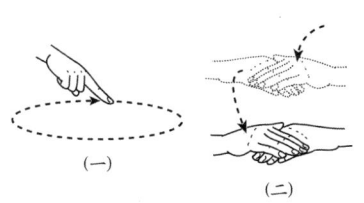

园艺 yuányì
（一）一手伸食指，指尖朝下划一大圈。
（二）双手横伸，掌心向下，互拍手背。

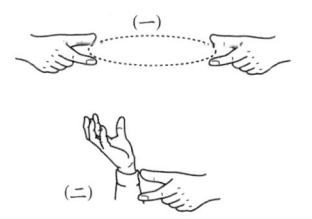

盆景 pénjǐng
（一）双手拇、食指成大圆形，虎口朝上。
（二）左手拇、食指成半圆形，虎口朝上；右小臂抬起，右手五指弯曲，掌心向上，置于左手旁，表示盆景中的树景造型。
（可根据实际表示盆景中的物体）

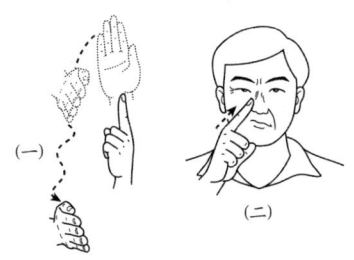

脱落酸 tuōluòsuān
（一）左手食指直立；右手直立，掌心向外，五指并拢，手腕抵于左手食指尖，然后边晃动边向下移动，表示落叶。
（二）一手食指直立，在鼻翼一侧向上移动一下，同时耸鼻。

赤霉素 chìméisù

（一）左手横伸；右手直立，手背贴于左手内侧，五指张开，边交替点动边向左手指尖方向移动，表示地上的植物。

（二）左手伸拇指；右手伸食、无名、小指，食指尖抵于左手无名指根部，拇、中指先相捏，然后开合两下。

（三）一手打手指字母"S"的指式。

色素 sèsù

（一）一手直立，掌心向内，五指张开，在嘴唇部交替点动。

（二）一手打手指字母"S"的指式。

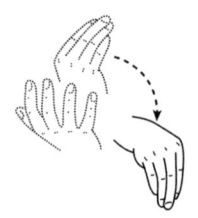

凋谢 diāoxiè

一手五指弯曲，指尖朝上，然后撮合并垂下，表示花朵凋谢。

2. 藻类

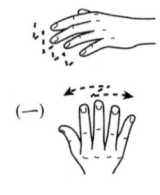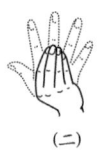

藻类 zǎolèi

（一）左手横伸，五指张开，交替点动几下；右手直立，手背向外，五指张开，在左手掌心下随意晃动几下，仿水中随水流晃动的藻类植物。

（二）一手五指张开，指尖朝上，然后撮合。

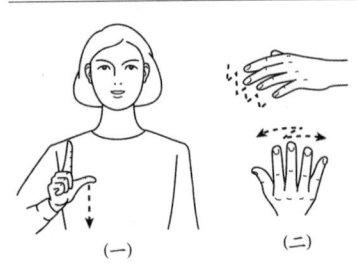

蓝细菌（蓝藻） lánxìjūn (lánzǎo)

（一）一手打手指字母"L"的指式，沿胸的一侧划下。

（二）左手横伸，五指张开，交替点动几下；右手直立，手背向外，五指张开，在左手掌心下随意晃动几下。

绿藻　lǜzǎo

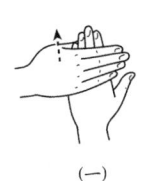 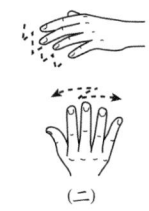

（一）左手食、中、无名、小指并拢，指尖朝右上方，手背向外；右手五指向上捋一下左手四指。

（二）左手横伸，五指张开，交替点动几下；右手直立，手背向外，五指张开，在左手掌心下随意晃动几下。

衣藻　yīzǎo

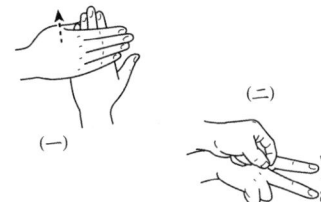

（一）左手食、中、无名、小指并拢，指尖朝右上方，手背向外；右手五指向上捋一下左手四指。

（二）左手拇、食指捏成圆形，虎口朝上；右手食、中指分开，指尖朝前，手背贴于左手拇、食指，交替点动几下，表示衣藻前端的两条鞭毛能游动。

马尾藻　mǎwěizǎo

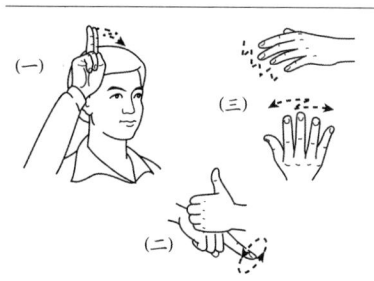

（一）一手食、中指直立并拢，虎口贴于太阳穴，向前微动两下，仿马的耳朵。

（二）左手伸拇指，手背向外；右手伸食指，手背抵于左手下缘，食指转动两下。

（三）左手横伸，五指张开，交替点动几下；右手直立，手背向外，五指张开，在左手掌心下随意晃动几下。

水绵　shuǐmián

（一）左手横伸，掌心向下，五指张开，边交替点动边向右移动。

（二）左手横伸；右手五指成"⊐"形，虎口朝内，置于左手背上，轻捏几下。

石莼　shíchún

（一）左手握拳；右手食、中指弯曲，以指关节在左手背上敲两下。

（二）一手直立，手背向外，五指张开，随意晃动几下。

海带　hǎidài

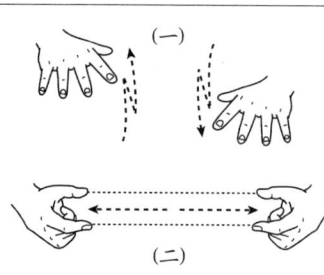

（一）双手平伸，掌心向下，五指张开，上下交替移动，表示起伏的波浪。

（二）双手拇、食指张开，指尖相对，虎口朝上，从中间向两侧拉开。

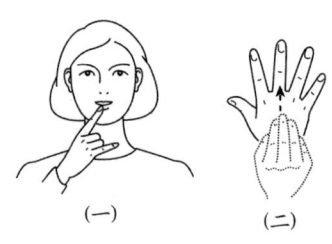

紫菜 zǐcài

（一）一手打手指字母"Z"的指式，食指尖置于嘴唇处。
（二）一手五指撮合，指尖朝上，边向上微移边张开。

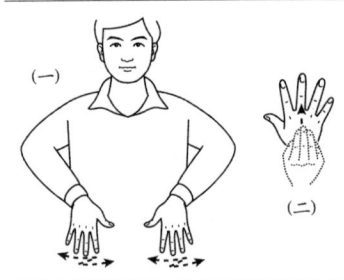

裙带菜 qúndàicài

（一）双手五指张开，指尖朝下，手背向外，在腰前左右摆动两下。
（二）一手五指撮合，指尖朝上，边向上微移边张开。

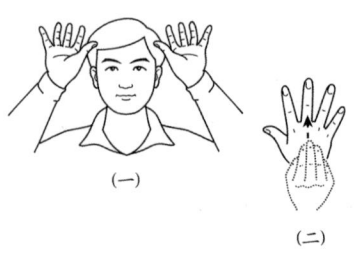

鹿角菜 lùjiǎocài

（一）双手五指张开，拇指尖抵于头两侧，掌心向上，仿麋鹿的角。
（二）一手五指撮合，指尖朝上，边向上微移边张开。

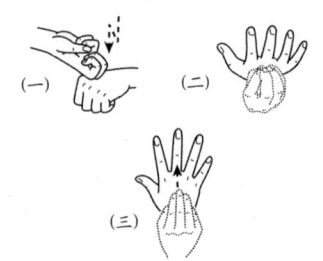

石花菜 shíhuācài

（一）左手握拳；右手食、中指弯曲，以指关节在左手背上敲两下。
（二）一手五指撮合，指尖朝上，然后张开。
（三）一手五指撮合，指尖朝上，边向上微移边张开。

3. 苔藓

苔藓 táixiǎn

（一）左手食、中、无名、小指并拢，指尖朝右上方，手背向外；右手五指向上捋一下左手四指。
（二）左手横伸；右手拇、食指微张，指尖朝前，沿左手背向指尖方向移动。

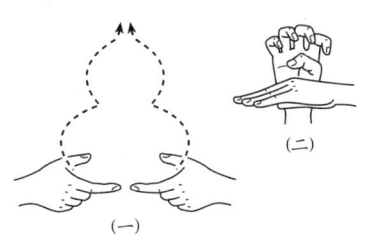

葫芦藓 hú·luxiǎn

（一）双手拇、食指成大圆形，虎口朝上，从下向上连续做下大上小的弧形移动，仿葫芦的外形。

（二）左手横伸，手背向上；右手食、中、无名、小指弯曲，拇指弯回，掌心向外，手腕贴于左手内侧。

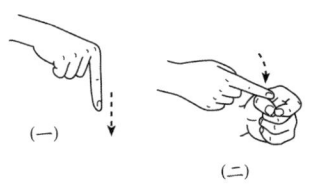

地钱 dìqián

（一）一手伸食指，指尖朝下一指。

（二）左手拇、食指捏成圆形，虎口朝上；右手伸食指，敲一下左手拇指。

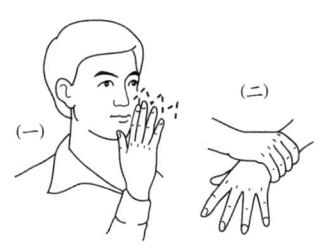

假根 jiǎgēn

（一）右手直立，掌心向左，拇指尖抵于颏部，其他四指交替点动几下。

（二）左手五指张开，手背向上；右手握住左手腕。

4. 蕨类

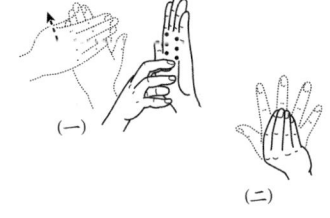

蕨类 juélèi

（一）左手食、中、无名、小指并拢，指尖朝右上方，手背向外；右手五指先向上捋一下左手四指，然后左手直立，掌心向右，右手五指弯曲，在左手掌心上边点动边向下移动。

（二）一手五指张开，指尖朝上，然后撮合。

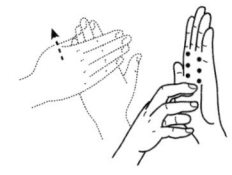

蕨 jué

左手食、中、无名、小指并拢，指尖朝右上方，手背向外；右手五指先向上捋一下左手四指，然后左手直立，掌心向右，右手五指弯曲，在左手掌心上边点动边向下移动。

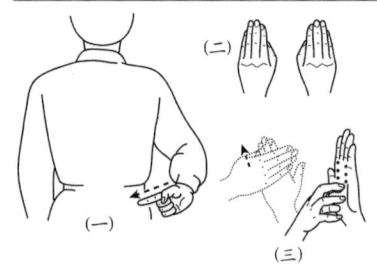

肾蕨 shènjué
（一）一手伸食指，指一下肾部。
（二）双手直立，掌心向外，手背拱起。
（三）左手食、中、无名、小指并拢，指尖朝右上方，手背向外；右手五指先向上捋一下左手四指，然后左手直立，掌心向右，右手五指弯曲，在左手掌心上边点动边向下移动。

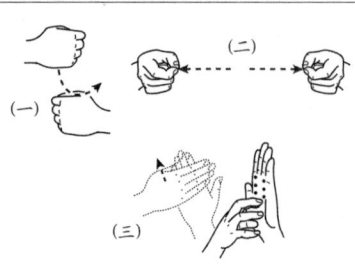

铁线蕨 tiěxiànjué
（一）双手握拳，虎口朝上，一上一下，右拳向下砸一下左拳，再向内移动。
（二）双手拇、食指相捏，虎口朝上，从中间向两侧拉开。
（三）左手食、中、无名、小指并拢，指尖朝右上方，手背向外；右手五指先向上捋一下左手四指，然后左手直立，掌心向右，右手五指弯曲，在左手掌心上边点动边向下移动。

卷柏 juǎnbǎi
双手握拳相贴，虎口朝内，然后张开五指，表示卷柏蜷缩成拳状，随风移动，遇水会伸展的特点。

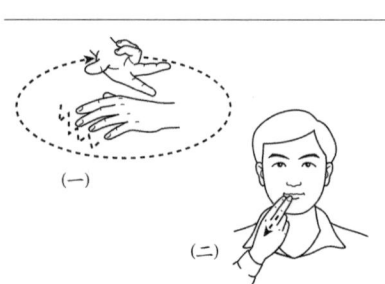

满江红 mǎnjiānghóng
（一）左手横伸，掌心向下，五指张开，交替点动几下；右手拇、食、中指分开，掌心向上，绕左手转动一圈，表示满江红的植株呈三角形，浮于水面的样子。
（二）一手打手指字母"H"的指式，摸一下嘴唇。

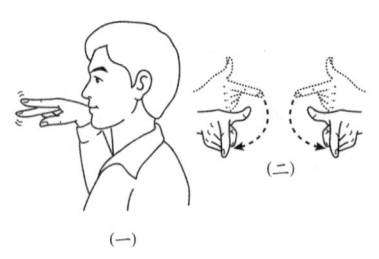

桫椤（蛇木） suōluó (shémù)
（一）一手手腕置于嘴前，食、中指分开，指尖朝前，手背向上，交替点动几下，如蛇吐出的舌头。
（二）双手伸拇、食指，虎口朝上，手腕向前转动一下。

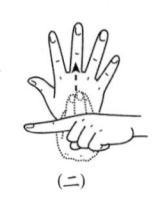

石松 shísōng
（一）左手握拳；右手食、中指弯曲，以指关节在左手背上敲两下。
（二）左手食指横伸，手背向上；右手五指撮合，指背贴于左手食指，边向上移动边张开。

5. 裸子植物

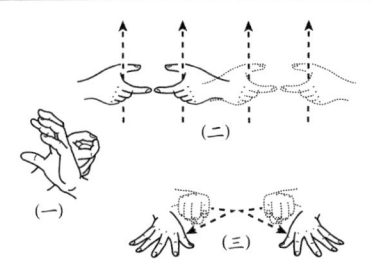

裸子植物 luǒzǐ-zhíwù
（一）左手直立，掌心向右，五指微曲；右手拇、食指捏成圆形，虎口朝上，贴于左手背。
（二）双手拇、食指成大圆形，虎口朝上，在不同位置向上移动两下，表示众多的树木。
（三）双手食指指尖朝前，手背向上，先互碰一下，再分开并张开五指。

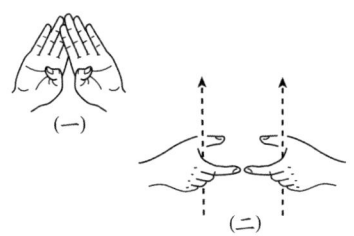

柏树 bǎishù
（一）双手打手指字母"B"的指式，掌心向外，手指斜向相贴，仿柏树的形状。
（二）双手拇、食指成大圆形，虎口朝上，同时向上移动。

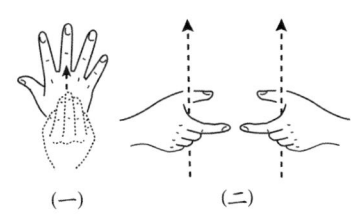

桦树 huàshù
（一）一手五指撮合，指尖朝上，边向上微移边张开。
（二）双手拇、食指成大圆形，虎口朝上，同时向上移动。

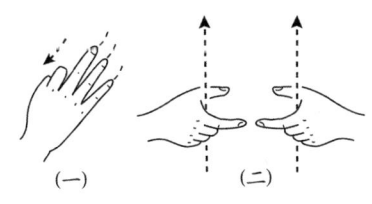

杉树 shānshù
（一）一手伸中、无名、小指，指尖朝前，书空"彡"形，表示"杉"字的右半部。
（二）双手拇、食指成大圆形，虎口朝上，同时向上移动。

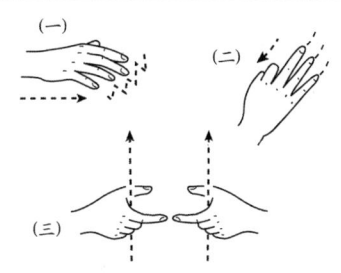

水杉①（水杉树①） shuǐshān①（shuǐshānshù①）
（一）一手横伸，掌心向下，五指张开，边交替点动边向一侧移动。
（二）一手伸中、无名、小指，指尖朝前，书空"彡"形，表示"杉"字的右半部。
（三）双手拇、食指成大圆形，虎口朝上，同时向上移动。

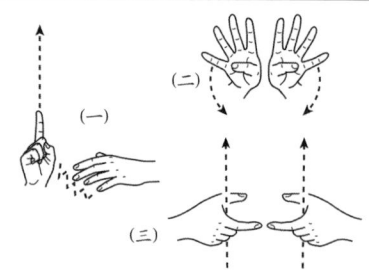

水杉②(水杉树②)　shuǐshān ② (shuǐshānshù ②)

（一）左手横伸，掌心向下，五指张开，交替点动几下；右手食指直立，在左手旁向上移动。

（二）双手食、中、无名、小指直立分开，拇指弯回，手背向内，同时向下做弧形移动。

（三）双手拇、食指成大圆形，虎口朝上，同时向上移动。

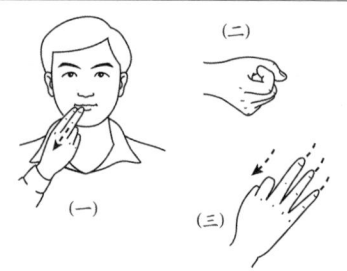

红豆杉　hóngdòushān

（一）一手打手指字母"H"的指式，摸一下嘴唇。

（二）一手拇、食指捏成小圆形，虎口朝上，如红豆大小。

（三）一手伸中、无名、小指，指尖朝前，书空"彡"形，表示"杉"字的右半部。

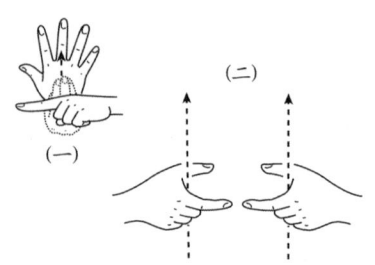

松树　sōngshù

（一）左手食指横伸，手背向上；右手五指撮合，指背贴于左手食指，边向上移动边张开，表示松树的针叶。

（二）双手拇、食指成大圆形，虎口朝上，同时向上移动。

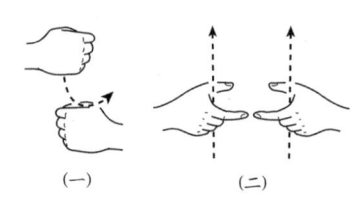

苏铁①（铁树①）　sūtiě ① (tiěshù ①)

（一）双手握拳，虎口朝上，一上一下，右拳向下砸一下左拳，再向内移动。

（二）双手拇、食指成大圆形，虎口朝上，同时向上移动。

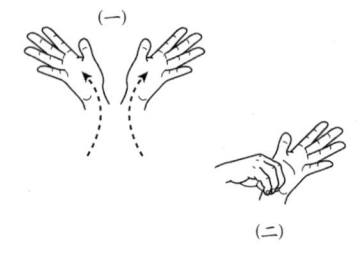

苏铁②（铁树②）　sūtiě ② (tiěshù ②)

（一）双手五指张开，掌心向上，向上做弧形移动。

（二）左手五指张开，掌心向上；右手五指捏成球形，置于左手腕。

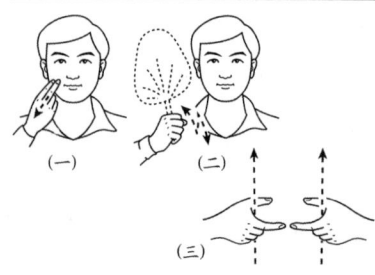

银杏（银杏树）　yínxìng (yínxìngshù)

（一）一手打手指字母"H"的指式，摸一下脸颊。

（二）一手虚握，在头边摇动，如扇扇子状。

（三）双手拇、食指成大圆形，虎口朝上，同时向上移动。

三、植物

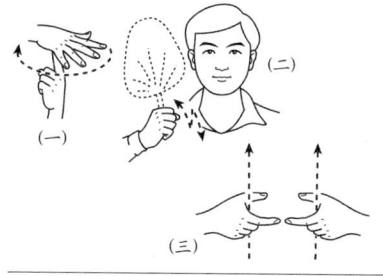

棕榈（棕榈树） zōnglú (zōnglúshù)

（一）左手食指直立；右手五指张开，掌心向下，手腕抵于左手食指尖，然后平行转动一下。

（二）一手虚握，在头边摇动，如扇扇子状。

（三）双手拇、食指成大圆形，虎口朝上，同时向上移动。

6. 被子植物

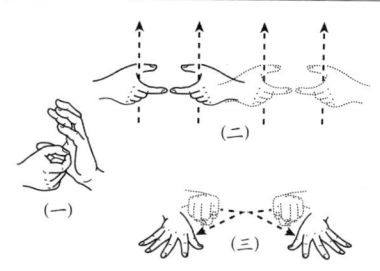

被子植物 bèizǐ-zhíwù

（一）左手直立，掌心向右，五指微曲；右手拇、食指捏成圆形，虎口朝上，置于左手掌心。

（二）双手拇、食指成大圆形，虎口朝上，在不同位置向上移动两下，表示众多的树木。

（三）双手食指指尖朝前，手背向上，先互碰一下，再分开并张开五指。

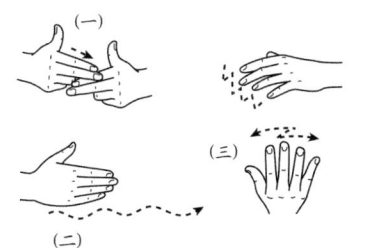

金鱼藻 jīnyúzǎo

（一）双手伸拇、食、中指，食、中指并拢，交叉相搭，右手中指蹭一下左手食指。

（二）一手横立，手背向外，向一侧做曲线形移动（或一手侧立，向前做曲线形移动），如鱼游动状。

（三）左手横伸，五指张开，交替点动几下；右手直立，手背向外，五指张开，在左手掌心下随意晃动几下。

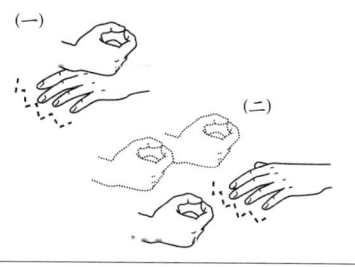

浮萍 fúpíng

（一）左手横伸，掌心向下，五指张开，交替点动几下；右手拇、食指捏成圆形，虎口朝上，置于左手背上。

（二）左手横伸，掌心向下，五指张开，交替点动几下；右手拇、食指捏成圆形，虎口朝上，在左手旁随意移动几下，表示水中的浮萍。

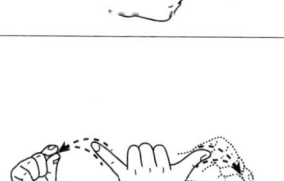

菱角 líng·jiao

左手伸拇、小指，手背向外；右手拇、食指微张，边分别沿左手拇、小指向外移动边相捏，仿菱角的外形。

凤眼蓝（水葫芦） fèngyǎnlán (shuǐhú·lu)

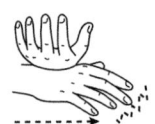

左手五指微曲，指尖朝上，置于右手背上；右手横伸，掌心向下，五指张开，边交替点动边向左移动。
（可根据实际表示凤眼蓝的形状）

莲（荷花） lián (héhuā)

左手食指直立；右手五指微曲，指尖朝上，手背置于左手食指尖上，仿荷花的外形。

莲蓬 liánpéng

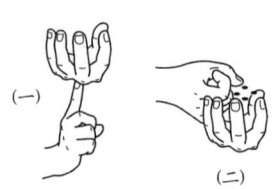

（一）左手五指稍聚拢，指尖朝上，仿莲蓬的形状；右手食指直立，指尖抵于左手腕。
（二）左手五指稍聚拢，指尖朝上，仿莲蓬的形状；右手拇、食指捏成小圆形，虎口朝上，在左手各指指尖上随意点动几下。

莲子① liánzǐ①

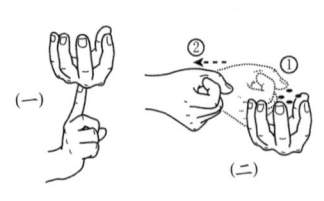

（一）左手五指稍聚拢，指尖朝上，仿莲蓬的形状；右手食指直立，指尖抵于左手腕。
（二）左手五指稍聚拢，指尖朝上，仿莲蓬的形状；右手拇、食指捏成小圆形，虎口朝上，在左手各指指尖上随意点动几下，再向一侧移出。
（"莲子"的手语存在地域差异，可根据实际选择使用）

莲子② liánzǐ②

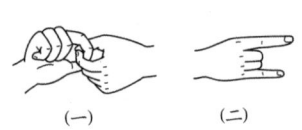

（一）双手拇、食指套环。
（二）一手打手指字母"Z"的指式。
（"莲子"的手语存在地域差异，可根据实际选择使用）

藕 ǒu

双手拇、食指张开，指尖朝下，虎口左右相对，边捏动边向两侧移动，仿藕的外形。

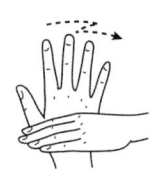

芦苇 lúwěi

左手横伸,掌心向下;右手直立,掌心向内,五指张开,在左手后向左晃动几下。

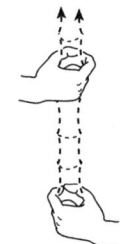

竹 zhú

双手拇、食指捏成圆形,虎口朝上,上下相叠,左手在下不动,右手向上一顿一顿移动,仿竹的外形。

藤 téng

左小臂抬起,左手五指微曲张开,掌心向上;右手食、中指相叠,指尖朝上,手背向外,边转动边沿左小臂向上移动,如藤盘旋生长状。

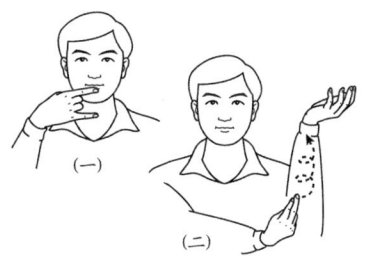

紫藤 zǐténg

(一)一手打手指字母"Z"的指式,食指尖置于嘴唇处。
(二)左小臂抬起,左手五指微曲张开,掌心向上;右手食、中指相叠,指尖朝上,手背向外,边转动边沿左小臂向上移动,如藤盘旋生长状。

杜鹃❷(杜鹃花) dùjuān❷ (dùjuānhuā)

(一)左手打手指字母"D"的指式,手背向左;右手背贴于左手背,拇、食指先相捏再开合两下。
(二)一手五指撮合,指尖朝上,然后张开。

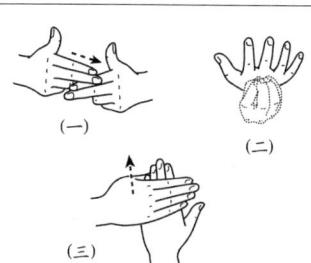

金花茶 jīnhuāchá

(一)双手伸拇、食、中指,食、中指并拢,交叉相搭,右手中指蹭一下左手食指。
(二)一手五指撮合,指尖朝上,然后张开。
(三)左手食、中、无名、小指并拢,指尖朝右上方,手背向外;右手五指向上捋一下左手四指。

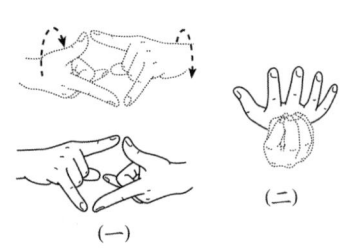

玫瑰（玫瑰花） méi·gui (méi·guihuā)

（一）双手伸拇、食、小指，指尖左右交错相对，然后手腕分别前后转动几下，指尖左右交错相对。

（二）一手五指撮合，指尖朝上，然后张开。

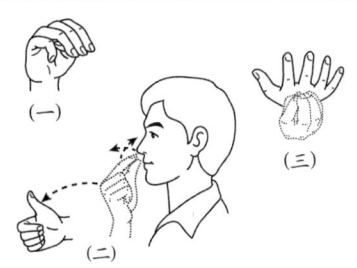

茉莉（茉莉花） mò·lì (mò·lìhuā)

（一）一手打手指字母"M"的指式。

（二）一手拇、食指在鼻孔前捻动，然后伸出拇指。

（三）一手五指撮合，指尖朝上，然后张开。

牡丹（牡丹花） mǔ·dan (mǔ·danhuā)

（一）一手五指微曲，掌心向上，手背贴于头顶。

（二）一手五指撮合，指尖朝上，然后张开。

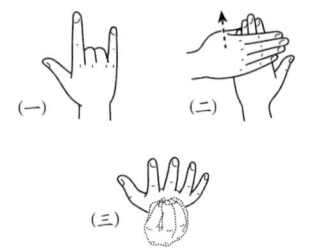

山茶花 shāncháhuā

（一）一手拇、食、小指直立，手背向外，仿"山"字形。

（二）左手食、中、无名、小指并拢，指尖朝右上方，手背向外；右手五指向上捋一下左手四指。

（三）一手五指撮合，指尖朝上，然后张开。

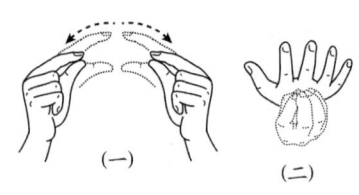

月季（月季花） yuèjì (yuèjìhuā)

（一）双手拇、食指张开，指尖相对，虎口朝内，边从中间向两侧做弧形移动边相捏，如弯月状。

（二）一手五指撮合，指尖朝上，然后张开。

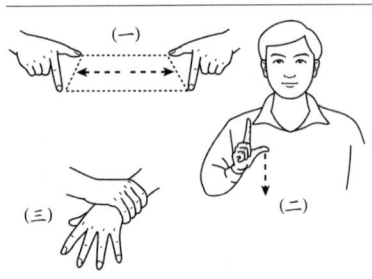

板蓝根① bǎnlángēn①

（一）双手拇、食指张开，指尖朝下，虎口相对，从中间向两侧移动。

（二）一手打手指字母"L"的指式，沿胸的一侧划下。

（三）左手五指张开，手背向上；右手握住左手腕。

（"蓝"的手语存在地域差异，可根据实际选择使用）

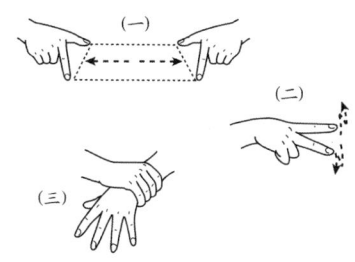

板蓝根② bǎnlángēn②

（一）双手拇、食指张开，指尖朝下，虎口相对，从中间向两侧移动。

（二）一手食、中指分开，指尖朝前，手背向上，交替点动几下。

（三）左手五指张开，手背向上；右手握住左手腕。

（"蓝"的手语存在地域差异，可根据实际选择使用）

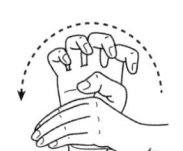

苍耳 cāng'ěr

左手五指撮合，指尖朝右，手背向上；右手食、中、无名、小指弯曲，拇指弯回，掌心贴于左手虎口，然后向右转动一下。

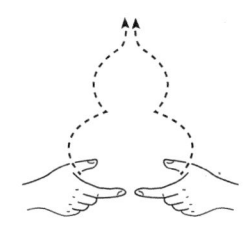

葫芦 hú·lu

双手拇、食指成大圆形，虎口朝上，从下向上连续做下大上小的弧形移动，仿葫芦的外形。

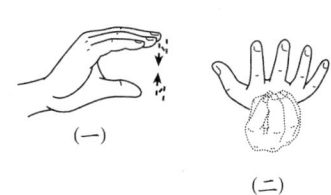

棉花 mián·huā

（一）一手五指成"冂"形，虎口朝内，轻捏几下。

（二）一手五指撮合，指尖朝上，然后张开。

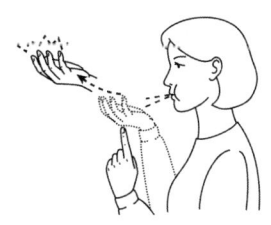

蒲公英 púgōngyīng

左手食指直立；右手五指微曲，指尖朝上，置于左手食指尖上，然后嘴做吹气的动作，右手随之向外移出，五指交替点动。

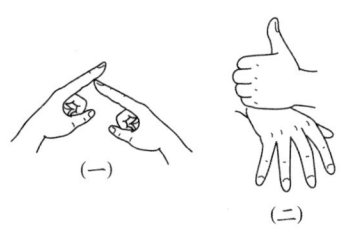

人参 rénshēn

（一）双手食指搭成"人"字形。

（二）左手伸拇指，手背向外；右手五指张开，指尖朝下，手腕贴于左手下缘，仿人参的外形。

菊花　júhuā

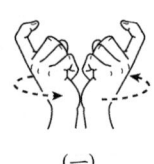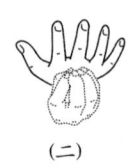

（一）双手打手指字母"J"的指式，手腕相贴，然后分别向前后方向转动。
（二）一手五指撮合，指尖朝上，然后张开。

兰花　lánhuā

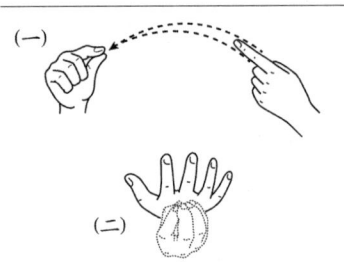

（一）左手伸食指，指尖朝右上方；右手拇、食指微张，边沿左手食指向右做弧形移动边相捏，如吊兰叶子状。
（二）一手五指撮合，指尖朝上，然后张开。

水仙（水仙花）　shuǐxiān (shuǐxiānhuā)

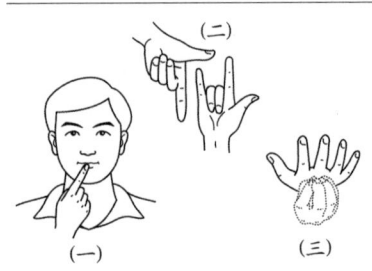

（一）一手伸食指，指尖贴于下嘴唇。
（二）左手拇、食指成"亻"形；右手拇、食、小指直立，手背向外，置于左手旁，仿"仙"字形。
（三）一手五指撮合，指尖朝上，然后张开。

向日葵　xiàngrìkuí

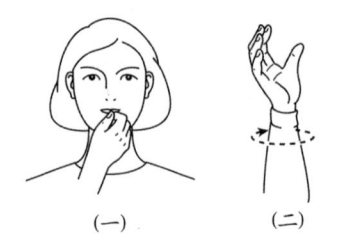

（一）一手拇、食指相捏，指尖朝内，置于嘴边，嘴同时微动一下，如嗑瓜子状。
（二）一手五指微曲，掌心向前上方，然后手腕转动一下，仿向日葵的形状。

丁香　dīngxiāng

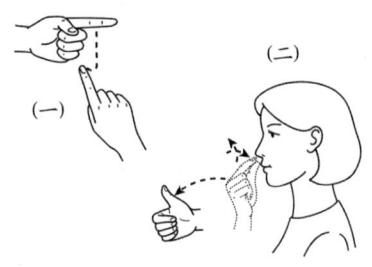

（一）左手食指横伸，手背向外；右手伸食指，指尖朝前，在左手食指下书空"丨"，仿"丁"字形。
（二）一手拇、食指在鼻孔前捻动，然后伸出拇指。

海棠　hǎitáng

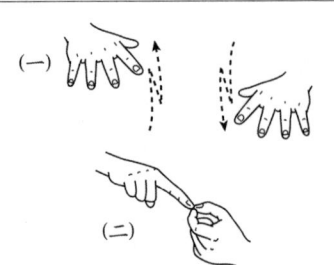

（一）双手平伸，掌心向下，五指张开，上下交替移动，表示起伏的波浪。
（二）左手拇、食指捏成圆形，虎口朝上；右手伸食指，指尖抵于左手拇、食指指尖。

三、植物　131

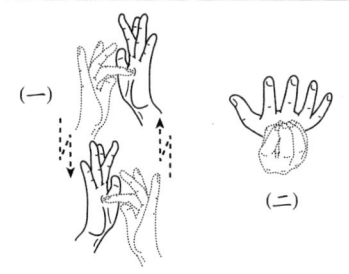

桂花　guìhuā
（一）双手直立，掌心左右相对，边中指交替点另一手掌心边双手上下移动。
（二）一手五指撮合，指尖朝上，然后张开。

梅花　méihuā
左手食指横伸，手背向上；右手五指撮合，指尖朝上，置于左手食指上，边向指尖方向移动边连续做开合的动作，仿梅花的形状。

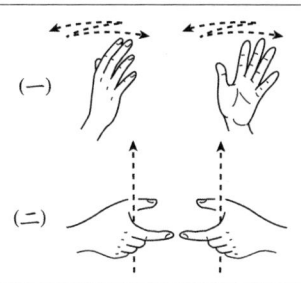

枫树　fēngshù
（一）双手直立，掌心左右相对，五指微曲，左右来回扇动。"风"与"枫"音同形近，借代。
（二）双手拇、食指成大圆形，虎口朝上，同时向上移动。

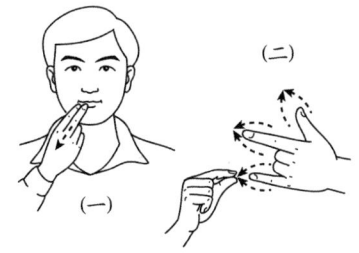

红叶（枫叶）　hóngyè（fēngyè）
（一）一手打手指字母"H"的指式，摸一下嘴唇。
（二）左手伸拇、食、小指，指尖朝右，手背向外；右手拇、食指张开，分别在左手拇、食、小指指尖上边向右移动边相捏。
（可根据实际表示红叶的形状）

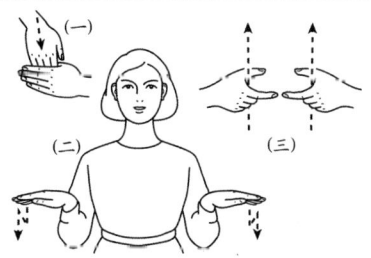

珙桐（鸽子树）　gǒngtóng（gē·zishù）
（一）左手五指成"匚"形，虎口朝上；右手五指并拢，指尖朝下，插入左手虎口内。
（二）双手侧伸，掌心向下，扇动几下。
（三）双手拇、食指成大圆形，虎口朝上，同时向上移动。

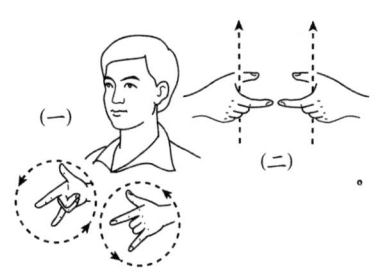

槐树①　huáishù①
（一）双手伸拇、食、小指，食、小指指尖朝前，前后交替转动两下，表示鬼。"鬼"与"槐"形近，借代。
（二）双手拇、食指成大圆形，虎口朝上，同时向上移动。

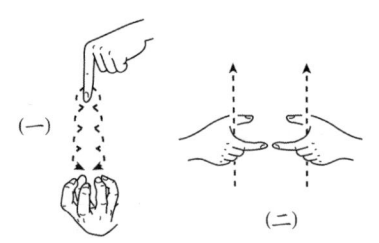

槐树② huáishù ②
（一）左手伸食指，指尖朝下；右手五指弯曲，指尖朝上，在左手食指下边弯动边向下移动，仿槐花的形状。
（二）双手拇、食指成大圆形，虎口朝上，同时向上移动。

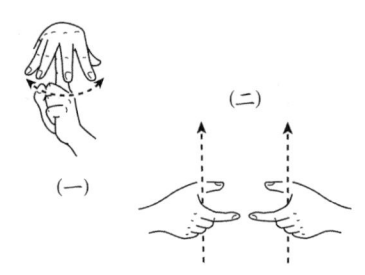

柳树 liǔshù
（一）左手食指直立；右手五指张开，指尖朝下，手腕置于左手食指尖，左右晃动两下。
（二）双手拇、食指成大圆形，虎口朝上，同时向上移动。

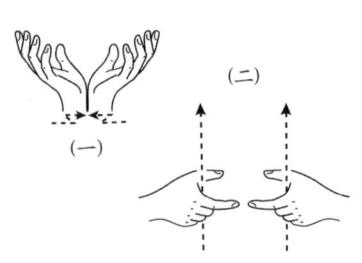

梧桐树 wútóngshù
（一）双手五指微曲张开，掌心向上，手腕互碰两下。
（二）双手拇、食指成大圆形，虎口朝上，同时向上移动。

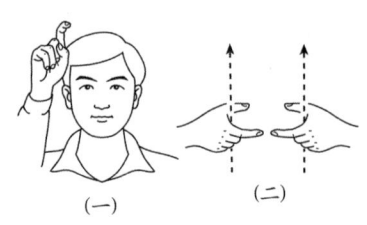

杨树 yángshù
（一）一手食指弯曲如钩，虎口贴于太阳穴，仿羊头上弯曲的角。"羊"与"杨"音同，借代。
（二）双手拇、食指成大圆形，虎口朝上，同时向上移动。

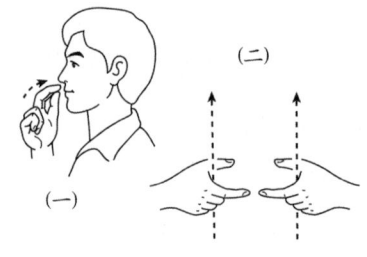

樟树 zhāngshù
（一）一手打手指字母"Q"的指式，指尖朝内，移向鼻部，表示樟木有樟脑气味。
（二）双手拇、食指成大圆形，虎口朝上，同时向上移动。

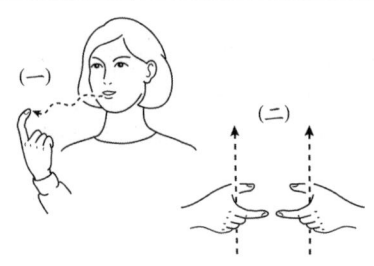

桑树 sāngshù
（一）一手伸食指，指尖朝内，从嘴部向外做波纹状移动。
（二）双手拇、食指成大圆形，虎口朝上，同时向上移动。

桑葚 sāngshèn

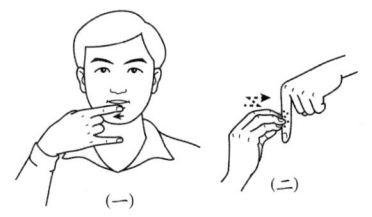

（一）一手打手指字母"Z"的指式，在嘴部向一侧微移，口微张，表示吃了桑葚后满嘴紫色的样子。

（二）左手伸食指，指尖朝下；右手五指撮合，指尖在左手食指上随意点动几下。

香椿 xiāngchūn

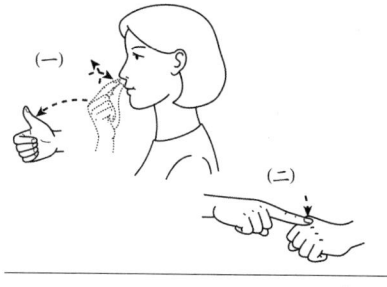

（一）一手拇、食指在鼻孔前捻动，然后伸出拇指。

（二）左手握拳，手背向上；右手食指点一下左手食指根部关节。"春"与"椿"音同形近，借代。

仙人掌 xiānrénzhǎng

双手五指并拢，掌心向外，斜向上下相搭，然后交替向上移动，仿仙人掌的形状。

四、细菌与真菌、病毒

1. 细菌与真菌

细菌 xìjūn

左手横伸;右手伸小指,小指外侧贴于左手掌心上,弯动几下。

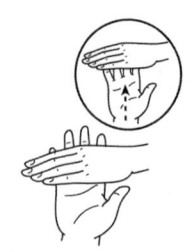

发霉 fāméi

左手横伸,手背向上;右手直立,五指张开,指尖贴于左手拇指,然后缓慢向上移出,表示物品发霉长出的纤毛。

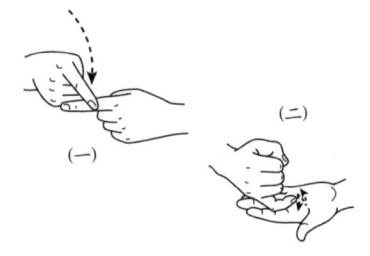

真菌 zhēnjūn

(一)左手食指横伸;右手食指直立,向下敲一下左手食指。

(二)左手横伸;右手伸小指,小指外侧贴于左手掌心上,弯动几下。

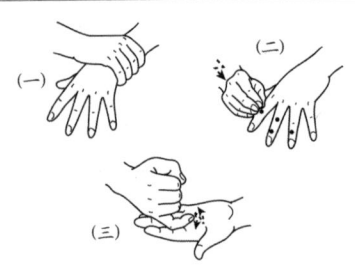

根瘤菌 gēnliújūn

(一)左手五指张开,手背向上;右手握住左手腕。

(二)左手五指张开,手背向上;右手五指捏成球形,指尖朝下,在左手指上随意点动几下。

(三)左手横伸;右手伸小指,小指外侧贴于左手掌心上,弯动几下。

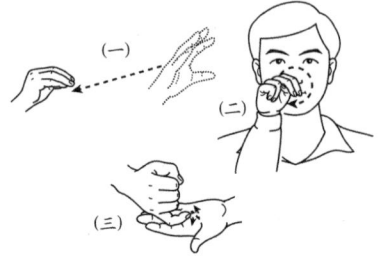

固氮菌 gùdànjūn

(一)一手五指张开,掌心向外,边向内移动边撮合。

(二)一手打手指字母"N"的指式,置于鼻前,转动一小圈,表示氮的元素符号"N"。

(三)左手横伸;右手伸小指,小指外侧贴于左手掌心上,弯动几下。

四、细菌与真菌、病毒　135

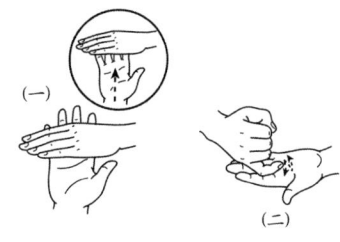

霉菌　méijūn

（一）左手横伸，手背向上；右手直立，五指张开，指尖贴于左手拇指，然后缓慢向上移出。

（二）左手横伸；右手伸小指，小指外侧贴于左手掌心上，弯动几下。

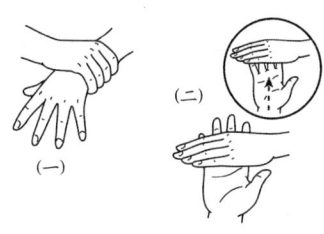

根霉　gēnméi

（一）左手五指张开，手背向上；右手握住左手腕。

（二）左手横伸，手背向上；右手直立，五指张开，指尖贴于左手拇指，然后缓慢向上移出。

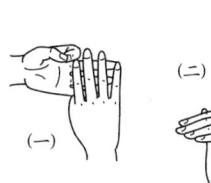

曲霉　qūméi

（一）左手中、无名、小指横伸分开，手背向外；右手食、中、无名、小指直立分开，手背向内，双手搭成"曲"字形。

（二）左手横伸，手背向上；右手直立，五指张开，指尖贴于左手拇指，然后缓慢向上移出。

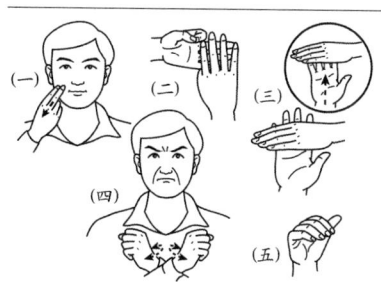

黄曲霉毒素　huángqūméi dúsù

（一）一手打手指字母"H"的指式，摸一下脸颊。

（二）左手中、无名、小指横伸分开，手背向外；右手食、中、无名、小指直立分开，手背向内，双手搭成"曲"字形。

（三）左手横伸，手背向上；右手直立，五指张开，指尖贴于左手拇指，然后缓慢向上移出。

（四）双手握拳屈肘，手腕交叉相搭，置于身前，前后微转两下。

（五）一手打手指字母"S"的指式。

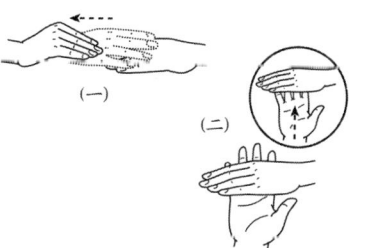

毛霉　máoméi

（一）左手横伸；右手五指在左手背上轻拊一下，如摸毛絮状。

（二）左手横伸，手背向上；右手直立，五指张开，指尖贴于左手拇指，然后缓慢向上移出。

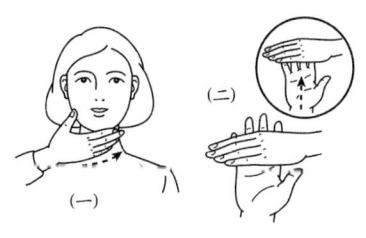

青霉　qīngméi

（一）一手横立，掌心向内，食、中、无名、小指并拢，在颏部从右向左摸一下。

（二）左手横伸，手背向上；右手直立，五指张开，指尖贴于左手拇指，然后缓慢向上移出。

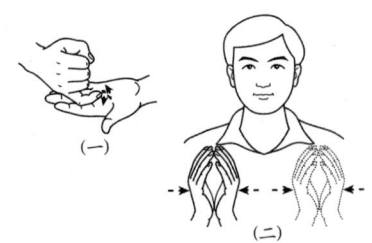

菌落 jūnluò

（一）左手横伸；右手伸小指，小指外侧贴于左手掌心上，弯动几下。

（二）双手直立，掌心左右相对，五指微曲，从两侧向中间移动，然后换位置重复一次。

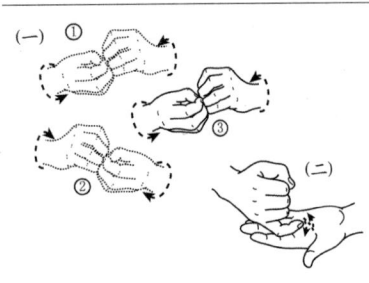

球菌 qiújūn

（一）双手五指捏成球形，指尖相抵，边前后反向微转边随意移动。

（二）左手横伸；右手伸小指，小指外侧贴于左手掌心上，弯动几下。

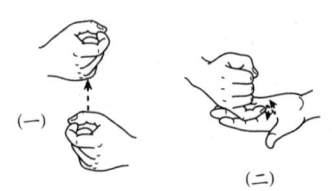

杆菌 gǎnjūn

（一）双手拇、食指捏成圆形，虎口朝上，一上一下，左手在下不动，右手向上移动少许。

（二）左手横伸；右手伸小指，小指外侧贴于左手掌心上，弯动几下。

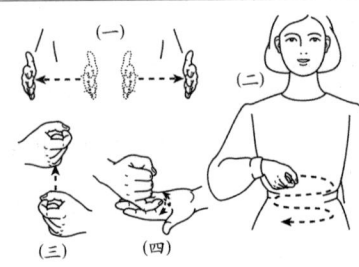

大肠杆菌 dàcháng gǎnjūn

（一）双手侧立，掌心相对，同时向两侧移动，幅度要大些。

（二）一手拇、食指捏成圆形，手背向外，置于下腹部，从右向左、从上向下做曲线形移动。

（三）双手拇、食指捏成圆形，虎口朝上，一上一下，左手在下不动，右手向上移动少许。

（四）左手横伸；右手伸小指，小指外侧贴于左手掌心上，弯动几下。

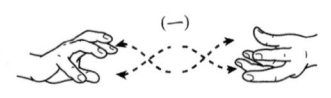

螺旋菌 luóxuánjūn

（一）双手五指弯曲，指尖左右相对，边向相反方向拧动边向两侧移动。

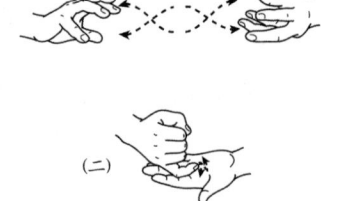

（二）左手横伸；右手伸小指，小指外侧贴于左手掌心上，弯动几下。

链球菌 liànqiújūn

（一）双手五指捏成球形，指尖相抵，虎口朝内，左手不动，右手向右一顿一顿移动几下。

（二）左手横伸；右手伸小指，小指外侧贴于左手掌心上，弯动几下。

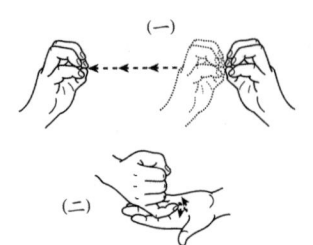

乳酸菌 rǔsuānjūn

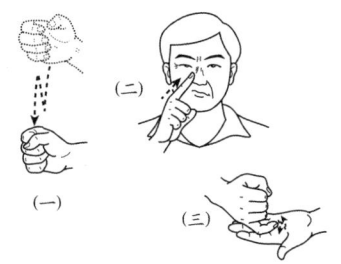

（一）一手五指弯曲，虎口朝上，向下捋动两下，模仿挤牛奶的动作。

（二）一手食指直立，在鼻翼一侧向上移动一下，同时耸鼻。

（三）左手横伸；右手伸小指，小指外侧贴于左手掌心上，弯动几下。

酵母（发酵） jiàomǔ (fājiào)

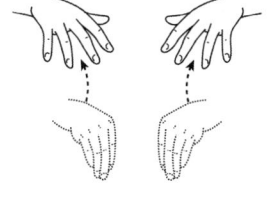

双手五指撮合，指尖朝下，边向上移动边张开。

酵母菌 jiàomǔjūn

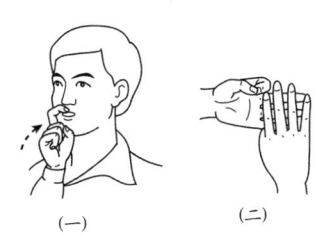

（一）双手五指撮合，指尖朝下，边向上移动边张开。

（二）左手横伸；右手伸小指，小指外侧贴于左手掌心上，弯动几下。

酒曲 jiǔqū

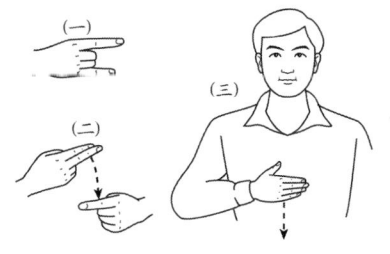

（一）一手打手指字母"J"的指式，移向嘴部，如喝酒状。

（二）左手中、无名、小指横伸分开，手背向外；右手食、中、无名、小指直立分开，手背向内，双手搭成"曲"字形。

子实体 zǐshítǐ

（一）一手打手指字母"Z"的指式。

（二）左手食指横伸；右手食、中指相叠，敲一下左手食指。

（三）一手掌心贴于胸部，向下移动一下。

蘑菇 mó·gu

左手食指直立；右手手背拱起，置于左手食指尖，仿蘑菇的形状。

（可根据实际表示蘑菇的外形）

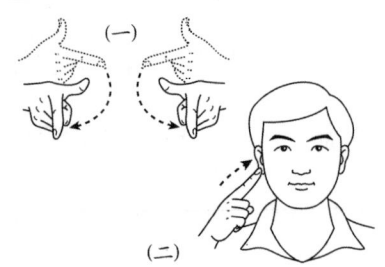

木耳　mù'ěr

（一）双手伸拇、食指，虎口朝上，手腕向前转动一下。
（二）一手伸食指，指一下耳朵。

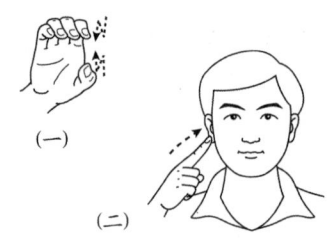

银耳（白木耳）　yín'ěr（báimù'ěr）

（一）一手五指弯曲，掌心向外，指尖弯动两下。
（二）一手伸食指，指一下耳朵。

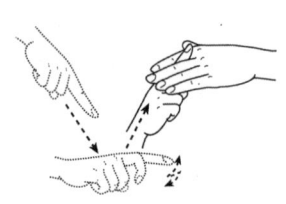

冬虫夏草　dōngchóng-xiàcǎo

左手横伸，手背向上；右手食指斜伸，先移到左手掌心下，然后弯动几下，再从左手食、中指指缝间斜向伸出。

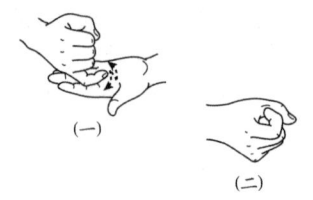

芽孢　yábāo

（一）左手横伸；右手伸小指，小指外侧贴于左手掌心上，弯动几下。
（二）一手拇、食指捏成小圆形，虎口朝上。

孢子　bāozǐ

左手横伸；右手拇、小指相捏，指尖朝下，在左手掌心上随意点动几下。

核膜　hémó

（一）左手握拳；右手五指微曲，手背向外，从右向左绕左拳转动半圈。
（二）左手握拳；右手拇、食指微张，指尖朝上，从右向左绕左拳转动半圈。

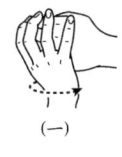

核质 hézhì

（一）左手握拳；右手五指微曲，手背向外，从右向左绕左拳转动半圈。

（二）左手握拳；右手食、中指横伸，指背交替弹左手背。

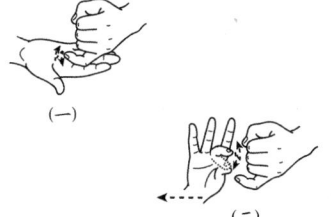

荚膜 jiámó

（一）右手横伸；左手伸小指，小指外侧贴于右手掌心上，弯动几下。

（二）左手小指弯曲；右手拇、中指指尖朝前，置于左手旁，边向右移动边相捏几下，表示荚膜是位于某些细菌细胞壁表面的一层松散的黏液物质。

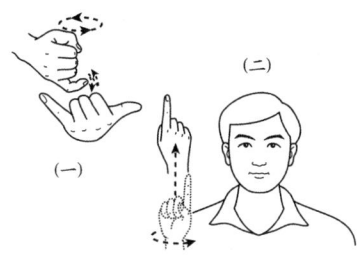

腐生 fǔshēng

（一）左手伸拇、小指，指尖朝上；右手伸小指，在左手上方边转动边弯动几下，表示从死亡物体或腐烂组织获取有机物维持自身生命的生物。

（二）一手食指直立，边转动手腕边向上移动。

2. 病毒

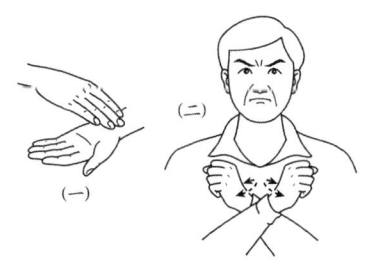

病毒 bìngdú

（一）左手平伸，掌心向上；右手五指并拢，食、中、无名指指尖按于左手腕的脉门处。

（二）双手握拳屈肘，手腕交叉相搭，置于身前，前后微转两下。

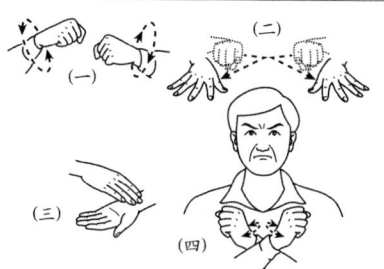

动物病毒 dòngwù bìngdú

（一）双手握拳屈肘，前后交替转动两下。

（二）双手食指指尖朝前，手背向上，先互碰一下，再分开并张开五指。

（三）左手平伸，掌心向上；右手五指并拢，食、中、无名指指尖按于左手腕的脉门处。

（四）双手握拳屈肘，手腕交叉相搭，置于身前，前后微转两下。

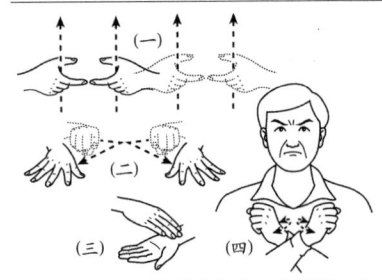

植物病毒　zhíwù bìngdú

（一）双手拇、食指成大圆形，虎口朝上，在不同位置向上移动两下，表示众多的树木。
（二）双手食指指尖朝前，手背向上，先互碰一下，再分开并张开五指。
（三）左手平伸，掌心向上；右手五指并拢，食、中、无名指指尖按于左手腕的脉门处。
（四）双手握拳屈肘，手腕交叉相搭，置于身前，前后微转两下。

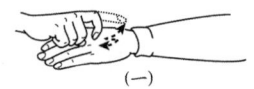

侵染　qīnrǎn

（一）左手横伸；右手食指横伸，手背向上，在左手背上弯动几下。
（二）左手横伸；右手五指撮合，指尖朝左，边沿左手背向左臂方向移动边张开。

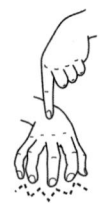

噬菌体　shìjūntǐ

左手伸食指，指尖朝下，抵于右手背；右手五指弯曲，指尖朝下，交替点动几下。

五、人与健康

1. 一般词汇

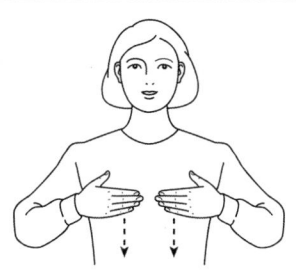
身体 shēntǐ
双手掌心贴于胸部,向下移动一下。

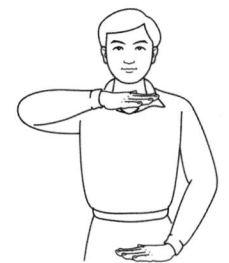
躯干部 qūgànbù
双手横伸,掌心向下,一上一下,分别置于颈部和胯部。

胸围 xiōngwéi
双手拇、食指张开,虎口朝上,置于胸部两侧。

腰围 yāowéi
双手拇、食指张开,虎口朝上,置于腰部两侧。

臀围 túnwéi
双手拇、食指张开,虎口朝上,置于臀部两侧。

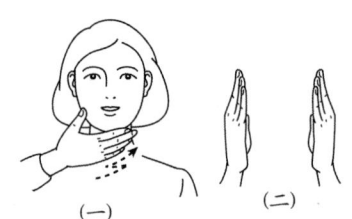

青春期 qīngchūnqī

（一）一手横立，掌心向内，食、中、无名、小指并拢，在颏部从右向左摸两下。

（二）双手直立，掌心左右相对。

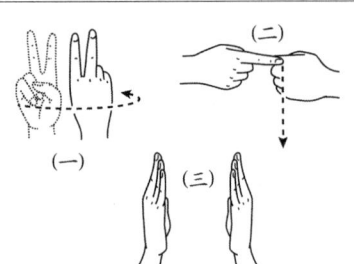

更年期 gēngniánqī

（一）一手食、中指直立分开，由掌心向外翻转为掌心向内。

（二）左手握拳，手背向外，虎口朝上；右手食指横伸，手背向外，自左手食指根部关节向下划。

（三）双手直立，掌心左右相对。

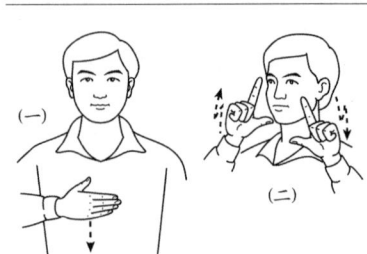

体征① tǐzhēng ①

（一）一手掌心贴于胸部，向下移动一下。

（二）双手拇、食指成"⌐⌐"形，置于脸颊两侧，上下交替动两下。

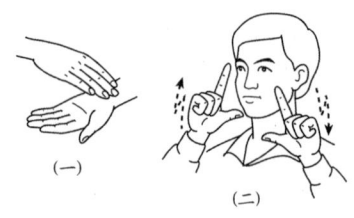

症状（体征②） zhèngzhuàng (tǐzhēng ②)

（一）左手平伸，掌心向上；右手五指并拢，食、中、无名指指尖按于左手腕的脉门处。

（二）双手拇、食指成"⌐⌐"形，置于脸颊两侧，上下交替动两下。

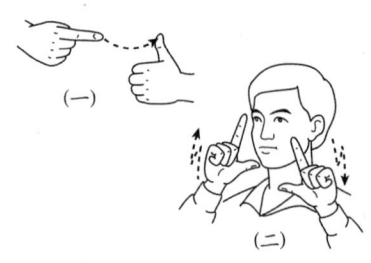

先兆（前兆） xiānzhào (qiánzhào)

（一）左手伸拇指；右手伸食指，碰一下左手拇指。

（二）双手拇、食指成"⌐⌐"形，置于脸颊两侧，上下交替动两下。

伤口 shāngkǒu

左手横伸；右手食、中指并拢，手背向上，置于左手背上，然后分开，表示皮肉裂伤。

（可根据实际表示伤口的状态）

五、人与健康　143

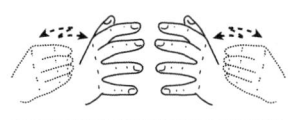

传染❶　chuánrǎn ❶
　　双手五指撮合，指尖左右相对，边向一侧移动边连续做开合的动作，表示传染别人的意思。

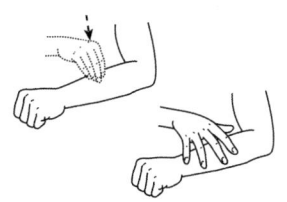

感染❶　gǎnrǎn ❶
　　左手握拳，手背向上；右手五指撮合，在左小臂上点一下，然后缓慢张开，表示受感染后局部发炎。
　　（可根据实际表示感染的部位和状态）

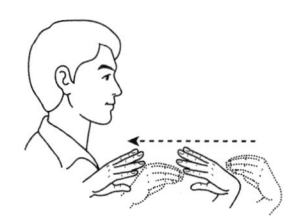

感染❷（传染❷）　gǎnrǎn ❷（chuánrǎn ❷）
　　双手五指撮合，指尖前后相对，边向后移动边张开，表示自己被感染。
　　（可根据实际决定手的位置和移动方向）

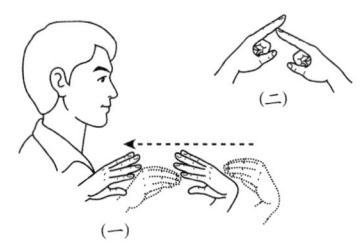

感染者　gǎnrǎnzhě
　　（一）双手五指撮合，指尖前后相对，边向后移动边张开，表示自己被感染。
　　（二）双手食指搭成"人"字形。

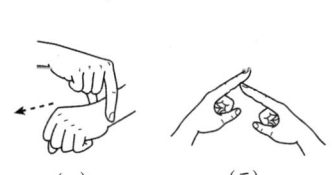

携带者　xiédàizhě
　　（一）左手握拳，手背向上；右手拇、食指张开，指尖朝下，捏住左手腕，向一侧移动一下。
　　（二）双手食指搭成"人"字形。

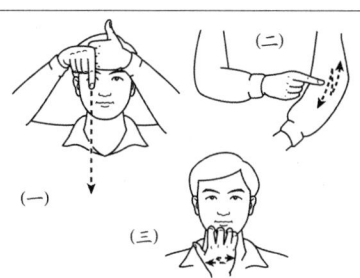

直系血亲　zhíxì xuèqīn
　　（一）左手伸拇指，手背向外，置于前额；右手伸食指，指尖朝下，从左手处向下移动。
　　（二）右手伸食指，在左臂处上下划动几下。
　　（三）一手五指微曲，指尖朝内，在颏部左右微动几下。

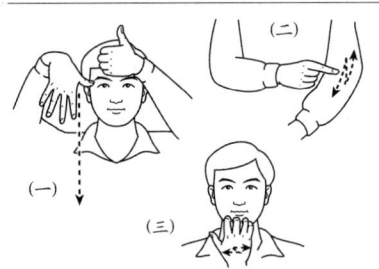

旁系血亲 pángxì xuèqīn

（一）左手伸拇指，手背向外，置于前额；右手五指张开，指尖朝下，手背向外，从左手旁向下移动。

（二）右手伸食指，在左臂处上下划动几下。

（三）一手五指微曲，指尖朝内，在颏部左右微动几下。

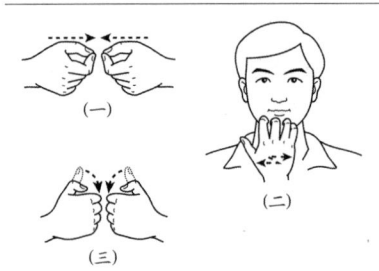

近亲结婚 jìnqīn jiéhūn

（一）双手拇、食指相捏，虎口朝上，相互靠近。

（二）一手五指微曲，指尖朝内，在颏部左右微动几下。

（三）双手伸拇指，指面相对，手背向外，弯动一下。

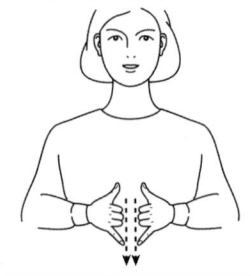

双胞胎（孪生） shuāngbāotāi (luánshēng)

双手伸拇、小指，指尖左右相对，手背向外，从腹部同时向下移动。

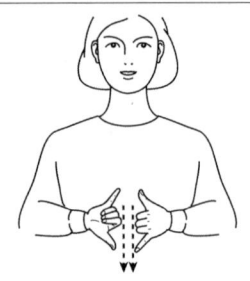

龙凤胎① lóngfèngtāi ①

双手伸拇、小指，手背朝向一前一后，从腹部同时向下移动。

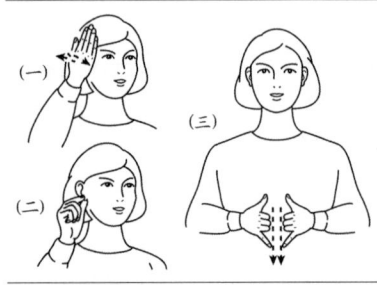

龙凤胎② lóngfèngtāi ②

（一）一手直立，掌心贴于头一侧，前后移动两下。

（二）一手拇、食指捏一下耳垂。

（三）双手伸拇、小指，指尖左右相对，手背向外，从腹部同时向下移动。

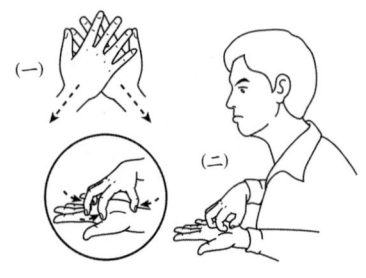

网瘾 wǎngyǐn

（一）双手五指张开，手背向外，交叉相搭，向两侧斜下方移动。

（二）左手平伸，五指张开；右手五指弯曲，指尖朝下，在左手掌心上边挠边收拢，即手心痒痒，面露贪婪的表情，多表示对某种事情上瘾。

酗酒　xùjiǔ
　　一手打手指字母"J"的指式，连续移向嘴部，表示不停地喝酒。

吸烟　xīyān
　　一手食、中指直立稍分开，手背向外，置于嘴边，如吸烟状。

毒品　dúpǐn
　　（一）左手横伸；右手伸拇、小指，拇指尖在鼻下，小指尖在左手掌心上向右划动两下。
　　（二）双手拇、食指捏成圆形，虎口朝内，左手在上不动，右手在下连打两下，仿"品"字形。

吸毒　xīdú
　　左手横伸；右手伸拇、小指，拇指尖在鼻下，小指尖在左手掌心上向右划动两下。

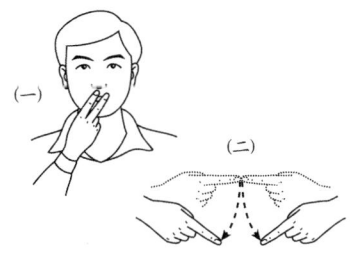

戒烟　jièyān
　　（一）一手食、中指直立稍分开，手背向外，置于嘴边，如吸烟状。
　　（二）双手食指横伸，指尖相对，手背向外，同时向下一甩。

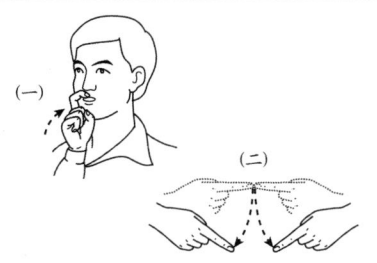

戒酒　jièjiǔ
　　（一）一手打手指字母"J"的指式，移向嘴部，如喝酒状。
　　（二）双手食指横伸，指尖相对，手背向外，同时向下一甩。

戒毒 jièdú

（一）左手横伸；右手伸拇、小指，拇指尖在鼻下，小指尖在左手掌心上向右划动两下。

（二）双手食指横伸，指尖相对，手背向外，同时向下一甩。

禁毒 jìndú

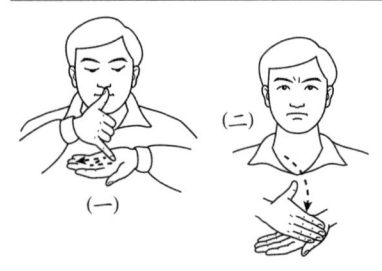

（一）左手横伸；右手伸拇、小指，拇指尖在鼻下，小指尖在左手掌心上向右划动两下。

（二）左手横伸；右手侧立，向左手掌心上用力一切，面露严肃的表情。

溺水 nìshuǐ

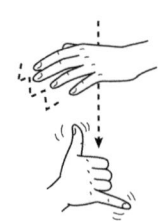

左手横伸，掌心向下，五指张开，交替点动几下；右手伸拇、小指，拇指尖朝上，小指尖朝下，在左手内侧边晃动边向下移动，表示人沉入水下。

心理咨询 xīnlǐ zīxún

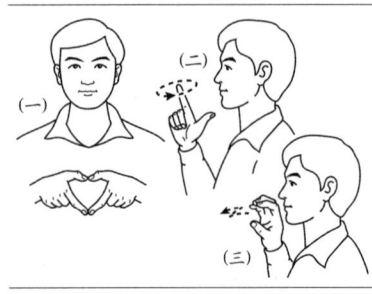

（一）双手拇、食指张开仿"♡"形，手背向外，置于胸部。

（二）一手打手指字母"L"的指式，逆时针平行转动一下。

（三）一手五指微曲，掌心向外，从嘴前向外微移两下。

2. 运动系统

骨 gǔ

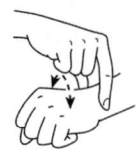

左手握拳，手背向上；右手拇、食指张开，卡在左手腕，左手微转两下。

骨骼（骨架） gǔgé (gǔjià)

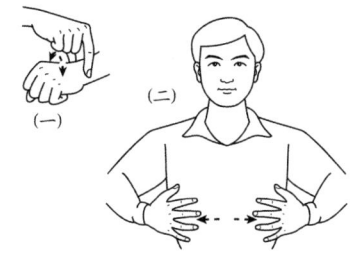

（一）左手握拳，手背向上；右手拇、食指张开，卡在左手腕，左手微转两下。
（二）双手五指张开，掌心向内，贴于肋骨处，然后向两侧微移。

颅骨 lúgǔ

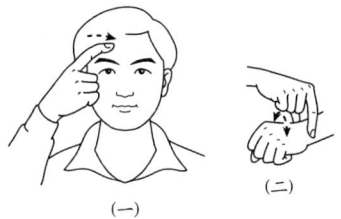

（一）一手伸食指，指一下头部。
（二）左手握拳，手背向上；右手拇、食指张开，卡在左手腕，左手微转两下。

颈椎 jǐngzhuī

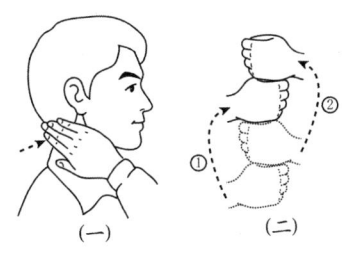

（一）一手手掌拍一下脖颈儿。
（二）双手握拳，上下相叠，然后交替向上移动。

脊椎（脊柱） jǐzhuī (jǐzhù)

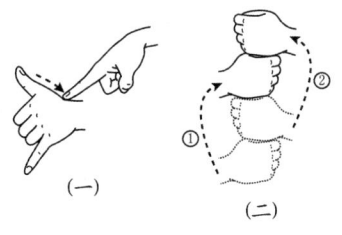

（一）左手伸拇、小指；右手伸食指，指尖沿左手拇指背向下划动。
（二）双手握拳，上下相叠，然后交替向上移动。

胸骨 xiōnggǔ

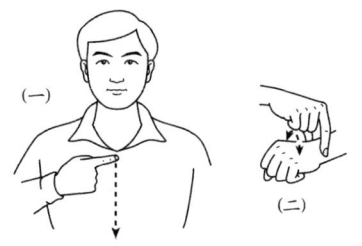

（一）一手伸食指，指尖朝内，在胸部正中向下划动一下。
（二）左手握拳，手背向上；右手拇、食指张开，卡在左手腕，左手微转两下。

肋骨 lèigǔ

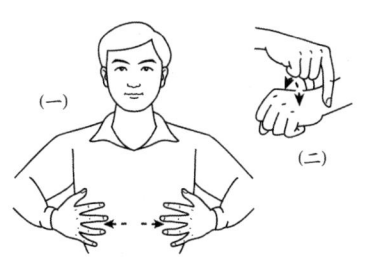

（一）双手五指张开，掌心向内，贴于肋骨处，然后向两侧微移。
（二）左手握拳，手背向上；右手拇、食指张开，卡在左手腕，左手微转两下。

关节　guānjié
　　双手食、中指弯曲,手背向上,相互咬住,上下弯动两下。

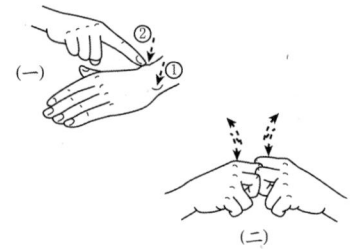

踝关节　huáiguānjié
　　(一)左手平伸,手背向上,五指并拢;右手伸食指,指尖朝下,指一下左手根部两侧骨节。
　　(二)双手食、中指弯曲,手背向上,相互咬住,上下弯动两下。

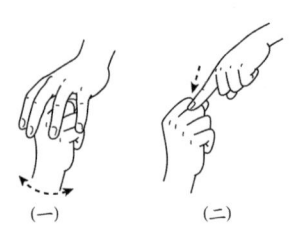

关节头　guānjiétóu
　　(一)左手五指弯曲,指尖朝下;右手握拳,置于左手掌心下方,右手腕来回转动。
　　(二)右手握拳;左手伸食指,指一下右手。

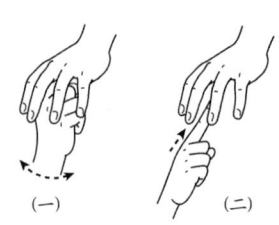

关节窝　guānjiéwō
　　(一)左手五指弯曲,指尖朝下;右手握拳,置于左手掌心下方,右手腕来回转动。
　　(二)左手五指弯曲,指尖朝下;右手伸食指,指一下左手掌心。

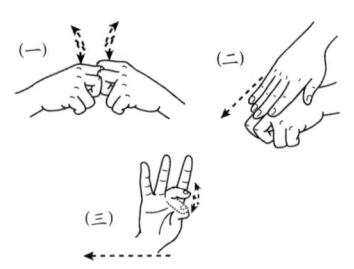

关节滑液　guānjié-huáyè
　　(一)双手食、中指弯曲,手背向上,相互咬住,上下弯动两下。
　　(二)左手食、中指弯曲,手背向上;右手平伸,掌心向下,在左手食、中指指背上快速向下划动一下。
　　(三)一手拇、中指指尖朝前,边向一侧移动边相捏几下。

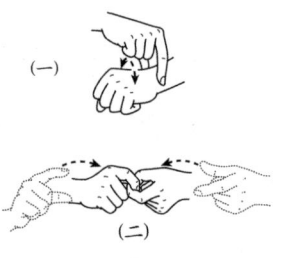

骨连接　gǔliánjiē
　　(一)左手握拳,手背向上;右手拇、食指张开,卡在左手腕,左手微转两下。
　　(二)双手拇、食指张开,然后边向中间移动边套环。
　　(可根据实际表示骨连接)

肌肉　jīròu

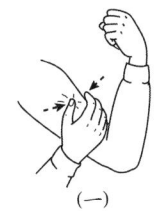

（一）左手握拳屈肘；右手五指捏一下左上臂肌肉处。
（二）右手拇、食指捏一下左手的小鱼际部位。
（可根据实际表示不同部位的肌肉）

韧带　rèndài

（一）双手食、中指弯曲，手背向上，相互咬住，上下弯动两下。
（二）左手食、中指弯曲，手背向上；右手食、中指横伸并拢，手背向上，沿左手食、中指指背向右划动一下。

肌腹　jīfù

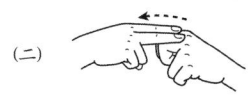

（一）左手握拳屈肘；右手五指捏一下左上臂肌肉处。
（二）右手五指弯曲；左手伸食指，指一下右手虎口，表示右手捏动左手肌肉的部分为肌腹。

肌腱　jījiàn

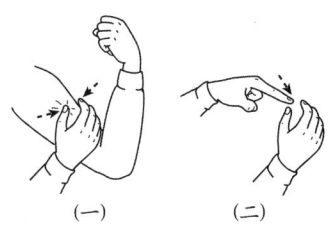

（一）左手握拳屈肘；右手五指捏一下左上臂肌肉处。
（二）双手拇、食指捏成圆形，虎口朝上，从中间向两侧来回拉动两下。

胳膊（臂膀）　gē·bo（bìbǎng）

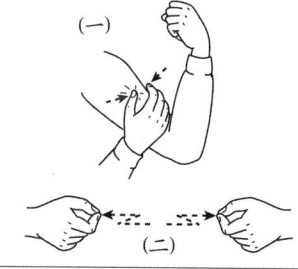

左手握拳屈肘，手背向上；右手从左上臂划至左小臂。

前臂　qiánbì

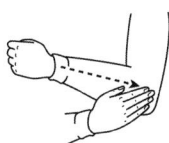

左手握拳屈肘，手背向外；右手从左手腕划至左臂肘部。

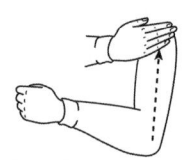
上臂 shàngbì
左手握拳屈肘，手背向外；右手从左臂肘部划至左肩。

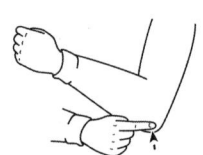
肘 zhǒu
左手握拳屈肘，手背向外；右手伸食指，指一下左臂肘部。

腕 wàn
左手握拳屈肘，手背向外；右手伸食指，指一下左手腕。

腿①（大腿①） tuǐ ①（dàtuǐ ①）
自然站立，一手拍一下同侧大腿。

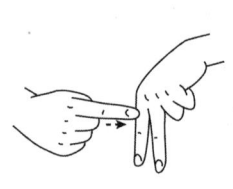
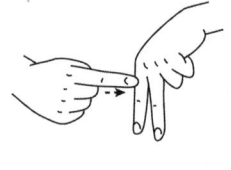
腿②（大腿②） tuǐ ②（dàtuǐ ②）
左手食、中指分开，指尖朝下，手背向外；右手伸食指，指一下左手食指近节指，表示腿。

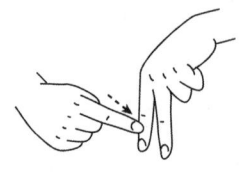
小腿 xiǎotuǐ
左手食、中指分开，指尖朝下，手背向外；右手伸食指，指一下左手食指中节指，表示小腿。

五、人与健康　151

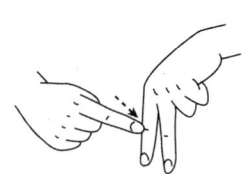

膝盖　xīgài

左手食、中指分开,指尖朝下,手背向外;右手伸食指,指一下左手食指中节指关节,表示膝盖。

脚①　jiǎo ①

左手伸拇、小指,拇指尖朝上,小指尖朝下,手背向外;右手伸食指,指一下左手小指尖。

脚②　jiǎo ②

双手平伸,手背向上,五指并拢,右手掌贴于左手背上,从前向后移动一下。

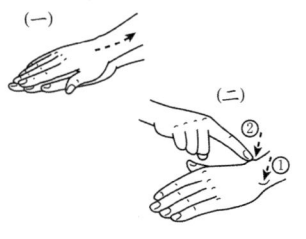

脚踝(踝)　jiǎohuái (huái)

(一)双手平伸,手背向上,五指并拢,右手掌贴于左手背上,从前向后移动一下。
(二)左手平伸,手背向上,五指并拢;右手伸食指,指尖朝下,指一下左手根部两侧骨节。

3. 神经系统

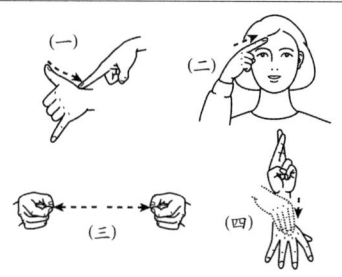

中枢神经系统　zhōngshū shénjīng xìtǒng

(一)左手伸拇、小指;右手伸食指,指尖从左手拇指尖沿拇指背向下划动。
(二)一手伸食指,指尖朝内,在前额斜向移动一下。
(三)双手拇、食指相捏,虎口朝上,从中间向两侧拉开。
(四)左手打手指字母"X"的指式,在上不动;右手五指撮合,指尖朝下,边从左手腕向下移动边张开,表示系统。

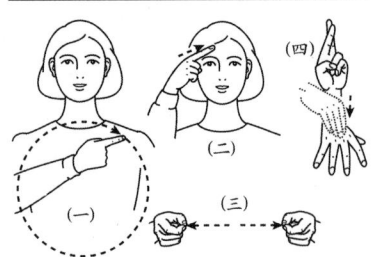

周围神经系统 zhōuwéi shénjīng xìtǒng

（一）一手伸食指，指尖朝内，在身前转动一圈。
（二）一手伸食指，指尖朝内，在前额斜向移动一下。
（三）双手拇、食指相捏，虎口朝上，从中间向两侧拉开。
（四）左手打手指字母"X"的指式，在上不动；右手五指撮合，指尖朝下，边从左手腕向下移动边张开，表示系统。

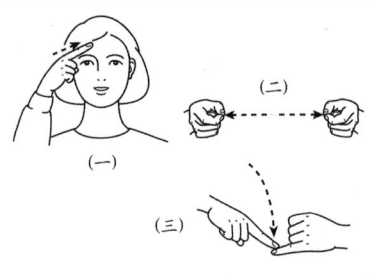

神经末梢 shénjīng mòshāo

（一）一手伸食指，指尖朝内，在前额斜向移动一下。
（二）双手拇、食指相捏，虎口朝上，从中间向两侧拉开。
（三）左手伸小指；右手伸食指，敲一下左手小指。

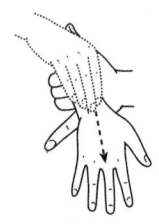

经络 jīngluò

左手伸拇、小指，拇指尖朝上，小指尖朝下，手背向外；右手五指撮合，指尖朝下，置于左手背上，然后边向下移动边张开，表示身上布满的经络。

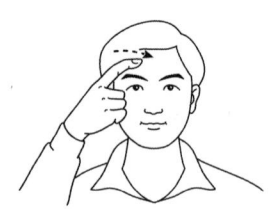

头（脑） tóu (nǎo)

一手伸食指，指一下头部。

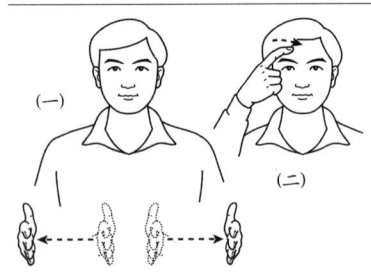

大脑① dànǎo ①

（一）双手侧立，掌心相对，同时向两侧移动，幅度要大些。
（二）一手伸食指，指一下头部。

大脑② dànǎo ②

双手五指弯曲，虎口朝内，相互交叉，然后向后转动少许，仿大脑的外形。

大脑皮层（大脑皮质①） dànǎo pícéng（dànǎo pízhì①）

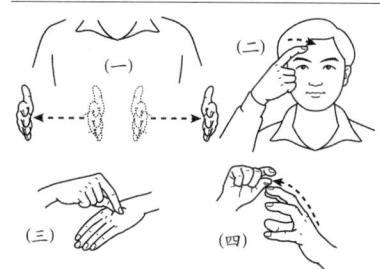

（一）双手侧立，掌心相对，同时向两侧移动，幅度要大些。
（二）一手伸食指，指一下头部。
（三）左手横伸，手背向上；右手拇、食指捏一下左手背皮肤。
（四）左手五指弯曲，掌心向外；右手拇、食指微张，指尖朝左，沿左手背向指尖方向移动。

大脑皮质② dànǎo pízhì②

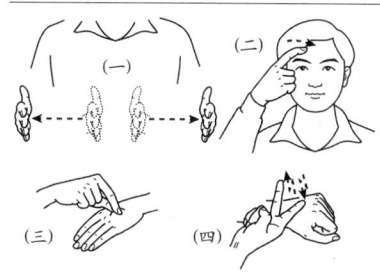

（一）双手侧立，掌心相对，同时向两侧移动，幅度要大些。
（二）一手伸食指，指一下头部。
（三）左手横伸，手背向上；右手拇、食指捏一下左手背皮肤。
（四）左手握拳；右手食、中指横伸，指背交替弹左手背。

小脑 xiǎonǎo

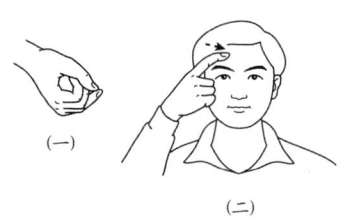

（一）一手拇、小指相捏，指尖朝上。
（二）一手伸食指，指一下头部。

脑干 nǎogàn

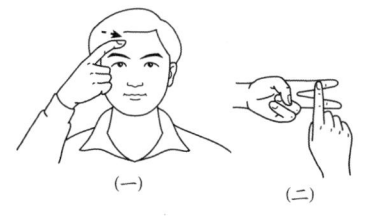

（一）一手伸食指，指一下头部。
（二）左手食、中指与右手食指搭成"干"字形。

脊髓 jǐsuǐ

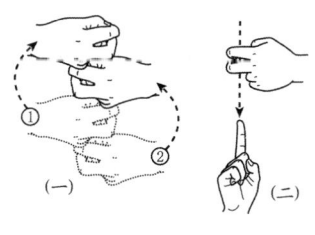

（一）双手拇、食、中指弯曲，虎口朝上，上下相叠，然后交替向上移动。
（二）左手拇、食、中指弯曲，虎口朝上；右手食指直立，手背向内，在左手内从上向下移动。

髓质 suǐzhì

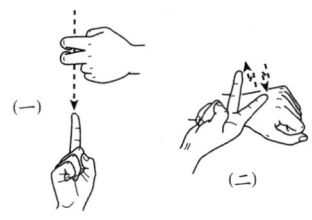

（一）左手拇、食、中指弯曲，虎口朝上；右手食指直立，手背向内，在左手内从上向下移动。
（二）左手握拳；右手食、中指横伸，指背交替弹左手背。

4. 感觉器官

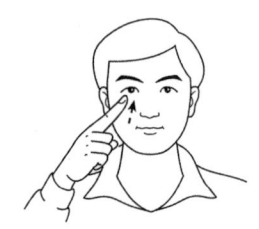

眼 yǎn
一手伸食指,指一下眼睛。

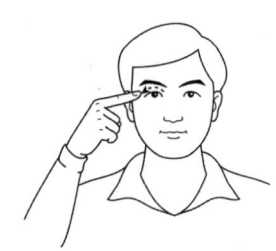

单眼皮 dānyǎnpí
一手食指横伸,手背向外,沿上眼皮向一侧做弧形移动。

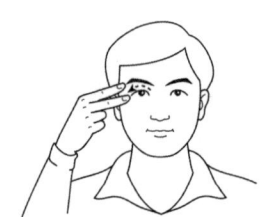

双眼皮 shuāngyǎnpí
一手食、中指横伸稍分开,手背向外,沿上眼皮向一侧做弧形移动。

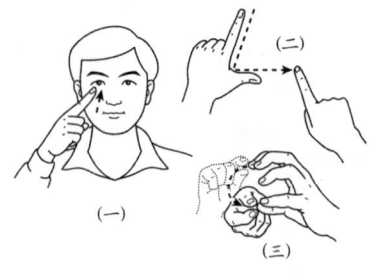

角膜 jiǎomó
(一)一手伸食指,指一下眼睛。
(二)左手拇、食指成"∠"形,手背向内;右手食指沿左手虎口划一下。
(三)左手五指弯曲,掌心向外,表示眼球;右手拇、食指微张,指尖朝左,从左手食指尖向拇指尖做弧形移动,表示角膜位于眼球壁外层前部。
(可根据实际省略第一个手势动作)

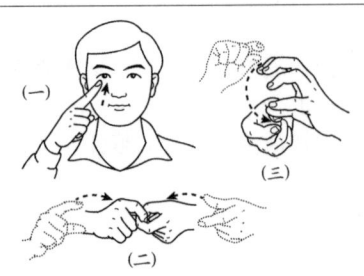

结膜 jiémó
(一)一手伸食指,指一下眼睛。
(二)双手拇、食指张开,然后边向中间移动边套环。
(三)左手五指弯曲,掌心向外,表示眼球;右手拇、食指微张,指尖朝左,从左手食指指甲处向拇指指甲处做弧形移动,表示结膜是覆盖在上下眼睑内和眼球前面的一层黏膜。
(可根据实际省略第一个手势动作)

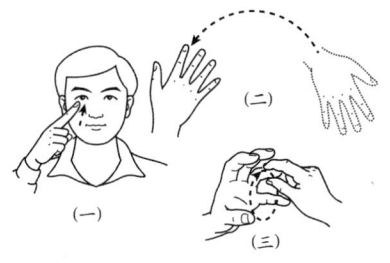

虹膜 hóngmó

（一）一手伸食指，指一下眼睛。

（二）右手五指张开，指尖朝下，手背向外，置于身前左侧，然后向右做弧形移动。

（三）左手五指弯曲，掌心向外，表示眼球；右手拇、食指微张，指尖朝内，绕左手五指内转动一圈，表示虹膜呈圆盘状。

（可根据实际省略第一个手势动作）

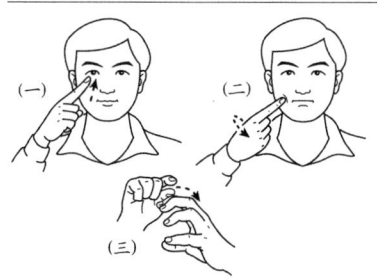

巩膜① gǒngmó ①

（一）一手伸食指，指一下眼睛。

（二）一手食指抵于脸颊，向前微转一下。

（三）左手五指弯曲，掌心向外，表示眼球；右手拇、食指微张，指尖朝左，沿左手食指中节指指背向后微移，表示巩膜前接角膜，向后延续。

（可根据实际省略第一个手势动作）

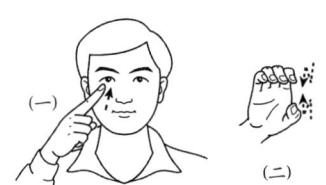

巩膜②（眼白） gǒngmó ②（yǎnbái）

（一）一手伸食指，指一下眼睛。

（二）一手五指弯曲，掌心向外，指尖弯动两下。

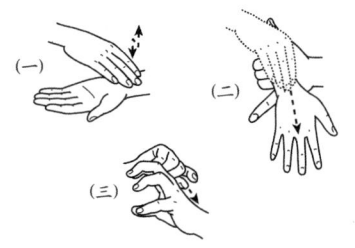

脉络膜 màiluòmó

（一）左手平伸，掌心向上；右手五指并拢，食、中、无名指指尖按于左手腕的脉门处，并上下微动几下，表示脉搏跳动。

（二）左手伸拇、小指，拇指尖朝上，小指尖朝下，手背向外；右手五指撮合，指尖朝下，置于左手背上，然后边向下移动边张开，表示身上布满的经络。

（三）左手五指弯曲，掌心向外，表示眼球；右手拇、食指微张，指尖朝左，在左手背上部向下微移，表示脉络膜的位置。

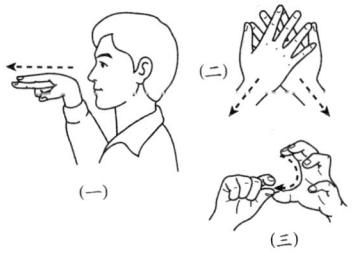

视网膜 shìwǎngmó

（一）一手食、中指分开，指尖朝前，手背向上，从眼部向前指。

（二）双手五指张开，手背向外，交叉相搭，向两侧斜下方移动。

（三）左手五指弯曲，掌心向外，表示眼球；右手拇、食指微张，指尖朝左，沿左手虎口向下做弧形移动。

瞳孔 tóngkǒng

左手拇、食指成半圆形，其他三指直立分开，虎口朝内，置于眼部；右手拇、食指相捏，虎口朝内，在左手拇、食指前做开合的动作。

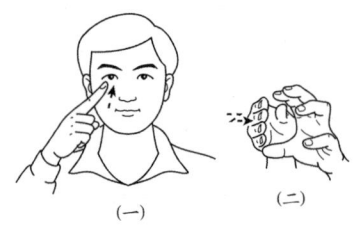

晶状体 jīngzhuàngtǐ
（一）一手伸食指，指一下眼睛。
（二）左手五指弯曲，掌心向外，表示眼球；右手五指成"⊐"形，虎口朝上，置于左手虎口内，微微捏动两下。

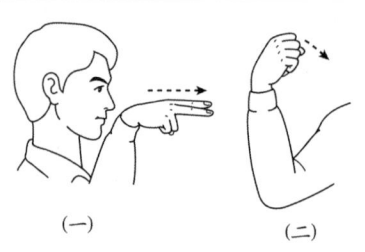

视力 shìlì
（一）一手食、中指分开，指尖朝前，手背向上，从眼部向前一指。
（二）一手握拳屈肘，用力向内弯动一下。

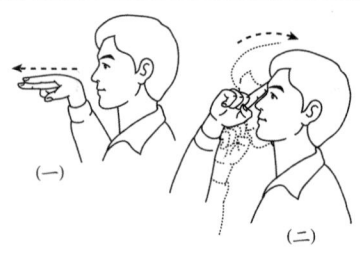

视觉 shìjué
（一）一手食、中指分开，指尖朝前，手背向上，从眼部向前一指。
（二）一手食指抵于太阳穴，头同时微抬。

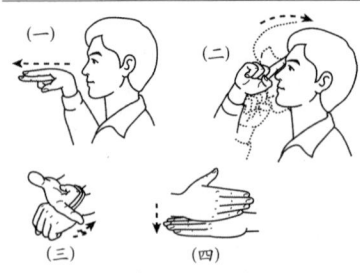

视觉暂留 shìjué-zànliú
（一）一手食、中指分开，指尖朝前，手背向上，从眼部向前一指。
（二）一手食指抵于太阳穴，头同时微抬。
（三）左手握拳，手背向上；右手伸拇、食指，手背斜贴于左手腕，食指弯动两下。
（四）左手横伸；右手横立，掌心向内，置于左手背上，然后向下一按。

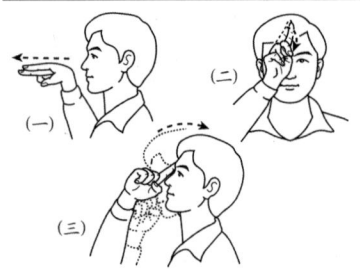

视错觉 shìcuòjué
（一）一手食、中指分开，指尖朝前，手背向上，从眼部向前一指。
（二）一手食、中指直立相叠，掌心向外，置于前额，中指向下弯动一下。
（三）一手食指抵于太阳穴，头同时微抬。

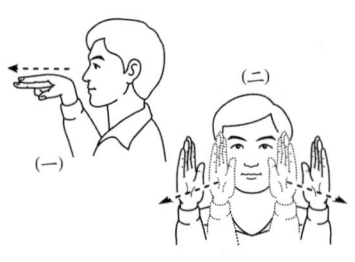

视野 shìyě
（一）一手食、中指分开，指尖朝前，手背向上，从眼部向前一指。
（二）双手直立，五指并拢，斜向置于脸颊两侧，然后向外移动。

成像 chéngxiàng

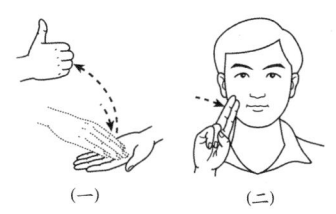

（一）左手横伸，掌心向上；右手先拍一下左手掌，再伸出拇指。
（二）一手食、中指直立并拢，掌心向斜前方，朝脸颊碰一下。

耳 ěr

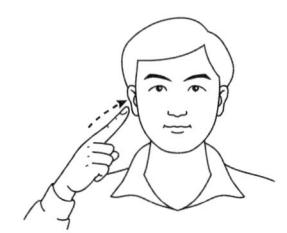

一手伸食指，指一下耳朵。

外耳 wài'ěr

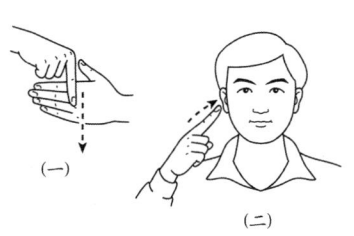

（一）左手横立；右手伸食指，指尖朝下，在左手背外向下指。
（二）一手伸食指，指一下耳朵。

耳郭（耳廓） ěrguō (ěrkuò)

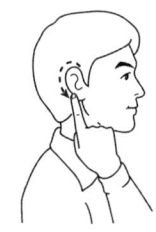

一手伸食指，沿一侧耳郭移动。

耳垂 ěrchuí

一手伸食指，指一下一侧耳垂。

外耳道 wài'ěrdào

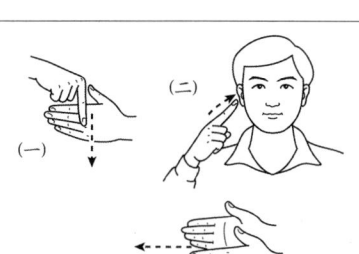

（一）左手横立；右手伸食指，指尖朝下，在左手背外向下指。
（二）一手伸食指，指一下耳朵。
（三）双手侧立，掌心相对，向前移动。

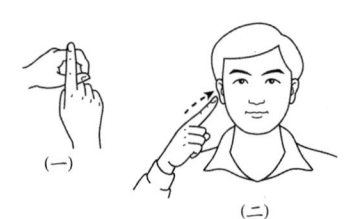

中耳 zhōng'ěr

（一）左手拇、食指与右手食指搭成"中"字形。
（二）一手伸食指，指一下耳朵。

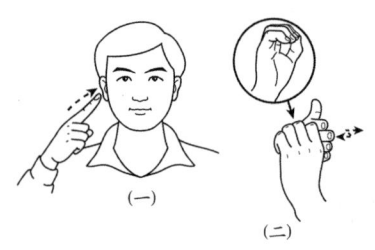

鼓膜（耳膜） gǔmó (ěrmó)

（一）一手伸食指，指一下耳朵。
（二）左手五指捏成圆形，虎口朝内，表示外耳道；右手横立，手背贴于左手虎口，然后前后微动几下，表示鼓膜振动。
（可根据实际表示鼓膜的位置）

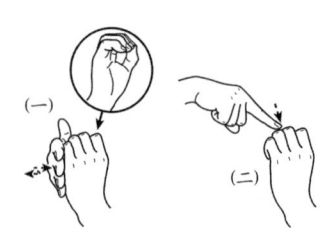

鼓室 gǔshì

（一）左手五指捏成圆形，虎口朝内；右手横立，食、中、无名、小指指面贴于左手小指外侧，然后前后微动几下，表示鼓膜振动。
（二）左手五指捏成圆形，虎口朝内；右手伸食指，指一下左手，表示鼓膜内侧是鼓室。

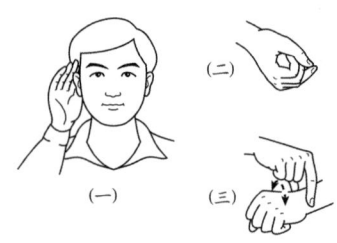

听小骨 tīngxiǎogǔ

（一）一手直立，掌心向外，五指微曲，贴于耳部。
（二）一手拇、小指相捏，指尖朝上。
（三）左手握拳，手背向上；右手拇、食指张开，卡在左手腕，左手微转两下。

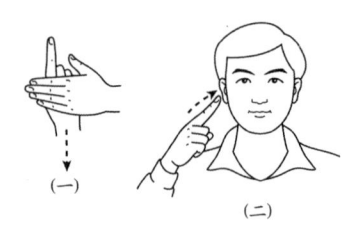

内耳 nèi'ěr

（一）左手横立；右手食指直立，在左手掌心内从上向下移动。
（二）一手伸食指，指一下耳朵。

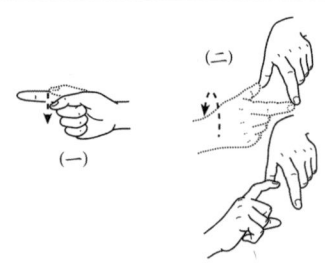

半规管 bànguīguǎn

（一）一手食指横伸，手背向外，拇指在食指中部划一下。
（二）双手拇、食指张开，左手指尖朝下，虎口朝右，右手指尖朝左，虎口朝上，双手指尖相抵，然后左手不动，右手向内转腕，虎口朝内，仿半规管的形状。

前庭 qiántíng

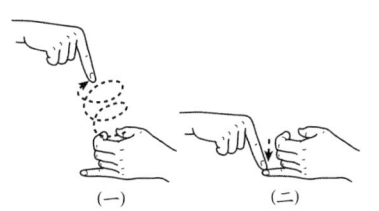

（一）左手拇、食、中、无名指成半圆形，小指伸出，手背向外，虎口朝上；右手伸食指，指尖朝下，从左手虎口处边转动边向上移动，仿耳蜗的形状。

（二）左手拇、食、中、无名指成半圆形，小指伸出，手背向外，虎口朝上；右手伸食指，指一下左手小指，表示前庭在耳蜗的位置。

耳蜗 ěrwō

（一）一手伸食指，指一下耳朵。

（二）左手拇、食、中、无名指成半圆形，小指伸出，手背向外，虎口朝上；右手伸食指，指尖朝下，从左手虎口处边转动边向上移动，仿耳蜗的形状。

听神经 tīngshénjīng

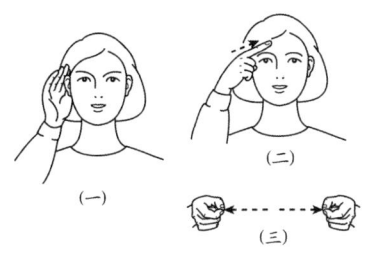

（一）一手直立，掌心向外，五指微曲，贴于耳部。

（二）一手伸食指，指尖朝内，在前额斜向移动一下。

（三）双手拇、食指相捏，虎口朝上，从中间向两侧拉开。

听力 tīnglì

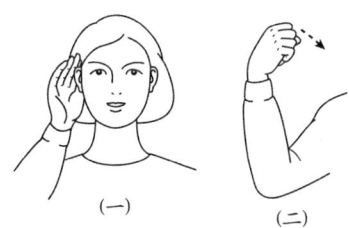

（一）一手直立，掌心向外，五指微曲，贴于耳部。

（二）一手握拳屈肘，用力向内弯动一下。

听觉 tīngjué

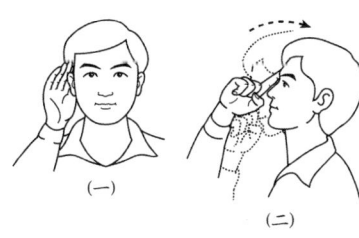

（一）一手直立，掌心向外，五指微曲，贴于耳部。

（二）一手食指抵于太阳穴，头同时微抬。

皮肤 pífū

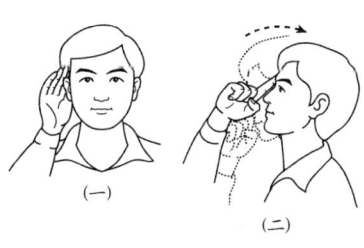

左手横伸，手背向上；右手拇、食指捏一下左手背皮肤。

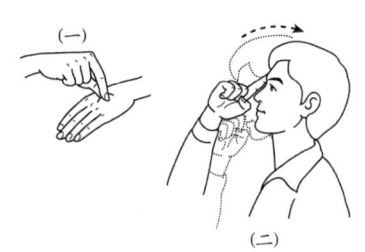

肤觉 fūjué

（一）左手横伸，手背向上；右手拇、食指捏一下左手背皮肤。

（二）一手食指抵于太阳穴，头同时微抬。

指甲 zhǐ·jia

左手伸拇指；右手伸食指，指尖朝下，在左手拇指指甲盖儿上转动一下。

（可根据实际表示指甲）

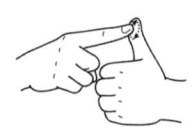

指纹 zhǐwén

左手伸拇指；右手伸食指，在左手拇指指腹处转动几下，表示指纹。

（可根据实际表示指纹）

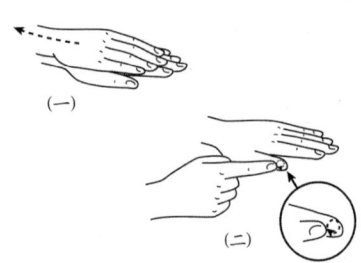

趾甲 zhǐjiǎ

（一）双手平伸，手背向上，五指并拢，右手掌贴于左手背上，从前向后移动一下。

（二）左手平伸，手背向上，五指并拢；右手伸食指，在左手拇指指甲盖儿上转动一下。

（可根据实际表示趾甲）

5. 循环系统

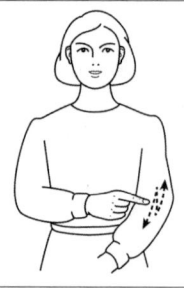

血（血液） xuè (xuèyè)

右手伸食指，在左臂处上下划动几下。

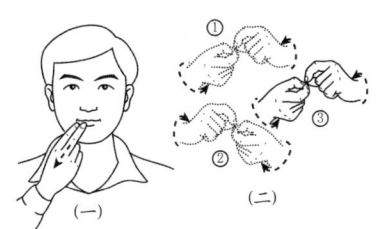

红细胞 hóngxìbāo
（一）一手打手指字母"H"的指式，摸一下嘴唇。
（二）双手拇、食指捏成圆形，指尖相抵，边前后反向微转边随意移动，表示彼此相挨的细胞结构。

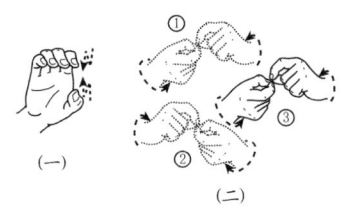

白细胞 báixìbāo
（一）一手五指弯曲，掌心向外，指尖弯动两下。
（二）双手拇、食指捏成圆形，指尖相抵，边前后反向微转边随意移动，表示彼此相挨的细胞结构。

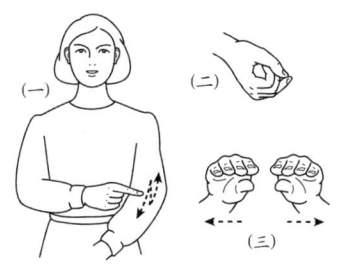

血小板 xuèxiǎobǎn
（一）右手伸食指，在左臂处上下划动几下。
（二）一手拇、小指相捏，指尖朝上。
（三）双手五指成"⊏⊐"形，指尖朝前，虎口左右相对，从中间向两侧微移。

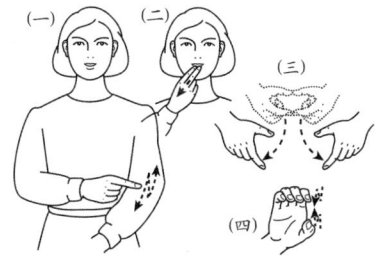

血红蛋白 xuèhóng dànbái
（一）右手伸食指，在左臂处上下划动几下。
（二）一手打手指字母"H"的指式，摸一下嘴唇。
（三）双手拇、食指搭成椭圆形，虎口朝上，再向下一甩，模仿打蛋的动作。
（四）一手五指弯曲，掌心向外，指尖弯动两下。

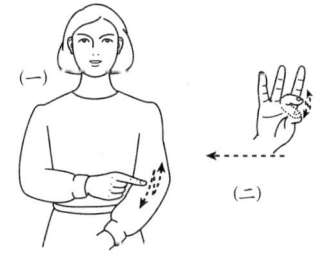

血浆 xuèjiāng
（一）右手伸食指，在左臂处上下划动几下。
（二）一手拇、中指指尖朝前，边向一侧移动边相捏几下。

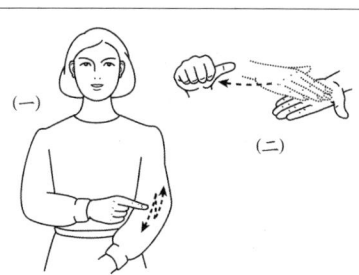

血清 xuèqīng
（一）右手伸食指，在左臂处上下划动几下。
（二）左手横伸；右手平伸，掌心向下，贴于左手掌心，边向左手指尖方向移动边弯曲食、中、无名、小指，指尖抵于掌心。

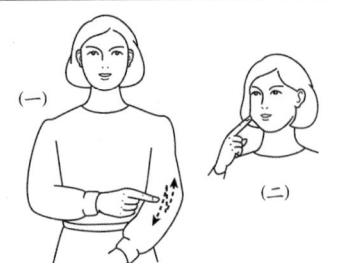

血糖 xuètáng
（一）右手伸食指，在左臂处上下划动几下。
（二）一手食指指腮部，同时用舌顶起腮部，表示嘴里含着的糖。

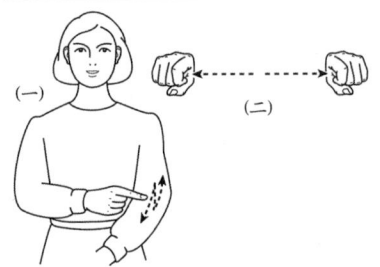

血管 xuèguǎn
（一）右手伸食指，在左臂处上下划动几下。
（二）双手拇、食指捏成小圆形，虎口左右相对，从中间向两侧移动。

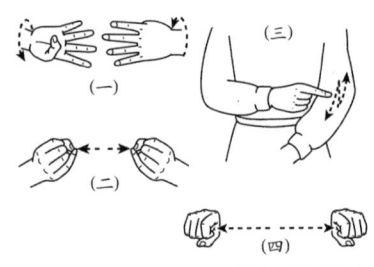

毛细血管 máoxì-xuèguǎn
（一）双手食、中、无名、小指横伸分开，拇指弯回，掌心朝向一前一后，然后同时转腕。
（二）双手拇、小指相捏，从中间向两侧微微拉开。
（三）右手伸食指，在左臂处上下划动几下。
（四）双手拇、食指捏成小圆形，虎口左右相对，从中间向两侧移动。

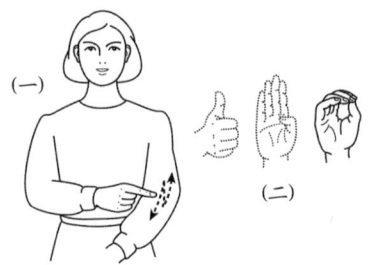

血型① xuèxíng①
（一）右手伸食指，在左臂处上下划动几下。
（二）一手连续打手指字母"A""B""O"的指式。
（可根据实际的血型选择字母指式）

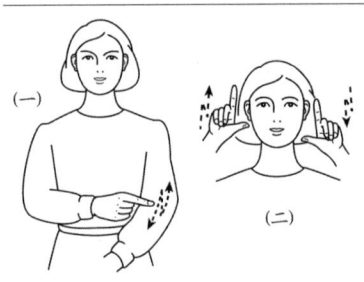

血型② xuèxíng②
（一）右手伸食指，在左臂处上下划动几下。
（二）双手拇、食指成"∟」"形，置于脸颊两侧，上下交替动两下。

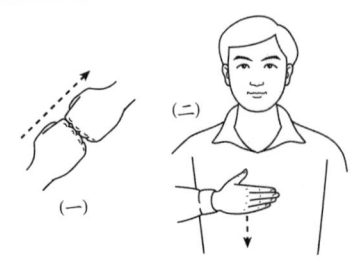

抗体 kàngtǐ
（一）双手握拳屈肘，两拳斜向相抵，右拳将左拳向左上方顶出。
（二）一手掌心贴于胸部，向下移动一下。

抗原 kàngyuán

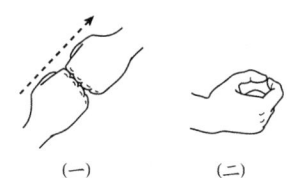

（一）双手握拳屈肘，两拳斜向相抵，右拳将左拳向左上方顶出。

（二）一手拇、食指捏成圆形，虎口朝上。"元"与"原"音同，借代。

心脏 xīnzàng

双手拇、食指张开仿"♡"形，手背向外，置于心脏部位。

心房 xīnfáng

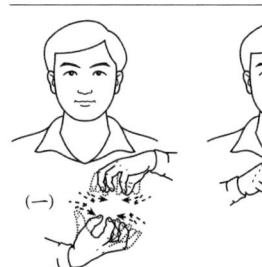

（一）双手五指弯曲，指尖上下相对，左手在上，右手在下，置于心脏部位，同时捏动两下。

（二）左手五指弯曲，指尖朝下，置于心脏部位；右手伸食指，指一下左手，表示心房位于心脏的上半部。

左心房 zuǒxīnfáng

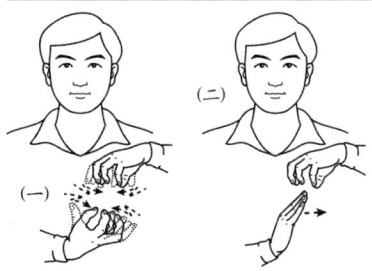

（一）双手五指弯曲，指尖上下相对，左手在上，右手在下，置于心脏部位，同时捏动两下。

（二）左手五指弯曲，指尖朝下，置于心脏部位；右手直立，掌心向左，在左手下从中间向左移动一下。

右心房 yòuxīnfáng

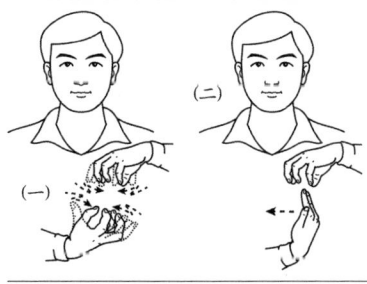

（一）双手五指弯曲，指尖上下相对，左手在上，右手在下，置于心脏部位，同时捏动两下。

（二）左手五指弯曲，指尖朝下，置于心脏部位；右手直立，掌心向右，在左手下从中间向右移动一下。

心室 xīnshì

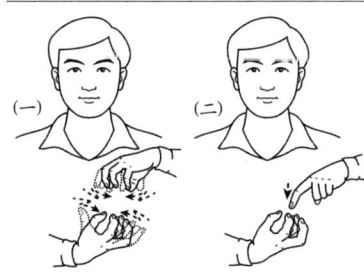

（一）双手五指弯曲，指尖上下相对，左手在上，右手在下，置于心脏部位，同时捏动两下。

（二）右手五指弯曲，指尖朝上，置于心脏部位；左手伸食指，指一下右手，表示心室位于心脏的下半部。

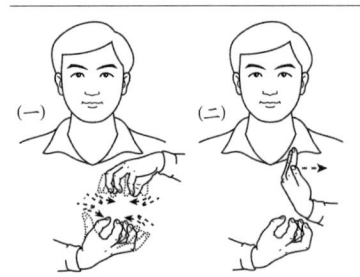

左心室 zuǒxīnshì

（一）双手五指弯曲，指尖上下相对，左手在上，右手在下，置于心脏部位，同时捏动两下。

（二）右手五指弯曲，指尖朝上，置于心脏部位；左手直立，掌心向左，在右手上从中间向左移动一下。

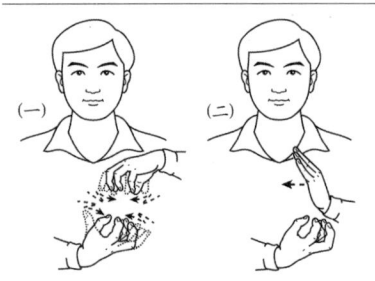

右心室 yòuxīnshì

（一）双手五指弯曲，指尖上下相对，左手在上，右手在下，置于心脏部位，同时捏动两下。

（二）右手五指弯曲，指尖朝上，置于心脏部位；左手直立，掌心向右，在右手上从中间向右移动一下。

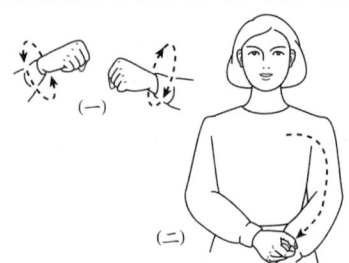

动脉① dòngmài ①

（一）双手握拳屈肘，前后交替转动两下。

（二）右手拇、食指捏成圆形，从心脏部位沿左臂向下移动，表示动脉是将心脏压出的血输送到全身各部分的血管。

动脉② dòngmài ②

右手拇、食指捏成圆形，从心脏部位沿左臂向下移动，表示动脉是将心脏压出的血输送到全身各部分的血管。

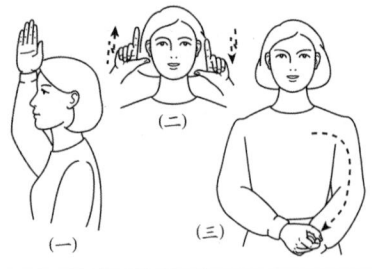

冠状动脉 guānzhuàng-dòngmài

（一）右手直立，掌心向左，置于前额。

（二）双手拇、食指成"⌐⌐"形，置于脸颊两侧，上下交替动两下。

（三）右手拇、食指捏成圆形，从心脏部位沿左臂向下移动。

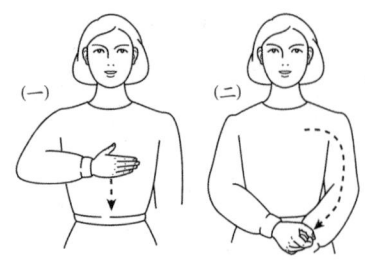

体动脉 tǐdòngmài

（一）一手掌心贴于胸部，向下移动一下。

（二）右手拇、食指捏成圆形，从心脏部位沿左臂向下移动。

五、人与健康

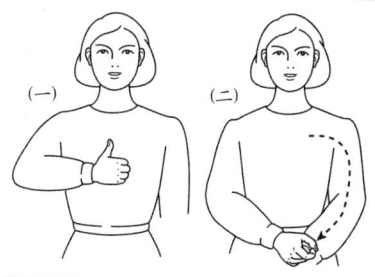

主动脉 zhǔdòngmài
（一）一手伸拇指，贴于胸部。
（二）右手拇、食指捏成圆形，从心脏部位沿左臂向下移动。

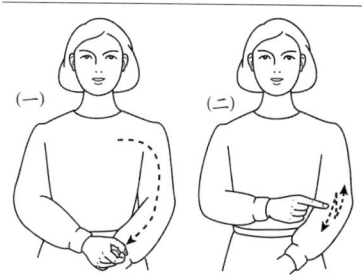

动脉血 dòngmàixuè
（一）右手拇、食指捏成圆形，从心脏部位沿左臂向下移动。
（二）右手伸食指，在左臂处上下划动几下。

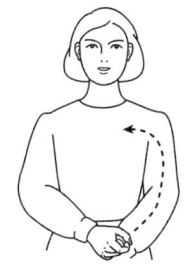

静脉 jìngmài
右手拇、食指捏成圆形，沿左臂向心脏部位移动，表示静脉是将身体各部分的血送回心脏的血管。

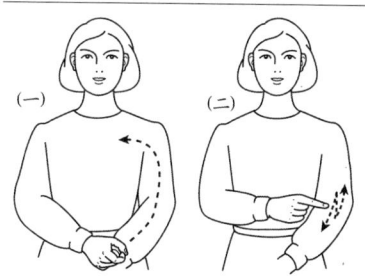

静脉血 jìngmàixuè
（一）右手拇、食指捏成圆形，沿左臂向心脏部位移动。
（二）右手伸食指，在左臂处上下划动几下。

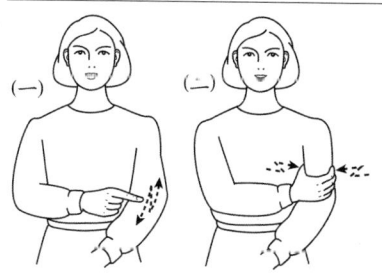

血压 xuèyā
（一）右手伸食指，在左臂处上下划动几下。
（二）右手捏两下左上臂。

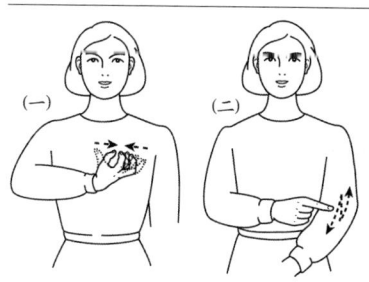

收缩压 shōusuōyā
（一）右手五指弯曲，指尖朝上，置于心脏部位，捏动一下。
（二）右手伸食指，在左臂处上下划动几下。

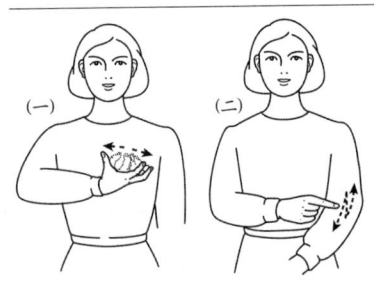

舒张压 shūzhāngyā

（一）右手五指弯曲，指尖朝上，置于心脏部位，然后张开。
（二）右手伸食指，在左臂处上下划动几下。

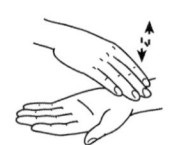

脉搏 màibó

左手平伸，掌心向上；右手五指并拢，食、中、无名指指尖按于左手腕的脉门处，并上下微动几下，表示脉搏跳动。

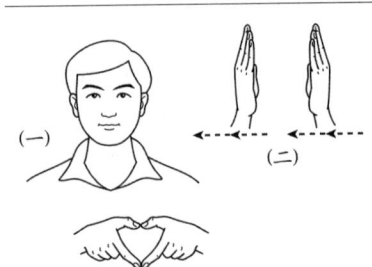

心律 xīnlǜ

（一）双手拇、食指张开仿"♡"形，手背向外，置于心脏部位。
（二）双手直立，掌心左右相对，向一侧一顿一顿移动几下。

心率 xīnlǜ

左手拇、食指张开，手背向外，置于心脏部位；右手五指并拢，手背微拱，在左手虎口处向外微动几下，表示心跳的频率。

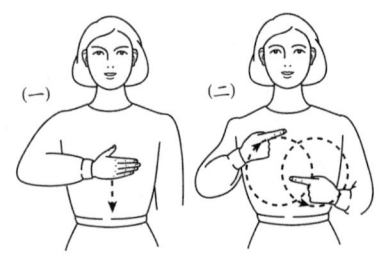

体循环 tǐxúnhuán

（一）一手掌心贴于胸部，向下移动一下。
（二）双手伸食指，指尖朝内，在身前上下交替转动。

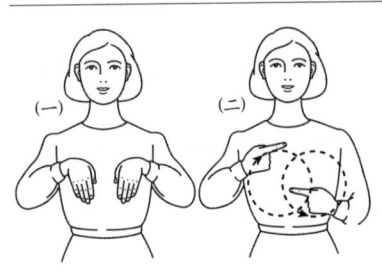

肺循环 fèixúnhuán

（一）双手五指并拢，指尖朝下，掌心贴于胸部两侧，表示肺。
（二）双手伸食指，指尖朝内，在身前上下交替转动。

五、人与健康　167

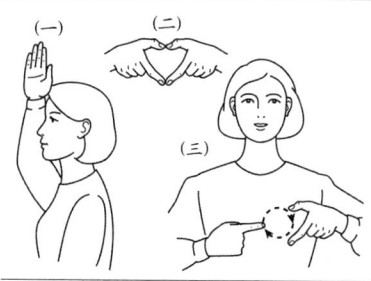

冠脉循环　guānmài-xúnhuán

（一）右手直立，掌心向左，置于前额。
（二）双手拇、食指张开仿"♡"形，手背向外，置于心脏部位。
（三）左手拇、食指张开，手背向外，置于心脏部位；右手伸食指，指尖朝内，在心脏部位转动几下。

6.免疫系统

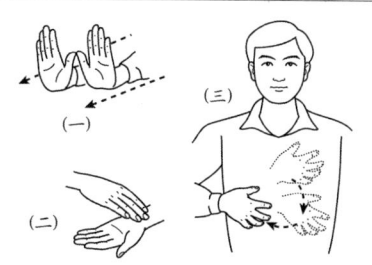

免疫器官　miǎnyì qìguān

（一）双手直立，掌心向外一推。
（二）左手平伸，掌心向上；右手五指并拢，食、中、无名指指尖按于左手腕的脉门处。
（三）一手五指弯曲，指尖朝内，在胸腹部随意按动几下。

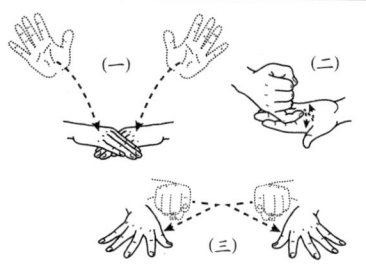

杀菌物质　shājūn wùzhì

（一）双手五指张开，掌心向外，边交叉向下移动边撮合，右手掌压住左手背。
（二）左手横伸；右手伸小指，小指外侧贴于左手掌心上，弯动几下。
（三）双手食指指尖朝前，手背向上，先互碰一下，再分开并张开五指。

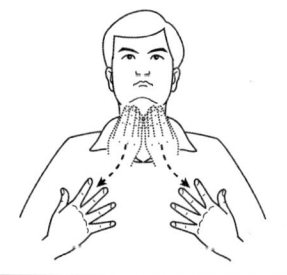

淋巴　línbā

头抬起，双手五指聚拢，手背向外，指尖贴于颈部两侧，边向下做弧形移动边张开。
（可根据实际表示某一部位的淋巴）

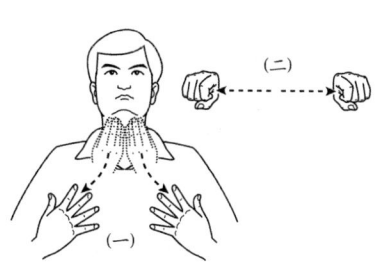

淋巴管　línbāguǎn

（一）头抬起，双手五指聚拢，手背向外，指尖贴于颈部两侧，边向下做弧形移动边张开。
（二）双手拇、食指捏成小圆形，虎口左右相对，从中间向两侧移动。

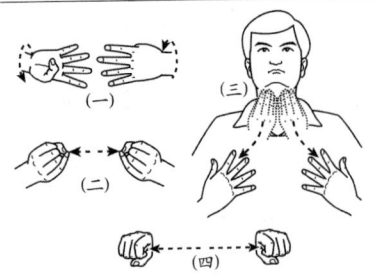

毛细淋巴管　máoxì-línbāguǎn
（一）双手食、中、无名、小指横伸分开，拇指弯回，掌心朝向一前一后，然后同时转腕。
（二）双手拇、小指相捏，从中间向两侧微微拉开。
（三）头抬起，双手五指聚拢，手背向外，指尖贴于颈部两侧，边向下做弧形移动边张开。
（四）双手拇、食指捏成小圆形，虎口左右相对，从中间向两侧移动。

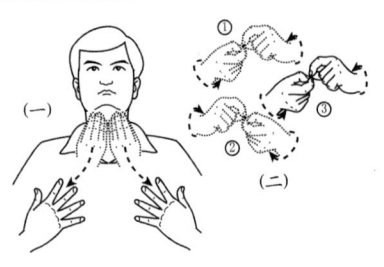

淋巴细胞　línbā xìbāo
（一）头抬起，双手五指聚拢，手背向外，指尖贴于颈部两侧，边向下做弧形移动边张开。
（二）双手拇、食指捏成圆形，指尖相抵，边前后反向微转边随意移动，表示彼此相挨的细胞结构。

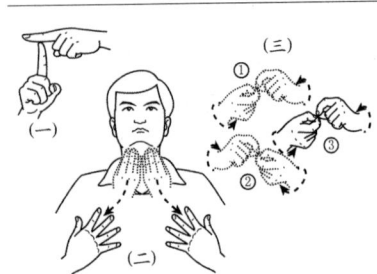

T 淋巴细胞　T línbā xìbāo
（一）双手食指搭成"T"形。
（二）头抬起，双手五指聚拢，手背向外，指尖贴于颈部两侧，边向下做弧形移动边张开。
（三）双手拇、食指捏成圆形，指尖相抵，边前后反向微转边随意移动，表示彼此相挨的细胞结构。

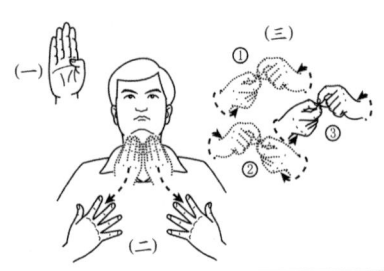

B 淋巴细胞　B línbā xìbāo
（一）一手打手指字母"B"的指式。
（二）头抬起，双手五指聚拢，手背向外，指尖贴于颈部两侧，边向下做弧形移动边张开。
（三）双手拇、食指捏成圆形，指尖相抵，边前后反向微转边随意移动，表示彼此相挨的细胞结构。

脾　pí
一手打手指字母"P"的指式，虎口朝外，置于左腹部脾的位置。

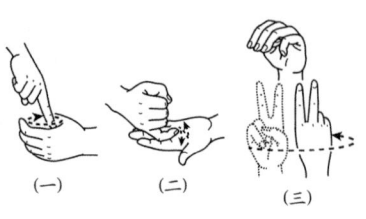

溶菌酶　róngjūnméi
（一）左手五指成半圆形，虎口朝上；右手伸食指，指尖朝下，在左手虎口内转动一下。
（二）左手横伸；右手伸小指，小指外侧贴于左手掌心上，弯动几下。
（三）左手打手指字母"M"的指式，在上；右手食、中指直立分开，在下，由掌心向外翻转为掌心向内。

7. 呼吸系统

鼻 bí
一手伸食指,指一下鼻子。

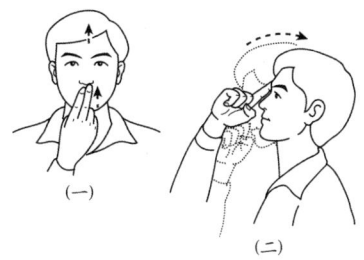

嗅觉 xiùjué
(一)一手伸食、中指,指尖朝鼻孔点一下,手背向外,头同时微抬。
(二)一手食指抵于太阳穴,头同时微抬。

咽 yān
一手伸食指,指一下咽部。

喉 hóu
一手伸食指,指一下喉部。

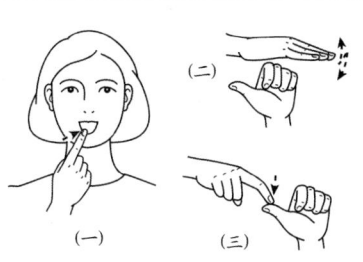

会厌软骨 huìyàn ruǎngǔ
(一)口张开,舌微伸,一手伸食指,指一下舌头。
(二)左手伸拇指,指尖朝内;右手平伸,手背向上,五指并拢,置于左手上方并上下微摆几下,表示舌头。
(三)左手伸拇指,指尖朝内;右手伸食指,指一下左手拇指,表示会厌软骨位于舌根后部。

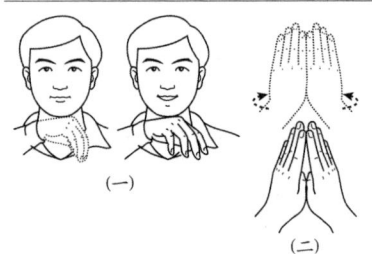

声带 shēngdài
（一）一手五指撮合，手背贴于颏部下方，然后张开，口随之张开。
（二）双手并排直立，掌心向外，食、中、无名、小指并拢，拇指弯回，表示声带拉紧，然后手腕向内微转，表示声带松开。

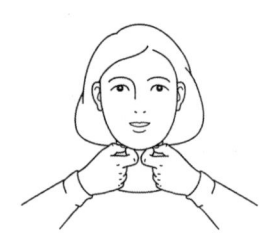

扁桃体 biǎntáotǐ
双手拇、食指捏成小圆形，虎口朝上，置于颏部后端两侧。

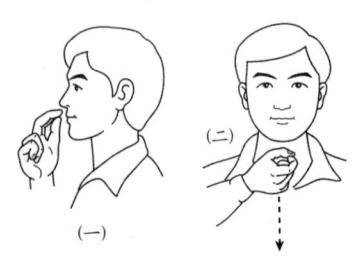

气管 qìguǎn
（一）一手打手指字母"Q"的指式，指尖朝内，置于鼻孔处。
（二）一手拇、食指捏成圆形，虎口朝上，自喉部向下移。

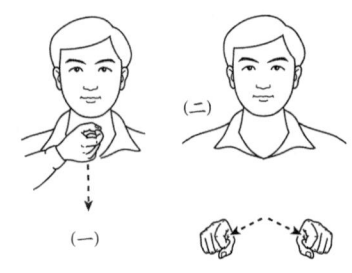

支气管 zhīqìguǎn
（一）一手拇、食指捏成圆形，虎口朝上，自喉部向下移。
（二）双手拇、食指捏成小圆形，虎口斜向相对，在胸部中间分别向两侧斜下方移动。

肺 fèi
双手五指并拢，指尖朝下，掌心贴于胸部两侧，表示肺。

肺泡 fèipào
（一）双手五指并拢，指尖朝下，掌心贴于胸部两侧，表示肺。
（二）左手垂立，手背向外，五指张开；右手五指捏成球形，指尖朝上，在左手各指指尖上点一下。

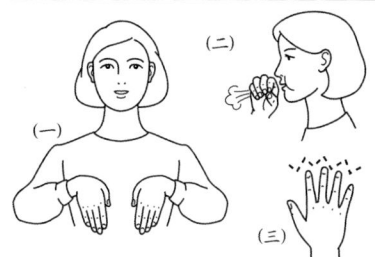

肺活量 fèihuóliàng

（一）双手五指并拢，指尖朝下，掌心贴于胸部两侧，表示肺。

（二）一手握拳，虎口贴于嘴部，嘴做吹气的动作。

（三）一手直立，掌心向内，五指张开，交替点动几下。

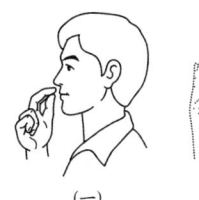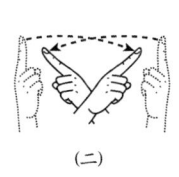

气体交换 qìtǐ jiāohuàn

（一）一手打手指字母"Q"的指式，指尖朝内，置于鼻孔处。

（二）双手食指直立，然后左右交叉，互换位置。

横膈膜 hénggémó

双手横伸，掌心向上，置于肋骨下缘，然后边呼吸边上下移动。

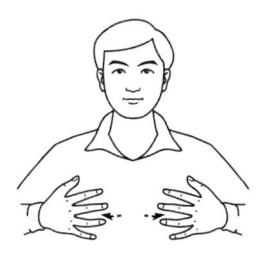

胸廓 xiōngkuò

双手五指微曲，掌心向内，置于胸前，然后向两侧移动，同时挺胸。

8. 消化系统

口腔 kǒuqiāng

一手伸食指，沿嘴部转动一圈，口张开。

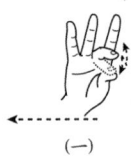 

黏膜 niánmó
（一）一手拇、中指指尖朝前，边向一侧移动边相捏几下。
（二）左手五指弯曲，虎口朝内；右手拇、食指微张，指尖朝前，沿左手虎口划动一下。

舌 shé
口张开，舌微伸，一手伸食指，指一下舌头。

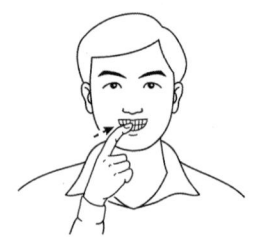

牙齿 yáchǐ
一手伸食指，指一下牙齿。

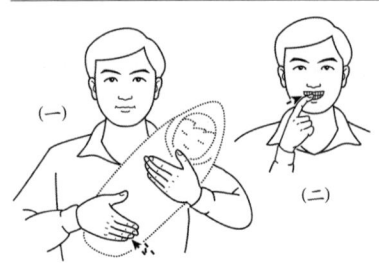

乳牙 rǔyá
（一）双手五指微曲，手背向外，一上一下，置于胸前，下边的手拍动两下，如拍怀抱里的婴儿状。
（二）一手伸食指，指一下牙齿。

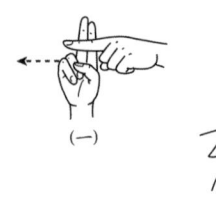 

恒牙 héngyá
（一）左手食指横伸，手背向上；右手打手指字母"H"的指式，贴于左手食指并向右移动。
（二）一手伸食指，指一下牙齿。

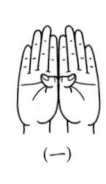 

门齿（门牙） ménchǐ (ményá)
（一）双手并排直立，掌心向外，食、中、无名、小指并拢，拇指弯回。
（二）一手伸食指，指一下牙齿。

犬齿（虎牙） quǎnchǐ (hǔyá)

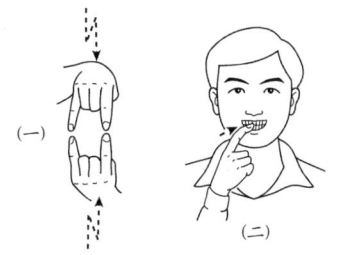

（一）双手伸食、小指，指尖上下相对，然后互碰两下。
（二）一手伸食指，指一下牙齿。

臼齿 jiùchǐ

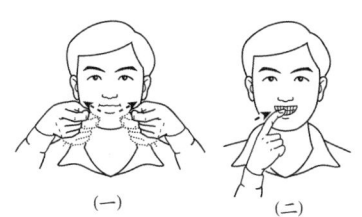

（一）双手拇、食指捏成圆形，虎口朝上，分别置于下颌骨部位，然后向后移动一下，表示臼齿所在的位置。
（二）一手伸食指，指一下牙齿。

智齿 zhìchǐ

（一）一手伸食、无名、小指，食指尖抵于同侧太阳穴，拇、中指相捏，然后张开。
（二）一手伸食指，指一下牙齿。

牙釉质 yáyòuzhì

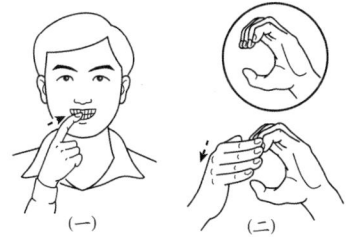

（一）一手伸食指，指一下牙齿。
（二）左手五指弯曲，掌心向外；右手五指并拢，掌心向内，摸一下左手食、中、无名、小指指甲。

牙髓 yásuǐ

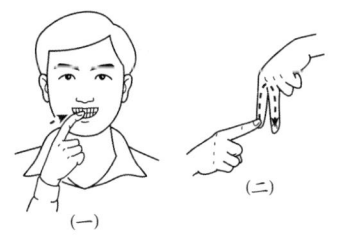

（一）一手伸食指，指一下牙齿。
（二）左手食、中指分开，指尖朝下；右手伸食指，沿左手食指向上移向中指。

味蕾 wèilěi

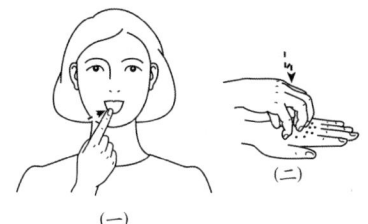

（一）口张开，舌微伸，一手伸食指，指一下舌头。
（二）左手平伸，五指并拢；右手五指弯曲，指尖朝下，在左手背上点动几下。

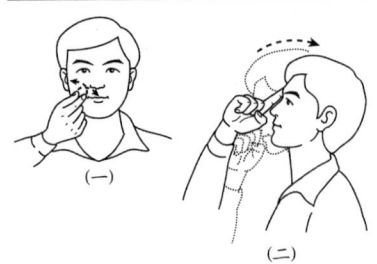

味觉 wèijué

（一）一手拇、食指在嘴边捻动，指尖朝上，表示有滋味。

（二）一手食指抵于太阳穴，头同时微抬。

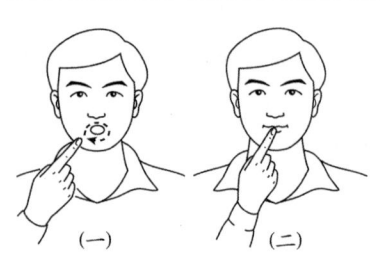

唾液（口水） tuòyè (kǒushuǐ)

（一）一手伸食指，沿嘴部转动一圈，口张开。

（二）一手伸食指，指尖贴于下嘴唇。

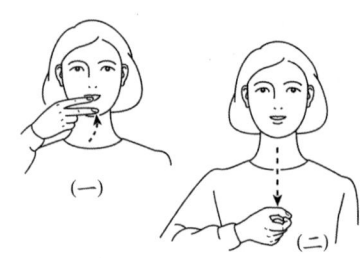

食管（食道） shíguǎn (shídào)

（一）一手伸食、中指，向嘴边拨动，如用筷子吃饭状。

（二）一手拇、食指捏成圆形，虎口朝上，自喉部向下移。

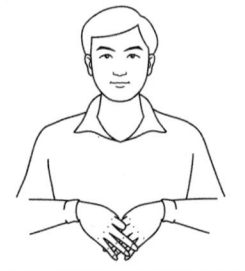

胃 wèi

双手中、无名、小指搭成"田"字形，指尖朝斜下方，手背向外，贴于胃部。

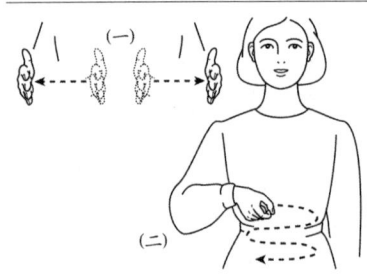

大肠① dàcháng①

（一）双手侧立，掌心相对，同时向两侧移动，幅度要大些。

（二）一手拇、食指捏成圆形，手背向外，置于下腹部，从右向左、从上向下做曲线形移动。

大肠② dàcháng②

右手拇、食指捏成圆形，手背向外，从右腹部做"冂"形移动，表示大肠的位置。

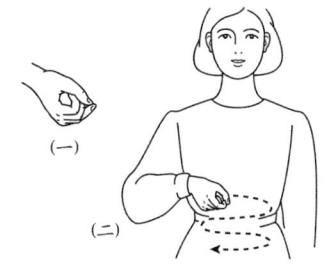

小肠　xiǎocháng
（一）一手拇、小指相捏，指尖朝上。
（二）一手拇、食指捏成圆形，手背向外，置于下腹部，从右向左、从上向下做曲线形移动。

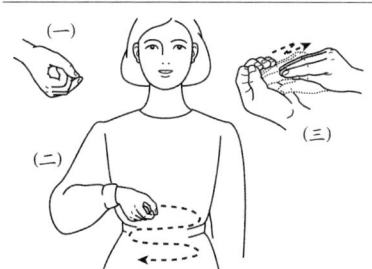

小肠绒毛　xiǎocháng róngmáo
（一）一手拇、小指相捏，指尖朝上。
（二）一手拇、食指捏成圆形，手背向外，置于下腹部，从右向左、从上向下做曲线形移动。
（三）左手五指捏成圆形，手背向下；右手五指在左手掌心上轻捋两下。

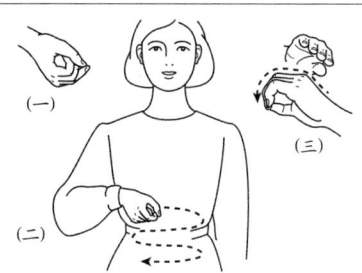

小肠壁　xiǎochángbì
（一）一手拇、小指相捏，指尖朝上。
（二）一手拇、食指捏成圆形，手背向外，置于下腹部，从右向左、从上向下做曲线形移动。
（三）左手五指捏成圆形，虎口朝右；右手五指成"⊐"形，虎口朝内，沿左手背向前移动一下。

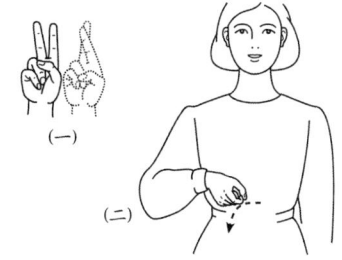

十二指肠　shí'èrzhǐcháng
（一）一手食、中指直立相叠，掌心向外，然后分开，表示数字"12"。
（二）右手拇、食指捏成圆形，手背向外，从腹部中间做"┐"形移动，表示十二指肠的位置。

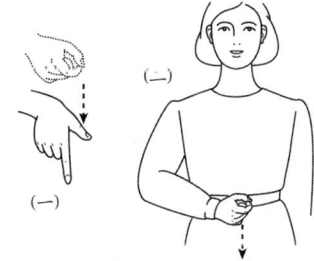

直肠　zhícháng
（一）一手拇、食指相捏，然后边向下移动边张开，食指尖朝下。
（二）一手拇、食指捏成圆形，手背向外，在下腹部向下移动一下。

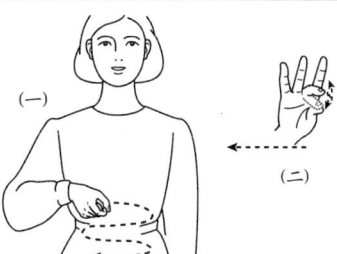

肠液　chángyè
（一）一手拇、食指捏成圆形，手背向外，置于下腹部，从右向左、从上向下做曲线形移动。
（二）一手拇、中指指尖朝前，边向一侧移动边相捏几下。

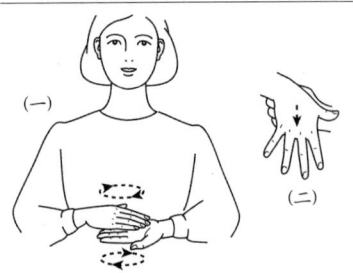

消化腺 xiāohuàxiàn

（一）双手横伸，掌心相贴，置于胃部，缓慢摩擦两下，表示胃消化食物。

（二）左手握拳，手背向外，虎口朝上；右手五指张开，指尖朝下，掌心贴于左手背，向下微移。

肝 gān

左手食、中指与右手食指搭成"干"字形，置于肝脏部位。

胆 dǎn

一手打手指字母"D"的指式，置于胆的位置。

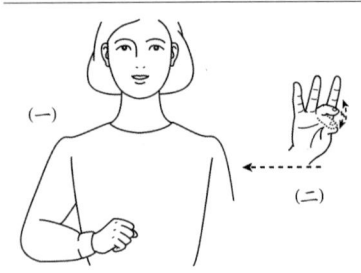

胆汁 dǎnzhī

（一）一手打手指字母"D"的指式，置于胆的位置。

（二）一手拇、中指指尖朝前，边向一侧移动边相捏几下。

胆固醇 dǎngùchún

左手横伸；右手打手指字母"D"的指式，手背向上，在左手掌心下向右移动一下。

胰腺 yíxiàn

右手打手指字母"Y"的指式，拇指尖朝上，小指尖朝下，手背向外，置于胰腺部位；左手拇、食指微张，边沿右手小指尖向左移动边相捏，仿胰腺的外形。

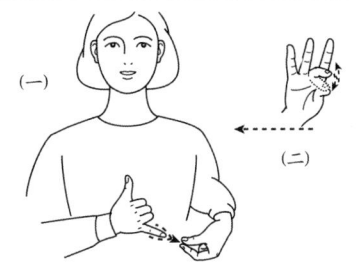

胰液 yíyè

（一）右手打手指字母"Y"的指式，拇指尖朝上，小指尖朝下，手背向外，置于胰腺部位；左手拇、食指微张，边沿右手小指尖向左移动边相捏，仿胰腺的外形。

（二）一手拇、中指指尖朝前，边向一侧移动边相捏几下。

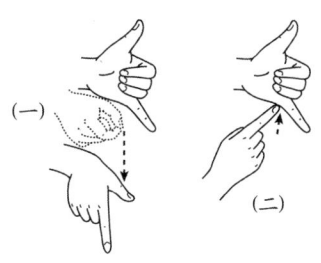

肛门 gāngmén

（一）左手伸拇、小指；右手拇、食指相捏，置于左手下，然后边向下移动边张开，食指尖朝下。

（二）左手伸拇、小指；右手伸食指，指一下左手小指下缘。

9. 泌尿系统

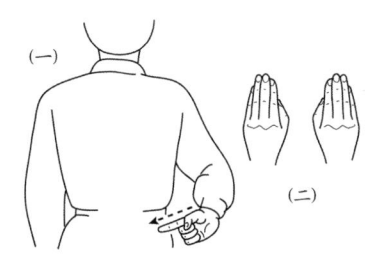

肾（肾脏） shèn (shènzàng)

（一）一手伸食指，指一下肾部。

（二）双手直立，掌心向外，手背拱起。

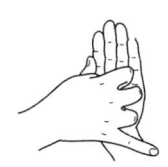

肾盂 shènyú

左手直立，掌心向外，手背拱起；右手拇、食、中、无名指弯曲，贴于左手掌心，小指伸出。

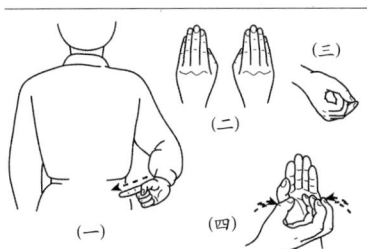

肾小囊 shènxiǎonáng

（一）一手伸食指，指一下肾部。

（二）双手直立，掌心向外，手背拱起。

（三）一手拇、小指相捏，指尖朝上。

（四）左手直立，掌心向外，手背拱起；右手五指弯曲，掌心向上，贴于左手掌心，捏动两下。

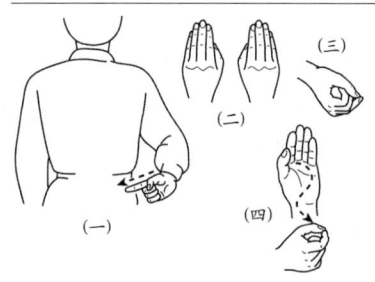

肾小管　shènxiǎoguǎn

（一）一手伸食指，指一下肾部。
（二）双手直立，掌心向外，手背拱起。
（三）一手拇、小指相捏，指尖朝上。
（四）左手直立，掌心向外，手背拱起；右手拇、食指捏成圆形，虎口朝上，在左手前向下做曲线形移动。

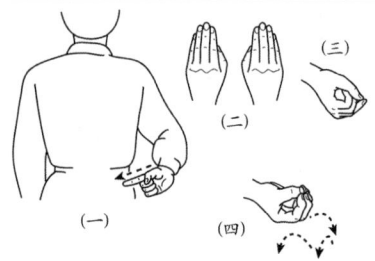

肾小球　shènxiǎoqiú

（一）一手伸食指，指一下肾部。
（二）双手直立，掌心向外，手背拱起。
（三）一手拇、小指相捏，指尖朝上。
（四）一手五指捏成球形，手背向下，随意点动几下。

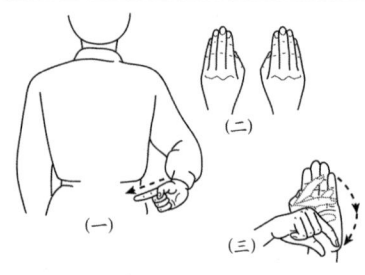

肾髓质　shènsuǐzhì

（一）一手伸食指，指一下肾部。
（二）双手直立，掌心向外，手背拱起。
（三）左手直立，掌心向外，手背拱起；右手拇、食指成"⊐"形，虎口朝内，在左手掌心上向下一顿一顿做弧形移动，表示肾髓质排列的位置。

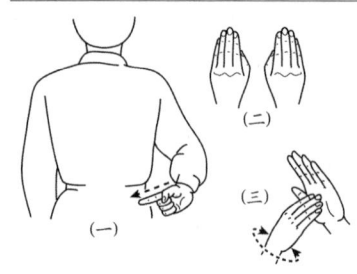

肾单位　shèndānwèi

（一）一手伸食指，指一下肾部。
（二）双手直立，掌心向外，手背拱起。
（三）双手斜伸，右手指尖抵于左手掌心，并转动两下。

尿（尿液、小便）　niào (niàoyè、xiǎobiàn)

一手小指直立，弯动两下。

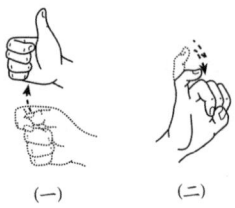

原尿　yuánniào

（一）一手拇、食指相捏，然后边向上移动边弹出拇指。
（二）一手小指直立，弯动两下。

五、人与健康

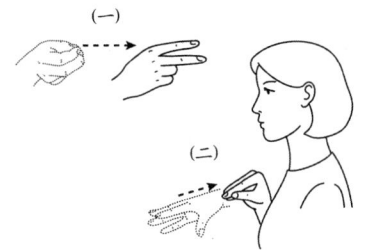

重吸收 chóngxīshōu

（一）右手拇、食、中指相捏，手背向外，边向左移动边伸出食、中指。

（二）一手五指张开，掌心向下，边向内移动边撮合。

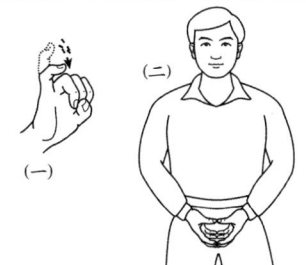

膀胱 pángguāng

（一）一手小指直立，弯动两下。

（二）双手五指弯曲，指尖相抵，虎口朝外，置于下腹部。

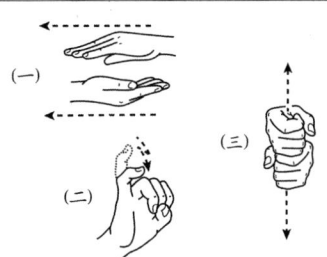

输尿管 shūniàoguǎn

（一）双手横伸，掌心相对，向一侧移动一下。

（二）一手小指直立，弯动两下。

（三）双手拇、食指捏成小圆形，虎口朝上，上下相叠，分别向上下方向移动一下。

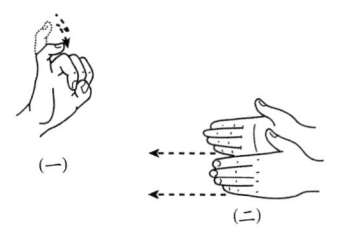

尿道 niàodào

（一）一手小指直立，弯动两下。

（二）双手侧立，掌心相对，向前移动。

10. 内分泌系统

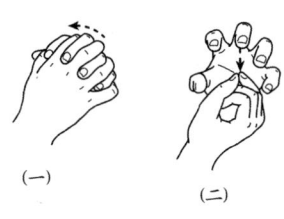

垂体 chuítǐ

（一）双手五指弯曲，虎口朝内，相互交叉，然后向后转动少许，仿大脑的外形。

（二）左手五指弯曲，虎口朝内；右手拇、小指相捏，指尖朝上，在左手中指下向下微移，表示垂体所在的位置。

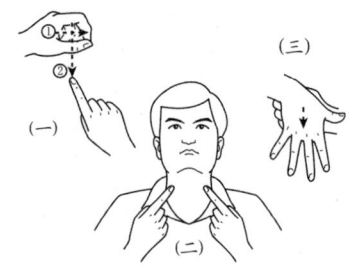

甲状腺 jiǎzhuàngxiàn

（一）左手拇、食指捏成圆形，虎口朝内；右手伸食指，在左手虎口上先横划一下，再竖划一下，仿"甲"字形。

（二）头抬起，双手伸食指，指尖抵于颈部两侧甲状腺的位置。

（三）左手握拳，手背向外，虎口朝上；右手五指张开，指尖朝下，掌心贴于左手背，向下微移。

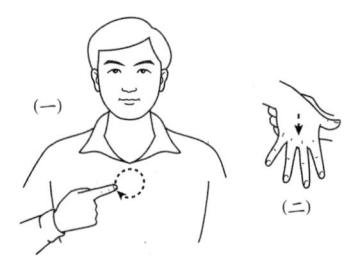

胸腺 xiōngxiàn

（一）一手伸食指，在胸口处转动一小圈，表示胸腺的位置。

（二）左手握拳，手背向外，虎口朝上；右手五指张开，指尖朝下，掌心贴于左手背，向下微移。

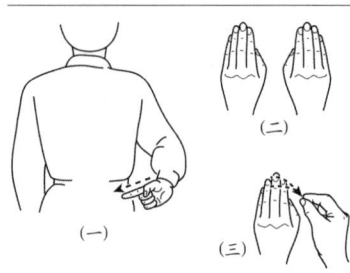

肾上腺 shènshàngxiàn

（一）一手伸食指，指一下肾部。

（二）双手直立，掌心向外，手背拱起。

（三）左手直立，掌心向外，手背拱起；右手拇、食指微张，虎口朝内，在左手食、中、无名指指尖处划一月牙形，表示肾上腺的形状和部位。

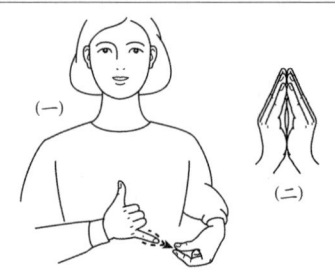

胰岛 yídǎo

（一）右手打手指字母"Y"的指式，拇指尖朝上，小指尖朝下，手背向外，置于胰腺部位；左手拇、食指微张，边沿右手小指尖向左移动边相捏，仿胰腺的外形。

（二）双手直立，掌心相合，手背拱起，表示胰岛是胰腺中不规则的细胞群。

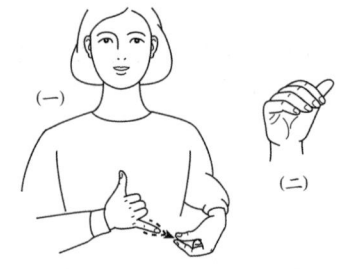

胰岛素 yídǎosù

（一）右手打手指字母"Y"的指式，拇指尖朝上，小指尖朝下，手背向外，置于胰腺部位；左手拇、食指微张，边沿右手小指尖向左移动边相捏，仿胰腺的外形。

（二）一手打手指字母"S"的指式。

激素 jīsù

（一）左手伸拇指；右手伸食、无名、小指，食指尖抵于左手无名指根部，拇、中指先相捏，然后开合两下。

（二）一手打手指字母"S"的指式。

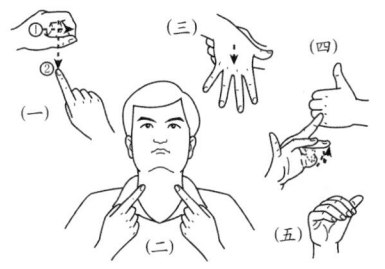

甲状腺激素　jiǎzhuàngxiàn jīsù

（一）左手拇、食指捏成圆形，虎口朝内；右手伸食指，在左手虎口上先横划一下，再竖划一下，仿"甲"字形。
（二）头抬起，双手伸食指，指尖抵于颈部两侧甲状腺的位置。
（三）左手握拳，手背向外，虎口朝上；右手五指张开，指尖朝下，掌心贴于左手背，向下微移。
（四）左手伸拇指；右手伸食、无名、小指，食指尖抵于左手无名指根部，拇、中指先相捏，然后开合两下。
（五）一手打手指字母"S"的指式。

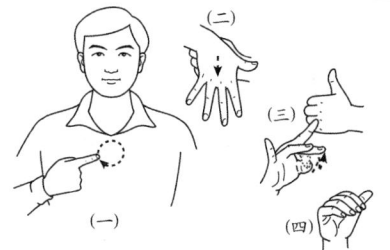

胸腺激素　xiōngxiàn jīsù

（一）一手伸食指，在胸口处转动一小圈，表示胸腺的位置。
（二）左手握拳，手背向外，虎口朝上；右手五指张开，指尖朝下，掌心贴于左手背，向下微移。
（三）左手伸拇指；右手伸食、无名、小指，食指尖抵于左手无名指根部，拇、中指先相捏，然后开合两下。
（四）一手打手指字母"S"的指式。

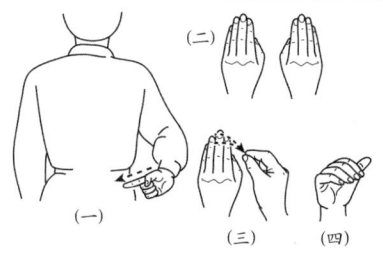

肾上腺素　shènshàngxiànsù

（一）一手伸食指，指一下肾部。
（二）双手直立，掌心向外，手背拱起。
（三）左手直立，掌心向外，手背拱起；右手拇、食指微张，虎口朝内，在左手食、中、无名指指尖处划一月牙形，表示肾上腺的形状和部位。
（四）一手打手指字母"S"的指式。

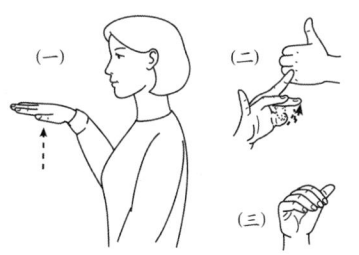

生长激素　shēngzhǎng jīsù

（一）一手平伸，掌心向下，向上移动。
（二）左手伸拇指；右手伸食、无名、小指，食指尖抵于左手无名指根部，拇、中指先相捏，然后开合两下。
（三）一手打手指字母"S"的指式。

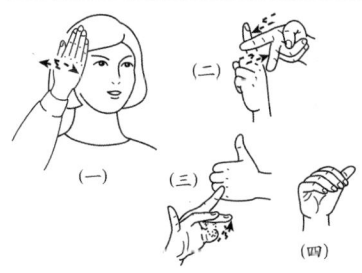

雄性激素　xióngxìng jīsù

（一）一手直立，掌心贴于头一侧，前后移动两下。
（二）左手食指直立；右手食、中指横伸，指背交替弹左手食指背。
（三）左手伸拇指；右手伸食、无名、小指，食指尖抵于左手无名指根部，拇、中指先相捏，然后开合两下。
（四）一手打手指字母"S"的指式。

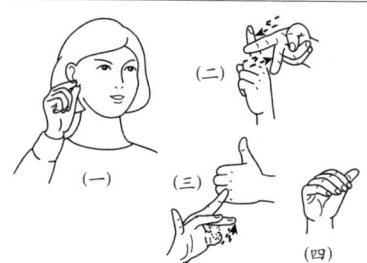

雌性激素　cíxìng jīsù

（一）一手拇、食指捏一下耳垂。
（二）左手食指直立；右手食、中指横伸，指背交替弹左手食指背。
（三）左手伸拇指；右手伸食、无名、小指，食指尖抵于左手无名指根部，拇、中指先相捏，然后开合两下。
（四）一手打手指字母"S"的指式。

11. 生殖系统

性腺 xìngxiàn
（一）左手食指直立；右手食、中指横伸，指背交替弹左手食指背。
（二）左手握拳，手背向外，虎口朝上；右手五指张开，指尖朝下，掌心贴于左手背，向下微移。

阴茎 yīnjīng
左手伸食指，指尖朝前，手背向上；右手拇、食指先捏住左手食指根部，然后向指尖方向移动。

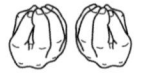

睾丸 gāowán
双手五指捏成球形，手背向下，相互靠近。

前列腺 qiánlièxiàn
左手伸食指，指尖朝前下方，手背向上；右手食、中指分开，指尖朝下，手背向上，置于左手食指两侧，然后向后移动一下。

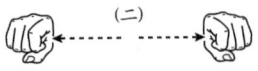

输精管 shūjīngguǎn
（一）左手拇、食指捏成圆形；右手伸食指，抵于左手圆形，边弯动边推左手做曲线形移动。
（二）双手拇、食指捏成小圆形，虎口左右相对，从中间向两侧移动。

五、人与健康　183

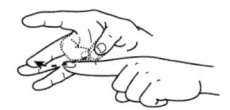

遗精（射精） yíjīng (shèjīng)

左手伸食指，指尖朝前，手背向上；右手拇、中指相捏，中指弹一下左手食指尖。

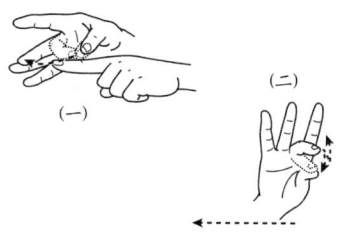

精液 jīngyè

（一）左手伸食指，指尖朝前，手背向上；右手拇、中指相捏，中指弹一下左手食指尖。

（二）一手拇、中指指尖朝前，边向一侧移动边相捏几下。

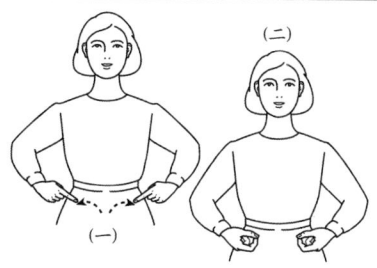

卵巢 luǎncháo

（一）双手伸食指，指尖朝斜下方，手背向外，置于腹部中间，然后向两侧上方做弧形移动，表示卵巢的位置。

（二）双手拇、食指捏成圆形，虎口朝外，置于腹部两侧。

输卵管 shūluǎnguǎn

双手拇、食指捏成圆形，虎口朝外，置于腹部两侧，然后同时向中间做弧形移动，虎口左右相对。

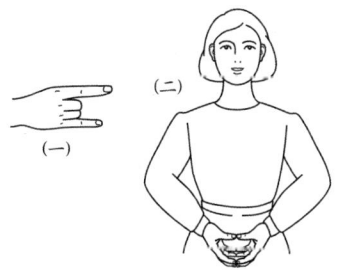

子宫① zǐgōng①

（一）一手打手指字母"Z"的指式。

（二）双手五指弯曲，指尖相抵，虎口朝外，置于下腹部。

（此手势表示包括人类女性在内的子宫）

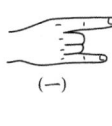

子宫② zǐgōng②

（一）一手打手指字母"Z"的指式。

（二）左手伸拇、小指，指尖朝上，掌心向外；右手拇、食指张开，指尖朝上，虎口朝外，沿左手食、无名指边向下微移边靠近。

（此手势只表示人类女性的子宫）

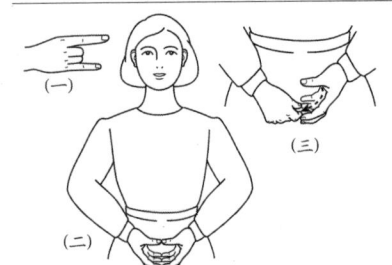

子宫内膜 zǐgōng-nèimó

（一）一手打手指字母"Z"的指式。

（二）双手五指弯曲，指尖相抵，虎口朝外，置于下腹部。

（三）左手五指弯曲，虎口朝外，置于下腹部；右手拇、食指微张，指尖朝内，沿左手虎口内侧移动一下。

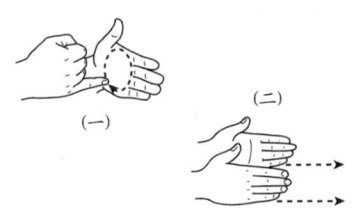

阴道 yīndào

（一）左手侧立；右手伸小指，指尖朝左，在左手掌心上转动一圈。

（二）双手侧立，掌心相对，向前移动。

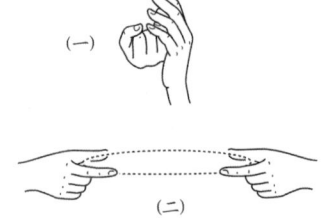

胎盘② tāipán ②

（一）左手直立，掌心向右，五指微曲；右手拇、小指蜷曲，手背向下，靠在左手掌心上。

（二）双手拇、食指成大圆形，虎口朝上。

脐带 qídài

一手拇、食指捏成圆形，虎口朝内，从肚脐处向外移出。

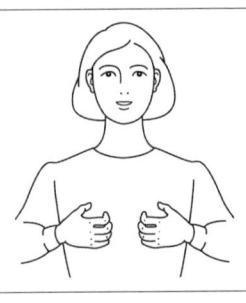

乳房 rǔfáng

双手五指微曲，指尖朝内，置于胸部两侧。

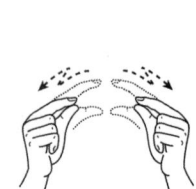

月经（例假） yuèjīng (lìjià)

双手拇、食指张开，指尖相对，虎口朝内，边从中间向两侧做弧形移动边相捏，如弯月状，重复一次。

12. 疾病

病（疾病） bìng (jíbìng)

左手平伸，掌心向上；右手五指并拢，食、中、无名指指尖按于左手腕的脉门处。

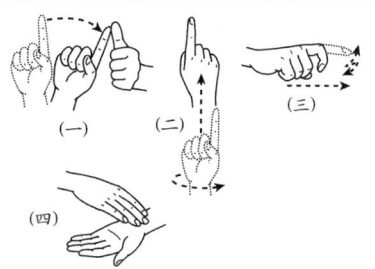

寄生虫病 jìshēngchóngbìng

（一）左手伸拇指；右手食指先直立，然后向左转动，靠向左手拇指。

（二）一手食指直立，边转动手腕边向上移动。

（三）一手食指横伸，手背向上，边弯动边向一侧移动。

（四）左手平伸，掌心向上；右手五指并拢，食、中、无名指指尖按于左手腕的脉门处。

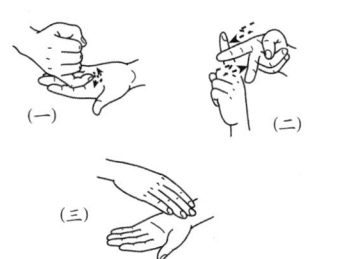

细菌性疾病 xìjūnxìng jíbìng

（一）左手横伸；右手伸小指，小指外侧贴于左手掌心上，弯动几下。

（二）左手食指直立；右手食、中指横伸，指背交替弹左手食指背。

（三）左手平伸，掌心向上；右手五指并拢，食、中、无名指指尖按于左手腕的脉门处。

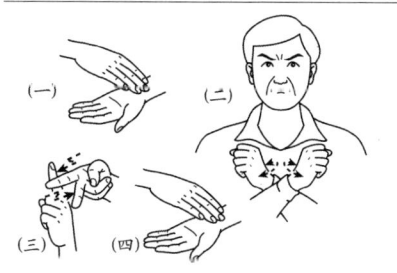

病毒性疾病 bìngdúxìng jíbìng

（一）左手平伸，掌心向上；右手五指并拢，食、中、无名指指尖按于左手腕的脉门处。

（二）双手握拳屈肘，手腕交叉相搭，置于身前，前后微转两下。

（三）左手食指直立；右手食、中指横伸，指背交替弹左手食指背。

（四）左手平伸，掌心向上；右手五指并拢，食、中、无名指指尖按于左手腕的脉门处。

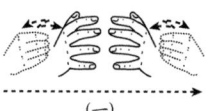

传染病 chuánrǎnbìng

（一）双手五指撮合，指尖左右相对，边向一侧移动边连续做开合的动作，表示传染别人的意思。

（二）左手平伸，掌心向上；右手五指并拢，食、中、无名指指尖按于左手腕的脉门处。

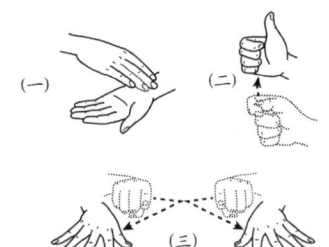

病原体 bìngyuántǐ
（一）左手平伸，掌心向上；右手五指并拢，食、中、无名指指尖按于左手腕的脉门处。
（二）一手拇、食指相捏，然后边向上移动边弹出拇指。
（三）双手食指指尖朝前，手背向上，先互碰一下，再分开并张开五指。

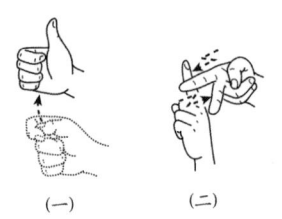

原发性 yuánfāxìng
（一）一手拇、食指相捏，然后边向上移动边弹出拇指。
（二）左手食指直立；右手食、中指横伸，指背交替弹左手食指背。

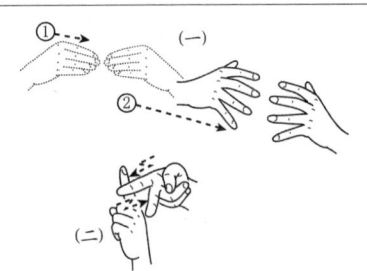

继发性 jìfāxìng
（一）双手五指撮合，手背向外，边右手碰一下左手边双手同时向左移动，五指张开，指尖左右相对，表示因受到外界影响而产生后果。
（二）左手食指直立；右手食、中指横伸，指背交替弹左手食指背。

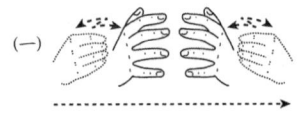
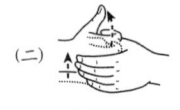

传染源 chuánrǎnyuán
（一）双手五指撮合，指尖左右相对，边向一侧移动边连续做开合的动作，表示传染别人的意思。
（二）左手五指成半圆形，虎口朝上；右手拇、食指相捏，置于左手虎口内，然后边向上移动边弹出拇指。

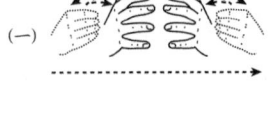
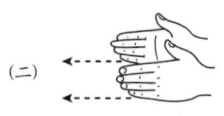

传播途径 chuánbō tújìng
（一）双手五指撮合，指尖左右相对，边向一侧移动边连续做开合的动作，表示传染别人的意思。
（二）双手侧立，掌心相对，向前移动。

易感人群 yìgǎn-rénqún
（一）双手五指撮合，指尖前后相对，边向后移动边张开，表示自己被感染（可根据实际决定手的位置和移动方向）。
（二）一手伸拇、食指，食指尖在太阳穴向下弯动两下。
（三）双手食指搭成"人"字形。
（四）双手直立，掌心左右相对，五指微曲，从两侧向中间移动。

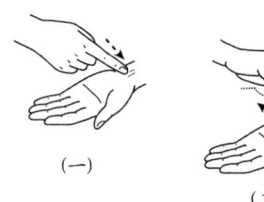

过敏① guòmǐn ①

（一）左手平伸，掌心向上；右手食指在左手腕扎一下，模仿打皮试针的动作。

（二）左手平伸，掌心向上；右手五指撮合，指尖朝下，置于左手腕，然后张开，表示过敏红肿反应。

（可根据实际表示过敏的状态）

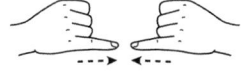

过敏② guòmǐn ②

双手伸小指，指尖左右相对，手背向外，对戳一下。

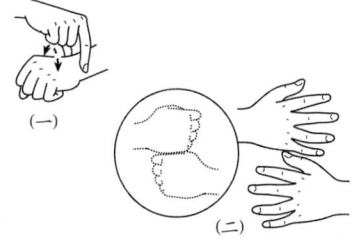

过敏反应 guòmǐn fǎnyìng

（一）左手平伸，掌心向上；右手食指在左手腕扎一下，模仿打皮试针的动作。

（二）左手平伸，掌心向上；右手五指撮合，指尖朝下，置于左手腕，然后张开，表示过敏红肿反应。

（三）右手直立，掌心向左，五指并拢，置于头前，然后手腕向左微转一下。

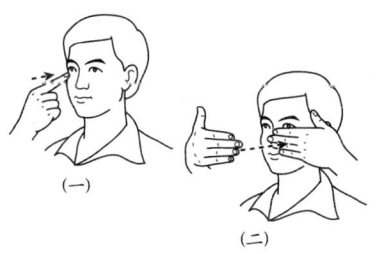

骨质疏松 gǔzhì-shūsōng

（一）左手握拳，手背向上；右手拇、食指张开，卡在左手腕，左手微转两下。

（二）双手握拳，手背向外，虎口朝上，上下相叠，然后张开五指。

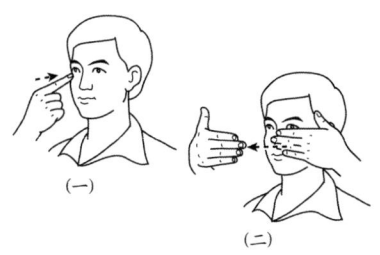

近视（近视眼） jìnshì (jìnshìyǎn)

（一）一手伸食指，指一下眼睛。

（二）双手横立，掌心向内，置于眼前，左手在后不动，右手从前向后移向左手。

远视（远视眼） yuǎnshì (yuǎnshìyǎn)

（一）一手伸食指，指一下眼睛。

（二）双手横立，掌心向内，置于眼前，左手在后不动，右手从后向前移动。

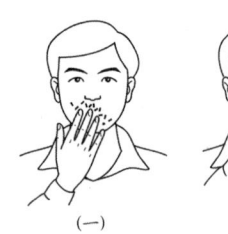

色盲 sèmáng

（一）一手直立，掌心向内，五指张开，在嘴唇部交替点动。

（二）一手食、中指指尖贴于双眼，眼闭拢。

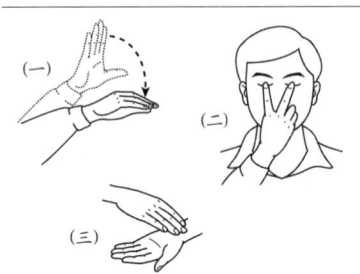

夜盲症 yèmángzhèng

（一）右手直立，掌心向左，拇指张开，置于面前，其他四指向下弯动与拇指捏合。

（二）一手食、中指指尖贴于双眼，眼闭拢。

（三）左手平伸，掌心向上；右手五指并拢，食、中、无名指指尖按于左手腕的脉门处。

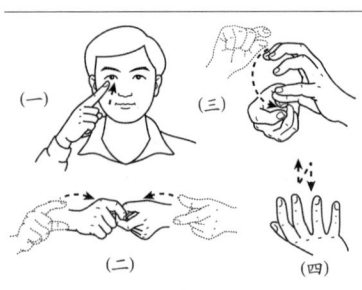

结膜炎 jiémóyán

（一）一手伸食指，指一下眼睛。

（二）双手拇、食指张开，然后边向中间移动边套环。

（三）左手五指弯曲，掌心向外，表示眼球；右手拇、食指微张，指尖朝左，从左手食指指甲处向拇指指甲处做弧形移动。

（四）一手五指微曲，指尖朝上，上下微动几下。

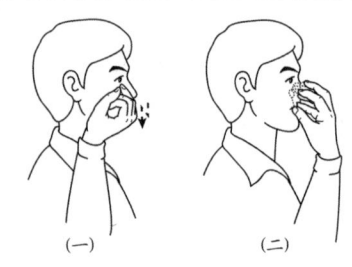

麦粒肿 màilìzhǒng

（一）一手拇、小指相捏，指尖朝上，在眼部向下微动两下。

（二）一手五指撮合，指尖朝内，置于一侧眼睑，然后微张，表示发炎肿胀。

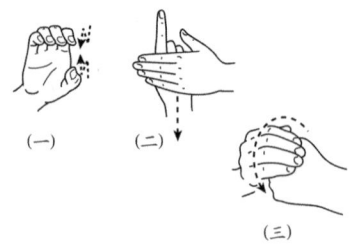

白内障 báinèizhàng

（一）一手五指弯曲，掌心向外，指尖弯动两下。

（二）左手横立；右手食指直立，在左手掌心内从上向下移动。

（三）左手握拳；右手手背微拱，从上向下沿左拳转动半圈。

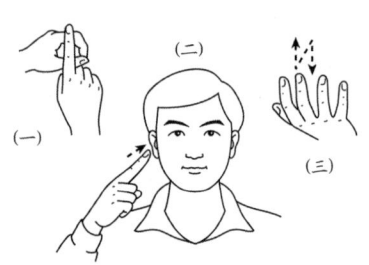

中耳炎 zhōng'ěryán

（一）左手拇、食指与右手食指搭成"中"字形。

（二）一手伸食指，指一下耳朵。

（三）一手五指微曲，指尖朝上，上下微动几下。

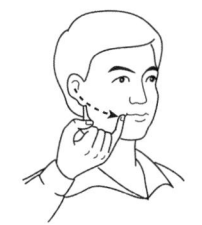

聋（失聪） lóng (shīcōng)

一手伸小指，从耳部划向嘴角。

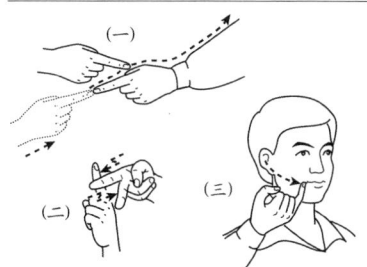

传导性耳聋 chuándǎoxìng ěrlóng

（一）双手伸食指，指尖左右相对，左手不动，右手食指移动并触到左手食指，然后向左臂方向移动。

（二）左手食指直立；右手食、中指横伸，指背交替弹左手食指背。

（三）一手伸小指，从耳部划向嘴角。

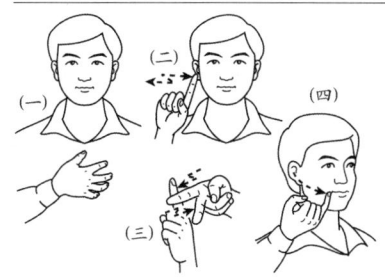

感音性耳聋 gǎnyīnxìng ěrlóng

（一）一手五指微曲，指尖朝内，按于胸部。

（二）一手食指直立，掌心向外，在耳边左右晃动两下。

（三）左手食指直立；右手食、中指横伸，指背交替弹左手食指背。

（四）一手伸小指，从耳部划向嘴角。

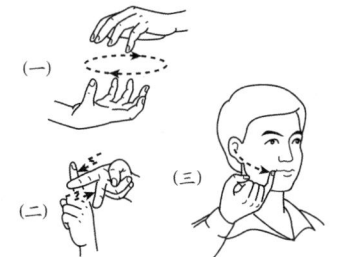

混合性耳聋 hùnhéxìng ěrlóng

（一）双手五指弯曲，指尖上下相对，交替平行转动两下。

（二）左手食指直立；右手食、中指横伸，指背交替弹左手食指背。

（三）一手伸小指，从耳部划向嘴角。

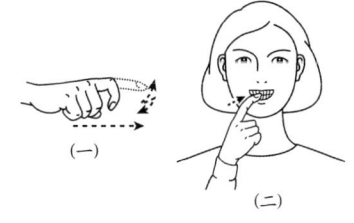

龋齿（蛀牙） qǔchǐ (zhùyá)

（一）一手食指横伸，手背向上，边弯动边向一侧移动。

（二）一手伸食指，指一下牙齿。

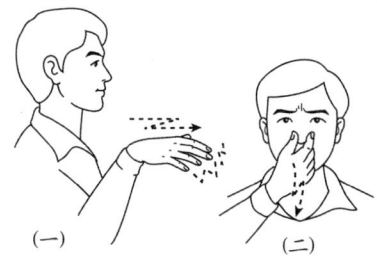

流行性感冒（流感） liúxíngxìng gǎnmào (liúgǎn)

（一）一手平伸，掌心向下，五指张开，边交替点动边向前移动两下。

（二）一手拇、食指张开，指尖对着鼻部，向下甩两下，表示流鼻涕。

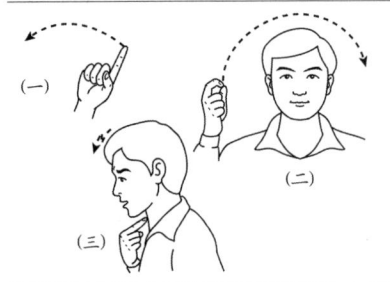

百日咳　bǎirìké
（一）右手伸食指，从左向右挥动一下。
（二）右手拇、食指捏成圆形，虎口朝内，从右向左做弧形移动，越过头顶。
（三）一手伸食指，指向喉部，口张开，头部点动几下，如咳嗽状。

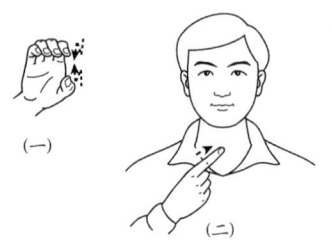

白喉　báihóu
（一）一手五指弯曲，掌心向外，指尖弯动两下。
（二）一手伸食指，指一下喉部。

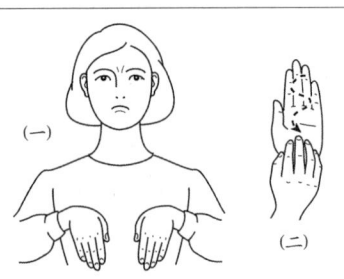

肺结核　fèijiéhé
（一）双手五指并拢，指尖朝下，掌心贴于胸部两侧，表示肺。
（二）左手直立，掌心向外；右手五指微曲，指尖在左手掌心上从上向下做曲线形移动，表示肌体上的病灶。

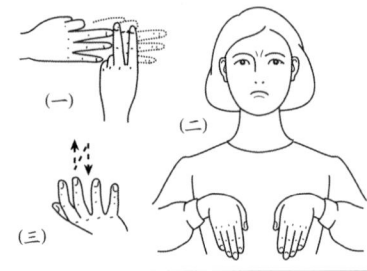

严重急性呼吸综合征（非典型肺炎、非典、SARS）
yánzhòng jíxìng hūxī zōnghézhēng（fēidiǎnxíng fèiyán、fēidiǎn）
（一）左手食、中指直立分开，手背向外；右手中、无名、小指横伸分开，手背向外，从左向右划过左手食、中指，仿"非"字形。
（二）双手五指并拢，指尖朝下，掌心贴于胸部两侧，表示肺。
（三）一手五指微曲，指尖朝上，上下微动几下。

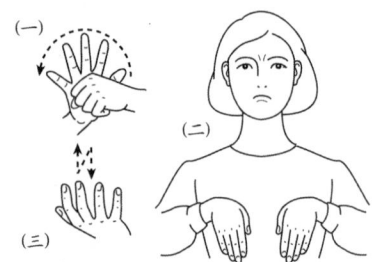

新型冠状病毒肺炎（新冠肺炎）
xīnxíng guānzhuàng bìngdú fèiyán（xīnguān-fèiyán）
（一）左手握拳，手背向上，虎口朝内；右手五指张开，掌心贴于左手虎口，然后向右转动一下，表示冠状病毒的形态。
（二）双手五指并拢，指尖朝下，掌心贴于胸部两侧，表示肺。
（三）一手五指微曲，指尖朝上，上下微动几下。

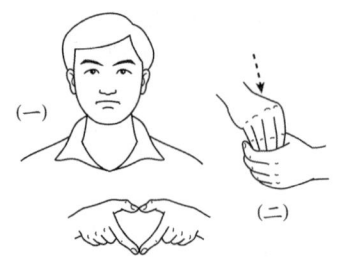

心肌梗死（心肌梗塞）　xīnjī gěngsǐ（xīnjī gěngsè）
（一）双手拇、食指张开仿"♡"形，手背向外，置于心脏部位。
（二）左手五指捏成圆形，虎口朝上；右手五指撮合，指尖朝下，插入左手虎口内。

肝炎 gānyán

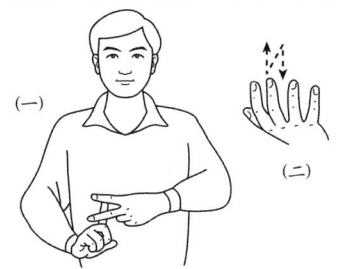

（一）左手食、中指与右手食指搭成"干"字形，置于肝脏部位。
（二）一手五指微曲，指尖朝上，上下微动几下。

厌食 yànshí

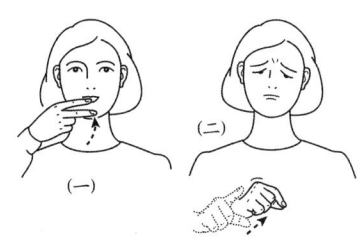

（一）一手伸食、中指，向嘴边拨动，如用筷子吃饭状。
（二）一手伸拇、食指，指尖朝前，然后边移向胸部边相捏，面露厌恶的表情，表示没胃口。

胃溃疡 wèikuìyáng

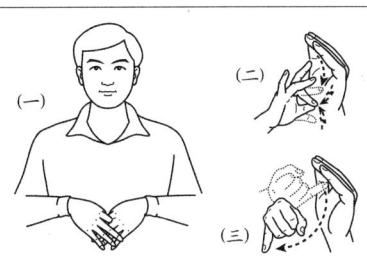

（一）双手中、无名、小指搭成"田"字形，指尖朝斜下方，手背向外，贴于胃部。
（二）左手直立，掌心向右，手背拱起；右手拇、中指边连续做开合的动作边沿左手掌心向下移动。
（三）左手直立，掌心向右，手背拱起；右手伸小指，在左手掌心上向下甩动一下。

腹泻（痢疾） fùxiè（lì·ji）

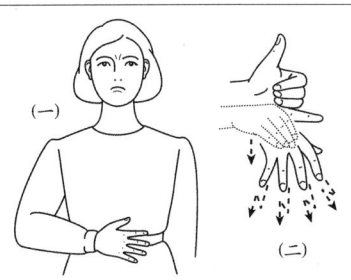

（一）一手捂于腹部。
（二）左手伸拇、小指；右手五指撮合，指尖朝下，置于左手下，然后边向下微移边张开，重复几次。

肾盂肾炎 shènyúshènyán

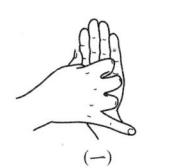 

（一）左手直立，掌心向外，手背拱起；右手拇、食、中、无名指弯曲，贴于左手掌心，小指伸出。
（二）一手五指微曲，指尖朝上，上下微动几下。

糖尿病 tángniàobìng

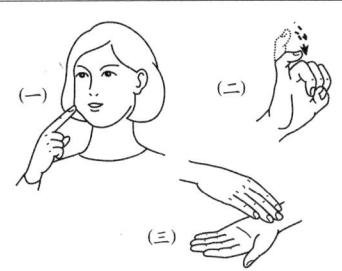

（一）一手食指指腮部，同时用舌顶起腮部，表示嘴里含着的糖。
（二）一手小指直立，弯动两下。
（三）左手平伸，掌心向上；右手五指并拢，食、中、无名指指尖按于左手腕的脉门处。

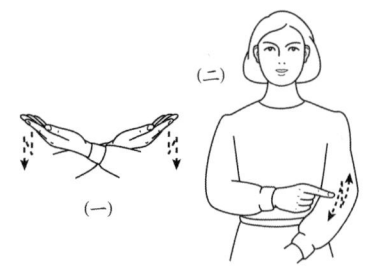

贫血 pínxuè

（一）双手横伸，掌心向上，手腕交叉相搭，然后向下颠动两下。

（二）右手伸食指，在左臂处上下划动几下。

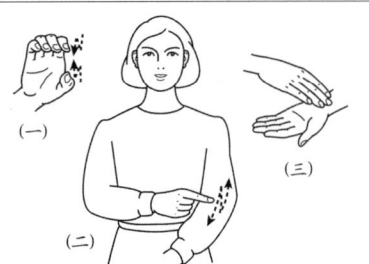

白血病 báixuèbìng

（一）一手五指弯曲，掌心向外，指尖弯动两下。

（二）右手伸食指，在左臂处上下划动几下。

（三）左手平伸，掌心向上；右手五指并拢，食、中、无名指指尖按于左手腕的脉门处。

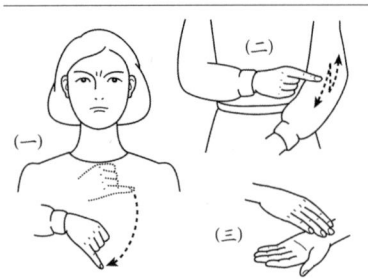

败血症 bàixuèzhèng

（一）右手伸小指，指尖朝左，向下甩动一下，幅度要大些。

（二）右手伸食指，在左臂处上下划动几下。

（三）左手平伸，掌心向上；右手五指并拢，食、中、无名指指尖按于左手腕的脉门处。

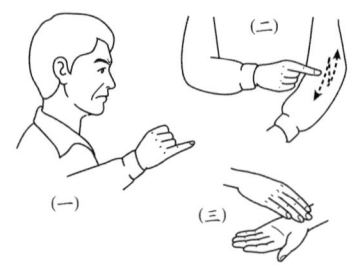

坏血病 huàixuèbìng

（一）一手伸小指，指尖朝前上方。

（二）右手伸食指，在左臂处上下划动几下。

（三）左手平伸，掌心向上；右手五指并拢，食、中、无名指指尖按于左手腕的脉门处。

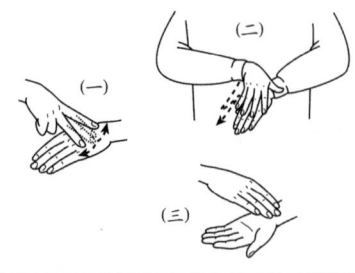

血友病 xuèyǒubìng

（一）左手横伸；右手食、中指并拢，手背向上，置于左手背上，然后分开，表示皮肉裂伤。

（二）左手平伸；右手五指张开，手背向上，沿左手背向指尖方向移动两下。

（三）左手平伸，掌心向上；右手五指并拢，食、中、无名指指尖按于左手腕的脉门处。

瘤 liú

左手直立，掌心向右；右手五指捏成球形，指尖抵于左手掌心，表示长肿瘤。

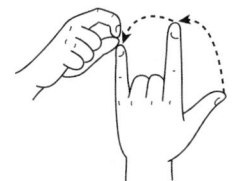

癌（恶性肿瘤） ái（èxìng zhǒngliú）

左手拇、食、小指直立，手背向外；右手拇、食指捏成圆形，从左手拇指依次移向食、小指，仿"癌"字的部分字形。

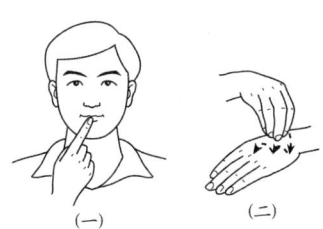

水痘 shuǐdòu

（一）一手伸食指，指尖贴于下嘴唇。
（二）左手横伸；右手五指撮合，指尖朝下，在左手背上随意点动几下。

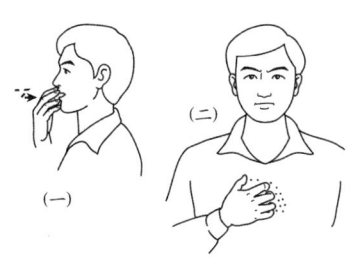

麻疹 mázhěn

（一）一手五指弯曲，指尖朝内，在嘴前点动几下。
（二）一手五指微曲，指尖朝内，在胸部点动几下。

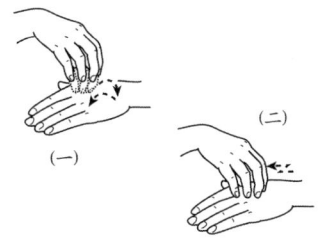

荨麻疹 xúnmázhěn

（一）左手横伸；右手五指聚拢，指尖朝下，在左手背不同位置微张，表示发生荨麻疹时皮肤上出现的风团。
（二）左手横伸；右手五指弯曲，指尖朝下，在左手背上挠几下。

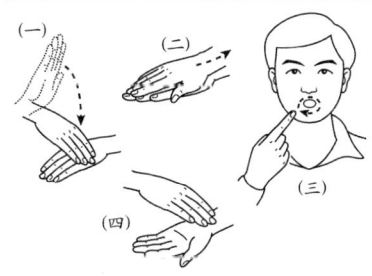

手足口病 shǒuzúkǒubìng

（一）左手横伸，掌心向下；右手拍一下左手背。
（二）双手平伸，手背向上，五指并拢，右手掌贴于左手背上，从前向后移动一下。
（三）一手伸食指，沿嘴部转动一圈，口张开。
（四）左手平伸，掌心向上；右手五指并拢，食、中、无名指指尖按于左手腕的脉门处。

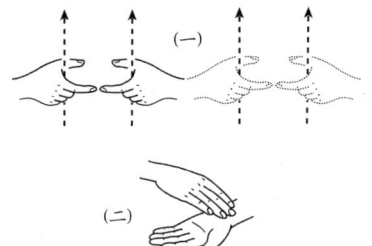

淋病 línbìng

（一）双手拇、食指成大圆形，虎口朝上，在不同位置向上移动两下。"林"与"淋"音同形近，借代。
（二）左手平伸，掌心向上；右手五指并拢，食、中、无名指指尖按于左手腕的脉门处。

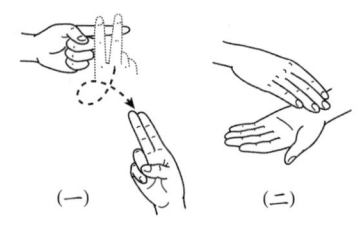

获得性免疫缺陷综合征（艾滋病）
huòdéxìng miǎnyì quēxiàn zōnghézhēng（àizībìng）

（一）左手食指横伸，手背向外；右手食、中指直立分开，掌心向外，贴于左手食指，然后边并拢边向下做"乂"形转动，掌心向内，仿"艾"字形。

（二）左手平伸，掌心向上；右手五指并拢，食、中、无名指指尖按于左手腕的脉门处。

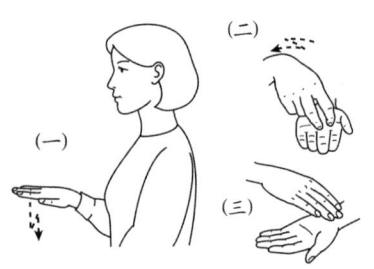

脊髓灰质炎（小儿麻痹症）
jǐsuǐ huīzhìyán（xiǎo'ér mábìzhèng）

（一）一手平伸，掌心向下，按动两下。

（二）左手平伸；右手食、中指分开，指尖朝下，置于左手掌心上，边歪向一侧边弯曲，重复一次，表示小儿麻痹症后遗症行走不便的状态。

（三）左手平伸，掌心向上；右手五指并拢，食、中、无名指指尖按于左手腕的脉门处。

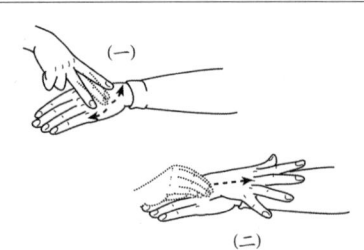

破伤风　pòshāngfēng

（一）左手横伸，右手食、中指并拢，手背向上，置于左手背上，然后分开，表示皮肉裂伤。

（二）左手横伸；右手五指撮合，指尖朝左，边沿左手背向左臂方向移动边张开。

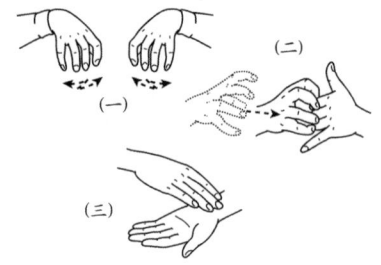

狂犬病　kuángquǎnbìng

（一）双手五指弯曲，指尖朝下，左右晃动两下。

（二）左手伸拇、小指，手背向左；右手五指弯曲，抓向左手，表示人被咬。

（三）左手平伸，掌心向上；右手五指并拢，食、中、无名指指尖按于左手腕的脉门处。

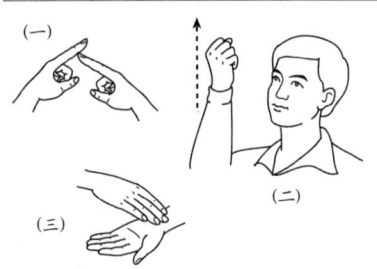

巨人症　jùrénzhèng

（一）双手食指搭成"人"字形。

（二）右手握拳，手背向外，缓慢上举，眼睛随之移动。

（三）左手平伸，掌心向上；右手五指并拢，食、中、无名指指尖按于左手腕的脉门处。

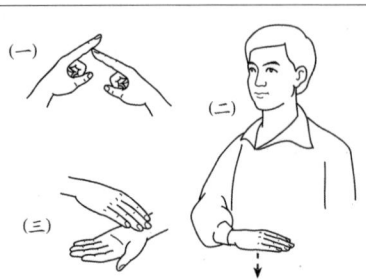

侏儒症　zhūrúzhèng

（一）双手食指搭成"人"字形。

（二）一手横伸，掌心向下，自腹部向下一按。

（三）左手平伸，掌心向上；右手五指并拢，食、中、无名指指尖按于左手腕的脉门处。

佝偻病　gōulóubìng

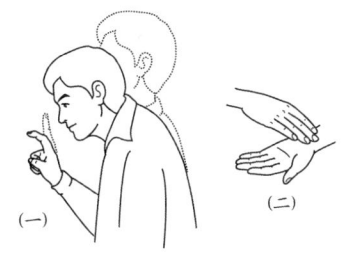

（一）一手食指直立，手背向内，然后向前弯曲，身体随之前倾，表示脊柱弯曲。
（二）左手平伸，掌心向上；右手五指并拢，食、中、无名指指尖按于左手腕的脉门处。
（可根据实际表示佝偻病的不同症状）

地方性甲状腺肿（大脖子病）
dìfāngxìng jiǎzhuàngxiànzhǒng（dàbó·zibìng）

头抬起，双手五指弯曲，指尖抵于颈部两侧甲状腺的位置，然后张开。

白化病　báihuàbìng

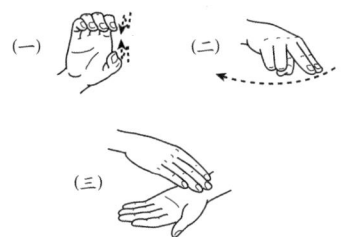

（一）一手五指弯曲，掌心向外，指尖弯动两下。
（二）一手打手指字母"H"的指式，指尖朝前斜下方，平行划动一下。
（三）左手平伸，掌心向上；右手五指并拢，食、中、无名指指尖按于左手腕的脉门处。

非特异性免疫（先天性免疫）
fēitèyìxìng miǎnyì（xiāntiānxìng miǎnyì）

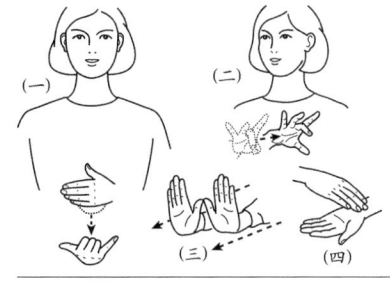

（一）左手横立，五指微曲，置于腹前；右手伸拇、小指，手背向下，先置于左手掌心内，再向下移出。
（二）右手拇、中指相捏，边碰向左胸部边张开。
（三）双手直立，掌心向外一推。
（四）左手平伸，掌心向上；右手五指并拢，食、中、无名指指尖按于左手腕的脉门处。

特异性免疫（后天性免疫、获得性免疫）
tèyìxìng miǎnyì（hòutiānxìng miǎnyì、huòdéxìng miǎnyì）

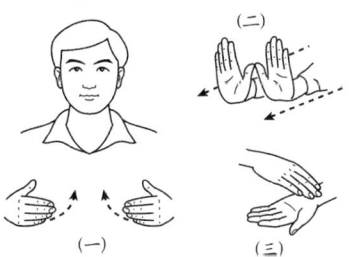

（一）双手横立，掌心向内，五指微曲，从外向内收进。
（二）双手直立，掌心向外一推。
（三）左手平伸，掌心向上；右手五指并拢，食、中、无名指指尖按于左手腕的脉门处。

计划免疫　jìhuà miǎnyì

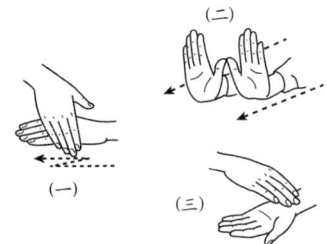

（一）左手横伸，掌心向下；右手食、中、无名、小指并拢，指尖朝下，沿左手小指外侧划两下。
（二）双手直立，掌心向外一推。
（三）左手平伸，掌心向上；右手五指并拢，食、中、无名指指尖按于左手腕的脉门处。

预防　yùfáng
（一）双手直立，手背前后相贴，左手在前不动，右手向后移动。
（二）双手直立，掌心向外一推。

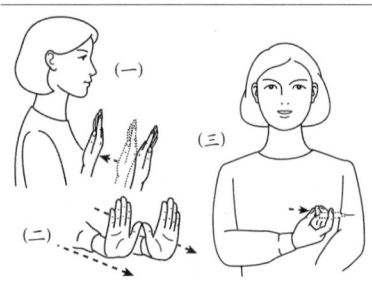

接种（注射、打针）　jiēzhòng (zhùshè、dǎzhēn)
右手拇、食、中指在左臂上做注射的动作。
（可根据实际表示接种的方式）

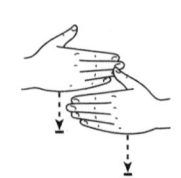

疫苗（预防针）　yìmiáo (yùfángzhēn)
（一）双手直立，手背前后相贴，左手在前不动，右手向后移动。
（二）双手直立，掌心向外一推。
（三）右手拇、食、中指在左臂上做注射的动作。

隔离（距离）　gélí (jùlí)
双手横立，掌心向内，一前一后，同时向下一顿。

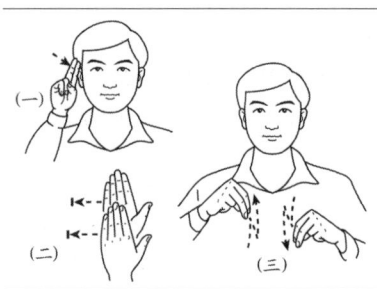

常规检查①　chángguī jiǎnchá ①
（一）一手食、中指直立并拢，掌心向外，向太阳穴碰一下。
（二）双手直立，掌心左右相对，向前一顿。
（三）双手拇、食、中指相捏，指尖朝下，上下交替动两下。

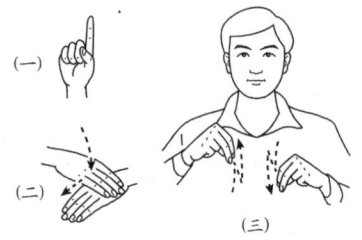

常规检查②　chángguī jiǎnchá ②
（一）一手食指直立，掌心向外。
（二）左手横伸；右手平伸，掌心向下，边拍一下左手背边向右移动。
（三）双手拇、食、中指相捏，指尖朝下，上下交替动两下。

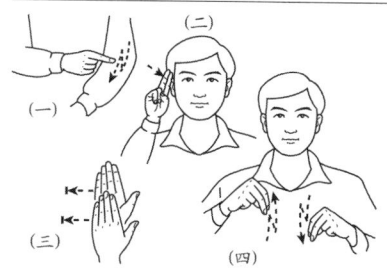

血常规检查 xuèchángguī jiǎnchá

（一）右手伸食指，在左臂处上下划动几下。
（二）一手食、中指直立并拢，掌心向外，向太阳穴碰一下。
（三）双手直立，掌心左右相对，向前一顿。
（四）双手拇、食、中指相捏，指尖朝下，上下交替动两下。

尿常规检查 niàochángguī jiǎnchá

（一）一手小指直立，弯动两下。
（二）一手食、中指直立并拢，掌心向外，向太阳穴碰一下。
（三）双手直立，掌心左右相对，向前一顿。
（四）双手拇、食、中指相捏，指尖朝下，上下交替动两下。

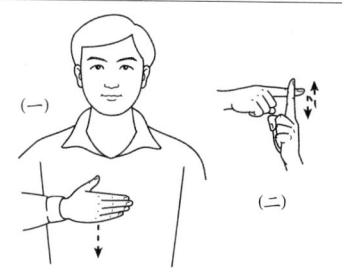

体温 tǐwēn

（一）一手掌心贴于胸部，向下移动一下。
（二）左手食指直立；右手食指横贴在左手食指上，然后上下微动几下。

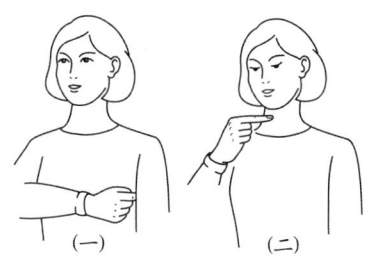

体温计 tǐwēnjì

（一）右手伸食指，置于左腋下。
（二）右手食指横伸，眼睛看着手。
（可根据实际表示体温计）

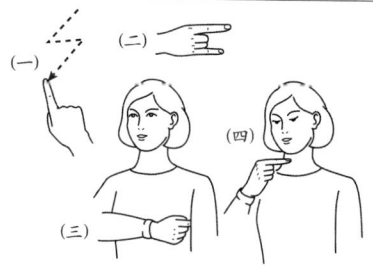

电子体温计 diànzǐ tǐwēnjì

（一）一手食指书空"𠃋"形。
（二）一手打手指字母"Z"的指式。
（三）右手伸食指，置于左腋下。
（四）右手食指横伸，眼睛看着手。
（可根据实际表示电子体温计）

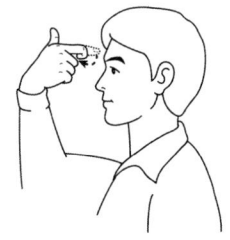

测温枪（测温） cèwēnqiāng（cèwēn）

一手伸拇、食指，指尖朝内，置于头前，食指弯动一下（或左手斜伸，手背向下；右手伸拇、食指，指尖朝下，置于左手腕上方，食指弯动一下），模仿用测温枪测量体温的动作。
（可根据实际表示测温的动作）

核酸检测 hésuān jiǎncè

头抬起，口张开，一手伸食指，指尖朝内，在口腔内转动几下。

（可根据实际表示核酸检测的方式）

治疗 zhìliáo

左手平伸，掌心向上；右手五指并拢，食、中、无名指指尖按于左手腕的脉门处，双手同时向前移动两下。

（可根据实际表示治疗的方式）

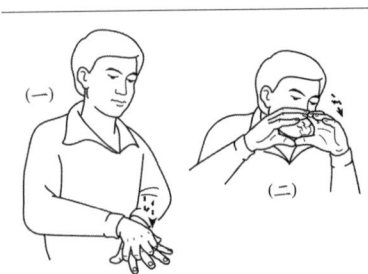

人工呼吸 réngōng hūxī

（一）左手五指张开，掌心向下；右手五指扣于左手各指指缝间，掌心向下，按动两下。

（二）头微低，双手五指搭成圆形，虎口贴于嘴边，嘴做几下吹气的动作。

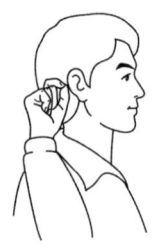

人工耳蜗 réngōng ěrwō

一手拇、食指捏成圆形，虎口贴于耳后颅骨上。

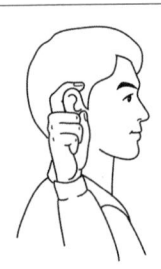

助听器 zhùtīngqì

一手食指弯曲，挂在耳背上，仿耳背式助听器的佩戴方式。

（可根据实际表示助听器的形状）

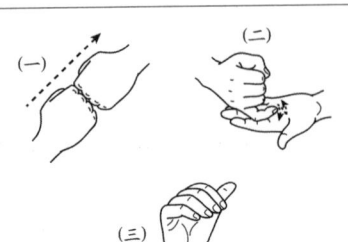

抗生素 kàngshēngsù

（一）双手握拳屈肘，两拳斜向相抵，右拳将左拳向左上方顶出。

（二）左手横伸；右手伸小指，小指外侧贴于左手掌心上，弯动几下。

（三）一手打手指字母"S"的指式。

血液透析　xuèyè tòuxī

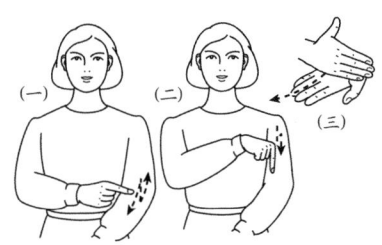

（一）右手伸食指，在左臂处上下划动几下。
（二）右手伸食指，指尖朝下，在左上臂向下点动几下，表示输液。
（三）左手横伸；右手侧立，置于左手掌心上，然后用力向左手指尖方向划动。

器官移植　qìguān yízhí

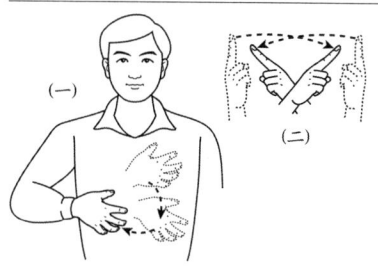

（一）一手五指弯曲，指尖朝内，在胸腹部随意按动几下。
（二）双手食指直立，然后左右交叉，互换位置。
（可根据实际表示某个器官）

靶器官　bǎqìguān

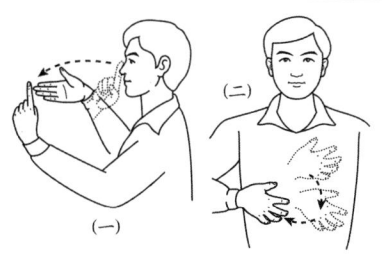

（一）左手食指直立；右手伸食指，指一下右眼，然后手侧立，指向左手食指。
（二）一手五指弯曲，指尖朝内，在胸腹部随意按动几下。
（可根据实际表示某个器官）

靶向治疗　bǎxiàng-zhìliáo

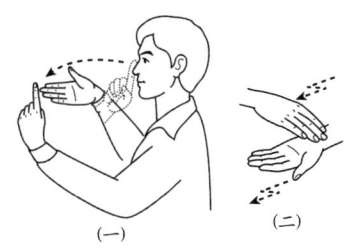

（一）左手食指直立；右手伸食指，指一下右眼，然后手侧立，指向左手食指。
（二）左手平伸，掌心向上；右手五指并拢，食、中、无名指指尖按于左手腕的脉门处，双手同时向前移动两下。

放疗　fàngliáo

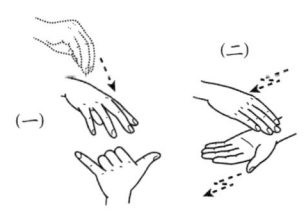

（一）左手伸拇、小指，指尖朝上，手背向外；右手五指撮合，指尖朝下，边向左手移动边张开。
（二）左手平伸，掌心向上；右手五指并拢，食、中、无名指指尖按于左手腕的脉门处，双手同时向前移动两下。
（可根据实际表示放疗的方式）

化疗　huàliáo

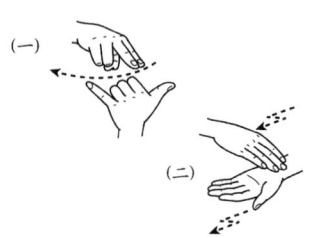

（一）左手伸拇、小指，指尖朝上，手背向外；右手打手指字母"H"的指式，从左手上方向右移动一下。
（二）左手平伸，掌心向上；右手五指并拢，食、中、无名指指尖按于左手腕的脉门处，双手同时向前移动两下。
（可根据实际表示化疗的方式）

保健 bǎojiàn

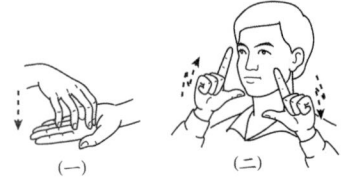

（一）左手伸拇指；右手横立，掌心向内，五指微曲，置于左手前，然后双手同时向下一顿。
（二）双手握拳，捶一下胸部，挺胸抬头。

稳态 wěntài

（一）左手横伸；右手五指弯曲，指尖朝下，抵于左手掌心，向下一按。
（二）双手拇、食指成"⌐⌐"形，置于脸颊两侧，上下交替动两下。

13. 食物

膳食 shànshí

左手横伸，掌心向上，五指微曲；右手伸食、中指，向嘴边拨动，如用筷子吃饭状。

葡萄糖 pú·taotáng

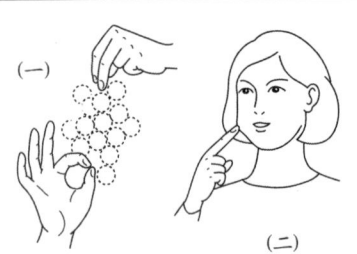

（一）左手拇、食、中指相捏，指尖朝下，如提物状；右手拇、食指捏成圆形，其他三指直立分开，在左手下随意点动几下。
（二）一手食指指腮部，同时用舌顶起腮部，表示嘴里含着的糖。

麦芽糖 màiyátáng

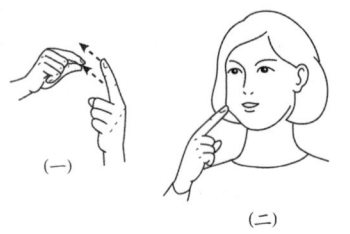

（一）左手食指直立微曲；右手拇、食指相捏，在左手食指不同位置向斜上方移动两下，如麦芒状。
（二）一手食指指腮部，同时用舌顶起腮部，表示嘴里含着的糖。

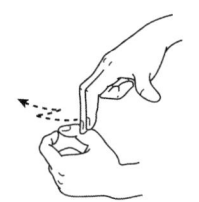

营养　yíngyǎng
左手拇、食指捏成圆形，虎口朝上；右手伸拇、食、中指，食、中指并拢弯曲，指尖朝下，在左手虎口处向外拨动两下。

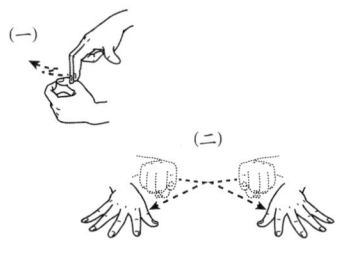

营养物质　yíngyǎng wùzhì
（一）左手拇、食指捏成圆形，虎口朝上；右手伸拇、食、中指，食、中指并拢弯曲，指尖朝下，在左手虎口处向外拨动两下。

（二）双手食指指尖朝前，手背向上，先互碰一下，再分开并张开五指。

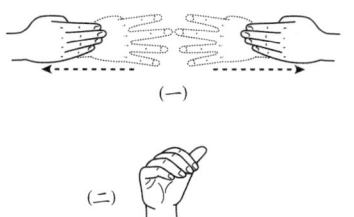

纤维素　xiānwéisù
（一）双手食、中、无名、小指横伸分开，拇指弯回，手背向外，边从中间向两侧移动边并拢，表示纤维的细丝。

（二）一手打手指字母"S"的指式。

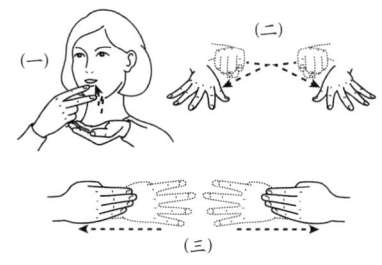

膳食纤维　shànshí xiānwéi
（一）左手横伸，掌心向上，五指微曲；右手伸食、中指，向嘴边拨动，如用筷子吃饭状。

（二）双手食指指尖朝前，手背向上，先互碰一下，再分开并张开五指。

（三）双手食、中、无名、小指横伸分开，拇指弯回，手背向外，边从中间向两侧移动边并拢，表示纤维的细丝。

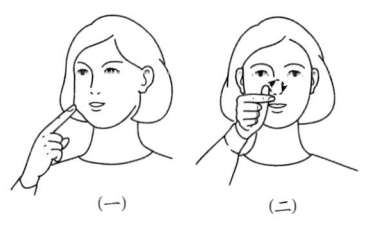

甘油　gānyóu
（一）一手食指指腮部，同时用舌顶起腮部，表示嘴里含着的糖。

（二）一手拇、食指搭成"十"字形，置于鼻翼一侧，微转两下。

（可根据实际表示甘油）

脂肪　zhīfáng
左手横伸，掌心向下；右手五指成"冖"形，指尖朝前，贴于左手掌心，然后左右微动几下，表示皮下脂肪。

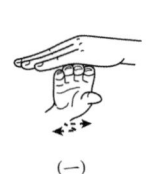 

脂肪酸 zhīfángsuān
（一）左手横伸，掌心向下；右手五指成"⊐"形，指尖朝前，贴于左手掌心，然后左右微动几下，表示皮下脂肪。
（二）一手食指直立，在鼻翼一侧向上移动一下，同时耸鼻。

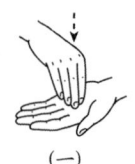 

淀粉 diànfěn
（一）左手横伸；右手五指撮合，指尖朝下，按向左手掌心。"定"与"淀"形近，借代。
（二）一手五指撮合，指尖朝下，互捻几下。

维生素 wéishēngsù
（一）一手打手指字母"V"的指式，左右晃动两下（此为国外聋人手语）。
（二）一手打手指字母"S"的指式。

 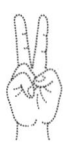

维生素A（VA） wéishēngsù A
一手连续打手指字母"V""A"的指式（表示维生素B_1时，一手先连续打手指字母"V""B"的指式，再打数字"1"的手势，以此类推）。

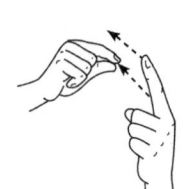

小麦（麦子） xiǎomài (mài·zi)
左手食指直立微曲；右手拇、食指相捏，在左手食指不同位置向斜上方移动两下，如麦芒状。

 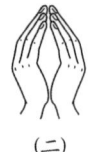

高粱 gāoliáng
（一）一手横伸，掌心向下，向上移过头顶。
（二）双手直立，掌心相合，五指微曲，仿高粱穗的形状。

谷子（粟） gǔ·zi (sù)

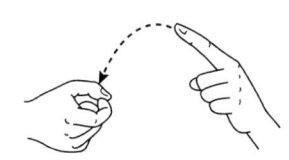

左手食指微曲，指尖朝右上方；右手拇、食指捏成圆形，从左手食指尖向斜下方移动，如谷子垂穗状。

水稻（稻子） shuǐdào (dào·zi)

左手食指直立微曲；右手拇、食指微张，相距约一粒米大小，在左手食指尖处点动两下，如稻穗上的一粒粒稻子。

糯米（江米、黏米） nuòmǐ (jiāngmǐ、niánmǐ)

 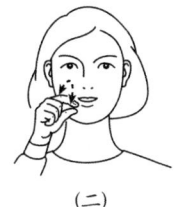

（一）一手拇、中指相捏，指尖朝前，然后缓慢张开。
（二）一手拇、食指微张，在嘴角处前后微转几下。

红豆 hóngdòu

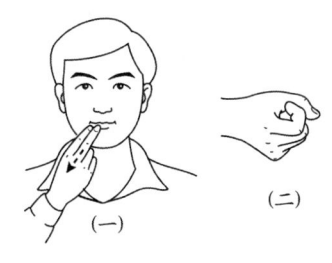

（一）一手打手指字母"H"的指式，摸一下嘴唇。
（二）一手拇、食指捏成小圆形，虎口朝上，如红豆大小。

绿豆 lǜdòu

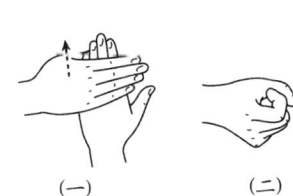

（一）左手食、中、无名、小指并拢，指尖朝右上方，手背向外；右手五指向上捋一下左手四指。
（二）一手拇、食指捏成小圆形，虎口朝上，如绿豆大小。

黄豆（大豆） huángdòu (dàdòu)

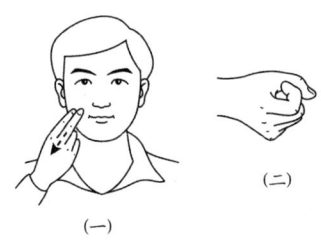

（一）一手打手指字母"H"的指式，摸一下脸颊。
（二）一手拇、食指捏成小圆形，虎口朝上，如黄豆大小。

豆腐① dòu·fu ①

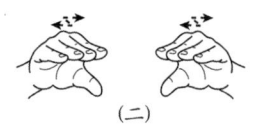

（一）一手拇、食指捏成小圆形，虎口朝上，如豆子大小。
（二）双手五指成"⊏⊐"形，指尖朝斜前方，左右微动几下。
（"豆腐"的手语存在地域差异，可根据实际选择使用）

豆腐② dòu·fu ②

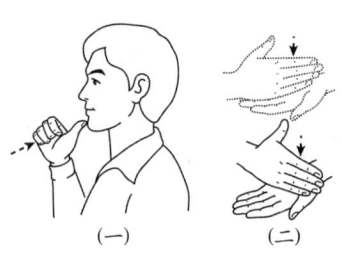

（一）一手伸拇指，指尖朝颏部一杵。
（二）左手横伸；右手置于左手掌心上，先横切，再侧切。
（"豆腐"的手语存在地域差异，可根据实际选择使用）

玉米 yùmǐ

一手五指撮合，置于嘴前，前后转动，如吃玉米状。

花生 huāshēng

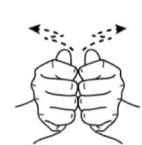

双手虚握，拇指搭在食指上，然后向两侧掰动两下，模仿剥花生的动作。

芝麻 zhī·ma

（一）左手横伸；右手伸食指，指尖朝下，在左手掌心上随意点动几下。
（二）一手五指弯曲，指尖朝内，在嘴前点动几下。

菜（蔬菜） cài (shūcài)

一手五指撮合，指尖朝上，边向上微移边张开。
（表示蔬菜时重复一次）

白菜 báicài
 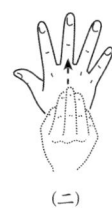
（一）一手五指弯曲，掌心向外，指尖弯动两下。
（二）一手五指撮合，指尖朝上，边向上微移边张开。

菠菜 bōcài
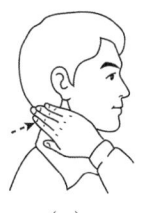 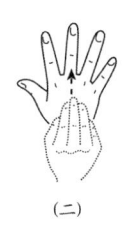
（一）一手手掌拍一下脖颈儿。"脖"与"菠"音近，借代。
（二）一手五指撮合，指尖朝上，边向上微移边张开。

菜薹 càitái
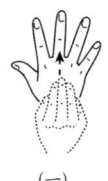 
（一）一手五指撮合，指尖朝上，边向上微移边张开。
（二）左手食指直立；右手打手指字母"T"的指式，拇、中、无名指指尖抵于左手食指，然后向前微转一下。

茴香 huíxiāng
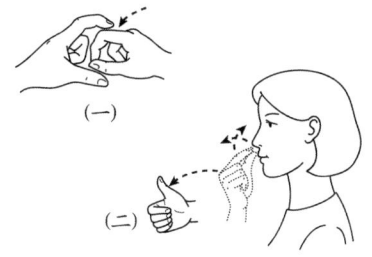
（一）左手拇、食指成"⊏"形，虎口朝内；右手拇、食指捏成圆形，虎口朝内，从后向前移入左手虎口内，仿"回"字形。"回"与"茴"音同形近，借代。
（二）一手拇、食指在鼻孔前捻动，然后伸出拇指。

荠菜 jìcài
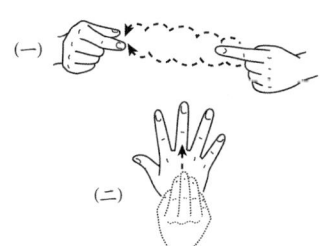
（一）左手食指横伸；右手拇、食指张开，虎口朝上，置于左手食指内外两侧，然后边连续弯动边向右移动，仿荠菜叶子的形状。
（二）一手五指撮合，指尖朝上，边向上微移边张开。

芥菜 jiècài
 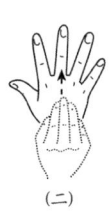
（一）左手拇、食指与右手食、中指搭成"介"字形。"介"与"芥"音同形近，借代。
（二）一手五指撮合，指尖朝上，边向上微移边张开。

金花菜 jīnhuācài

 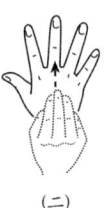

（一）左手握拳；右手拇、食指相捏，指尖朝下，置于左手无名指根部。
（二）一手五指撮合，指尖朝上，边向上微移边张开。

韭菜 jiǔcài

 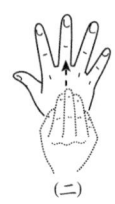

（一）一手打手指字母"J"的指式。
（二）一手五指撮合，指尖朝上，边向上微移边张开。

空心菜① kōngxīncài①

 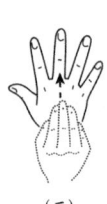

（一）一手拇、食指捏成圆形，虎口朝上，从颈部移向嘴部。
（二）一手五指撮合，指尖朝上，边向上微移边张开。

空心菜② kōngxīncài②

 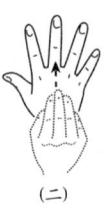

（一）左手拇、食指捏成圆形，虎口朝上；右手伸食指，指尖朝下，在左手虎口处转动两下。
（二）一手五指撮合，指尖朝上，边向上微移边张开。

蓬蒿菜（茼蒿） pénghāocài (tónghāo)

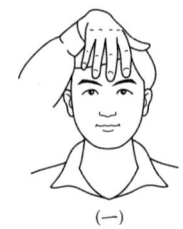 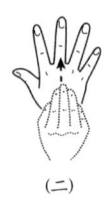

（一）一手五指微曲，指尖朝下，手腕贴于前额。
（二）一手五指撮合，指尖朝上，边向上微移边张开。

芹菜① qíncài①

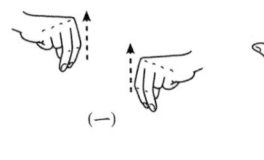 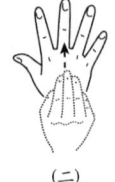

（一）双手拇、食、中指相捏，指尖朝下，一高一低，向上一提。
（二）一手五指撮合，指尖朝上，边向上微移边张开。
（"芹菜"的手语存在地域差异，可根据实际选择使用）

芹菜② qíncài②

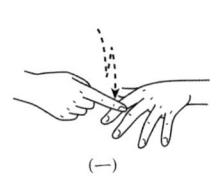 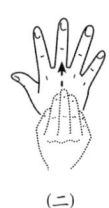
(一)
(二)

（一）左手五指张开，掌心向下；右手伸食指，向下击打两下左手手指，模仿用筷子打掉芹菜叶子的动作。
（二）一手五指撮合，指尖朝上，边向上微移边张开。
（"芹菜"的手语存在地域差异，可根据实际选择使用）

青菜 qīngcài

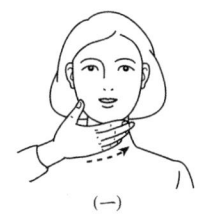 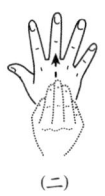
(一)
(二)

（一）一手横立，掌心向内，食、中、无名、小指并拢，在颏部从右向左摸一下。
（二）一手五指撮合，指尖朝上，边向上微移边张开。

生菜① shēngcài①

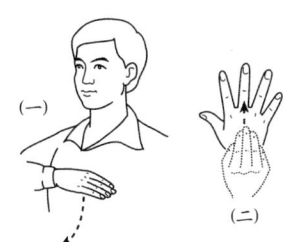
(一)
(二)

（一）一手横伸，掌心向下，从胸前向前下方移动。
（二）一手五指撮合，指尖朝上，边向上微移边张开。
（"生菜"的手语存在地域差异，可根据实际选择使用）

生菜② shēngcài②

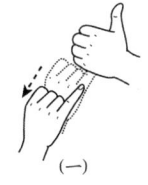 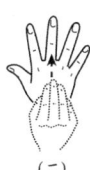
(一)
(二)

（一）左手伸拇指，其他四指攥住右手小指，然后右手小指从左手掌心内向下移出一下。
（二）一手五指撮合，指尖朝上，边向上微移边张开。
（"生菜"的手语存在地域差异，可根据实际选择使用）

甜菜 tiáncài

 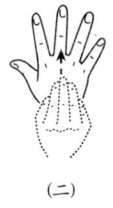
(一)
(二)

（一）一手食指指腮部，同时用舌顶起腮部，表示嘴里含着的糖。
（二）一手五指撮合，指尖朝上，边向上微移边张开。

苋菜 xiàncài

 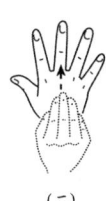
(一)
(二)

（一）一手打手指字母"H"的指式，摸一下嘴唇。
（二）一手五指撮合，指尖朝上，边向上微移边张开。

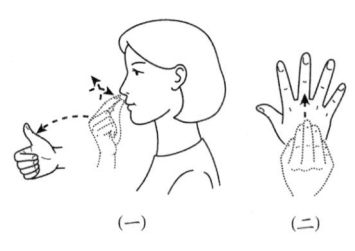

香菜 xiāngcài
（一）一手拇、食指在鼻孔前捻动，然后伸出拇指。
（二）一手五指撮合，指尖朝上，边向上微移边张开。

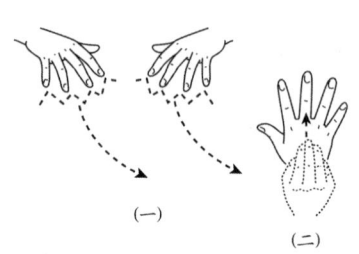

雪里蕻①（雪菜①） xuělǐhóng①（xuěcài①）
（一）双手平伸，掌心向下，五指张开，边交替点动边向斜下方缓缓下降，如雪花飘落状。
（二）一手五指撮合，指尖朝上，边向上微移边张开。

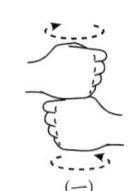 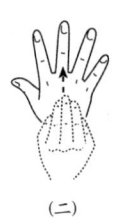

雪里蕻②（雪菜②） xuělǐhóng②（xuěcài②）
（一）双手虚握，虎口朝上，一上一下，分别向相反方向拧动一下。
（二）一手五指撮合，指尖朝上，边向上微移边张开。

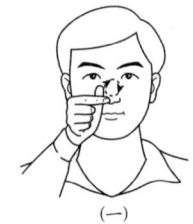 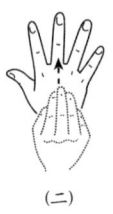

油菜 yóucài
（一）一手拇、食指搭成"十"字形，置于鼻翼一侧，微转两下。
（二）一手五指撮合，指尖朝上，边向上微移边张开。

 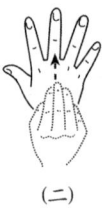

圆白菜（洋白菜、甘蓝） yuánbáicài（yángbáicài、gānlán）
（一）左手握拳，虎口朝上；右手手背拱起，从上向下绕左拳转动半圈。
（二）一手五指撮合，指尖朝上，边向上微移边张开。

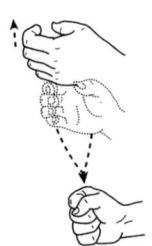

萝卜 luó·bo
双手五指成半圆形，虎口朝上，上下相叠，左手向上微动，右手边向下移动边收拢，仿萝卜的外形。
（可根据实际表示萝卜的形状）

白萝卜　báiluó·bo

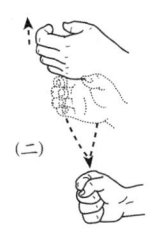

（一）一手五指弯曲，掌心向外，指尖弯动两下。
（二）双手五指成半圆形，虎口朝上，上下相叠，左手向上微动，右手边向下移动边收拢。
（可根据实际表示白萝卜的形状）

红萝卜　hóngluó·bo

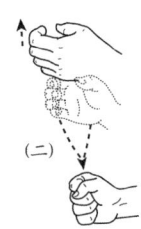

（一）一手打手指字母"H"的指式，摸一下嘴唇。
（二）双手五指成半圆形，虎口朝上，上下相叠，左手向上微动，右手边向下移动边收拢。
（可根据实际表示红萝卜的形状）

胡萝卜　húluó·bo

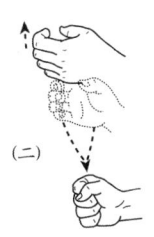

（一）一手拇、食指捏成圆形，虎口贴于脸颊。
（二）双手五指成半圆形，虎口朝上，上下相叠，左手向上微动，右手边向下移动边收拢。
（可根据实际表示胡萝卜的形状）

葱①　cōng①

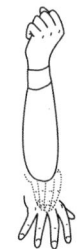

左小臂抬起，左手握拳；右手五指撮合，指尖朝下，置于左臂肘部，然后张开。

葱②（小葱）　cōng②（xiǎocōng）

一手食指横伸，置于鼻下，前后微转两下。

洋葱①（葱头①）　yángcōng①（cōngtóu①）

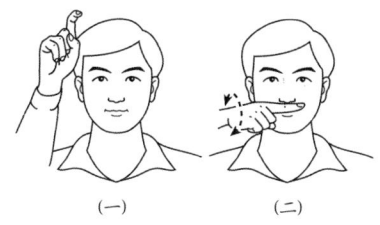

（一）一手食指弯曲如钩，虎口贴于太阳穴，仿羊头上弯曲的角。"羊"与"洋"音同形近，借代。
（二）一手食指横伸，置于鼻下，前后微转两下。

洋葱②（葱头②）　yángcōng ②（cōngtóu ②）

（一）一手食指弯曲如钩，虎口贴于太阳穴，仿羊头上弯曲的角。"羊"与"洋"音同形近，借代。

（二）左手五指弯曲，指尖朝上；右手五指聚拢，指尖朝下，边从左手指尖处向上微移边撮合，仿葱头的形状。

姜　jiāng

一手五指弯曲，仿姜的外形。

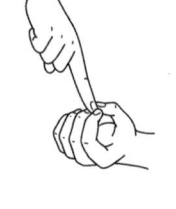

蒜　suàn

左手五指捏成球形，掌心向上；右手伸食指，指尖朝下，置于左手指尖，仿大蒜的外形。

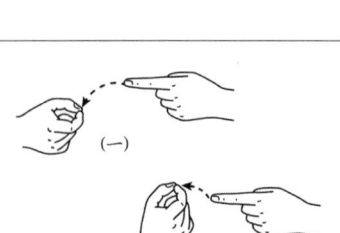

蒜苗❶　suànmiáo ❶

（一）左手五指捏成球形，掌心向上；右手伸食指，指尖朝下，置于左手指尖，仿大蒜的外形。

（二）左手五指捏成球形，掌心向上；右手拇、食指相捏，置于左手指尖，然后食指抬起。

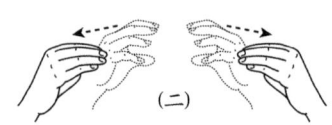

蒜薹（蒜苗❷）　suàntái（suànmiáo ❷）

（一）左手食指横伸，手背向外；右手拇、食指相捏，从左手食指尖向斜下方移动，表示细长的蒜薹。

（二）左手食指横伸，手背向外；右手拇、食指相捏，在左手食指尖向上掰动一下，模仿掐蒜薹尖的动作。

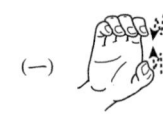

白薯　báishǔ

（一）一手五指弯曲，掌心向外，指尖弯动两下。

（二）双手五指弯曲，指尖左右相对，边从中间向两侧移动边撮合，仿白薯的形状。

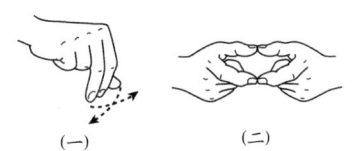

马铃薯(土豆) mǎlíngshǔ (tǔdòu)

(一)一手拇、食、中指相捏,指尖朝下,互捻几下。
(二)双手拇、食指搭成圆形,虎口朝上。

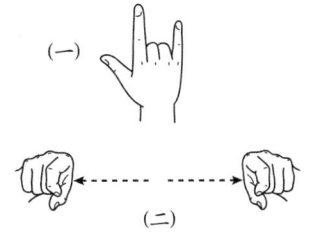

山药 shānyào

(一)一手拇、食、小指直立,手背向外,仿"山"字形。
(二)双手拇、食指捏成小圆形,虎口左右相对,从中间向两侧移动,仿山药的外形。
(可根据实际表示山药)

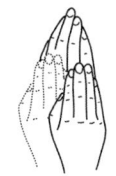

笋 sǔn

左手五指撮合,指尖朝上;右手手背拱起,指尖朝上,指面在左手背不同位置贴几下,表示笋有一层层的外皮。

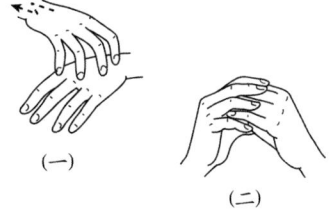

芋头(芋艿) yù·tou (yùnǎi)

(一)左手横伸,五指微曲张开;右手五指弯曲,指尖朝下,在左手背上挠几下。
(二)左手五指撮合,指尖朝右;右手握住左手,指尖朝左,仿芋头的形状。

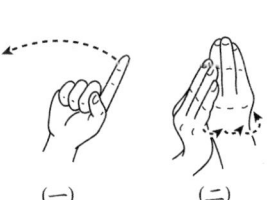

百合 bǎihé

(一)右手伸食指,从左向右挥动一下。
(二)左手五指撮合,指尖朝上;右手手背拱起,指尖朝上,指面在左手指背不同位置贴几下,表示百合有很多层。

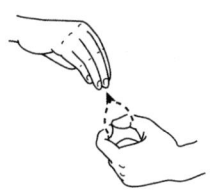

荸荠 bí·qi

左手拇、食指捏成圆形,虎口朝上;右手五指弯曲,自左手虎口处边向上微移边撮合,仿荸荠的形状。

茭白 jiāobái

（一）左手五指撮合，指尖朝上；右手拇、食指相捏，在左手上做向下撕表皮的动作。
（二）一手五指弯曲，掌心向外，指尖弯动两下。

莴苣 wō·jù

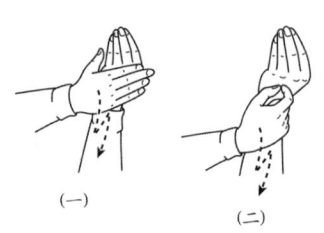

（一）左手五指撮合，指尖朝上；右手食、中、无名、小指并拢，掌心向内，在左手上向下划动两下，模仿削莴苣的动作。
（二）左手五指撮合，指尖朝上；右手拇、食指相捏，在左手上做向下撕表皮的动作，模仿剥莴苣皮的动作。

菜花① （花菜①、花椰菜①）

càihuā ① (huācài ①、huāyēcài ①)

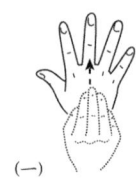

（一）一手五指撮合，指尖朝上，边向上微移边张开。
（二）左手五指微曲张开，指尖朝上；右手五指撮合，指尖朝下，在左手各指指尖上点几下，仿菜花的形状。

菜花② （花菜②、花椰菜②）

càihuā ② (huācài ②、huāyēcài ②)

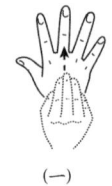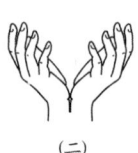

（一）一手五指撮合，指尖朝上，边向上微移边张开。
（二）双手五指弯曲，指尖朝上，手腕相挨，仿菜花的形状。

西蓝花① xīlánhuā ①

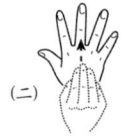

（一）左手食、中、无名、小指并拢，指尖朝右上方，手背向外；右手五指向上捋一下左手四指，表示西蓝花是绿色的。
（二）一手五指撮合，指尖朝上，边向上微移边张开。
（三）双手五指弯曲，指尖朝上，手腕相挨，仿西蓝花的形状。

西蓝花② xīlánhuā ②

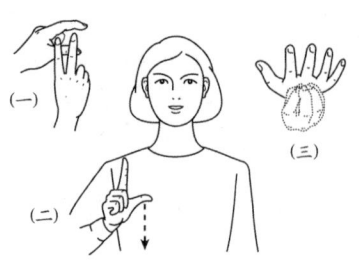

（一）左手拇、食指成"匚"形，虎口朝内；右手食、中指直立分开，手背向内，贴于左手拇指，仿"西"字的部分字形。
（二）一手打手指字母"L"的指式，沿胸的一侧划下。
（三）一手五指撮合，指尖朝上，然后张开。

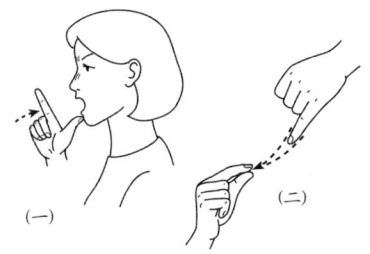

辣椒　làjiāo
（一）一手伸拇、食指，食指尖朝上，拇指尖碰一下颏部，口张开，面露难受的表情。
（二）左手伸小指，指尖朝右下方；右手拇、食指微张，边在左手小指尖处向下移动边相捏，仿辣椒的形状。

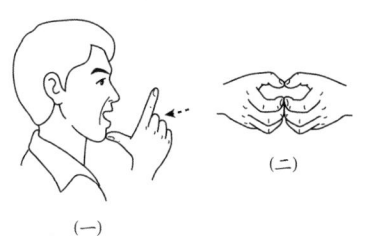

柿子椒　shì·zijiāo
（一）一手伸拇、食指，食指尖朝上，拇指尖碰一下颏部，口张开，面露难受的表情。
（二）双手五指弯曲，指尖相抵，虎口朝上。

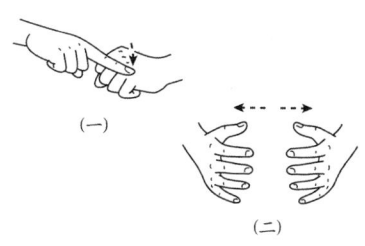

冬瓜　dōng·guā
（一）左手握拳，手背向上；右手食指点一下左手小指根部关节。
（二）双手五指弯曲张开，指尖左右相对，虎口朝上，从中间向两侧微移一下。

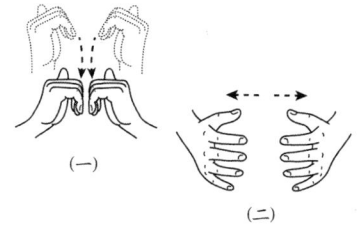

南瓜　nán·guā
（一）双手五指弯曲，食、中、无名、小指指尖朝下，手腕向下转动一下。
（二）双手五指弯曲张开，指尖左右相对，虎口朝上，从中间向两侧微移一下。

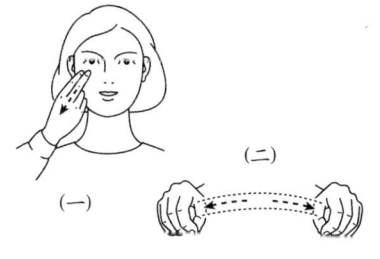

黄瓜　huáng·guā
（一）一手打手指字母"H"的指式，摸一下脸颊。
（二）双手虚握，虎口左右相贴，然后向两侧做弧形移动，仿黄瓜的外形。

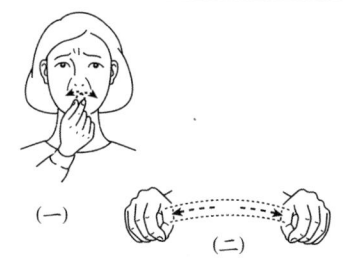

苦瓜　kǔguā
（一）一手拇、食指相捏，指尖朝上，置于嘴边，互捻几下，面露难受的表情。
（二）双手虚握，虎口左右相贴，然后向两侧做弧形移动，仿苦瓜的外形。

丝瓜 sīguā

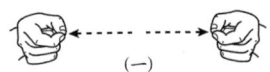

（一）双手拇、食指相捏，虎口朝上，从中间向两侧拉开。
（二）双手虚握，虎口左右相贴，然后向两侧做弧形移动，仿丝瓜的外形。

西葫芦 xīhú·lu

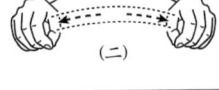

（一）左手拇、食指成"匚"形，虎口朝内；右手食、中指直立分开，手背向内，贴于左手拇指，仿"西"字的部分字形。
（二）双手五指弯曲，指尖相对，虎口朝上，从中间向两侧移动，仿西葫芦的外形。

番茄（西红柿） fānqié (xīhóngshì)

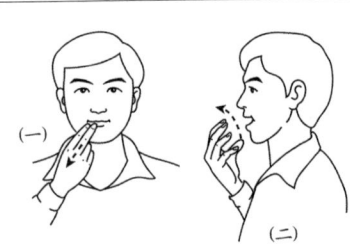

（一）一手打手指字母"H"的指式，摸一下嘴唇。
（二）一手五指弯曲，指尖朝内，置于嘴前，然后向前上方移动，嘴做咬的动作。

茄子 qié·zi

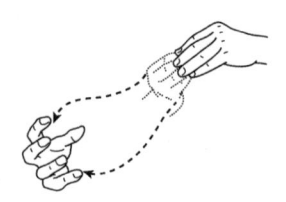

双手五指撮合，指尖上下相对，左手在上，罩住右手指尖，然后右手边向下做弧形移动边五指弯曲，仿长茄子的外形。
（可根据实际表示茄子的形状）

扁豆 biǎndòu

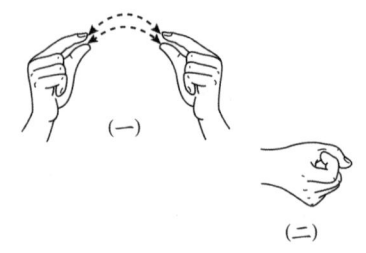

（一）双手拇、食指相距约1厘米，指尖相对，虎口朝内，向两侧做弧形微移，仿扁豆的外形。
（二）一手拇、食指捏成小圆形，虎口朝上，如豆子大小。

菜豆（四季豆） càidòu (sìjìdòu)

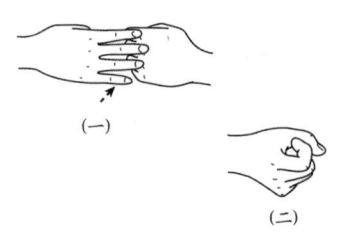

（一）左手握拳，手背向外；右手食、中、无名、小指横伸分开，拇指弯回，手背向外，食、中、无名指指尖碰一下左手食、中、无名指根部关节，表示四季。
（二）一手拇、食指捏成小圆形，虎口朝上，如豆子大小。

蚕豆 cándòu

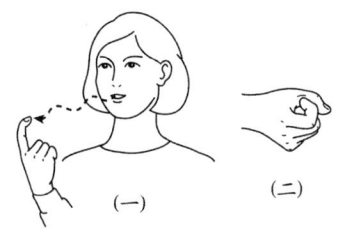

（一）一手伸食指，指尖朝内，从嘴部向外做波纹状移动，表示蚕丝。
（二）一手拇、食指捏成小圆形，虎口朝上，如蚕豆大小。

豇豆 jiāngdòu

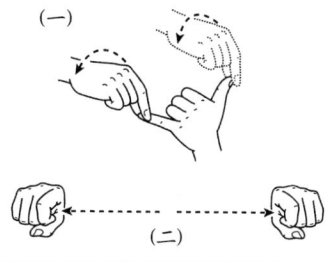

（一）左手伸拇、小指，指尖朝上，手背向外；右手拇、食指相捏，在左手拇、小指指尖处做摘豇豆的动作。
（二）双手拇、食指捏成小圆形，虎口左右相对，从中间向两侧移动，仿豇豆的外形。

豌豆 wāndòu

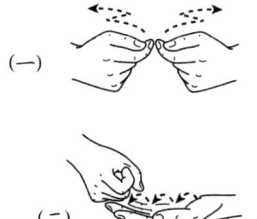

（一）双手拇指搭在食指上，然后向两侧掰动两下，模仿剥豆的动作。
（二）左手横伸，掌心凹进；右手拇、食指捏成小圆形，在左手掌心上从左向右移动几下，表示豌豆荚。

豆芽儿 dòuyár

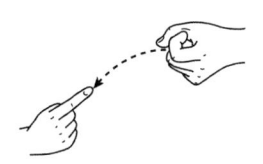

左手拇、食指捏成小圆形，虎口朝上；右手伸食指，指尖抵于左手小圆形，然后向外移动一下，仿豆芽儿的形状。

水果 shuǐguǒ

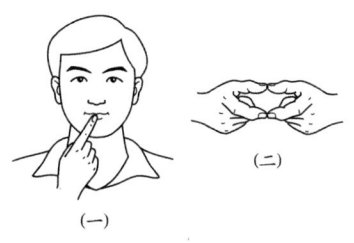

（一）一手伸食指，指尖贴于下嘴唇。
（二）双手拇、食指搭成圆形，虎口朝上，表示果子。

哈密瓜 hāmìguā

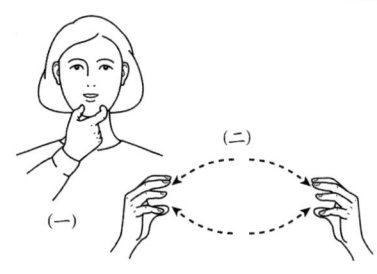

（一）一手拇、食指弯曲，指尖朝内，抵于颏部。
（二）双手五指弯曲张开，掌心左右相对，从中间向两侧移动并收拢。

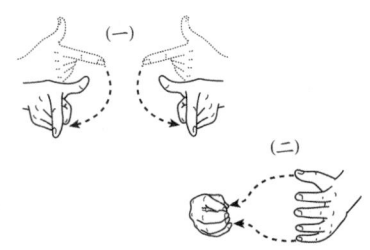

木瓜 mùguā

（一）双手伸拇、食指，虎口朝上，手腕向前转动一下。
（二）双手五指弯曲张开，指尖左右相对，虎口朝上，然后左手不动，右手边向右移动边收拢，仿木瓜的外形。

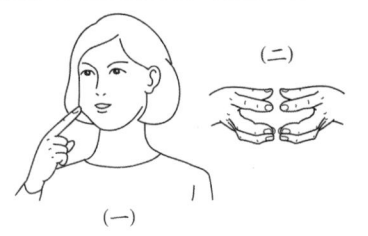

甜瓜 tiánguā

（一）一手食指指腮部，同时用舌顶起腮部，表示嘴里含着的糖。
（二）双手五指弯曲张开，指尖左右相对，虎口朝上，仿甜瓜的形状。

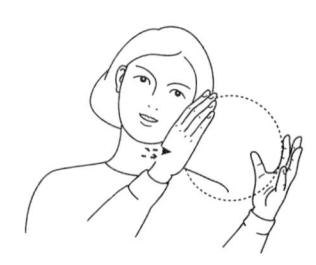

西瓜① xī·guā①

左手如托西瓜状，置于头一侧；右手拍两下，如拍西瓜状。
（"西瓜"的手语存在地域差异，可根据实际选择使用）

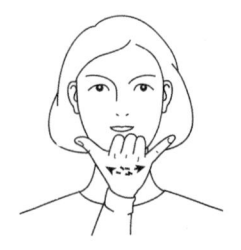

西瓜② xī·guā②

一手伸拇、小指，指尖朝上，手背向外，在嘴前左右移动两下。
（"西瓜"的手语存在地域差异，可根据实际选择使用）

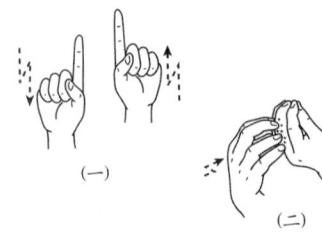

草莓 cǎoméi

（一）双手食指直立，手背向内，上下交替动几下。
（二）左手五指撮合，指尖朝上，仿草莓的形状；右手五指弯曲，指尖在左手指背上点几下，表示草莓上的小黑点。

葡萄 pú·tao

左手拇、食、中指相捏，指尖朝下，如提物状；右手拇、食指捏成圆形，其他三指直立分开，在左手下随意点动几下。

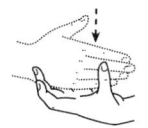 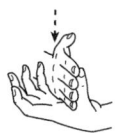

橙子 chéng·zi

左手五指弯曲，指尖朝上；右手在左手掌心上先横切，再侧切。

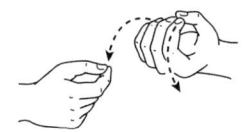

橘子 jú·zi

左手虚握，指尖朝上；右手沿左手指背向下扯，如剥橘子皮状。

柠檬 níngméng

一手虚握，虎口朝内，置于鼻翼一侧，然后握拳，模仿挤柠檬汁的动作。

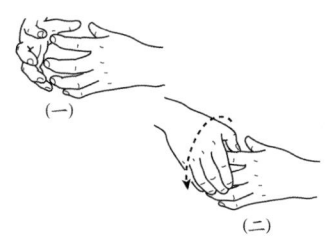

柚子 yòu·zi

（一）双手五指弯曲张开，指尖左右相对，虎口朝上。
（二）双手五指弯曲，左手虎口朝上，右手在左手虎口处做剥柚子皮的动作。

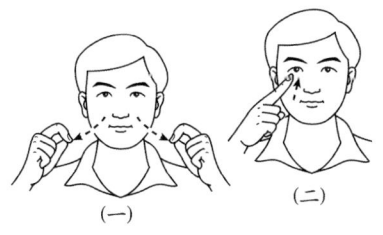

桂圆（龙眼） guìyuán (lóngyǎn)

（一）双手拇、食指相捏，从鼻下向两侧斜前方拉出，表示龙的两条长须。
（二）一手伸食指，指一下眼睛。

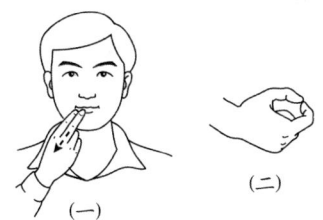

红枣 hóngzǎo

（一）一手打手指字母"H"的指式，摸一下嘴唇。
（二）一手拇、食指捏成圆形，虎口朝上。

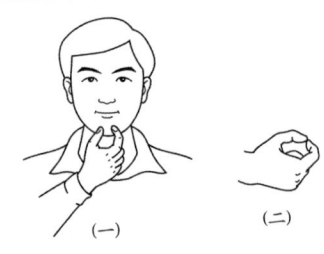

李子 lǐ·zi

（一）一手拇、食指弯曲，指尖朝内，抵于颏部。
（二）一手拇、食指捏成圆形，虎口朝上。

荔枝 lìzhī

一手拇、食指相捏，指尖朝内，先置于颏部，再置于前额。

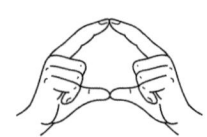

桃 táo

双手拇、食指张开，指尖相抵，虎口朝内，仿桃的形状。

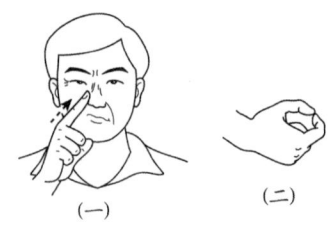

杏 xìng

（一）一手食指直立，在鼻翼一侧向上移动一下，同时耸鼻。
（二）一手拇、食指捏成圆形，虎口朝上。

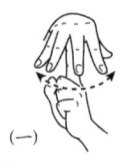

杨梅 yángméi

（一）左手食指直立；右手五指张开，指尖朝下，手腕置于左手食指尖，左右晃动两下。
（二）一手拇、食指捏成圆形，虎口朝上。

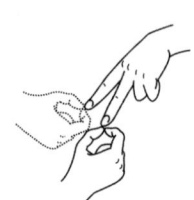

樱桃（车厘子） yīng·tao (chēlízǐ)

左手食、中指分开，指尖朝下；右手拇、食指捏成圆形，分别碰一下左手食、中指指尖。

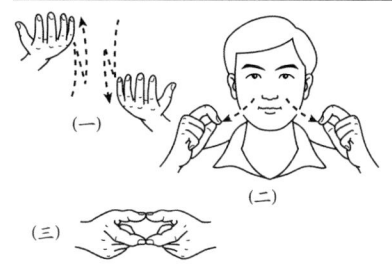

火龙果　huǒlóngguǒ
（一）双手五指微曲，指尖朝上，上下交替动几下，如火苗跳动状。
（二）双手拇、食指相捏，从鼻下向两侧斜前方拉出，表示龙的两条长须。
（三）双手拇、食指搭成圆形，虎口朝上，表示果子。

梨　lí
一手伸食指，指尖朝下，在头顶上向上做弧形微移，表示梨把儿，把头象征为梨的外形。

猕猴桃　míhóutáo
（一）一手手腕翻转，五指并拢，指面向下，小指外侧贴于前额，模仿猴的动作。
（二）双手拇、食指张开，指尖相抵，虎口朝上，仿猕猴桃的形状。

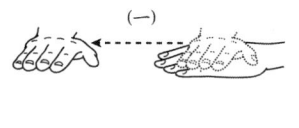

苹果　píngguǒ
（一）左手横伸；右手平伸，掌心向下，在左手背上向右移动一下。
（二）双手拇、食指搭成圆形，虎口朝上，表示果子。

山楂（红果儿、山里红）
shānzhā（hóngguǒr、shān·lǐhóng）
（一）一手拇、食、小指直立，手背向外，仿"山"字形。
（二）一手拇、食指相捏，置于嘴边，腮向内缩，眉微蹙，如尝酸味状。

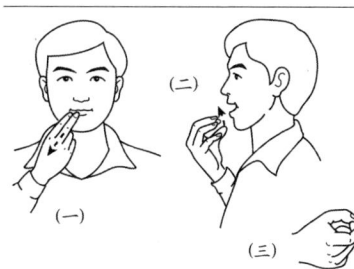

圣女果　shèngnǚguǒ
（一）一手打手指字母"H"的指式，摸一下嘴唇。
（二）一手五指弯曲，指尖朝内，置于嘴前，然后向前上方微移，嘴做咬的动作。
（三）一手拇、食指捏成圆形，虎口朝上。
（可根据实际表示吃圣女果的动作）

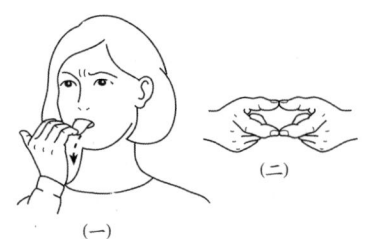

柿子 shì·zi
（一）一手打手指字母"S"的指式，指尖朝内，在嘴部向下移动一下，舌微伸，眉微蹙，如吃涩柿子状。
（二）双手拇、食指搭成圆形，虎口朝上，如柿子大小。

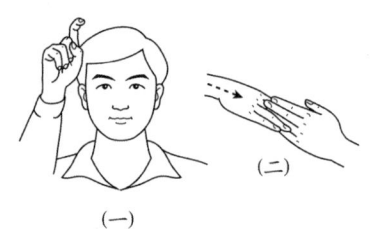

杨桃 yángtáo
（一）一手食指弯曲如钩，虎口贴于太阳穴，仿羊头上弯曲的角。"羊"与"杨"音同，借代。
（二）双手五指并拢，左手指尖朝右上方，手背向外，右手指尖朝左下方，手背向上，插入左手中、无名指指缝间，仿杨桃的外形。

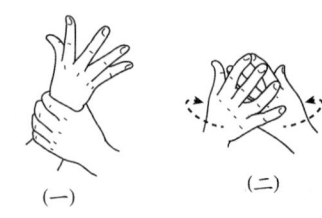

菠萝 bōluó
（一）左手握住右手腕；右手五指张开，指尖朝上。
（二）双手五指张开，掌心向内，交叉相搭，然后向后转动，仿菠萝的外形。

甘蔗 gān·zhe
双手虚握，一上一下，置于嘴边并向上移动，口微张，如啃甘蔗皮状。

核桃 hé·tao
（一）一手手掌根部托住颏部。
（二）一手拇、食指捏成圆形，虎口朝上。

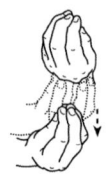

莲雾 liánwù
左手五指捏成球形，指尖朝上；右手五指弯曲，指尖朝上，置于左手背下，然后边向下微移边撮合，仿莲雾的形状。

榴莲 liúlián

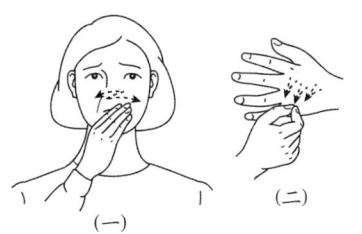

（一）一手在鼻前左右扇动几下，同时皱眉。
（二）左手横立，五指微曲；右手拇、食指微张，指尖朝内，在左手背上边向外移动边相捏几下，表示榴莲外壳上的刺。

芒果 mángguǒ

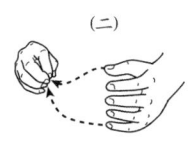

（一）一手打手指字母"M"的指式。
（二）双手五指弯曲张开，指尖左右相对，虎口朝上，然后左手不动，右手边向右移动边收拢，仿芒果的外形。
（可根据实际表示芒果的大小）

石榴 shí·liu

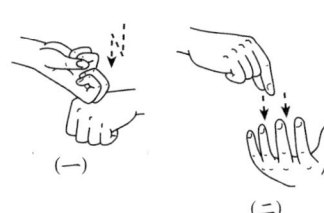

（一）左手握拳；右手食、中指弯曲，以指关节在左手背上敲两下。
（二）左手五指弯曲，指尖朝上；右手拇、食指相捏，指尖朝下，在左手上随意点动几下，表示石榴的籽。

香蕉 xiāngjiāo

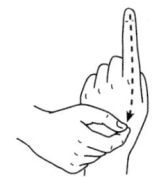

左手食指直立；右手拇、食指沿左手食指尖向下一扯，模仿剥香蕉皮的动作。

椰子 yē·zi

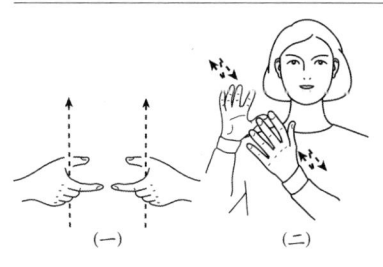

（一）双手拇、食指成大圆形，虎口朝上，同时向上移动。
（二）双手五指微曲，掌心斜向相对，置于肩头侧，上下晃动两下。

六、实验与实验器材

实验① shíyàn①
一手伸拇、小指,指尖朝上,拇指置于鼻翼一侧,小指弯动两下。
("实验"的手语存在地域差异,可根据实际选择使用)

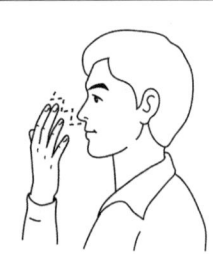

实验② shíyàn②
一手直立,掌心向内,置于面前,五指张开,交替点动几下。
("实验"的手语存在地域差异,可根据实际选择使用)

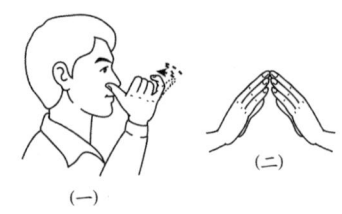

实验室 shíyànshì
(一)一手伸拇、小指,指尖朝上,拇指置于鼻翼一侧,小指弯动两下。
(二)双手搭成"∧"形。

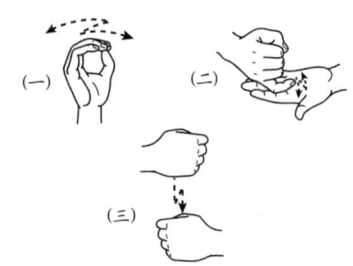

无菌操作 wújūn-cāozuò
(一)一手五指捏成圆形,虎口朝内,左右晃动几下。
(二)左手横伸;右手伸小指,小指外侧贴于左手掌心上,弯动几下。
(三)双手握拳,一上一下,右拳向下砸两下左拳。

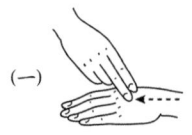

解剖 jiěpōu
(一)左手横伸;右手食、中指并拢,指尖朝下,在左手背上划动一下。
(二)双手食、中指弯曲,手背向上,同时从中间向两侧扒动一下。
(可根据实际表示解剖的部位)

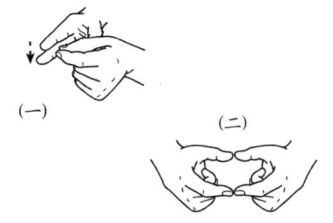

切片 qiēpiàn
（一）左手拇、食指相捏，虎口朝上；右手食、中指并拢，指尖朝前，手背向右，在左手拇、食指指尖处向下一切。
（二）双手拇、食指搭成"匚コ"形，虎口朝上。

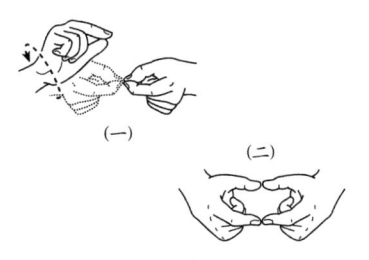

装片 zhuāngpiàn
（一）双手拇、食指相捏，指尖相抵，虎口朝上，左手不动，右手做撕扯的动作。
（二）双手拇、食指搭成"匚コ"形，虎口朝上。

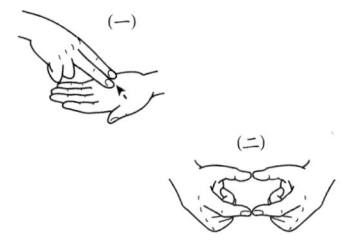

涂片 túpiàn
（一）左手横伸；右手食、中指并拢，指尖朝下，在左手掌心上向内抹一下。
（二）双手拇、食指搭成"匚コ"形，虎口朝上。

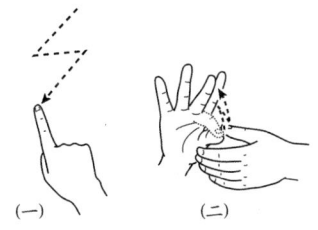

电泳 diànyǒng
（一）一手食指书空"ㄣ"形。
（二）左手五指成半圆形，虎口朝上；右手拇、中指相捏，在左手虎口旁开合两下。

显微镜（化验） xiǎnwēijìng (huàyàn)
头微低，双手虚握，虎口朝上，上下相叠，贴于眼部一侧，然后双手交错微转，如用显微镜观察物体状。
（可根据实际表示显微镜的样式）

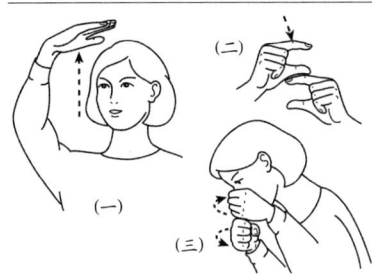

高倍显微镜 gāobèi-xiǎnwēijìng
（一）一手横伸，掌心向下，向上移过头顶。
（二）双手拇、食指张开，虎口朝内，右手拇指从上向下移至左手食指上。
（三）头微低，双手虚握，虎口朝上，上下相叠，贴于眼部一侧，然后双手交错微转。

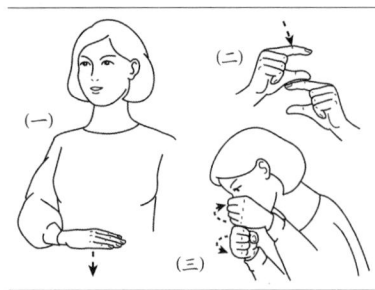

低倍显微镜 dībèi-xiǎnwēijìng

（一）一手横伸，掌心向下，自腹部向下一按。

（二）双手拇、食指张开，虎口朝内，右手拇指从上向下移至左手食指上。

（三）头微低，双手虚握，虎口朝上，上下相叠，贴于眼部一侧，然后双手交错微转。

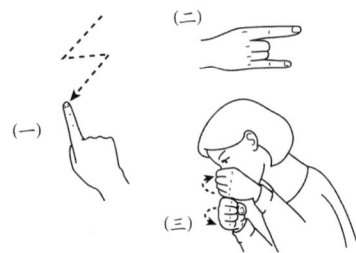

电子显微镜（电镜） diànzǐ xiǎnwēijìng (diànjìng)

（一）一手食指书空"5"形。

（二）一手打手指字母"Z"的指式。

（三）头微低，双手虚握，虎口朝上，上下相叠，贴于眼部一侧，然后双手交错微转。

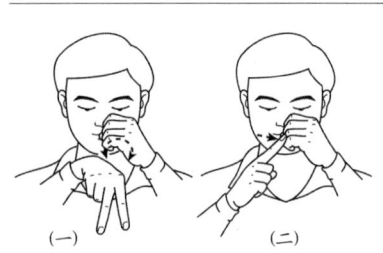

目镜 mùjìng

（一）头微低，左手虚握，虎口朝上，贴于左眼，来回转动，表示目镜；右手食、中指分开，指尖朝下，置于左手下，表示双物镜（可根据实际表示物镜的数量）。

（二）头微低，左手虚握，虎口朝上，贴于左眼；右手伸食指，指一下左手。

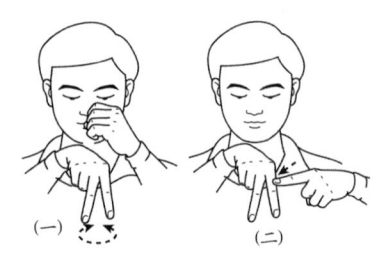

物镜 wùjìng

（一）头微低，左手虚握，虎口朝上，贴于左眼，表示目镜；右手食、中指分开，指尖朝下，置于左手下，来回转动，表示双物镜（可根据实际表示物镜的数量）。

（二）头微低，右手食、中指分开，指尖朝下；左手伸食指，指一下右手。

粗准焦螺旋（调焦①） cūzhǔnjiāoluóxuán (tiáojiāo ①)

头微低，左手虚握，虎口朝上；右手五指弯曲，指尖朝左，在左手旁来回转动。

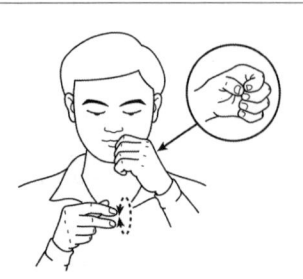

细准焦螺旋（调焦②） xìzhǔnjiāoluóxuán (tiáojiāo ②)

头微低，左手虚握，虎口朝上；右手拇、食、中指弯曲，指尖朝左，在左手右下方来回转动。

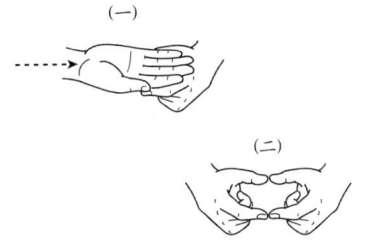

载物台 zàiwùtái

（一）左手拇、食指成"匚"形，虎口朝上；右手横伸，掌心向上，向左移至左手虎口。

（二）双手拇、食指搭成"匚⊐"形，虎口朝上。

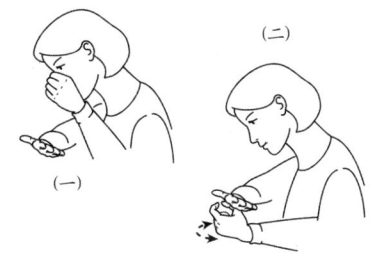

遮光器 zhēguāngqì

（一）头微低，左手虚握，虎口朝上，贴于左眼；右手斜伸，掌心向斜后方。

（二）头微低，右手斜伸，掌心向斜后方；左手拇、食指成半圆形，虎口朝上，在右手背下来回转动。

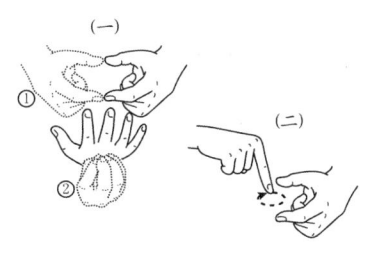

通光孔 tōngguāngkǒng

（一）双手拇、食指搭成"匚⊐"形，虎口朝上，表示显微镜的载物台，然后左手不动，右手五指撮合，指尖朝上，在左手下方张开。

（二）左手拇、食指成"匚"形，虎口朝上；右手伸食指，指尖朝下，在左手"匚"形中心点转动一小圈，表示载物台中心的通光孔。

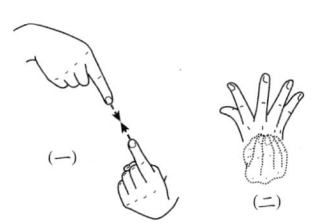

对光 duìguāng

（一）双手伸食指，指尖斜向相对，同时向中间移动一下。

（二）一手五指撮合，指尖朝上，然后张开。

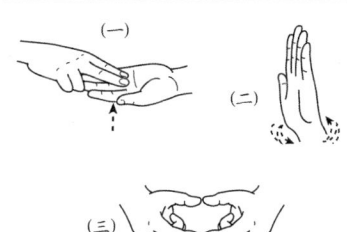

载玻片 zàibōpiàn

（一）右手食、中指横伸并拢，手背向上；左手横伸，掌心向上，贴向右手食、中指指面。

（二）左手直立，掌心向右，晃动几下。

（三）双手拇、食指搭成"匚⊐"形，虎口朝上。

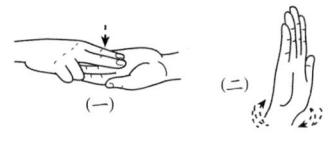

盖玻片 gàibōpiàn

（一）左手横伸，掌心向上；右手食、中指横伸并拢，手背向上，指面贴向左手掌心。

（二）右手直立，掌心向左，晃动几下。

（三）双手拇、食指搭成"匚⊐"形，虎口朝上。

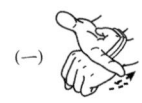

临时装片 línshí zhuāngpiàn

（一）左手握拳，手背向上；右手伸拇、食指，手背斜贴于左手腕，食指弯动两下。

（二）左手横伸；右手食、中指横伸并拢，手背向上，置于左手掌心上。

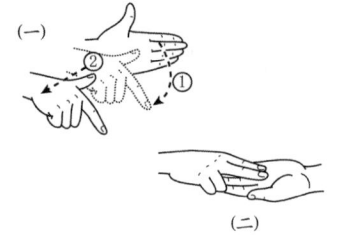

永久装片 yǒngjiǔ zhuāngpiàn

（一）左手侧立；右手伸拇、食指，拇指尖抵于左手掌心，食指边向下转动边向右移动。

（二）左手横伸；右手食、中指横伸并拢，手背向上，置于左手掌心上。

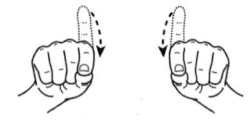

压片夹 yāpiànjiá

双手拇、食指张开，指尖朝前，然后相捏。

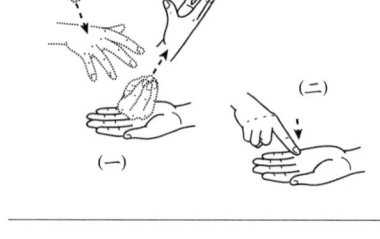

反光镜 fǎnguāngjìng

（一）左手横伸，掌心向上；右手五指撮合，边从右上方向左手移动边张开，然后在左手掌心上五指撮合并转腕，边向左上方移动边张开。

（二）左手横伸，掌心向上；右手伸食指，指一下左手。

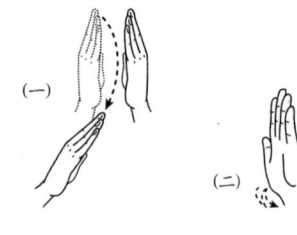

凹面镜 āomiànjìng

（一）双手直立，掌心左右相对，左手不动，右手从上向下做向内凹进的弧形移动，仿凹面镜的形状。

（二）左手直立，掌心向右，晃动几下。

（可根据实际表示凹面镜的朝向）

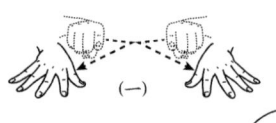

物像 wùxiàng

（一）双手食指指尖朝前，手背向上，先互碰一下，再分开并张开五指。

（二）一手食、中指直立并拢，掌心向斜前方，朝脸颊碰一下。

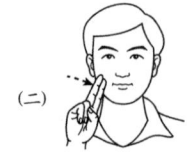

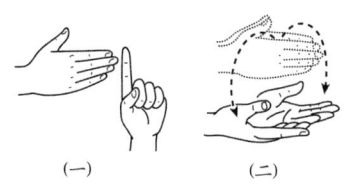

标本 biāoběn
（一）左手食指直立；右手侧立，指向左手食指。
（二）双手侧立，掌心相贴，然后向两侧打开。

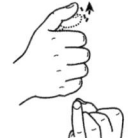

镊子 niè·zi
一手拇、食指微张，指尖朝下，然后相捏。

微量取液器 wēiliàng qǔyèqì
左手拇、小指相捏，指尖朝上；右手五指弯曲，置于左手上方，然后拇指轻按一下，再抬起。

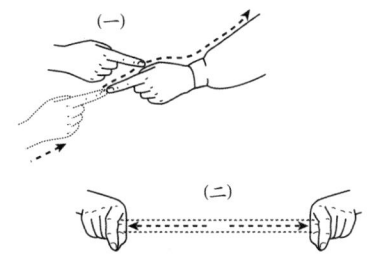

导管❷ dǎoguǎn❷
（一）双手伸食指，指尖左右相对，左手不动，右手食指移动并触到左手食指，然后向左臂方向移动。
（二）双手拇、食指捏成圆形，虎口左右相对，从中间向两侧移动。
（可根据实际表示导管的样式）

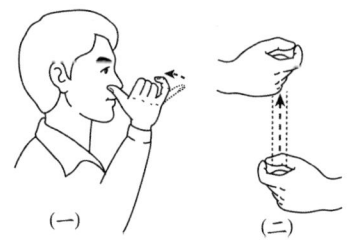

试管 shìguǎn
（一）一手伸拇、小指，指尖朝上，拇指置于鼻翼一侧，小指弯动一下。
（二）双手拇、食指捏成圆形，虎口朝上，一上一下，左手在下不动，右手向上移动。
（可根据实际表示试管的样式）

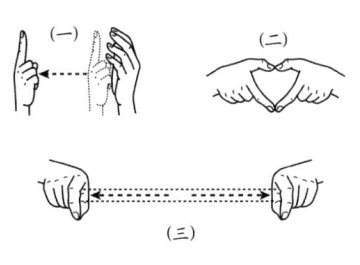

离心管 líxīnguǎn
（一）左手直立，掌心向右，五指微曲；右手食指直立，从左手旁向右移动。
（二）双手拇、食指张开仿"♡"形，手背向外，置于胸部。
（三）双手拇、食指捏成圆形，虎口左右相对，从中间向两侧移动。
（可根据实际表示离心管的样式）

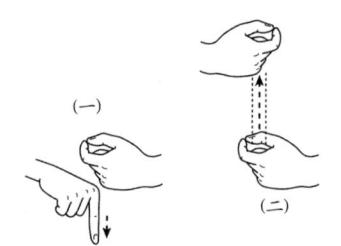

滴管　dīguǎn
（一）左手拇、食指捏成圆形，虎口朝上；右手伸食指，指尖朝下，在左手下向下点动一下。
（二）双手拇、食指捏成圆形，虎口朝上，一上一下，左手在下不动，右手向上移动。

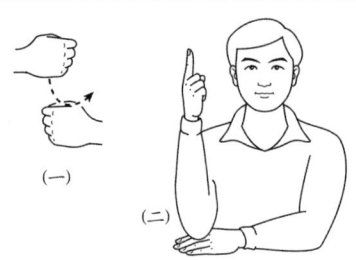

铁架台　tiějiàtái
（一）双手握拳，虎口朝上，一上一下，右拳向下砸一下左拳，再向内移动。
（二）左手横伸；右手食指直立，手背向右，肘部置于左手背上，仿铁架台的形状。

三脚架　sānjiǎojià
（一）双手拇、食指搭成圆形，虎口朝上。
（二）左手拇、食指成半圆形，虎口朝上；右手食、中、无名指叉开，指尖朝下，置于左手虎口下。

石棉网　shímiánwǎng
（一）左手握拳；右手食、中指弯曲，以指关节在左手背上敲两下。
（二）一手五指成"⊐"形，虎口朝内，轻捏几下。
（三）双手五指张开，掌心向上，交叉相搭，同时向两侧斜后方移动一下。

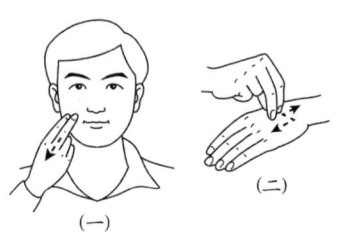

碘酊（碘酒）　diǎndīng (diǎnjiǔ)
（一）一手打手指字母"H"的指式，摸一下脸颊。
（二）左手横伸；右手拇、食、中指相捏，指尖朝下，在左手背上擦几下，如抹碘酒状。

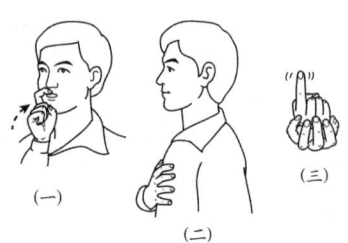

酒精灯　jiǔjīngdēng
（一）一手打手指字母"J"的指式，移向嘴部，如喝酒状。
（二）一手五指微曲张开，掌心贴于胸部。
（三）左手五指弯曲，掌心向上；右手食指直立，在左手上晃动几下。

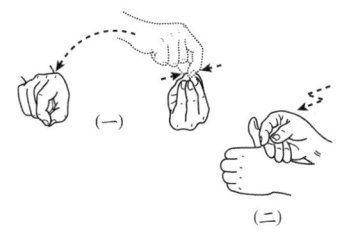

组织培养　zǔzhī péiyǎng

（一）左手五指撮合，指尖朝上；右手拇、食指微张，指尖朝下，捏一下左手指尖后向右移动，表示从一个植物体分离出部分组织。

（二）左手伸拇指；右手五指撮合，指背碰两下左手拇指背。

 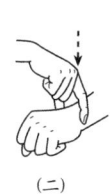

培养基　péiyǎngjī

（一）左手伸拇指；右手五指撮合，指背碰两下左手拇指背。

（二）左手握拳，手背向上；右手拇、食指张开，指尖朝下，插向左手腕两侧。

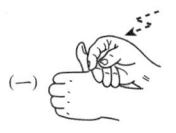

培养皿　péiyǎngmǐn

（一）左手伸拇指；右手五指撮合，指背碰两下左手拇指背。

（二）双手拇、食指搭成圆形，虎口朝上。

三角瓶　sānjiǎopíng

双手五指搭成圆形，虎口朝上，边向上移动边捏成圆形，上下相叠，仿三角瓶的形状。

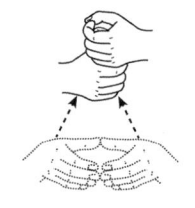

烧杯　shāobēi

（一）左手五指成半圆形，虎口朝上；右手五指微曲，指尖朝上，在左手下方向上动几下。

（二）双手五指成半圆形，虎口朝上，上下相叠。

生理盐水　shēnglǐ yánshuǐ

（一）一手食指直立，边转动手腕边向上移动。

（二）一手打手指字母"L"的指式，逆时针平行转动一下。

（三）一手打手指字母"X"的指式，置于嘴前，向下微动两下。

（四）一手拇、食、中指相捏，指尖朝下，互捻几下。

（五）一手伸食指，指尖贴于下嘴唇。

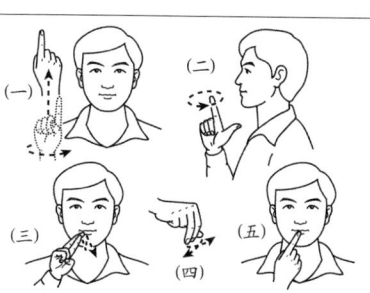

七、科学家

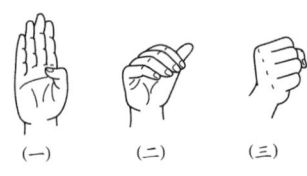

巴斯德　Bāsīdé
　　（一）一手打手指字母"B"的指式。
　　（二）一手打手指字母"S"的指式。
　　（三）一手打手指字母"D"的指式。

达尔文　Dá'ěrwén
　　右手食、中、无名、小指横伸分开，掌心向外，置于前额，然后边向右微移边翻转为掌心向内。
　　（此为国外聋人手语）

哈维　Hāwéi
　　（一）一手五指成"⌒"形，虎口贴于嘴边，口张开。
　　（二）一手打手指字母"W"的指式。

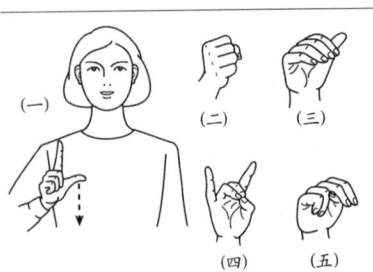

卡尔·兰德斯坦纳　Kǎ'ěr·Lándésītǎnnà
　　（一）一手打手指字母"L"的指式，沿胸的一侧划下。
　　（二）一手打手指字母"D"的指式。
　　（三）一手打手指字母"S"的指式。
　　（四）一手打手指字母"T"的指式。
　　（五）一手打手指字母"N"的指式。

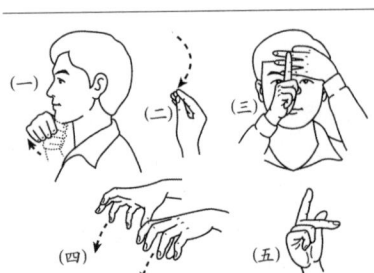

列文虎克　Lièwénhǔkè
　　（一）一手虚握，虎口贴于颏部，再向上一翘。
　　（二）一手五指撮合，指尖朝前，撇动一下，如执毛笔写字状。
　　（三）左手中、无名、小指与右手食指搭成"王"字形，置于前额。
　　（四）双手五指弯曲，指尖朝下，如兽爪，同时向前下方按动一下。
　　（五）一手打手指字母"K"的指式。

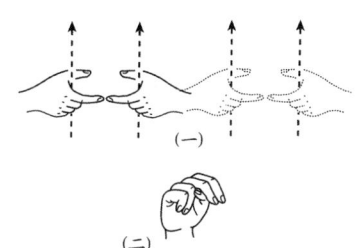

林奈 Línnài
（一）双手拇、食指成大圆形，虎口朝上，在不同位置向上移动两下。
（二）一手打手指字母"N"的指式。

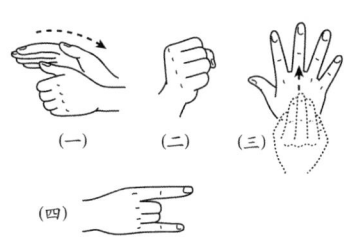

罗伯特·爱德华兹 Luóbótè·Àidéhuázī
（一）左手伸拇指；右手轻轻抚摸左手拇指背。
（二）一手打手指字母"D"的指式。
（三）一手五指撮合，指尖朝上，边向上微移边张开。
（四）一手打手指字母"Z"的指式。

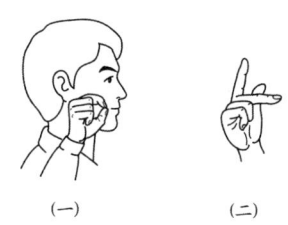

罗伯特·胡克 Luóbótè·Húkè
（一）一手拇、食指捏成圆形，虎口贴于脸颊。
（二）一手打手指字母"K"的指式。

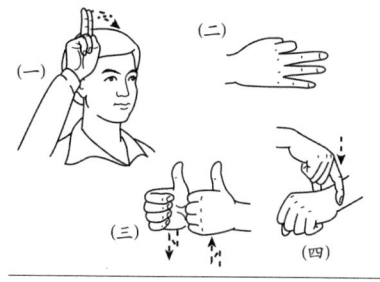

马尔比基 Mǎ'ěrbǐjī
（一）一手食、中指直立并拢，虎口贴于太阳穴，向前微动两下，仿马的耳朵。
（二）一手打手指字母"E"的指式。
（三）双手伸拇指，上下交替动两下。
（四）左手握拳，手背向上；右手拇、食指张开，指尖朝下，插向左手腕两侧。

孟德尔 Mèngdé'ěr
（一）一手打手指字母"M"的指式，置于鼻翼一侧。
（二）一手打手指字母"D"的指式。
（三）一手打手指字母"E"的指式。

米勒 Mǐlè
（一）一手打手指字母"M"的指式。
（二）一手打手指字母"L"的指式。

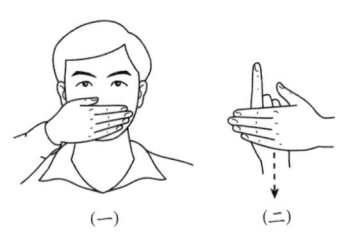

默里 Mòlǐ
（一）一手捂于嘴部。
（二）左手横立；右手食指直立，在左手掌心内从上向下移动。

施莱登 Shīláidēng
（一）一手打手指字母"SH"的指式。
（二）一手平伸，掌心向下，五指微曲，向内挥动一下。"来"与"莱"音同形近，借代。
（三）一手打手指字母"D"的指式。

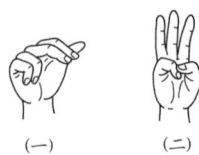

施旺 Shīwàng
（一）一手打手指字母"SH"的指式。
（二）一手打手指字母"W"的指式。

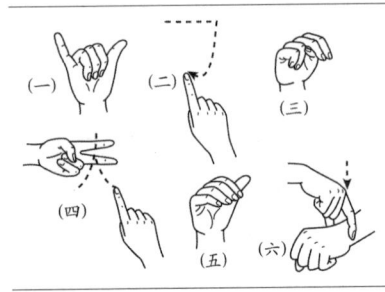

伊万诺夫斯基 Yīwànnuòfūsījī
（一）一手打手指字母"Y"的指式。
（二）一手伸食指，指尖朝前，书空"乛"形，表示"万"字的横折钩部分。
（三）一手打手指字母"N"的指式。
（四）左手食、中指横伸分开，掌心向内；右手伸食指，在左手食、中指处书空"人"字，仿"夫"字形。
（五）一手打手指字母"S"的指式。
（六）左手握拳，手背向上；右手拇、食指张开，指尖朝下，插向左手腕两侧。

詹纳 Zhānnà
（一）右手伸拇、食、小指，食、小指指尖朝左下方，手背向外，置于前额上方，仿"詹"字上半部的"⺈"笔画。
（二）一手打手指字母"N"的指式。

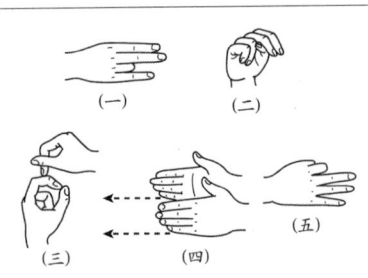

珍妮·古道尔 Zhēnní·Gǔdào'ěr
（一）一手打手指字母"ZH"的指式。
（二）一手打手指字母"N"的指式。
（三）双手拇、食指搭成"古"字形。
（四）双手侧立，掌心相对，向前移动。
（五）一手打手指字母"E"的指式。

李时珍　Lǐ Shízhēn

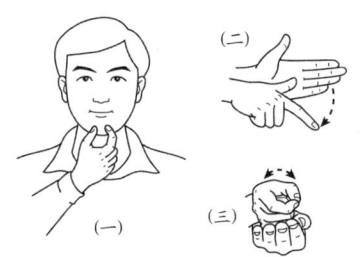

（一）一手拇、食指弯曲，指尖朝内，抵于颏部。
（二）左手侧立；右手伸拇、食指，拇指尖抵于左手掌心，食指向下转动。
（三）左手平伸，掌心凹进；右手拇、食指捏成圆形，虎口朝上，在左手掌心上微转几下。

贾兰坡　Jiǎ Lánpō

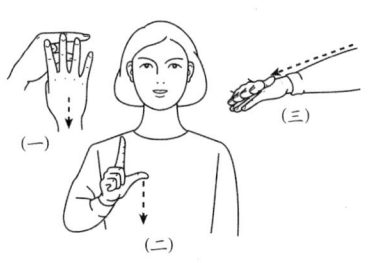

（一）左手拇、食指成"匚"形，虎口朝内；右手食、中、无名、小指直立分开，掌心向外，置于左手虎口上，然后向下移动，仿"贾"字的上半部，表示姓氏"贾"。
（二）一手打手指字母"L"的指式，沿胸的一侧划下。
（三）左手斜伸，指尖朝右下方；右手食、中、无名、小指并拢，指尖朝前，掌心向下，沿左臂划向左手指尖。

李恒英　Lǐ Héngyīng

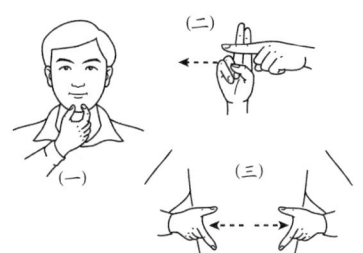

（一）一手拇、食指弯曲，指尖朝内，抵于颏部。
（二）左手食指横伸，手背向上；右手打手指字母"H"的指式，贴于左手食指并向右移动。
（三）双手伸拇、食指，食指尖朝下，贴于腹部，然后用力向两侧拉开。

李振声　Lǐ Zhènshēng

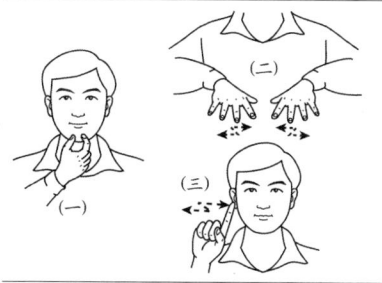

（一）一手拇、食指弯曲，指尖朝内，抵于颏部。
（二）双手平伸，掌心向下，五指张开，左右晃动几下。
（三）一手食指直立，掌心向外，在耳边左右晃动两下。

裴文中　Péi Wénzhōng

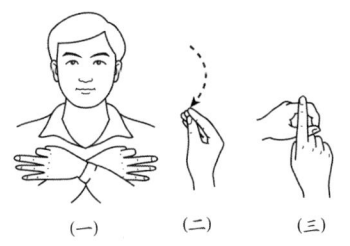

（一）双手中、无名、小指横伸分开，手背向外，手腕交叉相搭，仿"裴"字的上半部，表示姓氏"裴"。
（二）一手五指撮合，指尖朝前，撇动一下，如执毛笔写字状。
（三）左手拇、食指与右手食指搭成"中"字形。

汤飞凡　Tāng Fēifán

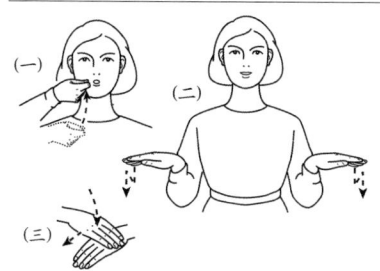

（一）一手拇、食指相捏，从下向嘴部移动，嘴噘起，如执汤匙喝汤状。
（二）双手侧伸，掌心向下，扇动几下。
（三）左手横伸；右手平伸，掌心向下，边拍一下左手背边向右移动。

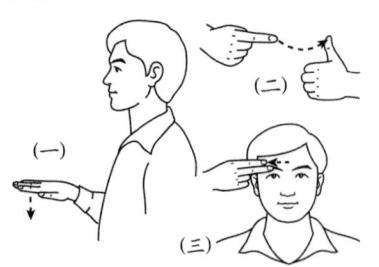

童第周　Tóng Dìzhōu
（一）一手平伸，掌心向下，按动一下。
（二）左手伸拇指；右手伸食指，碰一下左手拇指。
（三）一手食、中指横伸并拢，指面摸一下眉毛。

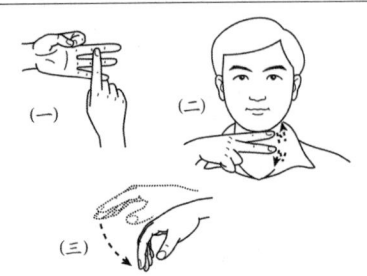

王应睐　Wáng Yīnglài
（一）左手中、无名、小指与右手食指搭成"王"字形。
（二）一手食、中指横伸，手背向上，交替弹颏部。
（三）一手平伸，掌心向下，五指微曲，向内挥动一下。"来"与"睐"音形相近，借代。

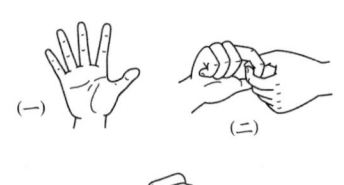

伍连德　Wǔ Liándé
（一）一手五指直立张开，掌心向外。"五"与"伍"音同形近，借代。
（二）双手拇、食指套环。
（三）一手打手指字母"D"的指式。

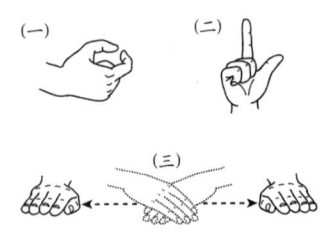

袁隆平　Yuán Lóngpíng
（一）一手拇、食指成圆形，指尖稍分开，虎口朝上。
（二）一手打手指字母"L"的指式。
（三）双手五指并拢，掌心向下，交叉相搭，然后分别向两侧移动。

汉语拼音索引

A

ái 癌		193
àizībìng 艾滋病		194
ānjīsuān 氨基酸		38
ān·chún 鹌鹑		79
ànfǎnyìng 暗反应		111
āomiànjìng 凹面镜		226

B

Bāsīdé 巴斯德		230
bǎqìguān 靶器官		199
bǎxiàng-zhìliáo 靶向治疗		199
báicài 白菜		205
báihóu 白喉		190
báihuàbìng 白化病		195
báijìtún 白鱀豚		94
báiluó·bo 白萝卜		209
báimù'ěr 白木耳		138
báinèizhàng 白内障		188
báishǔ 白薯		210
báixìbāo 白细胞		161
báixuèbìng 白血病		192
bǎihé 百合		211
bǎirìké 百日咳		190
bǎishù 柏树		123
bàixuèzhèng 败血症		192
bānmǎ 斑马		87
bǎnlángēn ① 板蓝根①		128
bǎnlángēn ② 板蓝根②		129
bànguīguǎn 半规管		158
bànxìng-yíchuán 伴性遗传		14
bàng 蚌		55
bāozǐ 孢子		138
bāogāng 胞肛		48
bǎohù zǔzhī 保护组织		109
bǎojiàn 保健		200
bǎowèi xìbāo 保卫细胞		103
bàoduì 抱对		73
bào 豹		92
bàoyú 鲍鱼		55
bèi 贝		55
bèiké 贝壳		55
bèiqí 背鳍		71
bèizǐ-zhíwù 被子植物		125
běnnéng 本能		38
bí·qi 荸荠		211
bí 鼻		169
bǐmùyú 比目鱼		69
bìhǔ 壁虎		75
bìbǎng 臂膀		149
biānfú 蝙蝠		85
biānyú 鳊鱼		67
biānmáo 鞭毛		47
biǎndòu 扁豆		214
biǎntáotǐ 扁桃体		170
biǎnxíng dòngwù 扁形动物		50
biàntài 变态		14
biàntài fāyù 变态发育		14
biàntàigēn 变态根		99
biàntàijīng 变态茎		101
biànwēn dòngwù 变温动物		43
biànxíngchóng 变形虫		46
biànyì 变异		15
biāoběn 标本		227
biǎomó 表膜		47
biǎopí 表皮		109
biǎoxiànxíng 表现型		11
biǎoxíng 表型		11
biē 鳖		75
bīnwēi ① 濒危①		12
bīnwēi ② 濒危②		12
bìng 病		185
bìngdú 病毒		139
bìngdúxìng jíbìng 病毒性疾病		185
bìngyuántǐ 病原体		186
bō·lihuà 玻璃化		114
bōcài 菠菜		205
bōluó 菠萝		220
bǔshí 捕食		36
bǔrǔ dòngwù 哺乳动物		85
bùwánquán biàntài fāyù 不完全变态发育		15
bùgǔ 布谷		79

C

cài 菜		204
càidòu 菜豆		214
càifěndié 菜粉蝶		60
càihuā ① 菜花①		212
càihuā ② 菜花②		212
càitái 菜薹		205
cán 蚕		60
cándòu 蚕豆		215
cánsī 蚕丝		60
cāng'ěr 苍耳		129
cāng·ying 苍蝇		61
cǎo 草		112
cǎoběn zhíwù 草本植物		97
cǎolǚchóng 草履虫		46
cǎoméi 草莓		216
cǎoyú 草鱼		67
cèxiàn 侧线		71
cèjiāo 测交		29
cèwēn 测温		197
cèwēnqiāng 测温枪		197
chá 茶		101
cháyè 茶叶		101
chájī 柴鸡		78
chán 蝉		62
chánchú 蟾蜍		72
chāngyú ① 鲳鱼①		69
chāngyú ② 鲳鱼②		69
chángjǐnglù 长颈鹿		89
chángrìzhào-zhíwù 长日照植物		95
chángyè 肠液		175
chángguī jiǎnchá ① 常规检查①		196
chángguī jiǎnchá ② 常规检查②		196
chángrǎnsètǐ 常染色体		18
cháo 巢		45
cháochóng 潮虫		63
chēlízi 车厘子		218
chēng·zi 蛏子		56
chéngchóng 成虫		58

chéngshúqū 成熟区	99	
chéngxiàng 成像	157	
chéngzhǎng 成长	32	
chéng·zi 橙子	217	
chìcháo 赤潮	13	
chìméisù 赤霉素	118	
chìbǎng 翅膀	82	
chóng 虫	57	
chóngxīshōu 重吸收	179	
chòuchóng 臭虫	63	
chūyá-shēngzhí 出芽生殖	49	
chúxíng 雏形	84	
chùshǒu 触手	49	
chuánbō tújìng 传播途径	186	
chuándǎoxìng ěrlóng 传导性耳聋	189	
chuánrǎn❶ 传染❶	143	
chuánrǎn❷ 传染❷	143	
chuánrǎnbìng 传染病	185	
chuánrǎnyuán 传染源	186	
chuítǐ 垂体	179	
chūnhuà-zuòyòng 春化作用	117	
chúnhétǐ 纯合体	26	
cí❶ 雌❶	31	
cí❷ 雌❷	31	
círuǐ 雌蕊	106	
cíxìng jīsù 雌性激素	181	
cì·wei 刺猬	85	
cōng❶ 葱❶	209	
cōng❷ 葱❷	209	
cōngtóu❶ 葱头❶	209	
cōngtóu❷ 葱头❷	210	
cóngyá 丛芽	101	
cūzhǔnjiāoluóxuán 粗准焦螺旋	224	

D

Dá'ěrwén 达尔文	230
dǎzhēn 打针	196
dàbó·zibìng 大脖子病	195
dàcháng❶ 大肠❶	174
dàcháng❷ 大肠❷	174
dàcháng gǎnjūn 大肠杆菌	136
dàdòu 大豆	203
dànǎo❶ 大脑❶	152
dànǎo❷ 大脑❷	152
dànǎo pícéng 大脑皮层	153
dànǎo pízhì 大脑皮质❶	153
dànǎo pízhì 大脑皮质❷	153
dàní 大鲵	73
dàshānquè 大山雀	78
dàtuǐ❶ 大腿❶	150
dàtuǐ❷ 大腿❷	150

dàyàn 大雁	80
dàzháxiè 大闸蟹	65
dàixiè 代谢	7
dàiyú 带鱼	70
dàishǔ 袋鼠	86
dāndǐnghè 丹顶鹤	80
dānxìbāo shēngwù 单细胞生物	1
dānyǎnpí 单眼皮	154
dānyè 单叶	102
dānzǐyè-zhíwù 单子叶植物	96
dǎn 胆	176
dǎngùchún 胆固醇	176
dǎnzhī 胆汁	176
dànshuǐyú 淡水鱼	66
dànbái 蛋白	39
dànbáizhì 蛋白质	39
dànhuáng 蛋黄	39
dǎoguǎn❶ 导管❶	110
dǎoguǎn❷ 导管❷	227
dào·zi 稻子	203
dìfāngxìng jiǎzhuàngxiànzhǒng 地方性甲状腺肿	195
dìqián 地钱	121
děngwèi-jīyīn 等位基因	17
dībèi-xiǎnwēijìng 低倍显微镜	224
dīguǎn 滴管	228
díhài 敌害	10
diǎndīng 碘酊	228
diǎnjiǔ 碘酒	228
diànjìng 电镜	224
diànyǒng 电泳	223
diànzǐ tǐwēnjì 电子体温计	197
diànzǐ xiǎnwēijìng 电子显微镜	224
diànfěn 淀粉	202
diāowáng 凋亡	33
diāoxiè 凋谢	118
diāo 雕	81
diàochá 调查	42
dīngxiāng 丁香	130
dōngchóng-xiàcǎo 冬虫夏草	138
dōng·guā 冬瓜	213
dònglì 动粒	19
dòngmài❶ 动脉❶	164
dòngmài❷ 动脉❷	164
dòngmàixuè 动脉血	165
dòngwù 动物	43
dòngwù bìngdú 动物病毒	139
dòngzuò diànwèi 动作电位	25
dòu·fu❶ 豆腐❶	204

dòu·fu❷ 豆腐❷	204
dòujiá 豆荚	109
dòuyár 豆芽儿	215
dúpǐn 毒品	145
dùjuān❶ 杜鹃❶	79
dùjuān❷ 杜鹃❷	127
dùjuānhuā 杜鹃花	127
duǎnrìzhào-zhíwù 短日照植物	95
duìbǐ 对比	41
duìguāng 对光	225
duìshēng yèxù 对生叶序	104
duìxiā 对虾	64
duìzhào 对照	41

E

é 鹅	78
é 蛾	61
èxìng zhǒngliú 恶性肿瘤	193
èpiàn 萼片	105
èyú 鳄鱼	75
ěr 耳	157
ěrchuí 耳垂	157
ěrguō 耳郭	157
ěrkuò 耳廓	157
ěrmó 耳膜	158
ěrwō 耳蜗	159
èryǎnghuàliú 二氧化硫	9
èryǎnghuàtàn 二氧化碳	9

F

fājiào 发酵	137
fāméi 发霉	134
fāyá 发芽	100
fāyù❶ 发育❶	31
fāyù❷ 发育❷	32
fānqié 番茄	214
fánzhí 繁殖	30
fǎnguāngjìng 反光镜	226
fǎnshè 反射	35
fǎnshèhú 反射弧	36
fàngliáo 放疗	199
fēidiǎn 非典	190
fēidiǎnxíng fèiyán 非典型肺炎	190
fēishēngwù 非生物	1
fēishēngwù yīnsù 非生物因素	2
fēitèyìxìng miǎnyì 非特异性免疫	195
fēitiáojiàn fǎnshè 非条件反射	35
fèi 肺	170
fèihuóliàng 肺活量	171

拼音	词	页码
fèijiéhé	肺结核	190
fèipào	肺泡	170
fèixúnhuán	肺循环	166
fēnjiězhě	分解者	7
fēnshēngqū	分生区	98
fēnshēng-zǔzhī	分生组织	109
fēnxī	分析	41
fēngshù	枫树	131
fēngyè	枫叶	131
fèngyǎnlán	凤眼蓝	126
fūjué	肤觉	160
fūhuà	孵化	84
fúpíng	浮萍	125
fúshè duìchèn	辐射对称	49
fǔshēng	腐生	139
fùfǎnkuì	负反馈	11
fùxiàngguāngxìng	负向光性	111
fùzhī	附肢	66
fùhuó	复活	33
fùyè	复叶	102
fùjiē	腹接	116
fùqí	腹鳍	71
fùxiè	腹泻	191

G

拼音	词	页码
gàibōpiàn	盖玻片	225
gānlán	甘蓝	208
gānyóu	甘油	201
gān·zhe	甘蔗	220
gān	肝	176
gānyán	肝炎	191
gǎnjūn	杆菌	136
gǎnrǎn❶	感染❶	143
gǎnrǎn❷	感染❷	143
gǎnrǎnzhě	感染者	143
gǎnyīnxìng ěrlóng	感音性耳聋	189
gànxìbāo	干细胞	21
gāngmáo	刚毛	53
gāngmén	肛门	177
gāng	纲	2
gāobèi-xiǎnwēijìng	高倍显微镜	223
gāo'ěrjītǐ	高尔基体	22
gāoliáng	高粱	202
gāowán	睾丸	182
gē·bo	胳膊	149
gē·zi	鸽子	82
gē·zishù	鸽子树	131
gé·lí	蛤蜊	55
gélí	隔离	196
gēn	根	98
gēnguān	根冠	98

拼音	词	页码
gēnjiān	根尖	98
gēnliújūn	根瘤菌	134
gēnmáo	根毛	99
gēnméi	根霉	135
gēngniánqī	更年期	142
gōng①	公①	31
gōng②	公②	31
gōngnéng	功能	35
gǒngmó①	巩膜①	155
gǒngmó②	巩膜②	155
gǒngtóng	珙桐	131
gòngshēng	共生	6
gōulóubìng	佝偻病	195
gōuchóng	钩虫	51
gǒu①	狗①	91
gǒu②	狗②	91
gǔyuánrén	古猿人	94
gǔ·zi	谷子	202
gǔ	骨	146
gǔgé	骨骼	147
gǔjià	骨架	147
gǔliánjiē	骨连接	148
gǔzhì-shūsōng	骨质疏松	187
gǔmó	鼓膜	158
gǔshì	鼓室	158
gùdànjūn	固氮菌	134
guānjié	关节	148
guānjié-huáyè	关节滑液	148
guānjiétóu	关节头	148
guānjiéwō	关节窝	148
guānmài-xúnhuán 冠脉循环		167
guānzhuàng-dòngmài 冠状动脉		164
guànmù	灌木	113
guāngfǎnyìng	光反应	111
guānghé-zuòyòng	光合作用	111
guāngnéng	光能	10
guāngxìtǒng	光系统	111
guāngzhōuqī	光周期	111
guīnà	归纳	42
guī	龟	74
guìhuā	桂花	131
guìyuán	桂圆	217
guìyú	鳜鱼	67
guǒpí	果皮	108
guǒshí	果实	108
guǒyíng	果蝇	61
guòmǐn①	过敏①	187
guòmǐn②	过敏②	187
guòmǐn fǎnyìng	过敏反应	187

H

拼音	词	页码
hāmìguā	哈密瓜	215
Hāwéi	哈维	230
hǎibào	海豹	93
hǎidài	海带	119
hǎikuí	海葵	49
hǎiluó	海螺	55
hǎimǎ	海马	70
hǎimiáncéng	海绵层	103
hǎiniú	海牛	93
hǎi'ōu	海鸥	81
hǎishēn	海参	54
hǎishī	海狮	93
hǎishuǐyú	海水鱼	69
hǎitáng	海棠	130
hǎitún	海豚	93
hǎixiàng	海象	93
hǎixiè	海蟹	65
hǎiyàn	海燕	80
hǎizhé	海蜇	49
hàichóng	害虫	59
hān	蚶	56
hélǐ-mìzhí	合理密植	115
hémǎ	河马	89
héxiè	河蟹	65
héhuā	荷花	126
hémó	核膜	138
hésuān	核酸	16
hésuān jiǎncè	核酸检测	198
hétáng hésuān	核糖核酸	16
hétángtǐ①	核糖体①	15
hétángtǐ②	核糖体②	15
hé·tao	核桃	220
hézhì	核质	139
hèhuà	褐化	114
hè	鹤	79
héngwēn dòngwù① 恒温动物①		43
héngwēn dòngwù② 恒温动物②		44
héngyá	恒牙	172
hénggémó	横膈膜	171
hóngdòu	红豆	203
hóngdòushān	红豆杉	124
hóngguǒr	红果儿	219
hóngluó·bo	红萝卜	209
hóngxìbāo	红细胞	161
hóngyè	红叶	131
hóngzǎo	红枣	217
hóngmó	虹膜	155
hóu	喉	169
hóu	猴	90

hòutiānxìng miǎnyì 后天性免疫	195	
hòuzhī 后肢	74	
hòuniǎo 候鸟	77	
hūxī 呼吸	36	
hú·li 狐狸	91	
húluó·bo 胡萝卜	209	
hú·lu 葫芦	129	
hú·luxiǎn 葫芦藓	121	
húdié 蝴蝶	60	
hǔ 虎	92	
hǔyá 虎牙	173	
hùshēng yèxù 互生叶序	104	
huā 花	105	
huābàn 花瓣	105	
huābǐng 花柄	105	
huācài① 花菜①	212	
huācài② 花菜②	212	
huā'è 花萼	105	
huāfěn 花粉	106	
huālěi 花蕾	107	
huāshēng 花生	204	
huāsī 花丝	106	
huātuō 花托	105	
huāxù 花序	107	
huāyào 花药	106	
huāyēcài① 花椰菜①	212	
huāyēcài② 花椰菜②	212	
huāzhù 花柱	107	
huàliáo 化疗	199	
huàxuénéng 化学能	10	
huàyàn 化验	223	
huàshù 桦树	123	
huáishù① 槐树①	131	
huáishù② 槐树②	132	
huái 踝	151	
huáiguānjié 踝关节	148	
huàixuèbìng 坏血病	192	
huánbǎo① 环保①	5	
huánbǎo② 环保②	5	
huándài 环带	53	
huánjié dòngwù 环节动物	52	
huánjìng bǎohù① 环境保护①	5	
huánjìng bǎohù② 环境保护②	5	
huǎnchōng róngyè 缓冲溶液	40	
huángdòu 黄豆	203	
huáng·guā 黄瓜	213	
huánghélǐ 黄河鲤	67	
huángqūméi dúsù 黄曲霉毒素	135	
huángshàn 黄鳝	69	
huángshǔláng 黄鼠狼	86
huángyòu 黄鼬	86
huángyú 黄鱼	70
huángchóng 蝗虫	59
huíxiāng 茴香	205
huíchóng 蛔虫	52
huìyàn ruǎngǔ 会厌软骨	169
huì 喙	82
hùnhéxìng ěrlóng 混合性耳聋	189
huó 活	30
huǒlóngguǒ 火龙果	219
huòdéxìng miǎnyì 获得性免疫	195
huòdéxìng miǎnyì quēxiàn zōnghézhēng 获得性免疫缺陷综合征	194

J

jīxiè zǔzhī 机械组织	109
jīfù 肌腹	149
jījiàn 肌腱	149
jīròu 肌肉	149
jīxìbāo 肌细胞	21
jī 鸡	77
jīwéixiā 基围虾	64
jīyīn 基因	16
jīyīn chóngzǔ 基因重组	17
jīyīn gōngchéng 基因工程	17
jīyīn tūbiàn 基因突变	17
jīsù 激素	180
jíbìng 疾病	185
jípí-dòngwù 棘皮动物	53
jǐsuǐ 脊髓	153
jǐsuǐ huīzhìyán 脊髓灰质炎	194
jǐzhù 脊柱	147
jǐzhuī 脊椎	147
jǐzhuī dòngwù 脊椎动物	43
jìhuà miǎnyì 计划免疫	195
jìxiàng 季相	114
jìcài 荠菜	205
jìfāxìng 继发性	186
jìshēng 寄生	51
jìshēngchóngbìng 寄生虫病	185
jìyú 鲫鱼	67
jiāchù 家畜	86
jiāqín 家禽	77
jiámó 荚膜	139
jiǎchóng 甲虫	62
jiǎyú 甲鱼	75
jiǎzhuàngxiàn 甲状腺	180
jiǎzhuàngxiàn jīsù 甲状腺激素	181

Jiǎ Lánpō 贾兰坡	233
jiǎgēn 假根	121
jiàjiē 嫁接	116
jiǎnshù fēnliè 减数分裂	22
jiāngmǐ 江米	203
jiāng 姜	210
jiāngdòu 豇豆	215
jiāopèi 交配	83
jiāowěi 交尾	83
jiāobái 茭白	212
jiāoshuǐ 浇水	115
jiǎomó 角膜	154
jiǎozhì línpiàn 角质鳞片	76
jiǎo① 脚①	151
jiǎo② 脚②	151
jiǎohuái 脚踝	151
jiàomǔ 酵母	137
jiàomǔjūn 酵母菌	137
jiēsuì 接穗	116
jiēzhòng 接种	196
jiézhī-dòngwù 节肢动物	57
jiékàng-zuòyòng 拮抗作用	10
jiédì-zǔzhī 结缔组织	34
jiégòu 结构	35
jiémó 结膜	154
jiémóyán 结膜炎	188
jiěmèi rǎnsè dāntǐ 姐妹染色单体	18
jiěpōu 解剖	222
jièdú 戒毒	146
jièjiǔ 戒酒	145
jièyān 戒烟	145
jiècài 芥菜	205
jiè 界	2
jīnguīzǐ 金龟子	62
jīnhuācài 金花菜	206
jīnhuāchá 金花茶	127
jīnqiánbào 金钱豹	92
jīnsīhóu 金丝猴	90
jīnyúzǎo 金鱼藻	125
jìnhuà 进化	32
jìnqīn jiéhūn 近亲结婚	144
jìnshì 近视	187
jìnshìyǎn 近视眼	187
jìnpào 浸泡	28
jìndú 禁毒	146
jīng 茎	101
jīngluò 经络	152
jīngzhuàngtǐ 晶状体	156
jīngyè 精液	183
jīngzǐ 精子	25
jīng 鲸	94
jīngyú 鲸鱼	94

jǐngzhuī 颈椎	147	
jìngmài 静脉	165	
jìngmàixuè 静脉血	165	
jìngxī-diànwèi 静息电位	25	
jiǔcài 韭菜	206	
jiǔjīngdēng 酒精灯	228	
jiǔqū 酒曲	137	
jiùchǐ 臼齿	173	
jiù 鹫	81	
júhuā 菊花	130	
jú·zi 橘子	217	
jùrénzhèng 巨人症	194	
jùlí 距离	196	
jùhéméi liànshì fǎnyìng 聚合酶链式反应	17	
juǎnbǎi 卷柏	122	
juǎnyèchóng 卷叶虫	60	
jué 蕨	121	
juélèi 蕨类	121	
jūnluò 菌落	136	

K

Kǎ·ěr·Lándésītǎnnà 卡尔·兰德斯坦纳	230
kāihuā 开花	105
kàngnìxìng 抗逆性	10
kàngshēngsù 抗生素	198
kàngtǐ 抗体	162
kàngyuán 抗原	163
kē 科	3
kēdǒu 蝌蚪	25
kèlóng 克隆	31
kōngxīncài① 空心菜①	206
kōngxīncài② 空心菜②	206
kǒngquè 孔雀	82
kǒnglóng① 恐龙①	74
kǒnglóng② 恐龙②	74
kǒugōu 口沟	47
kǒuqiāng 口腔	171
kǒushuǐ 口水	174
kǔguā 苦瓜	213
kuángquǎnbìng 狂犬病	194
kuàngzhì-yíngyǎng 矿质营养	40
kūnchóng 昆虫	58
kuòsàn 扩散	12
kuòyèlín 阔叶林	114

L

làjiāo 辣椒	213
làihá·ma 癞蛤蟆	72
lánhuā 兰花	130
lánxìjūn 蓝细菌	118
lánzǎo 蓝藻	118

láng 狼	91
lǎoshǔ 老鼠	85
lèigǔ 肋骨	147
lèibǐ 类比	41
lèiqún 类群	4
líxīnguǎn 离心管	227
lí 梨	219
Lǐ Héngyīng 李恒英	233
Lǐ Shízhēn 李时珍	233
Lǐ Zhènshēng 李振声	233
lǐ·zi 李子	218
lǐyú 鲤鱼	67
lìjià 例假	184
lìzhī 荔枝	218
lì·ji 痢疾	191
liánzuò 连作	117
lián 莲	126
liánpéng 莲蓬	126
liánwù 莲雾	220
liánzǐ① 莲子①	126
liánzǐ② 莲子②	126
liánhuì 联会	23
liányú 鲢鱼	68
liànqiújūn 链球菌	136
liǎngcè duìchèn 两侧对称	50
liǎngqī dòngwù 两栖动物	72
Lièwénhǔkè 列文虎克	230
Línnài 林奈	231
línshí zhuāngpiàn 临时装片	226
línbā 淋巴	167
línbāguǎn 淋巴管	167
línbā xìbāo 淋巴细胞	168
línbìng 淋病	193
línjīng 鳞茎	101
línpiàn① 鳞片①	71
línpiàn② 鳞片②	76
línyá 鳞芽	100
líng·jiao 菱角	125
língyáng 羚羊	88
liúniǎo 留鸟	77
liúgǎn 流感	189
liúxíngxìng gǎnmào 流行性感冒	189
liúlián 榴莲	221
liú 瘤	192
liǔshù 柳树	132
lóngfèngtāi① 龙凤胎①	144
lóngfèngtāi② 龙凤胎②	144
lóngxiā 龙虾	64
lóngyǎn 龙眼	217
lóng 聋	189
lóugū 蝼蛄	59
lúwěi 芦苇	127

lúgǔ 颅骨	147
lúyú 鲈鱼	68
lù 鹿	89
lùjiǎocài 鹿角菜	120
lú 驴	87
lǜ 绿	101
lǜdòu 绿豆	203
lǜzǎo 绿藻	119
luánshēng 孪生	144
luǎn 卵	76
luǎnbái 卵白	39
luǎncháo 卵巢	183
luǎnhuáng 卵黄	39
luǎnké 卵壳	76
luǎnshēng① 卵生①	84
luǎnshēng② 卵生②	84
luǎnxìbāo 卵细胞	25
lúnlǐ 伦理	12
lúnshēng yèxù 轮生叶序	104
lúnzuò 轮作	117
lùnzhèng 论证	42
Luóbótè·Àidéhuázī 罗伯特·爱德华兹	231
Luóbótè·Húkè 罗伯特·胡克	231
luó·bo 萝卜	208
luó 骡	87
luóxuánjūn 螺旋菌	136
luǒyá 裸芽	100
luǒzǐ-zhíwù 裸子植物	123
luò·tuo 骆驼	89

M

máquè 麻雀	82
mázhěn 麻疹	193
mǎ 马	86
Mǎ·ěrbǐjī 马尔比基	231
mǎlíngshǔ 马铃薯	211
mǎwěizǎo 马尾藻	119
mǎhuáng 蚂蟥	52
mǎyǐ 蚂蚁	60
màilìzhǒng 麦粒肿	188
màiyátáng 麦芽糖	200
mài·zi 麦子	202
màibó 脉搏	166
màiluòmó 脉络膜	155
mán 鳗	68
mǎnjiānghóng 满江红	122
mǎnchóng 螨虫	63
mángguǒ 芒果	221
māo 猫	91
māotóuyīng 猫头鹰	81
máo 毛	83

máoméi 毛霉	135	
máoxì-línbāguǎn 毛细淋巴管	168	
máoxì-xuèguǎn 毛细血管	162	
máoniú 牦牛	88	
méi·gui 玫瑰	128	
méi·guihuā 玫瑰花	128	
méihuā 梅花	131	
méi 酶	40	
méijūn 霉菌	135	
mén① 门①	2	
mén② 门②	2	
ménchǐ 门齿	172	
ményá 门牙	172	
méngfā 萌发	100	
méngyá 萌芽	100	
Mèngdé'ěr 孟德尔	231	
míhóutáo 猕猴桃	219	
mílù 麋鹿	89	
Mǐlè 米勒	231	
mìfēng 蜜蜂	61	
miányáng 绵羊	88	
mián·huā 棉花	129	
miǎnyì qìguān 免疫器官	167	
miáo 苗	100	
míngnáng 鸣囊	73	
mó·gu 蘑菇	137	
mò·li 茉莉	128	
mò·lihuā 茉莉花	128	
Mòlǐ 默里	232	
mǔ① 母①	31	
mǔ② 母②	31	
mǔ·dan 牡丹	128	
mǔ·danhuā 牡丹花	128	
mùběn zhíwù 木本植物	96	
mù'ěr 木耳	138	
mùguā 木瓜	216	
mùzhìbù 木质部	112	
mù 目	3	
mùjìng 目镜	224	

N

nǎiniú 奶牛	87	
nán·guā 南瓜	213	
nǎo 脑	152	
nǎogàn 脑干	153	
nǎoróngliàng 脑容量	44	
nèi'ěr 内耳	158	
nèifēnmì 内分泌	38	
nèipēicéng 内胚层	27	
nèizhìwǎng 内质网	28	
néngliàng① 能量①	8	
néngliàng② 能量②	8	

néngliàng liúdòng 能量流动	8	
néngrén 能人	94	
níluó 泥螺	54	
ní·qiu 泥鳅	69	
nìshuǐ 溺水	146	
niányú 鲇鱼	68	
niánmǐ 黏米	203	
niánmó 黏膜	172	
niǎolèi 鸟类	76	
niào 尿	178	
niàochángguī jiǎnchá 尿常规检查	197	
niàodào 尿道	179	
niàoyè 尿液	178	
niè·zi 镊子	227	
níngméng 柠檬	217	
niú 牛	87	
nuòmǐ 糯米	203	

O

ǒu 藕	126	

P

páxíng dòngwù 爬行动物	74	
páixiè 排泄	37	
páiyí 排遗	37	
pānyuángēn 攀援根	100	
pányáng 盘羊	88	
pángxì xuèqīn 旁系血亲	144	
pángguāng 膀胱	179	
pángxiè 螃蟹	65	
pàngtóuyú 胖头鱼	68	
pēi 胚	26	
pēigēn 胚根	27	
pēipán 胚盘	39	
pēirǔ 胚乳	27	
pēitāi 胚胎	26	
pēiyá 胚芽	27	
pēizhóu 胚轴	27	
pēizhū 胚珠	27	
péiyǎngjī 培养基	229	
péiyǎngmǐn 培养皿	229	
Péi Wénzhōng 裴文中	233	
pèizǐ 配子	26	
pénjǐng 盆景	117	
pénghāocài 蓬蒿菜	206	
pījiē 劈接	116	
pífū 皮肤	159	
pípíxiā 皮皮虾	64	
pí 脾	168	
piáochóng 瓢虫	62	
pínxuè 贫血	192	
píngyú① 平鱼①	69	

píngyú② 平鱼②	69	
píngguǒ 苹果	219	
pòshāngfēng 破伤风	194	
pú·tao 葡萄	216	
pú·taotáng 葡萄糖	200	
púgōngyīng 蒲公英	129	
pǔ 蹼	83	

Q

qīxīng piáochóng 七星瓢虫	62	
qīxīdì 栖息地	45	
qídài 脐带	184	
qǐ'é 企鹅	79	
qìguǎn 气管	170	
qìkǒng 气孔	103	
qìnáng 气囊	83	
qìtǐ jiāohuàn 气体交换	171	
qìguān 器官	34	
qìguān yízhí 器官移植	199	
qiānchā 扦插	115	
qiānxǐ xíngwéi 迁徙行为	45	
qiánbì 前臂	149	
qiánlièxiàn 前列腺	182	
qiántíng 前庭	159	
qiánzhào 前兆	142	
qiánzhī 前肢	73	
qiāngcháng dòngwù 腔肠动物	48	
qiáomù 乔木	113	
qiēpiàn 切片	223	
qié·zi 茄子	214	
qīnrǎn 侵染	140	
qíncài① 芹菜①	206	
qíncài② 芹菜②	207	
qínliúgǎn 禽流感	77	
qīngcài 青菜	207	
qīngchūnqī 青春期	142	
qīngméi 青霉	135	
qīngxiè 青蟹	65	
qīngyú 青鱼	68	
qīngtíng 蜻蜓	61	
qiūyǐn 蚯蚓	52	
qiú'ǒu 求偶	83	
qiújūn 球菌	136	
qūméi 曲霉	135	
qūgànbù 躯干部	141	
qūguāngxìng 趋光性	45	
qū·qur 蛐蛐儿	59	
qǔchǐ 龋齿	189	
quǎnchǐ 犬齿	173	
qúndàicài 裙带菜	120	
qúnluò 群落	97	

R

rǎnsètǐ	染色体	18
rèdàiyú	热带鱼	70
rèdài yǔlín	热带雨林	114
réngōng ěrwō	人工耳蜗	198
réngōng hūxī	人工呼吸	198
réngōng shòufěn	人工授粉	108
rénshēn	人参	129
rèndài	韧带	149
rènpíbù	韧皮部	113
róngjūnméi	溶菌酶	168
róngméitǐ	溶酶体	20
róngyuán	蝾螈	73
rúdòng	蠕动	37
rǔfáng	乳房	184
rǔsuānjūn	乳酸菌	137
rǔyá	乳牙	172
ruǎntǐ-dòngwù	软体动物	54
ruòchóng	若虫	58

S

sāi	鳃	71
sānjiǎopíng	三角瓶	229
sānjiǎojià	三脚架	228
sāngshèn	桑葚	133
sāngshù	桑树	132
sèmáng	色盲	188
sèsù	色素	118
sēnlín	森林	113
shājūn wùzhì	杀菌物质	167
shācán	沙蚕	52
shāyú	鲨鱼	70
shāiguǎn	筛管	110
shāixuǎn	筛选	33
shāncháhuā	山茶花	128
shān·lǐhóng	山里红	219
shānyáng	山羊	88
shānyào	山药	211
shānzhā	山楂	219
shānshù	杉树	123
shānhú	珊瑚	48
shānhúchóng	珊瑚虫	48
shànshí	膳食	200
shànshí xiānwéi	膳食纤维	201
shàn	鳝	69
shāngkǒu	伤口	142
shàngbì	上臂	150
shàngpí-zǔzhī	上皮组织	34
shāobēi	烧杯	229
shé	舌	172
shé	蛇	75
shémù	蛇木	122

shèhuì	社会	2
shèjīng	射精	183
shèshí	摄食	36
shēnchángqū	伸长区	99
shēnsuōpào	伸缩泡	47
shēntǐ	身体	141
shénjīng	神经	24
shénjīng mòshāo	神经末梢	152
shénjīng xìbāo	神经细胞	24
shénjīngyuán	神经元	24
shèn	肾	177
shèndānwèi	肾单位	178
shènjué	肾蕨	122
shènshàngxiàn	肾上腺	180
shènshàngxiànsù	肾上腺素	181
shènsuǐzhì	肾髓质	178
shènxiǎoguǎn	肾小管	178
shènxiǎonáng	肾小囊	177
shènxiǎoqiú	肾小球	178
shènyú	肾盂	177
shènyúshènyán	肾盂肾炎	191
shènzàng	肾脏	177
shèntòuyā	渗透压	40
shèntòu zuòyòng	渗透作用	40
shēngcài①	生菜①	207
shēngcài②	生菜②	207
shēngchǎnzhě	生产者	6
shēnglǐ	生理	13
shēnglǐ yánshuǐ	生理盐水	229
shēngmìng	生命	30
shēngtài	生态	4
shēngtài píngzhàng	生态屏障	4
shēngtài wénmíng	生态文明	4
shēngtài xìtǒng	生态系统	4
shēngtài xiūfù	生态修复	5
shēngwù①	生物①	1
shēngwù②	生物②	1
shēngwù fùjí	生物富集	7
shēngwùquān	生物圈	6
shēngwù yīnsù	生物因素	2
shēngyù①	生育①	30
shēngyù②	生育②	30
shēngzhǎng	生长	32
shēngzhǎngdiǎn	生长点	32
shēngzhǎng jīsù	生长激素	181
shēngzhǎngsù	生长素	38
shēngzhí①	生殖①	30
shēngzhí②	生殖②	30
shēngdài	声带	170
shèngnǚguǒ	圣女果	219
shīcōng	失聪	189
shī·zi	虱子	63
shī	狮	92

shīféi	施肥	115
Shīláidēng	施莱登	232
Shīwàng	施旺	232
shí'èrzhǐcháng	十二指肠	175
shíbānyú	石斑鱼	70
shíchún	石莼	119
shíhuācài	石花菜	120
shí·liu	石榴	221
shímiánwǎng	石棉网	228
shísōng	石松	122
shíyàn①	实验①	222
shíyàn②	实验②	222
shíyànshì	实验室	222
shídào	食道	174
shíguǎn	食管	174
shíwùliàn①	食物链①	6
shíwùliàn②	食物链②	6
shíwùpào	食物泡	47
shíwùwǎng	食物网	6
shǐzǔmǎ	始祖马	86
shǐzǔniǎo	始祖鸟	78
shìguǎn	试管	227
shìcuòjué	视错觉	156
shìjué	视觉	156
shìjué-zànliú	视觉暂留	156
shìlì	视力	156
shìwǎngmó	视网膜	155
shìyě	视野	156
shì·zi	柿子	220
shì·zijiāo	柿子椒	213
shìjūntǐ	噬菌体	140
shōujíguǎn	收集管	35
shōusuōyā	收缩压	165
shǒuzúkǒubìng	手足口病	193
shòumìng	寿命	30
shòujīng①	受精①	25
shòujīng②	受精②	26
shòujīngluǎn	受精卵	26
shòu	兽	44
shūzhāngyā	舒张压	166
shūchū	输出	37
shūdǎo-zǔzhī	输导组织	109
shūjīngguǎn	输精管	182
shūluǎnguǎn	输卵管	183
shūniàoguǎn	输尿管	179
shūsòng	输送	37
shūcài	蔬菜	204
shǔ	属	3
shǔ	鼠	85
shǔfù	鼠妇	63
shù①	树①	112
shù②	树②	112
shùmù	树木	112

Pinyin	词	页码
shuāilǎo	衰老	32
shuāituì	衰退	33
shuāngbāotāi	双胞胎	144
shuāngchóng hūxī	双重呼吸	84
shuāngshòujīng	双受精	26
shuāngyǎnpí	双眼皮	154
shuāngzǐyè-zhíwù	双子叶植物	96
shuǐdào	水稻	203
shuǐdòu	水痘	193
shuǐguǒ	水果	215
shuǐhú·lu	水葫芦	126
shuǐmián	水绵	119
shuǐshān①	水杉①	123
shuǐshān②	水杉②	124
shuǐshānshù①	水杉树①	123
shuǐshānshù②	水杉树②	124
shuǐshì	水势	41
shuǐtǎ	水獭	93
shuǐxī	水螅	49
shuǐxiān	水仙	130
shuǐxiānhuā	水仙花	130
shuǐzǎo	水蚤	60
shuǐzhì	水蛭	52
sīguā	丝瓜	214
sǐwáng	死亡	33
sìjìdòu	四季豆	214
sìzhī	四肢	73
sōngshǔ	松鼠	86
sōngshù	松树	124
sūtiě①	苏铁①	124
sūtiě②	苏铁②	124
sù	粟	203
suānjiǎndù	酸碱度	40
suānyǔ	酸雨	13
suàn	蒜	210
suànmiáo❶	蒜苗❶	210
suànmiáo❷	蒜苗❷	210
suàntái	蒜薹	210
suǐ	髓	113
suǐzhì	髓质	153
sǔn	笋	211
suōluó	桫椤	122
suō·zixiè	梭子蟹	65
suōshǒu-fǎnshè	缩手反射	36

T

Pinyin	词	页码
tāipán①	胎盘①	27
tāipán②	胎盘②	184
tāishēng	胎生	30
táixiǎn	苔藓	120
tàiyángnéng	太阳能	9
tài	肽	38
tàijiàn	肽键	38
tànjiū	探究	42
tànyǎng-pínghéng	碳氧平衡	8
Tāng Fēifán	汤飞凡	233
tánglèi	糖类	39
tángniàobìng	糖尿病	191
tāochóng	绦虫	50
táo	桃	218
táotài	淘汰	34
tèyìxìng miǎnyì	特异性免疫	195
téng	藤	127
téngběn zhíwù	藤本植物	96
tǐdòngmài	体动脉	164
tǐjié	体节	53
tǐmáo	体毛	44
tǐwēn	体温	197
tǐwēnjì	体温计	197
tǐxúnhuán	体循环	166
tǐzhēng①	体征①	142
tǐzhēng②	体征②	142
tiāndí①	天敌①	11
tiāndí②	天敌②	11
tiān'é	天鹅	80
tiānrán	天然	11
tiánluó	田螺	54
tiáncài	甜菜	207
tiánguā	甜瓜	216
tiáojiàn fǎnshè	条件反射	35
tiáojiāo①	调焦①	224
tiáojiāo②	调焦②	224
tiáojié	调节	8
tiàonǎn	跳蝻	58
tiàozǎo	跳蚤	59
tiějiàtái	铁架台	228
tiěshù①	铁树①	124
tiěshù②	铁树②	124
tiěxiànjué	铁线蕨	122
tīngjué	听觉	159
tīnglì	听力	159
tīngshénjīng	听神经	159
tīngxiǎogǔ	听小骨	158
tōngguāngkǒng	通光孔	225
tónghuà	同化	23
tóngyuán rǎnsètǐ	同源染色体	18
tónghāo	茼蒿	206
Tóng Dìzhōu	童第周	234
tóngkǒng	瞳孔	155
tóu	头	152
tūchù	突触	24
túpiàn	涂片	223
tǔdòu	土豆	211
tǔjī	土鸡	78
tù①	兔①	90
tù②	兔②	91
tuántóufáng	团头鲂	67
tuīlǐ	推理	42
tuǐ①	腿①	150
tuǐ②	腿②	150
tuìgēng-huánhú	退耕还湖	5
tuìgēng-huánlín	退耕还林	5
tuìmù-huáncǎo	退牧还草	5
tuìhuà	蜕化	66
tuìpí	蜕皮	66
tūnshì xìbāo	吞噬细胞	21
túnqí	臀鳍	72
túnwéi	臀围	141
tuōfēnhuà	脱分化	22
tuōluòsuān	脱落酸	117
tuōyǎng-hétáng hésuān	脱氧核糖核酸	16
tuóniǎo	鸵鸟	82
tuòyè	唾液	174

W

Pinyin	词	页码
wā	蛙	72
wá·wayú	娃娃鱼	73
wài'ěr	外耳	157
wài'ěrdào	外耳道	157
wàigǔgé	外骨骼	66
wàipēicéng	外胚层	28
wàitàomó	外套膜	57
wāndòu	豌豆	215
wánquán biàntài	完全变态	14
wánquán biàntài fāyù	完全变态发育	14
wǎnchéngniǎo	晚成鸟	77
wàn	腕	150
Wáng Yīnglài	王应睐	234
wǎngyǐn	网瘾	144
wēiliàng qǔyèqì	微量取液器	227
wēishēngwù	微生物	1
wéiguǎnshù	维管束	110
wéishēngsù	维生素	202
wéishēngsù A	维生素 A	202
wěizú	伪足	48
wěi·ba	尾巴	44
wěiqí	尾鳍	72
wěisuō	萎缩	32
wèijué	味觉	174
wèilěi	味蕾	173
wèi	胃	174
wèikuìyáng	胃溃疡	191
wéngé	文蛤	56
wén·zi	蚊子	61
wěntài	稳态	200

wō·jù	莴苣	212	xībāozhì	细胞质	19	xīnlǐ zīxún	心理咨询	146
wōchóng	涡虫	50	xìjūn	细菌	134	xīnlǜ	心律	166
wō	窝	45	xìjūnxìng jíbìng	细菌性疾病	185	xīnlǜ	心率	166
wōniú	蜗牛	54	xìzhǔnjiāoluóxuán			xīnpí	心皮	107
wūguī	乌龟	74		细准焦螺旋	224	xīnshì	心室	163
wūjī	乌鸡	78	xiā	虾	64	xīnzàng	心脏	163
wūyā	乌鸦	81	xiāgū	虾蛄	64	xīnchén-dàixiè	新陈代谢	7
wūzéi	乌贼	56	xiānrénzhǎng	仙人掌	133	xīnguān-fèiyán	新冠肺炎	190
wūrǎn	污染	13	xiāntiānxìng miǎnyì			xīnxíng guānzhuàng bìngdú fèiyán
wúhuā-zhíwù	无花植物	96		先天性免疫	195		新型冠状病毒肺炎	190
wújīwù	无机物	9	xiānzhào	先兆	142	xìngē	信鸽	82
wújīyán	无机盐	9	xiānmáo①	纤毛①	44	xīngfèn	兴奋	25
wújǐzhuī dòngwù			xiānmáo②	纤毛②	47	xīng·xing	猩猩	90
	无脊椎动物	43	xiānwéisù	纤维素	201	xíngchéngcéng	形成层	113
wújūn-cāozuò	无菌操作	222	xiǎnhuā-zhíwù	显花植物	96	xìng	杏	218
wútǔ-zāipéi	无土栽培	115	xiǎnwēijìng	显微镜	223	xìngrǎnsètǐ	性染色体	18
wúxiàn huāxù	无限花序	107	xiǎnxìng	显性	15	xìngxiàn	性腺	182
wúxìng-fánzhí	无性繁殖	30	xiǎnxìng xìngzhuàng			xìngzhuàng	性状	23
wúxìng-shēngzhí	无性生殖	30		显性性状	24	xìngzhuàng fēnlí	性状分离	23
wúyǎng-hūxī	无氧呼吸	45	xiàncài	苋菜	207	xiōnggǔ	胸骨	147
wútóngshù	梧桐树	132	xiànchóng	线虫	51	xiōngkuò	胸廓	171
wúgōng	蜈蚣	64	xiànchóng dòngwù	线虫动物	51	xiōngqí	胸鳍	71
Wǔ Liándé	伍连德	234	xiànlìtǐ	线粒体	18	xiōngwéi	胸围	141
wǔchāngyú	武昌鱼	67	xiànxíng dòngwù	线形动物	51	xiōngxiàn	胸腺	180
wùjìng	物镜	224	xiāngduì xìngzhuàng			xiōngxiàn jīsù	胸腺激素	181
wùxiàng	物像	226		相对性状	24	xióng①	雄①	31
wùzhì xúnhuán	物质循环	7	xiāngcài	香菜	208	xióng②	雄②	31
			xiāngchūn	香椿	133	xióngruǐ	雄蕊	106
X			xiāngjiāo	香蕉	221	xióngxìng jīsù	雄性激素	181
xī·guā①	西瓜①	216	xiàngguāngxìng①	向光性①	45	xióng	熊	92
xī·guā②	西瓜②	216	xiàngguāngxìng②	向光性②	110	xióngmāo	熊猫	92
xīhóngshì	西红柿	214	xiàngrìkuí	向日葵	130	xiūmián	休眠	33
xīhú·lu	西葫芦	214	xiàng	象	90	xiùjué	嗅觉	169
xīlánhuā①	西蓝花①	212	xiāofèizhě	消费者	7	xūgēnxì	须根系	99
xīlánhuā②	西蓝花②	212	xiāohuà	消化	36	xùjiǔ	酗酒	145
xīdú	吸毒	145	xiāohuàxiàn	消化腺	176	xuěcài①	雪菜①	208
xīshōu	吸收	37	xiǎobiàn	小便	178	xuěcài②	雪菜②	208
xīyān	吸烟	145	xiǎocháng	小肠	175	xuělǐhóng①	雪里蕻①	208
xīniú	犀牛	89	xiǎochángbì	小肠壁	175	xuelǐhóng②	雪里蕻②	208
xīyì	蜥蜴	75	xiǎocháng róngmáo			xuè	血	160
xīgài	膝盖	151		小肠绒毛	175	xuèchángguī jiǎnchá		
xīshuài	蟋蟀	59	xiǎocōng	小葱	209		血常规检查	197
xìdài	系带	39	xiǎo'ér mábìzhèng			xuèguǎn	血管	162
xìbāo	细胞	19		小儿麻痹症	194	xuèhóng dànbái	血红蛋白	161
xìbāobì	细胞壁	104	xiǎomài	小麦	202	xuèjiāng	血浆	161
xìbāo fēnhuà	细胞分化	22	xiǎonǎo	小脑	153	xuèqīng	血清	161
xìbāo fēnliè	细胞分裂	21	xiǎotuǐ	小腿	150	xuètáng	血糖	162
xìbāohé	细胞核	20	xiǎoxióngmāo	小熊猫	92	xuèxīchóng	血吸虫	50
xìbāomó	细胞膜	19	xiē·zi	蝎子	63	xuèxiǎobǎn	血小板	161
xìbāoqì	细胞器	20	xiédàizhě	携带者	143	xuèxíng①	血型①	162
xìbāo quánnéngxìng			xīnfáng	心房	163	xuèxíng②	血型②	162
	细胞全能性	21	xīnjī gěngsè	心肌梗塞	190	xuèyā	血压	165
xìbāoyè	细胞液	20	xīnjī gěngsǐ	心肌梗死	190	xuèyè	血液	160

xuèyè tòuxī	血液透析	199	yíbèi	贻贝	55	yúqí 鱼鳍	71
xuèyǒubìng	血友病	192	yídǎo	胰岛	180	yúsāi 鱼鳃	71
xúnmázhěn	荨麻疹	193	yídǎosù	胰岛素	180	yǔ 羽	83
xúnhuán	循环	37	yíxiàn	胰腺	176	yǔmáo① 羽毛①	83
xùnhuà	驯化	46	yíyè	胰液	177	yǔmáo② 羽毛②	83
			yízāi	移栽	115	yùmǐ 玉米	204
	Y		yízhí	移植	115	yùnǎi 芋艿	211
			yíchuán	遗传	14	yù·tou 芋头	211
yāpiànjiā	压片夹	226	yíjīng	遗精	183	yùchú 育雏	84
yātiáo	压条	116	yìhuā-chuánfěn 异花传粉	108	yùfáng 预防	196
yā	鸭	78	yìgǎn-rénqún 易感人群	186	yùfángzhēn 预防针	196
yāzuǐshòu	鸭嘴兽	85	yìmiáo	疫苗	196	yùshāng-zǔzhī 愈伤组织	110
yáchǐ	牙齿	172	yìchóng	益虫	58	yuān·yāng 鸳鸯	79
yásuǐ	牙髓	173	yì	翼	82	yuányì 园艺	117
yáyòuzhì	牙釉质	173	yīndào	阴道	184	Yuán Lóngpíng 袁隆平	234
yábāo	芽孢	138	yīnjīng	阴茎	182	yuánfāxìng 原发性	186
yáchóng	蚜虫	62	yín'ěr	银耳	138	yuánhé-xìbāo 原核细胞	20
yān	咽	169	yínxìng	银杏	124	yuánniào 原尿	178
yánzhòng jíxìng hūxī zōnghézhēng			yínxìngshù	银杏树	124	yuánshēng-dòngwù	
严重急性呼吸综合征		190	yǐnwù	引物	19	原生动物	46
yǎn	眼	154	yǐnhuā-zhíwù 隐花植物	96	yuánshēngzhìtǐ 原生质体	28
yǎnbái	眼白	155	yǐnxìng	隐性	15	yuánbáicài 圆白菜	208
yǎnchóng	眼虫	46	yǐnxìng xìngzhuàng			yuǎnshì 远视	187
yǎntì	演替	10	隐性性状		24	yuǎnshìyǎn 远视眼	187
yǎnyì	演绎	42	yīng·tao	樱桃	218	yuèjì 月季	128
yànshí	厌食	191	yīngwǔ	鹦鹉	81	yuèjìhuā 月季花	128
yànyǎng-hūxī	厌氧呼吸	45	yīng	鹰	81	yuèjīng 月经	184
yàn	雁	80	yíngyǎng	营养	201		
yàn	燕	80	yíngyǎng shēngzhí 营养生殖	30		**Z**	
yángzǐ'è	扬子鳄	75	yíngyǎng wùzhì 营养物质	201	zájiāo 杂交	29
yáng	羊	88	yíngyǎng zǔzhī 营养组织	110	zájiāo yōushì 杂交优势	29
yángméi	杨梅	218	yōng	鳙	68	zájiāo yùzhǒng 杂交育种	29
yángshù	杨树	132	yǒngjiǔ zhuāngpiàn			zàifēnhuà 再分化	22
yángtáo	杨桃	220	永久装片		226	zàibōpiàn 载玻片	225
yángbáicài	洋白菜	208	yǒng	蛹	57	zàitǐ 载体	28
yángcōng①	洋葱①	209	yóucài	油菜	208	zàiwùtái 载物台	225
yángcōng②	洋葱②	210	yóuzú	疣足	53	zǎochéngniǎo 早成鸟	76
yǎngzhí	养殖	30	yóuyú	鱿鱼	56	zǎolèi 藻类	118
yǎngqì	氧气	8	yǒuhuā-zhíwù 有花植物	96	zhà·lancéng 栅栏层	103
yāowéi	腰围	141	yǒujīwù	有机物	9	Zhānnà 詹纳	232
yē·zi	椰子	221	yǒusī-fēnliè 有丝分裂	22	zhànfàng 绽放	105
yěshòu	野兽	44	yǒuxiàn huāxù 有限花序	108	zhāngyú 章鱼	57
yè①	叶①	101	yǒuxìng-fánzhí 有性繁殖	30	zhāngshù 樟树	132
yè②	叶②	102	yǒuxìng-shēngzhí 有性生殖	30	zhāngláng 蟑螂	59
yèlǜsù	叶绿素	102	yǒuyǎng-hūxī 有氧呼吸	45	zhǎoxiā 沼虾	64
yèlǜtǐ	叶绿体	102	yòuxīnfáng 右心房	163	zhēguāngqì 遮光器	225
yèmài	叶脉	102	yòuxīnshì 右心室	164	zhēnyèlín 针叶林	114
yèròu	叶肉	103	yòuchóng① 幼虫①	57	Zhēnnī·Gǔdào'ěr	
yèxù	叶序	104	yòuchóng② 幼虫②	58	珍妮·古道尔	232
yèmángzhèng	夜盲症	188	yòu·zi 柚子	217	zhēnxī 珍稀	12
yèpào	液泡	103	yúchóng 鱼虫	60	zhēnzhū 珍珠	56
Yīwànnuòfūsījī			yúlèi 鱼类	66	zhēnhé-xìbāo 真核细胞	21
伊万诺夫斯基		232	yúlín 鱼鳞	71	zhēnjūn 真菌	134
yīzǎo	衣藻	119					

拼音	词条	页码
zhēnmù	砧木	116
zhēngténg	蒸腾	112
zhēngténg zuòyòng	蒸腾作用	112
zhěngzhī	整枝	116
zhèngfǎnkuì	正反馈	11
zhèngxiàngguāngxìng①	正向光性①	45
zhèngxiàngguāngxìng②	正向光性②	110
zhèngzhuàng	症状	142
zhīqìguǎn	支气管	170
zhīzhùgēn	支柱根	100
zhī·ma	芝麻	204
zhīyá	枝芽	101
zhīliǎo	知了	62
zhīfáng	脂肪	201
zhīfángsuān	脂肪酸	202
zhīzhū	蜘蛛	63
zhícháng	直肠	175
zhígēnxì	直根系	99
zhílìrén	直立人	94
zhíxì xuèqīn	直系血亲	143
zhíbèi	植被	97
zhíwù	植物	95
zhíwù bìngdú	植物病毒	140
zhízhū	植株	98
zhǐ·jia	指甲	160
zhǐwén	指纹	160
zhǐjiǎ	趾甲	160
zhìbì-fēnlí	质壁分离	104
zhìlì	质粒	28
zhìlǐ	治理	12
zhìliáo	治疗	198
zhìchǐ	智齿	173
zhìrén	智人	94
zhōng'ěr	中耳	158
zhōng'ěryán	中耳炎	188
zhōngshū shénjīng xìtǒng	中枢神经系统	151
zhǒng	种	3
zhǒngjiān-guān·xì	种间关系	4
zhǒngjiān-jìngzhēng	种间竞争	3
zhǒngkǒng	种孔	98
zhǒngniú	种牛	87
zhǒngpí	种皮	97
zhǒngqí	种脐	97
zhǒngqún	种群	3
zhǒng·zi	种子	97
zhǒng·zi zhíwù	种子植物	95
zhōuwéi shénjīng xìtǒng	周围神经系统	152
zhǒu	肘	150
zhūhuán	朱鹮	80
zhūrúzhèng	侏儒症	194
zhū	猪	90
zhú	竹	127
zhǔdòngmài	主动脉	165
zhùtīngqì	助听器	198
zhùshè	注射	196
zhùtóu	柱头	106
zhùyá	蛀牙	189
zhuǎnhuà	转化	23
zhuǎnhuànqì	转换器	23
zhuǎnjīyīn	转基因	16
zhuǎnlù	转录	17
zhuāngpiàn	装片	223
zhuómùniǎo	啄木鸟	79
zhuósīdiǎn	着丝点	19
zhuósīlì	着丝粒	19
zǐfáng	子房	107
zǐgōng①	子宫①	183
zǐgōng②	子宫②	183
zǐgōng-nèimó	子宫内膜	184
zǐshítǐ	子实体	137
zǐyè	子叶	95
zǐcài	紫菜	120
zǐténg	紫藤	127
zǐwàixiàn	紫外线	13
zìhuā-chuánfěn	自花传粉	108
zìjiāo①	自交①	29
zìjiāo②	自交②	29
zìrán xuǎnzé	自然选择	34
zōnglú	棕榈	125
zōnglúshù	棕榈树	125
zǔzhī	组织	34
zǔzhī péiyǎng	组织培养	229
zǔzhīyè	组织液	20
zuǒxīnfáng	左心房	163
zuǒxīnshì	左心室	164

其他

词条	中文	页码
B línbā xìbāo	B 淋巴细胞	168
DNA		16
DNA xīnpiàn	DNA 芯片	16
PCR		17
pH zhí	pH 值	40
RNA		16
SARS		190
T línbā xìbāo	T 淋巴细胞	168
VA		202

笔画索引

二画

二氧化硫	9
二氧化碳	9
十二指肠	175
丁香	130
七星瓢虫	62
人工耳蜗	198
人工呼吸	198
人工授粉	108
人参	129

三画

三角瓶	229
三脚架	228
干细胞	21
土豆	211
土鸡	78
大山雀	78
大豆	203
大肠①	174
大肠②	174
大肠杆菌	136
大闸蟹	65
大脑①	152
大脑②	152
大脑皮层	153
大脑皮质①	153
大脑皮质②	153
大脖子病	195
大雁	80
大腿①	150
大腿②	150
大鲵	73
上皮组织	34
上臂	150
小儿麻痹症	194
小麦	202
小肠	175
小肠绒毛	175
小肠壁	175
小便	178
小脑	153

小葱	209
小腿	150
小熊猫	92
口水	174
口沟	47
口腔	171
山羊	88
山里红	219
山茶花	128
山药	211
山楂	219
门①	2
门②	2
门牙	172
门齿	172
子叶	95
子实体	137
子房	107
子宫①	183
子宫②	183
子宫内膜	184
马	86
马尔比基	231
马尾藻	119
马铃薯	211

四画

王应睐	234
开花	105
天敌①	11
天敌②	11
天鹅	80
天然	11
无土栽培	115
无机物	9
无机盐	9
无花植物	96
无性生殖	30
无性繁殖	30
无限花序	107
无氧呼吸	45
无脊椎动物	43
无菌操作	222

木本植物	96
木瓜	216
木耳	138
木质部	112
支气管	170
支柱根	100
不完全变态发育	15
犬齿	173
太阳能	9
车厘子	218
巨人症	194
牙齿	172
牙釉质	173
牙髓	173
比目鱼	69
互生叶序	104
切片	223
中耳	158
中耳炎	188
中枢神经系统	151
贝	55
贝壳	55
内分泌	38
内耳	158
内质网	28
内胚层	27
水仙	130
水仙花	130
水杉①	123
水杉②	124
水杉树①	123
水杉树②	124
水势	41
水果	215
水蚤	60
水绵	119
水葫芦	126
水蛭	52
水痘	193
水稻	203
水螅	49
水獭	93
牛	87

手足口病	193			四季豆	214
气孔	103	**五画**		四肢	73
气体交换	171	玉米	204	生长	32
气管	170	打针	196	生长点	32
气囊	83	正反馈	11	生长素	38
毛	83	正向光性①	45	生长激素	181
毛细血管	162	正向光性②	110	生产者	6
毛细淋巴管	168	功能	35	生态	4
毛霉	135	甘油	201	生态文明	4
长日照植物	95	甘蓝	208	生态系统	4
长颈鹿	89	甘蔗	220	生态修复	5
化疗	199	艾滋病	194	生态屏障	4
化学能	10	古猿人	94	生物①	1
化验	223	节肢动物	57	生物②	1
反光镜	226	本能	38	生物因素	2
反射	35	左心房	163	生物圈	6
反射弧	36	左心室	164	生物富集	7
分生区	98	石花菜	120	生命	30
分生组织	109	石松	122	生育①	30
分析	41	石莼	119	生育②	30
分解者	7	石斑鱼	70	生理	13
公①	31	石棉网	228	生理盐水	229
公②	31	石榴	221	生菜①	207
月季	128	右心房	163	生菜②	207
月季花	128	右心室	164	生殖①	30
月经	184	布谷	79	生殖②	30
丹顶鹤	80	龙凤胎①	144	失聪	189
乌龟	74	龙凤胎②	144	代谢	7
乌鸡	78	龙虾	64	仙人掌	133
乌鸦	81	龙眼	217	白木耳	138
乌贼	56	平鱼①	69	白内障	188
凤眼蓝	126	平鱼②	69	白化病	195
文蛤	56	卡尔·兰德斯坦纳	230	白血病	192
火龙果	219	归纳	42	白细胞	161
计划免疫	195	目	3	白萝卜	209
心皮	107	目镜	224	白菜	205
心肌梗死	190	叶①	101	白喉	190
心肌梗塞	190	叶②	102	白薯	210
心房	163	叶肉	103	白鱀豚	94
心律	166	叶序	104	丛芽	101
心室	163	叶脉	102	外耳	157
心脏	163	叶绿体	102	外耳道	157
心理咨询	146	叶绿素	102	外骨骼	66
心率	166	甲虫	62	外胚层	28
引物	19	甲状腺	180	外套膜	57
巴斯德	230	甲状腺激素	181	冬瓜	213
孔雀	82	甲鱼	75	冬虫夏草	138
双子叶植物	96	电子体温计	197	鸟类	76
双受精	26	电子显微镜	224	主动脉	165
双重呼吸	84	电泳	223	兰花	130
双胞胎	144	电镜	224	半规管	158
双眼皮	154	田螺	54	头	152
		凹面镜	226	永久装片	226

词条	页码	词条	页码	词条	页码
出芽生殖	49	西瓜①	216	传染源	186
奶牛	87	西瓜②	216	传播途径	186
皮皮虾	64	西红柿	214	休眠	33
皮肤	159	西葫芦	214	伍连德	234
发芽	100	西蓝花①	212	臼齿	173
发育①	31	西蓝花②	212	伤口	142
发育②	32	压片夹	226	伦理	12
发酵	137	压条	116	伪足	48
发霉	134	厌食	191	自交①	29
圣女果	219	厌氧呼吸	45	自交②	29
对比	41	百日咳	190	自花传粉	108
对生叶序	104	百合	211	自然选择	34
对光	225	有丝分裂	22	伊万诺夫斯基	232
对虾	64	有机物	9	血	160
对照	41	有花植物	96	血小板	161
母①	31	有性生殖	30	血友病	192
母②	31	有性繁殖	30	血压	165
幼虫①	57	有限花序	108	血吸虫	50
幼虫②	58	有氧呼吸	45	血红蛋白	161
丝瓜	214	达尔文	230	血型①	162
六画		列文虎克	230	血型②	162
动作电位	25	死亡	33	血浆	161
动物	43	成长	32	血常规检查	197
动物病毒	139	成虫	58	血清	161
动脉①	164	成像	157	血液	160
动脉②	164	成熟区	99	血液透析	199
动脉血	165	光反应	111	血管	162
动粒	19	光合作用	111	血糖	162
扦插	115	光系统	111	向日葵	130
老鼠	85	光周期	111	向光性①	45
巩膜①	155	光能	10	向光性②	110
巩膜②	155	早成鸟	76	后天性免疫	195
扩散	12	虫	57	后肢	74
地方性甲状腺肿	195	曲霉	135	会厌软骨	169
地钱	121	团头鲂	67	杀菌物质	167
扬子鳄	75	同化	23	合理密植	115
耳	157	同源染色体	18	企鹅	79
耳垂	157	吸收	37	肌肉	149
耳郭	157	吸毒	145	肌细胞	21
耳蜗	159	吸烟	145	肌腱	149
耳廓	157	刚毛	53	肌腹	149
耳膜	158	网瘾	144	肋骨	147
芋芳	211	朱鹮	80	杂交	29
芋头	211	先天性免疫	195	杂交优势	29
共生	6	先兆	142	杂交育种	29
芒果	221	舌	172	负反馈	11
芝麻	204	竹	127	负向光性	111
机械组织	109	迁徙行为	45	色盲	188
过敏①	187	乔木	113	色素	118
过敏②	187	传导性耳聋	189	交尾	83
过敏反应	187	传染❶	143	交配	83
再分化	22	传染❷	143	衣藻	119
		传染病	185	羊	88

关节	148	抗原	163	园艺	117
关节头	148	声带	170	听力	159
关节滑液	148	芽孢	138	听小骨	158
关节窝	148	苋菜	207	听觉	159
米勒	231	花	105	听神经	159
污染	13	花生	204	针叶林	114
江米	203	花丝	106	牡丹	128
汤飞凡	233	花托	105	牡丹花	128
兴奋	25	花序	107	体毛	44
论证	42	花药	106	体节	53
导管❶	110	花柄	105	体动脉	164
导管❷	227	花柱	107	体征①	142
异花传粉	108	花粉	106	体征②	142
收集管	35	花菜①	212	体循环	166
收缩压	165	花菜②	212	体温	197
阴茎	182	花萼	105	体温计	197
阴道	184	花椰菜①	212	伸长区	99
羽	83	花椰菜②	212	伸缩泡	47
羽毛①	83	花蕾	107	低倍显微镜	224
羽毛②	83	花瓣	105	佝偻病	195
红叶	131	芹菜①	206	伴性遗传	14
红豆	203	芹菜②	207	身体	141
红豆杉	124	芥菜	205	近视	187
红枣	217	苍耳	129	近视眼	187
红果儿	219	苍蝇	61	近亲结婚	144
红细胞	161	严重急性呼吸综合征	190	谷子	202
红萝卜	209	芦苇	127	肝	176
纤毛①	44	克隆	31	肝炎	191
纤毛②	47	苏铁①	124	肛门	177
纤维素	201	苏铁②	124	肘	150
驯化	46	杆菌	136	肠液	175
		杜鹃❶	79	龟	74
七画		杜鹃❷	127	免疫器官	167
寿命	30	杜鹃花	127	狂犬病	194
麦子	202	杏	218	角质鳞片	76
麦芽糖	200	杉树	123	角膜	154
麦粒肿	188	李子	218	条件反射	35
形成层	113	李时珍	233	卵	76
进化	32	李恒英	233	卵生①	84
戒毒	146	李振声	233	卵生②	84
戒烟	145	杨树	132	卵白	39
戒酒	145	杨桃	220	卵壳	76
吞噬细胞	21	杨梅	218	卵细胞	25
远视	187	求偶	83	卵黄	39
远视眼	187	更年期	142	卵巢	183
韧皮部	113	豆芽儿	215	系带	39
韧带	149	豆荚	109	沙蚕	52
坏血病	192	豆腐①	204	完全变态	14
赤霉素	118	豆腐②	204	完全变态发育	14
赤潮	13	两侧对称	50	社会	2
抗生素	198	两栖动物	72	尿	178
抗体	162	连作	117	尿常规检查	197
抗逆性	10	助听器	198	尿液	178

尿道	179	转录	17	金花茶	127
尾巴	44	转换器	23	金花菜	206
尾鳍	72	转基因	16	金龟子	62
附肢	66	轮生叶序	104	金鱼藻	125
鸡	77	轮作	117	金钱豹	92
纯合体	26	软体动物	54	受精①	25
纲	2	非生物	1	受精②	26
驴	87	非生物因素	2	受精卵	26
		非条件反射	35	乳牙	172
八画		非典	190	乳房	184
环节动物	52	非典型肺炎	190	乳酸菌	137
环带	53	非特异性免疫	195	贫血	192
环保①	5	虎	92	肤觉	160
环保②	5	虎牙	173	肺	170
环境保护①	5	肾	177	肺泡	170
环境保护②	5	肾上腺	180	肺活量	171
武昌鱼	67	肾上腺素	181	肺结核	190
青鱼	68	肾小球	178	肺循环	166
青春期	142	肾小管	178	肽	38
青菜	207	肾小囊	177	肽键	38
青霉	135	肾盂	177	周围神经系统	152
青蟹	65	肾盂肾炎	191	鱼虫	60
玫瑰	128	肾单位	178	鱼类	66
玫瑰花	128	肾脏	177	鱼鳃	71
表皮	109	肾蕨	122	鱼鳍	71
表现型	11	肾髓质	178	鱼鳞	71
表型	11	味觉	174	兔①	90
表膜	47	味蕾	173	兔②	91
抱对	73	果皮	108	狐狸	91
茉莉	128	果实	108	狗①	91
茉莉花	128	果蝇	61	狗②	91
苦瓜	213	昆虫	58	变异	15
若虫	58	易感人群	186	变形虫	46
苹果	219	固氮菌	134	变态	14
苗	100	呼吸	36	变态发育	14
直立人	94	鸣囊	73	变态茎	101
直肠	175	罗伯特·胡克	231	变态根	99
直系血亲	143	罗伯特·爱德华兹	231	变温动物	43
直根系	99	败血症	192	夜盲症	188
茄子	214	知了	62	放疗	199
茎	101	垂体	179	育雏	84
苔藓	120	牦牛	88	卷叶虫	60
林奈	231	物质循环	7	卷柏	122
枝芽	101	物像	226	单子叶植物	96
板蓝根①	128	物镜	224	单叶	102
板蓝根②	129	季相	114	单细胞生物	1
松树	124	例假	184	单眼皮	154
松鼠	86	侧线	71	河马	89
枫叶	131	侏儒症	194	河蟹	65
枫树	131	质粒	28	油菜	208
刺猬	85	质壁分离	104	注射	196
矿质营养	40	爬行动物	74	泥螺	54
转化	23	金丝猴	90	泥鳅	69

沼虾	64	珊瑚虫	48	哈维	230
治疗	198	玻璃化	114	贻贝	55
治理	12	毒品	145	骨	146
性状	23	拮抗作用	10	骨连接	148
性状分离	23	指甲	160	骨质疏松	187
性染色体	18	指纹	160	骨架	147
性腺	182	荚膜	139	骨骼	147
空心菜①	206	带鱼	70	钩虫	51
空心菜②	206	草	112	香菜	208
实验①	222	草本植物	97	香椿	133
实验②	222	草鱼	67	香蕉	221
实验室	222	草莓	216	种	3
试管	227	草履虫	46	种子	97
视力	156	茼蒿	206	种子植物	95
视网膜	155	茴香	205	种牛	87
视觉	156	茶	101	种孔	98
视觉暂留	156	茶叶	101	种皮	97
视野	156	荠菜	205	种间关系	4
视错觉	156	茭白	212	种间竞争	3
孟德尔	231	荨麻疹	193	种脐	97
孢子	138	胡萝卜	209	种群	3
姐妹染色单体	18	荔枝	218	科	3
始祖马	86	南瓜	213	重吸收	179
始祖鸟	78	标本	227	复叶	102
虱子	63	相对性状	24	复活	33
线虫	51	柚子	217	保卫细胞	103
线虫动物	51	柏树	123	保护组织	109
线形动物	51	栅栏层	103	保健	200
线粒体	18	柳树	132	信鸽	82
组织	34	柱头	106	侵染	140
组织培养	229	柿子	220	须根系	99
组织液	20	柿子椒	213	食物网	6
细胞	19	柠檬	217	食物泡	47
细胞分化	22	树①	112	食物链①	6
细胞分裂	21	树②	112	食物链②	6
细胞全能性	21	树木	112	食道	174
细胞质	19	韭菜	206	食管	174
细胞核	20	背鳍	71	盆景	117
细胞液	20	临时装片	226	胚	26
细胞膜	19	显花植物	96	胚芽	27
细胞器	20	显性	15	胚乳	27
细胞壁	104	显性性状	24	胚轴	27
细准焦螺旋	224	显微镜	223	胚胎	26
细菌	134	胃	174	胚珠	27
细菌性疾病	185	胃溃疡	191	胚根	27
经络	152	界	2	胚盘	39
		虹膜	155	胆	176
九画		虾	64	胆汁	176
春化作用	117	虾蛄	64	胆固醇	176
珍妮·古道尔	232	蚂蚁	60	胞肛	48
珍珠	56	蚂蟥	52	胖头鱼	68
珍稀	12	咽	169		
珊瑚	48	哈密瓜	215		

脉络膜	155			原生动物	46
脉搏	166	**十画**		原生质体	28
胎生	30	琪桐	131	原发性	186
胎盘①	27	蚕	60	原尿	178
胎盘②	184	蚕丝	60	原核细胞	20
狮	92	蚕豆	215	柴鸡	78
孪生	144	捕食	36	鸭	78
疣足	53	载体	28	鸭嘴兽	85
疫苗	196	载物台	225	哺乳动物	85
施旺	232	载玻片	225	蚌	55
施肥	115	袁隆平	234	蚜虫	62
施莱登	232	热带雨林	114	蚊子	61
养殖	30	热带鱼	70	圆白菜	208
姜	210	恐龙①	74	铁线蕨	122
类比	41	恐龙②	74	铁树①	124
类群	4	荸荠	211	铁树②	124
前列腺	182	莲	126	铁架台	228
前兆	142	莲子①	126	氧气	8
前肢	73	莲子②	126	氨基酸	38
前庭	159	莲蓬	126	特异性免疫	195
前臂	149	莲雾	220	敌害	10
浇水	115	莴苣	212	笋	211
测交	29	荷花	126	候鸟	77
测温	197	获得性免疫	195	臭虫	63
测温枪	197	获得性免疫缺陷综合征	194	射精	183
活	30	恶性肿瘤	193	豹	92
染色体	18	真核细胞	21	胰岛	180
洋白菜	208	真菌	134	胰岛素	180
洋葱①	209	桂花	131	胰液	177
洋葱②	210	桂圆	217	胰腺	176
恒牙	172	栖息地	45	脂肪	201
恒温动物①	43	桦树	123	脂肪酸	202
恒温动物②	44	桃	218	胸围	141
突触	24	核质	139	胸骨	147
冠状动脉	164	核桃	220	胸腺	180
冠脉循环	167	核酸	16	胸腺激素	181
扁形动物	50	核酸检测	198	胸廓	171
扁豆	214	核膜	138	胸鳍	71
扁桃体	170	核糖体①	15	胳膊	149
神经	24	核糖体②	15	脐带	184
神经元	24	核糖核酸	16	脑	152
神经末梢	152	根	98	脑干	153
神经细胞	24	根毛	99	脑容量	44
退牧还草	5	根尖	98	狼	91
退耕还林	5	根冠	98	鸵鸟	82
退耕还湖	5	根霉	135	留鸟	77
娃娃鱼	73	根瘤菌	134	鸳鸯	79
结构	35	豇豆	215	衰老	32
结缔组织	34	贾兰坡	233	衰退	33
结膜	154	配子	26	高尔基体	22
结膜炎	188	翅膀	82	高倍显微镜	223
骆驼	89	砧木	116	高粱	202
		破伤风	194	症状	142

词条	页码
病	185
病毒	139
病毒性疾病	185
病原体	186
疾病	185
脊柱	147
脊椎	147
脊椎动物	43
脊髓	153
脊髓灰质炎	194
离心管	227
凋亡	33
凋谢	118
旁系血亲	144
益虫	58
烧杯	229
酒曲	137
酒精灯	228
消化	36
消化腺	176
消费者	7
涡虫	50
海马	70
海水鱼	69
海牛	93
海参	54
海带	119
海鸥	81
海狮	93
海豹	93
海豚	93
海象	93
海绵层	103
海葵	49
海棠	130
海蜇	49
海燕	80
海螺	55
海蟹	65
涂片	223
浮萍	125
流行性感冒	189
流感	189
浸泡	28
害虫	59
家畜	86
家禽	77
被子植物	125
调节	8
调查	42
调焦①	224
调焦②	224
通光孔	225

词条	页码
能人	94
能量①	8
能量②	8
能量流动	8
预防	196
预防针	196
桑树	132
桑葚	133
绦虫	50
继发性	186

十一画

词条	页码
球菌	136
排泄	37
排遗	37
推理	42
培养皿	229
培养基	229
接种	196
接穗	116
探究	42
基因	16
基因工程	17
基因重组	17
基因突变	17
基围虾	64
菱角	125
黄瓜	213
黄曲霉毒素	135
黄豆	203
黄鱼	70
黄河鲤	67
黄鼠狼	86
黄鼬	86
黄鳝	69
萌发	100
萌芽	100
萝卜	208
菌落	136
萎缩	32
菜	204
菜花①	212
菜花②	212
菜豆	214
菜粉蝶	60
菜薹	205
菊花	130
菠萝	220
菠菜	205
营养	201
营养生殖	30
营养物质	201
营养组织	110

词条	页码
梧桐树	132
梅花	131
梣椤	122
梭子蟹	65
醋酒	145
聋	189
雪里蕻①	208
雪里蕻②	208
雪菜①	208
雪菜②	208
颅骨	147
常规检查①	196
常规检查②	196
常染色体	18
眼	154
眼白	155
眼虫	46
野兽	44
晚成鸟	77
啄木鸟	79
距离	196
趾甲	160
蚶	56
蚯蚓	52
蛀牙	189
蛇	75
蛇木	122
蛏子	56
唾液	174
银耳	138
银杏	124
银杏树	124
甜瓜	216
甜菜	207
梨	219
移栽	115
移植	115
袋鼠	86
躯干部	141
假根	121
盘羊	88
鸽子	82
鸽子树	131
脚①	151
脚②	151
脚踝	151
脱分化	22
脱氧核糖核酸	16
脱落酸	117
象	90
猪	90
猫	91
猫头鹰	81

猕猴桃	219	葱②	209	窝	45	
减数分裂	22	葱头①	209	裙带菜	120	
麻疹	193	葱头②	210	犀牛	89	
麻雀	82	椰子	221	属	3	
鹿	89	植物	95	隔离	196	
鹿角菜	120	植物病毒	140	缓冲溶液	40	
章鱼	57	植株	98			
着丝点	19	植被	97	**十三画**		
着丝粒	19	森林	113	摄食	36	
羚羊	88	棉花	129	鼓室	158	
盖玻片	225	棕榈	125	鼓膜	158	
粗准焦螺旋	224	棕榈树	125	携带者	143	
兽	44	粟	203	蒜	210	
淋巴	167	棘皮动物	53	蒜苗❶	210	
淋巴细胞	168	雁	80	蒜苗❷	210	
淋巴管	167	雄①	31	蒜薹	210	
淋病	193	雄②	31	靶向治疗	199	
混合性耳聋	189	雄性激素	181	靶器官	199	
淘汰	34	雄蕊	106	蓝细菌	118	
液泡	103	紫外线	13	蓝藻	118	
淡水鱼	66	紫菜	120	蓬蒿菜	206	
淀粉	202	紫藤	127	蒲公英	129	
渗透压	40	晶状体	156	蒸腾	112	
渗透作用	40	遗传	14	蒸腾作用	112	
寄生	51	遗精	183	禁毒	146	
寄生虫病	185	蛙	72	槐树①	131	
蛋白	39	蛐蛐儿	59	槐树②	132	
蛋白质	39	蛔虫	52	感音性耳聋	189	
蛋黄	39	蛤蜊	55	感染❶	143	
隐花植物	96	喉	169	感染❷	143	
隐性	15	喙	82	感染者	143	
隐性性状	24	链球菌	136	碘酊	228	
颈椎	147	短日照植物	95	碘酒	228	
维生素	202	智人	94	鹌鹑	79	
维生素 A	202	智齿	173	辐射对称	49	
维管束	110	鹅	78	输出	37	
绵羊	88	等位基因	17	输导组织	109	
绽放	105	筛选	33	输卵管	183	
绿	101	筛管	110	输尿管	179	
绿豆	203	循环	37	输送	37	
绿藻	119	舒张压	166	输精管	182	
巢	45	番茄	214	暗反应	111	
		禽流感	77	跳蚤	59	
十二画		脾	168	跳蝻	58	
斑马	87	腔肠动物	48	蜈蚣	64	
趋光性	45	腕	150	蜗牛	54	
联会	23	鱿鱼	56	蛾	61	
葫芦	129	猩猩	90	蜕化	66	
葫芦藓	121	猴	90	蜕皮	66	
萼片	105	装片	223	蛹	57	
葡萄	216	痢疾	191	嗅觉	169	
葡萄糖	200	童第周	234	鼠	85	
葱①	209	阔叶林	114	鼠妇	63	

笔画索引

微生物	1
微量取液器	227
愈伤组织	110
腰围	141
腹泻	191
腹接	116
腹鳍	71
腿①	150
腿②	150
詹纳	232
鲇鱼	68
鲈鱼	68
鲍鱼	55
触手	49
解剖	222
雏形	84
新陈代谢	7
新型冠状病毒肺炎	190
新冠肺炎	190
满江红	122
溶菌酶	168
溶酶体	20
溺水	146
裸子植物	123
裸芽	100
群落	97
嫁接	116

十四画

静脉	165
静脉血	165
静息电位	25
聚合酶链式反应	17
榴莲	221
酵母	137
酵母菌	137
酶	40
酸雨	13
酸碱度	40
碳氧平衡	8
裴文中	233
雌①	31
雌②	31
雌性激素	181
雌蕊	106
蜻蜓	61
蜥蜴	75
蜘蛛	63
蝉	62
稳态	200
鼻	169
睾丸	182
膀胱	179

孵化	84
遮光器	225
腐生	139
辣椒	213
精子	25
精液	183
滴管	228
演绎	42
演替	10
蜜蜂	61
褐化	114
熊	92
熊猫	92
骡	87
缩手反射	36

十五画

蕨	121
蕨类	121
蔬菜	204
横膈膜	171
樱桃	218
樟树	132
豌豆	215
霉菌	135
踝	151
踝关节	148
蝾螈	73
蝴蝶	60
蝎子	63
蝌蚪	25
蝗虫	59
蝼蛄	59
蝙蝠	85
镊子	227
稻子	203
膝盖	151
鲢鱼	68
鲤鱼	67
鲫鱼	67
瘤	192
潮虫	63
鲨鱼	70
鹤	79
劈接	116

十六画

燕	80
橙子	217
橘子	217
整枝	116
瓢虫	62
螨虫	63

螃蟹	65
器官	34
器官移植	199
噬菌体	140
鹦鹉	81
默里	232
膳食	200
膳食纤维	201
雕	81
鲳鱼①	69
鲳鱼②	69
鲸	94
鲸鱼	94
糖尿病	191
糖类	39
濒危①	12
濒危②	12
激素	180
壁虎	75

十七画

龋齿	189
瞳孔	155
螺旋菌	136
蟋蟀	59
蟑螂	59
黏米	203
黏膜	172
繁殖	30
鳃	71
鳄鱼	75
鳊鱼	67
鹫	81
癌	193
麋鹿	89
臀围	141
臀鳍	72
臂膀	149
翼	82

十八画

藕	126
鞭毛	47
藤	127
藤本植物	96
鹰	81
癞蛤蟆	72

十九画

蘑菇	137
藻类	118
攀援根	100
蹼	83

蟾蜍	72
鳗	68
鳙	68
鳖	75

二十画

蠕动	37
鳜鱼	67
鳝	69
鳞片①	71
鳞片②	76
鳞芽	100
鳞茎	101
糯米	203
灌木	113

二十一画

髓	113
髓质	153

其他

B 淋巴细胞	168
DNA	16
DNA 芯片	16
PCR	17
pH 值	40
RNA	16
SARS	190
T 淋巴细胞	168
VA	202

图书在版编目（CIP）数据

生物常用词通用手语 / 中国残疾人联合会组编；中国聋人协会，国家手语和盲文研究中心编. -- 北京：华夏出版社有限公司，2022.10
（国家通用手语系列）
ISBN 978-7-5222-0359-1

Ⅰ. ①生… Ⅱ. ①中… ②中… ③国… Ⅲ. ①生物—手势语—特殊教育—教材 Ⅳ. ① H026.3 ② G762.4

中国版本图书馆 CIP 数据核字 (2022) 第 114224 号

© 华夏出版社有限公司　未经许可，不得以任何方式使用本书全部及任何部分内容，违者必究。

生物常用词通用手语

组 编 者	中国残疾人联合会
编　　者	中国聋人协会　国家手语和盲文研究中心
项目统筹	曾令真
策划编辑	王一博
责任编辑	李亚飞
美术编辑	徐　聪
装帧设计	王　颖
责任印制	顾瑞清

出版发行	华夏出版社有限公司
经　　销	新华书店
印　　装	三河市少明印务有限公司
版　　次	2022 年 10 月北京第 1 版 2022 年 10 月北京第 1 次印刷
开　　本	787×1092　1/16 开
印　　张	18
字　　数	397 千字
定　　价	59.00 元

华夏出版社有限公司　地址：北京市东直门外香河园北里 4 号　邮编：100028
网址：www.hxph.com.cn　电话：（010）64663331（转）
若发现本版图书有印装质量问题，请与我社营销中心联系调换。